Malwida von Meysenbug
Memoiren einer Idealistin

edition klassikerinnen

Malwida
von Meysenbug

Memoiren einer Idealistin

Herausgegeben, eingeleitet
und kommentiert
von Renate Wiggershaus

Ulrike Helmer Verlag

Beim vorliegenden Titel handelt es sich um die um ein Vorwort der Herausgeberin erweiterte Neuausgabe des im Insel Verlag, Frankfurt am Main, 1985 erschienenen Taschenbuches »Malwida von Meysenbug. Memoiren einer Idealistin«.

Die Deutsche Bibliothek – CIP-Einheitsaufnahme

Meysenbug, Malwida von:
Memoiren einer Idealistin / Malwida von Meysenbug.
Hrsg. von Renate Wiggershaus. – Königstein/Taunus :
Helmer, 1998
(Edition Klassikerinnen)
ISBN 3-89741-007-9

Umschlagabbildung: Malwida von Meysenbug
Satz: Ulrike Helmer Verlag
Druck: Niederland Verlagsservice, Königstein/Ts.

Printed in Germany

Gesamtverzeichnis schickt gern:
Ulrike Helmer Verlag, Altkönigstraße 6a, D-61462 Königstein/Ts.
Fon: 06174 / 93 60 60 Fax 06174 / 93 60 61
e-Mail: ULRIKE.HELMER.VERLAG@T-online.de

Inhalt

Renate Wiggershaus
Vorwort

Die Namen öffentlicher Einrichtungen sind aufschlußreich für das Selbstverständnis einer Gesellschaft. Besonders die Namen von Schulen verraten etwas über den Geist, den einflußreiche soziale Gruppen einer neuen Generation vermitteln wollen. Es wirkt wie ein spätes Beschwören der besten Traditionen, auf die sich die Weimarer Republik stützen konnte, daß 1930 eine städtische höhere Mädchenschule in Kassel anläßlich ihrer Verstaatlichung nach Malwida von Meysenbug benannt wurde, die 1916 in Kassel zur Welt kam. 1930 – das war das Jahr, in dem die Krise der ersten deutschen Republik mit Dutzenden politischer Morde und dem Abschneiden der Nationalsozialisten als zweitstärkster Partei bei der Reichstagswahl in ihre akute Phase trat. Eine Mädchenschule nach Malwida von Meysenbug zu benennen, geschah spät, und dieser Umstand gehörte zu den Symptomen des zwielichtigen, unentschiedenen Charakters jener Republik. Eine Frau, die sich gegen den vehementen Widerstand ihrer konservativen Herkunftsfamilie für die 1848er Revolution und die deren Zielen treu bleibenden Demokraten engagierte, die als Dozentin und Erzieherin, Übersetzerin und Publizistin Bildung und ökonomische Selbständigkeit von Frauen forderte bzw. in beachtlichem Maße praktizierte und die seit ihrer politisch bedingten Emigration ein nicht leichtes, aber erfahrungsreiches und erfülltes und relativ kosmopolitisches Leben führte, war bestens geeignet als Vorbild für eine von Bürgerinnen ebenso wie von Bürgern getragene demokratische Republik. Nun, meinte 1931 die erste Biographin Meysenbugs, Berta Schleicher, in einer vor Kasseler Schülerinnen gehaltenen Rede, nun lebe sie »mehr denn je in den kommenden Geschlechtern« und bleibe mit der Jugend, für die sie gekämpft habe, in Zukunft verbunden.

Diese »Zukunft« dauerte jedoch nicht lange. Auf Drängen des Prinzen Philipp von Hessen sowie führender Nationalsozialisten wurde die Malwida von Meysenbug-Schule 1939/40 in Heinrich Schütz-Schule umbenannt. Der Komponist Schütz, so hieß es zur Begründung, sei »der Erste« gewesen, »der sich von dem verkünstelten romanischen Geist« gelöst »und einer deutschen Einfachheit und Innigkeit die Bahn« geöffnet habe. Meysenbug hingegen sei eine »Verkünderin der

Frauenrechte« gewesen, die »die Forderung der völligen Gleichberechtigung mit dem Mann im Parlament, im Gerichtssaal und in den Behörden« gefordert habe. Mehr noch: sie habe die Gräber »des Spötters und Genossen Heinrich Heine und des Juden Börne (Löb Baruch) auf dem Kirchhof Père Lachaise besucht und mit Efeu bepflanzt«. Auch habe sie »sich bewußt in die Reihe der Revolutionäre« von 1848 gestellt und »Hecker, Struve und Blum« als ›die hervorragenden Volksmänner‹ genannt«. Ihr Buch *Individualitäten* ende »mit einem Lobpreis des Pazifismus und der Verwerfung der ›Kasernen mit ihren fruchtlosen Exerzierübungen‹«. Ihre Weltanschauung sei »das genaue Gegenteil von der Haltung, zu der unsere weibliche Jugend erzogen werden soll«. Von den Nationalsozialisten posthum verstoßen zu werden, ist eine Würdigung eigener Art. Doch Diktaturen sind selten bloße Fremdkörper in einer Gesellschaft, haben in ihr ihre Vor- und Nachgeschichte. 1959 waren dreizehn Oberschulen nach Agnes Miegel benannt, die Hitlers »Wahn« mit »schweigend ehrfürchtigem Staunen« erlebte und ihn »tief und glühend ergriffen« begrüßt hatte, erfüllt von demütigem Dank, daß sie ihm »dienen« durfte. Bis heute gibt es in Kassel noch nicht wieder eine Malwida von Meysenbug-Schule. Und auch ein Jahrhundert nach der 1848er Revolution kann von ihrer Einbürgerung in die deutsche Kultur und demokratische Tradition keine Rede sein. Es bleibt einzelnen überlassen, die Frau, ihr Leben, ihre Memoiren, ihre Porträts und Briefe – exemplarisch für die Mühen und den Lohn des Strebens nach Emanzipation – präsent zu machen, präsent zu halten und zur Wirkung zu bringen.

Renate Wiggershaus
Einleitung

Nie kannte ich einen Geist, der so jung, so unerschlafft allen Atemzügen der Jugend sich erschloß, der mit solcher Frische an neuen Morgenröten sich freute, das Hoffen der Jünglinge grüßte, stets bereit war, ihren großen Plänen Glauben zu schenken, aufstrahlte bei ihren Erfolgen und sie aufrichtete, falls sie fielen, weil er selber niemals niedergeschlagen war. Die Neugierde auf den Morgen, den wir nicht mehr sehen werden, war bei ihr die Liebe, die unversiegbare Quelle, die es drängt, alle Zukunft zu benetzen.«[1]

Diese Sätze schrieb der französische Dichter Romain Rolland 1925 in seinen »Erinnerungen an Malwida«, mit denen er den Briefwechsel zwischen der 74jährigen Malwida von Meysenbug und ihm, dem noch unbekannten 24jährigen Rom-Stipendiaten, der Jahre 1890/91 einleitete. Sie war die einzige gewesen, die ihn in dem Wunsch bestärkte, Dichter zu werden. Sie hatte ihn, wo sie nur konnte, unterstützt, und vor allem hatte sie versucht, ihn zu verstehen. »Der Freund«, schrieb Romain Rolland, »der dich versteht, erschafft dich. In diesem Sinne bin ich erschaffen worden von Malwida.«[2]

Andere verstehen, für andere da sein, andere bemuttern (Rolland nannte sie seine »zweite Mutter«; Nietzsche bat um ihre »Mutterliebe«), helfend, mitfühlend, beratend, selbstlos zur Seite stehen – das waren Dinge, die viele Männer an Malwida von Meysenbug schätzten. Aber nicht deswegen wurde sie bekannt, ja berühmt, sondern wegen ihrer autobiographischen »Memoiren einer Idealistin«, die – wie der Leipziger Literaturwissenschaftler Fritz Böttger meint – »zu den bedeutendsten und anziehendsten Werken dieses literarischen Genres aus der zweiten Hälfte des 19. Jahrhunderts«[3] gehören.

Darin schilderte sie die ersten 44 Jahre ihres ereignisreichen, durch die politischen Verhältnisse geprägten Lebens auf anschauliche, spannende und anrührende Weise. Der erste Band der »Memoiren« erschien 1869 – im 53. Lebensjahr Malwida von Meysenbugs – anonym in französischer Sprache. 1876 folgte die vollständige deutsche Ausgabe. 1898 publizierte Malwida von Meysenbug schließlich den »Lebensabend einer Idealistin«, ein Fortsetzungsband, in dem philosophisch-idealistische und zuweilen belehrende oder moralisierende Überlegungen einen breiten Raum einnahmen und dem die Lebendigkeit, die feine Beobachtungsgabe und die Betroffenheit, die die »Memoiren« auszeichnen, weitgehend fehlten.

Die »Memoiren einer Idealistin« zeigen die Entwicklung eines lernbegierigen Mädchens und einer nach Selbständigkeit strebenden Frau im mittleren Drittel des 19. Jahrhunderts. Sie schildern dabei die familiären und sozialen Verhältnisse, die Sitten und Gewohnheiten der damaligen Zeit und geben einen intensiven Eindruck von den politischen Ereignissen jener Jahre. Die Lebendigkeit und Dichte, mit denen Malwida von Meysenbug den eigenen, oft beschwerlichen Weg vor dem Hintergrund der historischen Geschehnisse beschrieb, löste bereits bei Erscheinen des Buches enthusiastische Bewunderung und Anteilnahme aus. So schrieb der 31jährige Friedrich Nietzsche im April 1876 an die 59jährige Malwida von Meysenbug:

»Hochverehrtes Fräulein, es gab vor 14 Tagen ungefähr einen Sonntag, den ich allein am Genfer See und ganz und gar in Ihrer Nähe verbrachte, von früh bis zu dem mondglänzenden Abend: ich las mit wiederhergestellten Sinnen Ihr Buch zu Ende und sagte mir immer wieder, daß ich nie einen weihevolleren Sonntag erlebt habe; die Stimmung der Reinheit und Liebe verließ mich nicht, und die Natur war an diesem Tag nichts als ein Spiegelbild dieser Stimmung. Sie gingen vor mir her als ein höheres Selbst, als ein *viel* höheres –, aber doch noch mehr ermutigend als beschämend: so schwebten Sie in meiner Vorstellung und ich maß mein Leben an Ihrem Vorbilde und fragte nach dem vielen, was mir fehlt. Ich danke Ihnen für sehr viel mehr als für ein Buch ... Ihr Buch ist für mich aber ein strengerer Richter, als Sie es vielleicht persönlich sein würden. Was muß ein Mann tun, um bei dem Bilde Ihres Lebens sich nicht der Unmännlichkeit zeihen zu müssen? – das frage ich mich oft. Er muß das alles tun, was Sie taten und durchaus nichts mehr!«[4]

Was Nietzsche und viele Zeitgenossen die »Memoiren« so hochachten ließ, waren der Schwung und der Mut, mit denen die Autorin aus der Enge konventioneller Familien- und Gesellschaftsbande herausstrebte, und die Offenheit und Zielstrebigkeit, mit denen sie sich den politischen und sozialen Dingen zuwandte, wobei es ihr vor allem um eins ging: um die Vermenschlichung der Gesellschaft.

In diesem Sinne setzte sie sich auch – anders als Nietzsche – vehement für die Emanzipation der Frauen ein, suchte für sie Gleichheit »vor dem Gesetz« und Befreiung »von dem Joch der Unwissenheit, des Aberglaubens, der Frivolität und der Mode« zu erkämpfen. Davon erhoffte sie sich, daß Frauen aufhörten, »Götzenbild«, »Puppe« oder

»Sklavin« zu sein, daß sie vielmehr nicht anders als die Männer als »bewußte, freie Wesen« an der »Vervollkommnung des Lebens in der Familie, der Gesellschaft, dem Staat, in Wissenschaft und Künsten« teilnähmen.[5] Ökonomische Unabhängigkeit, Recht auf Bildung und die Bekleidung öffentlicher Ämter, Einflußnahme auf das politische Leben – alles Dinge, die im 19. Jahrhundert Frauen verwehrt waren – wurden von Malwida von Meysenbug immer wieder unbeirrt und mit Selbstverständlichkeit gefordert.

Wer war diese Frau, die sich so rigoros für die Befreiung der Frauen und das Ideal der Humanität einsetzte, die alles tat, um einem kleinen Mädchen die verstorbene Mutter zu ersetzen, die enge freundschaftliche Beziehungen zu so bedeutenden und verschiedenartigen Männern hatte wie Alexander Herzen und Richard Wagner, Friedrich Nietzsche und Carl Schurz, Giuseppe Garibaldi, Joseph Mazzini und Romain Rolland?

Malwida von Meysenbug wurde am 28. Oktober 1816 als neuntes von zehn Kindern in Kassel – damals Hauptstadt des Kurfürstentums Hessen – geboren. Ihr Vater, Carl Philipp Rivalier, entstammte einer Hugenottenfamilie, die im 17. Jahrhundert nach der Aufhebung des Ediktes von Nantes ihres protestantischen Glaubens wegen Frankreich

*1 Malwidas Vater,
Carl Philipp Rivalier*

*2 Malwidas Mutter,
Ernestine Rivalier, geb. Hansell*

hatte verlassen müssen. Er war Hofmarschall des hessischen Kurfürsten Wilhelm I., später Kabinettsrat und Staatsminister Wilhelms II., eines despotischen Kleinstaatsfürsten. 1825 – Malwida, die auf den Namen Amalie Malvida Wilhelmina Tamina getauft worden war, war gerade neun Jahre alt – wurden ihm Namen, Wappen und Adel des ausgestorbenen hessischen Geschlechts derer von Meysenbug verliehen. Malwidas Mutter, Ernestine Hansel, war eine außerordentlich gebildete Frau. Sie unterwies Malwida und die jüngste Tochter Laura – die übrigen acht älteren Kinder hatten das Haus bereits während Malwidas Kindheit verlassen – in Literatur und Musik, im Malen und Zeichnen. Das war wichtig, denn zu jener Zeit erhielten die Töchter – im Gegensatz zu den Söhnen – keinen geregelten Unterricht. (Malwidas Brüder Otto und Wilhelm beispielsweise absolvierten ein Studium und wurden bedeutende Politiker, die sich allerdings nach der 48er Revolution den konservativen bzw. reaktionären Kreisen anschlossen.) Malwidas Vater folgte samt Familie seinem Fürsten in getreuer Ergebenheit auf dessen zahlreichen Reisen. Dieses unstete Wanderleben ohne festen Wohnsitz und ohne schulische Bildung empfand Malwida von Meysenbug bis ins hohe Alter hinein als bedrückendes Unglück. Noch die Siebzigjährige schrieb dem mit ihr befreundeten österreichischen Diplomaten und Reiseschriftsteller Alexander von Warsberg im Mai 1886: »Also zunächst muß ich darauf hinweisen, wie meine erste Kindheit zwar sehr geeignet war, den unersättlichen Wissenstrieb, die phantasievollen, künstlerischen Triebe in mir hervorzulocken, wie meine erste Jugend

3 Malwida (rechts) mit zwei Schwestern

aber von außen her eine geradezu dürftige wurde an Eindrücken, an geregeltem Lernen, an Gedankenaustausch, wie ich dies alles bedurft hätte. Die Verhältnisse, die unser Familienleben zerstörten, das Wanderleben, das wir führten, die ungenügende Mitte, in der wir lebten, das alles war viel stärker, viel drückender für mein strebendes, sehnsuchtsvoll nach geistigen Höhen schauendes Gemüt, als ich es in den Memoiren habe sagen können. Dazu kam, daß man damals einem Mädchen gar nicht das Recht einräumte und die Mittel bot, sich eine andere Bildung anzueignen, als was man damals in ästhetisch wohlerzogenen Kreisen für ausreichend hielt. Wenn Sie wüßten, welche Stunden tieferen inneren Leidens ich dadurch in der blühendsten Jugendzeit verbracht habe, wie ich arbeitete, um mir in etwas die Lücken zu füllen, die ich auf allen Gebieten fühlte, um den tausend Fragen, die in mir tönten, eine Antwort zu suchen, um aus der engen Alltäglichkeit hinaus zu weiteren Gesichtspunkten, zu größeren Lebensanschauungen zu gelangen. Ja, wäre mir damals der Retter gekommen, wie Sie sagen, es wäre anders geworden. Meine Brüder, die mir hätten helfen können, waren fern, und, wie Sie es von dem einen wissen, so war von früh ein, wenn auch noch nicht klar empfundenes, trennendes Element zwischen uns. Nun kam der Retter. Sie kennen das Idyll und sein tragisches Ende.«[6]

Der Retter, das war der junge Theologe Theodor Althaus, Sohn des ersten Predigers der Stadt Detmold, Georg Friedrich Althaus. 1832 hatte sich die Mutter in der kleinen Residenzstadt, in der eine ihrer Töchter verheiratet war, mit Malwida und Laura niedergelassen. Der Vater kam öfter zu Besuch. Malwida versuchte sich im Komponieren, spielte Klavier, sang und malte. Mit Laura zusammen erhielt sie Konfirmationsunterricht bei dem beliebten und als gütig bekannten Stadtpfarrer Friedrich Althaus. Diese religiösen Unterweisungen sowie die Malstunden bei dem Maler Karl Morgenstern in Frankfurt, wo Malwida sich während der Wintermonate 1842/43 aufhielt, waren der einzige geregelte Unterricht, den sie je erhielt. Die teuren Ölfarben, die Leinwand usw. finanzierte sie sich selbst, indem sie einige ihrer Schmuckstücke verkaufte.

Die Konfirmation stützte sie in eine Glaubenskrise, die sie durch die Lektüre der Bücher Bettine von Arnims, Rahel Varnhagens und vor allem Johann Wolfgang Goethes zu überwinden suchte. Aber erst als sie 1843 die Predigt des undogmatischen Pfarrerssohnes Theodor Althaus hörte, der das utopische Zukunftsideal einer in Freiheit und tätiger Liebe lebenden Gesellschaft entwarf, begriff sie, daß all ihre »schmerzlichen religiösen Kämpfe nur die legitime Empörung des freien Gedankens gegen die

4 Theodor Althaus

versteinerte Orthodoxie gewesen waren«[7]. Die Freundschaft und die sich schon bald entwickelnde Liebe zu dem sechs Jahre jüngeren freisinnigen Theodor Althaus – in den »Memoiren« von ihr immer als »der Apostel« bezeichnet – öffneten ihr aber auch die Augen für das Ausmaß an Repression, Engstirnigkeit, Unfreiheit und Ungleichheit in den sozialen Verhältnissen. Malwida von Meysenbug, die als Vierzehnjährige 1830/31 revolutionäre Unruhen ganz wie ihr Vater und dessen Fürst für verwerflich gehalten hatte, löste sich in den vierziger Jahren so weit aus den beengenden, antiliberalen, rechtskonservativen Banden ihrer Familie, daß sie dann die revolutionären Ziele von 1848 – Freiheit, Gleichheit, Souveränität des Volkes und nationale Einheit – tätig unterstützte. Dabei hatte sie – wie die »Memoiren« anschaulich schildern – nicht nur gegen die erbosten Reaktionen ihrer Familie zu kämpfen, sondern machte sie auch die schmerzliche Erfahrung, daß sie aufgrund ihres Geschlechts lange nicht so aktiv werden konnte, wie sie willens und fähig war. Frauen waren z. B. von den Beratungen des Parlaments in der Paulskirche ausgeschlossen. Doch ihr Drängen nach tätiger Beteiligung führte zu dem einen oder anderen Zugeständnis der Männer. So sorgte einer der Nationalgardisten, die die Paulskirche bewachten, dafür, daß Malwida von Meysenbug und andere Frauen an zwei wichtigen Sitzungen teilnehmen konnten – versteckt auf der Kanzel hinter der schwarz-rot-goldenen Fahne. Liest man Malwidas Bericht, der von leidenschaftlicher Wißbegierde und echtem Interesse zeugt, wird deutlich, wie voreingenommen männliche Geschichtsschreibung da ist, wo einmal – und wie selten kommt das vor – von Frauen die Rede ist. So meinte der Schriftsteller und Politiker Julius Fröbel, der 1848 als Abgeordneter des Frankfurter Parlamentes zusammen mit Robert Blum nach Wien geschickt, dort verhaftet und zum Tode verurteilt wurde, anders als Blum jedoch nicht hingerichtet, sondern begnadigt wurde, zu der schließlichen Zulassung von Frauen zu den Sitzungen: »Bei manchen war es das neue Schauspiel, welches ihr Interesse erregte, bei den meisten das Wohlgefallen an den galanten Aufmerksamkeiten, welche ihnen von vielen der Parlamentsmitglieder in reichem Maße gewidmet wurden.« Dieser »frivole Verkehr ... an so ernstem Orte und in so ernster Zeit ... verletzte mein Gefühl«.[8]

5 Robert Blum

Die hochgespannten Hoffnungen auf eine Neugestaltung Deutschlands und mehr politische Rechte teilte Malwida mit ihrem Freund Theodor. Die gleiche Begeisterung wie aus den »Memoiren« spricht zum Beispiel auch aus dem Brief, in dem Theodor Althaus am 5. März 1848 seine Mutter über die neuesten Nachrichten aus Paris informierte:

»Ich habe Angst gehabt, wie eine Mutter um ihr Kind, bis endlich, allendlich das Ja und Amen kam – keine Regentschaft, sondern Republik, keine Freude, sondern Enthusiasmus, kein neues Ministerium – eine neue Welt! Ich habe kaum Zeit zu denken, aber ich teile und weiß Eure Herzensfreude über dies herrlich-französische Volk, über Lamartine, über diese göttliche Milde und Humanität, deren Strahlen auf der Stirn der neuen Welt leuchten. Statt zu terrorisieren, geht sie voran mit der Friedensfahne, die ihre Feinde zu feige sind zu schwingen; statt Guillotinen aufzurichten, proklamieren sie die Abschaffung der Todesstrafe für politische Verbrechen; statt zu drohen, bieten sie die Versöhnungshand – es ist ein unsterblich edles Schauspiel!«[9]

Aber das Jahr 1848, das der 32jährigen Malwida von Meysenbug einen unvergleichlichen Aufschwung, die Bewußtwerdung und die teilweise Verwirklichung ihrer Ideale brachte, endete für sie traurig. Die Anfeindungen der Familie, an deren Haltung auch der Tod des Vaters im Dezember 1847 nichts geändert hatte, nahmen angesichts ihrer Beziehungen zu dem »Demokraten« Theodor Althaus noch zu. Er erhielt Hausverbot, und die Mutter Malwidas genierte sich nicht, einen Brief von ihm an die Tochter zu öffnen und zu lesen. Am schmerzlichsten aber traf sie die Nachricht, daß Theodor Althaus – als Journalist und Redakteur inzwischen in verschiedenen Städten tätig – eine andere Frau liebte. Besonders quälte sie, daß er ihr das nicht selbst sagte, sondern sich ihr stillschweigend entfremdete.

Nachdem die Konterrevolution gesiegt hatte, rächte sie sich mit standrechtlichen Erschießungen, Verhaftungen und hohen Gefängnisstrafen. Auch Theodor Althaus, der in der Hannoveraner »Zeitung für Norddeutschland« einen Aufruf zur bewaffneten Durchführung der Reichsverfassung publiziert hatte[10], dem jedoch niemand Folge leistete, wurde verhaftet und wegen Hochverrats zu drei Jahren Gefängnis verurteilt.

All diese bitteren Erfahrungen ließen Malwida von Meysenbug aber nicht resignieren, sondern weckten in ihr ein »flammendes Verlangen« zu leben, »um der ermordeten Freiheit in den Frauen Rächer zu erziehen dadurch, daß sie fähig würden, eine Generation freier Menschen zu bilden.«[11]

Dies Verlangen, ihr Bedürfnis nach ökonomischer Unabhängigkeit sowie ihre unerträgliche Stellung in der Familie und der Boykott aristokratischer Kreise, in denen sie bis dahin immer noch verkehrt hatte, ließen sie den Entschluß fassen, Detmold endgültig zu verlassen. 1850 trat sie in die Hamburger Frauenhochschule ein, um den Beruf der Erzieherin zu erlernen.

Diese Schule war entstanden aus dem Geiste der pädagogischen Reformbestrebungen von 1848, wie er sich in den zahlreichen Gründungen von freireligiösen Gemeinden und von Handwerker- und Arbeiter-

6 Hamburg, wo Malwida von Meysenbug 1850/51 als Erzieherin tätig war

7 Carl Schurz

bildungsvereinen und in dem wie ein Lauffeuer um sich greifenden Gedanken der Emanzipation – eben auch der Frauen – manifestiert hatte. Wie alle Bildungseinrichtungen für das weibliche Geschlecht war auch die Hamburger Frauenhochschule nicht staatlicher, sondern privater Initiative entsprungen. Ihre Gründerinnen – Emilie Wüstenfeld und Bertha Traun –, ihre Aktionäre – vor allem verheiratete Frauen und Familienmütter – sowie ihre Lehrer und Lehrerinnen waren der Auffassung, es genüge nicht, Frauen nach und nach die gleichen Rechte zu geben, wie Männer sie bereits besaßen, sondern sie müßten auch in die Lage versetzt werden, von diesen Rechten Gebrauch zu machen. Dazu bedurften sie aber erst einmal vor allem eines Mittels: der Bildung. Die Zulassungsbestimmungen, die Organisation und die Bildungseinrichtungen dieser Schule waren – auch für heutige Verhältnisse – erstaunlich offen und fortschrittlich: reiche und arme Mädchen wurden gleichermaßen aufgenommen; alle anfallenden Hausarbeiten verrichteten die Schülerinnen selbst; es gab keine Altersbeschränkungen nach oben. »Es fand sich mitunter«, so heißt es bei Malwida von Meysenbug, »daß Großmutter, Tochter und Enkelin zu gleicher Zeit am Lehrtisch saßen.«[12] Die Professoren ermunterten dazu, sie zu unterbrechen und Fragen zu stellen. Ein Kindergarten war angegliedert, in dem die angehenden Kindergärtnerinnen ein Praktikum machen konnten.

Die Vorlesungen hielten angesehene Schriftsteller, Politiker, Publizisten und Maler. Der junge Carl Schurz (der eine tollkühne Befreiungsaktion für den wegen Beteiligung am pfälzisch-badischen Aufstand 1849 zu lebenslänglicher Festungsstrafe verurteilten Kunstgeschichtsprofessor und Schriftsteller Gottfried Kinkel vorbereitete) hielt an der Schule Vorträge unter dem Namen Heribert Jüssen. Auch Theodor Althaus, der im Mai 1850 begnadigt wurde, sollte nach Probevorträgen auf einstimmigen Beschluß des Kollegiums Lehrer an der Hamburger Frauenhochschule werden. Aber die Behörden verweigerten ihm die Aufenthaltskarte und wiesen ihn aus – erste Anzeichen für den Vormarsch der Reaktion auch im schulischen Bereich. Tatsächlich drohte der Schule das Verbot aus politischen Gründen. Da man den Leiter Karl Fröbel mit dessen Onkel, dem Pädagogen und Begründer der Kindergärten, Friedrich Fröbel, verwechselte, wurden im August 1851 in Preußen sogar rigoros alle Kindergärten aufgelöst.

Für Malwida von Meysenbug, die aufgrund ihrer Zuverlässigkeit und Bildung sehr rasch zur zweiten Vorsteherin an der Frauenhochschule avancierte, brach eine schwere, ruhelose und ständig zu neuen Entscheidungen zwingende Zeit an.

Theodor Althaus, durch die Haft geschwächt, erkrankte schwer und starb bereits im April 1852 an der erst Jahre später von dem Pathologen Virchow als Leukämie diagnostizierten und bezeichneten Krankheit. Die Freundin besuchte ihn, den sie einst so geliebt hatte, während seiner Kuraufenthalte in alter Treue und mit schmerzbewegtem Herzen.

In dieser politisch repressiven Zeit wurde sie von Julius Fröbel, einem Verwandten der beiden erwähnten Fröbels und einem guten Freund von Theodor Althaus, dessen »System der sozialen Politik« sie gelesen und mit Freunden diskutiert hatte, gebeten, ihm in die Vereinigten Staaten zu folgen: »Wir achten uns«, schrieb er ihr, »nach den Zeichen des Geistes, die wir einander gegeben haben; wir fühlen die Freundschaft füreinander, die aus der Übereinstimmung unserer höchsten Bestrebungen entspringt; wir *wünschen* uns zu lieben, weil das Zusammentreffen der Liebe mit Achtung und Freundschaft, ein seltenes Zusammentreffen, uns auch ein seltenes Glück bereiten würde ... Es ist die größte Wahrscheinlichkeit, daß dies uns zu der innigen Verbindung führen wird, für welche die Ehe die entsprechende Form ist. Wäre dies aber nicht, so finden Sie an mir einen Freund und Bruder, der Ihnen eine ebenso zuverlässige Stütze sein wird, als der Mann es könnte. Ich fühle wohl, welche Schwierigkeiten sich Ihrem Gefühl in Rücksicht auf die, die Sie zu Hause lieben, entgegenstellen. Ich glaube aber nicht, daß sie nicht zu heben sein sollten, wenn Sie Ihrer Mutter sich ganz offen mitteilen... Ihre Mutter, die Sie liebt, muß Ihr Glück wollen.«[13]

Für Malwida von Meysenbug hätte die Verbindung mit Julius Fröbel einen Neubeginn in jeder Hinsicht bedeutet: fern von der Familie, in einem freien Land, an der Seite eines Mannes, der sie achtete, dem sie vertraute und der ihrer Meinung nach »der einzige Mann auf Erden war, den sie »nach Theodor Althaus noch lieben konnte«. Die Fünfunddreißigjährige bat ihre Mutter um deren Segen. Diese aber, die ihr bereits Vorwürfe wegen ihrer Besuche bei dem todkranken Althaus gemacht hatte und ihr sogar verbot, die geachtete Stellung einer

Erzieherin bei dem Grafen von Reichenbach in London anzunehmen, reagierte mißtrauisch und ganz und gar verständnislos. Malwida antwortete darauf: »Daß dieser Brief möglich war zwischen uns, das fasse ich jetzt noch nicht; mein einziger Wunsch dabei ist, daß Ihr alle nie bereuen mögt, *so* von mir gedacht, *so* von mir geredet zu haben. Das Gefühl meiner Unschuld gibt mir den Mut und das Recht, auch nicht ein einziges Wort zu meiner Verteidigung zu sagen, es ist eben nur der Kampf, den die ganze Welt kämpft, den auch ich kämpfe. Nur was Fröbel angeht, so erkläre ich für Lüge und niedrigste Verleumdung ein jedes Wort, das ihn anzutasten wagt.«[14] Aber sie fügte sich dem Diktat ihrer Familie.

So emanzipiert, in *allen* entscheidenden Dingen notfalls auch gegen den Willen der Familie zu handeln, war sie doch nicht oder vielleicht schon nicht mehr. Es war, als opferte sie dem schlechten Alten, von dem sie sich nicht ganz befreit hatte, einen wesentlichen Teil ihres persönlichen Glücks, um um so entschiedener an ihrem nicht-privaten Engagement für die Sache der Demokratie und der Frauen festzuhalten.

Denn die aus ihrer Fügsamkeit gegenüber der Familie erwachsenen Leiden und die finanziellen, politischen und personellen Schwierigkeiten, mit denen die Hochschule konfrontiert wurde, ließen sie keineswegs resignieren. Sie fühlte sich vielmehr als »lebenden Protest gegen die versteinerten Formen, welche den lebendigen Geist nicht mehr enthalten«. Eindeutig und klar formulierte sie die ihr als immer unabdingbarer erscheinenden Ziele: »die Frau zur völligen Freiheit der geistigen Entwicklung, zur ökonomischen Unabhängigkeit und zum Besitz der bürgerlichen Rechte zu führen«.[15]

Statt geistiger Freiheit und mehr Rechten aber gab es Repressionen der verschiedensten Art. Als Malwida von Meysenbug im April 1852 bei einer Freundin in Berlin weilte, ließen die Behörden der preußischen Hauptstadt das Haus durchsuchen. Ihre Papiere wurden beschlagnahmt. Sie wurde verhört. Denunziert worden war sie – darüber geht sie in ihren »Memoiren« taktvoll hinweg – mit größter Wahrscheinlichkeit von einem ihrer Brüder, Wilhelm von Meysenbug, der seit 1849 badischer Gesandter in Berlin war.[16] »Die Berliner Geschichte«, so schrieb sie später an ihre Mutter, »ist ein solches Gewebe der abscheulichen Lügen, daß es klar daraus hervorgeht, man hat nichts weiter gewollt, als was der Beamte auch sagte: ›Wir wollen auch keine *Gesinnung* dulden, die unserem Prinzip widerspricht …‹ Ich habe nie etwas Heimliches getan, nur offen mit der freien Gemeinde, mit demokratischen Freunden verkehrt; das Geheime hat mir nur das böse Gewissen der

Polizei selbst, die doch etwas zu spüren haben muß, damit sie für etwas da ist, untergeschoben ... Wie gern möchte ich, daß Dein gerechter Sinn die Sachlage beurteilte wie sie ist, und den Tadel nicht auf mich, die ich nichts tat, als eine Gesinnung haben, sondern auf die würfe, die dem einzelnen verwehren wollen, eine Gesinnung zu haben.«[17]

Um schlimmeren Repressionen der Berliner Polizei zu entgehen, reiste sie auf den Rat ihrer Freunde hin Hals über Kopf nach Hamburg und schiffte sich dort am 25. Mai 1852 nach England ein – erbittert und schweren Herzens, da sie nun eine mittellose Emigrantin war und ihrer Mutter mit diesem Schritt einen weiteren Schock bereiten würde.

Die Londoner Jahre waren, vor allem zu Beginn, schwierig und mühsam. Malwida von Meysenbug besaß zwar ein kleines ererbtes Vermögen, aber von den Zinsen konnte sie unmöglich leben. Sie verdiente ihren Lebensunterhalt zunächst durch Sprachunterricht in englischen Familien. Solche Stellen wurden ihr teilweise von dem Ehepaar Kinkel vermittelt, das sich liebevoll um sie kümmerte. Johanna Kinkel, Komponistin und Schriftstellerin, war ihrem Mann nach dessen geglückter Flucht aus der Festung Spandau mit ihren Kindern nach London gefolgt. Gottfried Kinkel, zu dessen Schülern in Bonn einst Carl Schurz, Theodor Althaus und Julius Fröbel gehört hatten, gab zunächst – wie seine Frau – Privatunterricht, hielt aber dann Vorlesungen an der Lon-

8 Johanna Kinkel

9 Gottfried Kinkel

doner Universität, schrieb Erzählungen, ein Drama und gab eine Zeitschrift heraus, in der später auch Malwida von Meysenbug publizierte. Im Gegensatz zu vielen anderen deutschen Emigranten, denen Alexander Herzen einen »schwerfälligen, langweiligen, zänkischen Charakter, ... schulmäßigen Doktrinarismus ... gegenseitigen Haß und boshafte gegenseitige Verfolgungen« vorwarf, arbeitete Kinkel »im Schweiße seines Angesichts«.[18] Ähnlich sahen die ersten Monate für Malwida von Meysenbug aus. Glücklicher und ungemein vielfältiger wurde für sie das Leben erst, als sie im Dezember 1853 die Erziehung der beiden Töchter Alexander Herzens übernahm. Sie hatte große Sympathie für diesen russischen, ungewöhnlich gebildeten Emigranten und war ihm dankbar dafür, daß er – damals ein ganz unübliches Verhalten – Frauen als Ebenbürtige behandelte. Sein kühnes Buch »Vom anderen Ufer«, das 1850 anonym auf deutsch erschienen war, hatte sie in Hamburg mit großer Begeisterung gelesen.

Herzen, Sohn der Deutschen Luise Haag und des russischen Fürsten Jakolew, war während seines Studiums in Moskau zu einem Anhänger demokratischer und utopisch sozialistischer Ideen geworden. 1847, nach zweimaliger Verbannung aus politischen Gründen, war er mit seiner Familie nach Westeuropa gekommen. 1848 gehörte er – zusammen mit dem russischen Anarchisten Michail Bakunin und dem französischen utopischen Sozialisten Pierre-Joseph Proudhon – zum linksextremen Flügel des revolutionären Sozialismus in Paris. Die politische Katastrophe – der Sieg der Reaktion – fiel für ihn mit einer privaten zusammen: dem Scheitern seiner Ehe und dem Tod seiner Frau. 1851 siedelte Herzen nach London über, wo er sich auf die vielfältigste Weise schriftstellerisch betätigte. Das beeindruckendste Resultat waren die »Memoiren und Reflexionen«, die Malwida von Meysenbug 1858 für den Hoffmann und Campe Verlag aus dem Russischen übersetzte, sowie die fast schon legendäre Wochenzeitschrift »Kolokol« (Die Glokke), mit der Herzen von 1857 an die russische Autokratie bekämpfte und an der fast alle bedeutenden russischen Emigranten mitarbeiteten. Die Wirkung seiner Schriften trug wesentlich dazu bei, daß die Leibeigenschaft in Rußland 1861 abgeschafft wurde.

Als weiblicher Haushaltsvorstand der Familie Herzen, als mütterliche Freundin des vierzehnjährigen Aleksandre, als Erzieherin der neunjährigen Natalie (Tata) und als Ersatzmutter der dreijährigen Olga führte Malwida von Meysenbug ein relativ freies, selbstbestimmtes und oft sehr glückliches Leben. Ihre Beziehung zu Olga war – wie vielfach in den »Memoiren« dokumentiert – voller Zärtlichkeit und Liebe.

10 Alexander Herzen

Malwida von Meysenbug, die als ledige und kinderlose Frau die gesellschaftliche Erwartung der Mutterschaft nicht erfüllt hatte, versuchte dieses Manko dadurch wettzumachen, daß sie die kleine Olga mit aufopferungsvoller und verstehender Liebe überschüttete.[19] Nietzsche bewunderte an ihr diese »Mutterliebe ohne das physische Band von Mutter und Kind«, »eine der herrlichsten Offenbarungen der *caritas«,* und bat sie 1876, ihm, »der als Sohn einer solchen Mutter bedarf, ach so sehr bedarf ... von dieser Liebe etwas zu schenken«.[20]

Die Hingabe Malwidas, die für die kleine mutterlose Olga zweifellos eine Wohltat war, nach der Nietzsche, der so schlecht Geliebte, sich sehnte, hatte aber eine verheerende Kehrseite. Ganz selbstlos war diese Liebe nicht. Malwida von Meysenbug erwartete dafür Dankbarkeit und unbedingte Zuneigung. Ihr Weggang aus dem Hause Herzen, später die Heirat Olgas stürzten sie in äußerste und – so muß man sagen – nicht ganz gerechtfertigte Verzweiflung. Darin trat ein Wesenszug zutage, der aufgrund der ihnen aufgezwungenen Rolle für viele Frauen charakteristisch war. Es war die Folge der Verleugnung des eigenen Ich, des Aufgehens in anderen, die Frauen so oft abverlangt wurden. Von der positiven Seite gesehen, nahm sich jene Hingabe so aus, wie Carl Schurz sie an Malwida von Meysenbug in London erlebte. »Ihre ganze Umgebung achtete sie auf das höchste, und nicht wenige davon wurden ihre warmen Freunde. Ihr Wesen war so ehrlich, einfach und anspruchslos, ihre Herzensgüte so unerschöpflich, ihre Sympathien so warm und opferwillig, ihre Freundschaft so echt und treu, daß jeder, der sie näher kennenlernte, ihr gern den Zug von schwärmerischer Überschwenglichkeit nachsah, der sich zuweilen in ihren Ansichten und Begeisterungen kundgab und der in der Tat der Erregbarkeit ihres Gemüts, der Güte ihres Herzens zuzuschreiben war.«[21] Kritisch gesehen, bedeuteten aber Anspruchslosigkeit und Opferwilligkeit auch eine Selbstaufgabe, die zu einem Leben durch andere hindurch führte. Je älter Malwida von Meysenbug wurde, desto mehr wurde sie zu einem bloßen Spiegel berühmter Männer. »Schon die Memoiren«, stellte Oskar Walzel fest, »sollen nicht ihre Gestalt in hellste Beleuchtung rükken, sondern einer Lebensanschauung dienen; trat einmal die Verfasserin selbst auf den Plan, so stellte sie sich am liebsten als Spiegel dar, in dem die Figuren ihrer Freunde sich offenbaren. Auch in der Schilderung ihres Lebensabends gibt sie sich als getreue Maklerin der Ideen anderer; und die Fülle wichtiger Persönlichkeiten, die sie uns vorstellt, leiht ihren Aufzeichnungen allein schon den Wert einer beherzigenswerten Urkunde zur Geschichte der Zeit.«[22]

11 Malwida von Meysenbug in ihrer Londoner Zeit

Wenn man die aufrichtigen Briefe Malwidas an ihre Mutter liest, in denen sie zu dem einmal von ihr als wahr Erkannten treu steht, in denen sie aber auch immer um Verständnis und Liebe bittet, wird einem klar, wieviel Kraft sie in den Auseinandersetzungen mit ihrer Mutter bzw. ihrer Familie verausgabt hat. Weil sie nicht fähig war, mit ihrer Familie wirklich zu brechen – und wieviel gehörte damals für eine Frau zu einem solchen Schritt –, brach sie mit einem vorwärtsdrängenden Teil ihrer selbst. In der Hingabe für Olga und andere machte sie aus der eigenen Not eine Tugend gegenüber anderen.

Durch Herzen, Kinkels, Reichenbachs, Althaus (Theodor Althaus' Bruder Friedrich hatte sich ebenfalls in London niedergelassen) kam Malwida von Meysenbug mit sehr vielen im liberalen London versammelten Emigrantengruppen aus Italien, Ungarn, Polen, Frankreich und natürlich Deutschland zusammen. In den »Memoiren«, den 1879 erschienenen »Stimmungsbildern« und den 1901 publizierten »Individualitäten«[23] schilderte sie ihre Begegnungen z. B. mit dem französischen Historiker und Sozialisten Louis Blanc; dem revolutionären Politiker Alexandre-Auguste Ledru-Rollin; dem Marseiller Arbeiter Barthélemy; mit Therese Pulszky, die in London ein gesellschaftliches Zentrum für die ungarischen Emigranten schuf und der Malwida bereits auf ihrer »Reise nach Ostende«[24] begegnet war; mit deren Mann, dem nach dem Scheitern der ungarischen Revolution zum Tode verurteilten Politiker und Schriftsteller Ferencz Pulszky; mit dem Führer der ungarischen Emigration in London, Lajos Kossuth; mit dem italienischen demokratischen Politiker Giuseppe Mazzini sowie dessen Kampfgefährten, dem italienischen Revolutionär Aurelio Saffi; mit dem leidenschaftlichen italienischen Grafen Felice Orsini, der 1858 ein Attentat auf Napoleon III. verübte und hingerichtet wurde; mit dem italienischen Freiheitshelden Giuseppe Garibaldi; mit den deutschen Emigranten Ferdinand Freiligrath und Carl Schurz.

Sie alle wurden in ihren Heimatländern verfolgt, einige waren in Abwesenheit zum Tode verurteilt worden. In London schmiedeten sie teils kluge, teils unsinnige Pläne, wie der revolutionären Sache zu Hause, ja in ganz Europa zum Durchbruch verholfen werden könnte.[25] Malwida von Meysenbug konnte sich sowohl in ihrem Streben nach Selbständigkeit und Unabhängigkeit als auch in ihren politischen Auffassungen bestätigt fühlen. Schon früh und zeit ihres Lebens betrachtete sie den Sozialismus als zutiefst berechtigt, weil seine Grundidee »Gerechtigkeit« und »Gleichberechtigung aller« sei.[26] Die Idee der Gleichheit und Menschlichkeit, die zu den Parolen der 48er Revolution gehört hatten, beherzigte sie in ihrem persönlichen Leben immer wieder auf selbstverständliche und einfühlsame Weise. Sie half Armen und Kranken, un-

12 Louis Blanc

13 Lajos Kossuth

14 Giuseppe Mazzini

15 Giuseppe Garibaldi

terstützte Freunde finanziell, wenn sie gerade genügend Geld hatte[27], und ließ beim Unterzeichnen von Briefen oft ihren Adelstitel weg, was im 19. Jahrhundert ungewöhnlich war.

Das sorgenfreie und fast ideale Zusammenleben mit der Familie Herzen fand im April 1856 ein abruptes Ende. Herzens Jugendfreund und Kampfgefährte, der russische Dichter Nikolai Ogarjow, traf mit seiner Frau Natalie aus Rußland ein. Sehr schnell übernahm diese – einst die beste Freundin von Herzens verstorbener Frau – das Regiment im Haushalt. Tief verletzt schrieb Malwida von Meysenbug an Alexander Herzen, daß sie seine Familie, die ihr »eine Heimat« geworden sei, verlassen müsse, weil Mißverständnisse und Meinungsverschiedenheiten, insbesondere in bezug auf die Erziehung der Kinder, ins Unerträgliche wüchsen. Olga, so teilte sie ihm mit, »hat sich mit wunderbarer Sympathie von vornherein an mich angeschlossen. Sie hat mich zuerst und allein ganz und wahr liebgehabt hier im Hause, und ich habe sie geliebt und liebe sie noch, wie eine eigene Mutter ein Kind nicht mehr lieben kann. Das ist unsere Geschichte. Ja, dieses Kind werde ich beweinen, solange ich noch lebe, und ich weiß auch, daß niemand es so gut erzogen hätte, als ich ... Niemand verstand seine Natur so wie ich, und die Liebe zu ihm wird die letzte wirkliche Leidenschaft sein, die mein Leben gefaßt hat.«[28]

Trotz ihres Weggangs verband sie mit Herzen zeitlebens eine aufrichtige, von gegenseitiger Achtung getragene unerschütterliche Freundschaft, auch wenn sie auf seine ironischen Anspielungen – er titulierte sie beispielsweise »chère idéaliste« oder »chère wagnérienne« – verständnislos reagierte. Zunächst aber brach für sie die wohl schwerste Zeit ihres Lebens an. Sie dachte daran, sich das Leben zu nehmen, machte sogar ein Testament und gab sich mit Leidenschaft ihrem Schmerz hin. Mit fast vierzig Jahren fand sie sich wieder auf sich allein gestellt, fast mittellos, in einem fremden Land. Es war schließlich die Arbeit, mit der sie diese trübe Zeit zu überwinden suchte. Sie schrieb für die verschiedensten Zeitschriften Artikel – u. a. für Mazzinis Journal »Dio e il Popolo« –, veröffentlichte Novellen und übersetzte eine Reihe von Texten, insbesondere Schriften von Alexander Herzen.

Jahre später – sie hatte Ende 1859 London verlassen und ein relativ sorgenfreies und tätiges Leben begonnen, verbunden mit häufigen Reisen zwischen England, Frankreich, Deutschland und Italien, wo sie sich dann in den letzten Jahrzehnten ihres Lebens endgültig niederließ – übernahm sie auf Bitten Herzens aufs neue Olgas Erziehung. Sie verhinderte nun, daß Olga, mit der sie zunächst in Paris, dann in Rom und Florenz lebte, ihren Vater besuchte. Sie befand, die neue Familie Herzen – er hatte inzwischen ein Kind mit der Frau seines Freundes Ogarjow – sei kein Aufenthalt für ein junges Mädchen. Da sie ihm einerseits mitteilte, ihrer Gesundheit wegen könne sie nur im Süden leben und Herzen im kalten Norden nicht besuchen, andererseits aber durchaus mit Olga zu den Wagner-Opern nach Bayreuth fuhr, fragte Herzen sie mit seiner üblichen Ironie, ob er Opern schreiben müsse, um seine Tochter sehen zu können. In den Briefen an seine Tochter kam aber seine große Betroffenheit zum Ausdruck. Im Februar 1869 dankte er Olga für die Offenheit, mit der sie ihre Abwendung von ihm und ihre Entscheidung für Malwida eingestand. Doch habe sie ihn weinen gemacht. »Aber Deine Gefühle für Malwida sind so legitim, daß ich nichts dazu sagen möchte. Nun hast Du verstanden, was sie für Dich war und ist. Wie oft habe ich es Dir erzählt. Dennoch ist das kein Grund, sie nicht für einen Monat zu verlassen ...«[29] Und in seinem letzten Brief vom 30. 9. 1869 bat er Olga, sein inzwischen neu gestaltetes Familienleben zu teilen: »Das ist keinesfalls ein Befehl. Es ist ein Schrei meiner Seele nach Dir – aber ich lasse Dir alle Freiheit ...«[30]

Den Winter 1869/70 verbrachten Olga und Malwida dann tatsächlich in Paris, wo Herzen inzwischen lebte. Als er im Januar 1870 starb, standen sie gemeinsam an seinem Sterbelager. Malwida bewahrte an diesen vielleicht treuesten Freund ihres Lebens immer ein tiefes Andenken – geprägt von der ihr eigenen Neigung zur Verklärung. Sie wurde nicht müde, in seinen Kindern Verständnis für ihn zu wecken. Als sich Olga beispielsweise nach der Lektüre eines Buches von Herzen über seine Ironie beklagte, antwortete ihr Malwida: »Ich begreife, daß Dir seine ironische Art nicht immer gefällt; aber bedenke, daß er keine anderen Waffen hatte, um das Schlechte in Rußland zu bekämpfen, und er fühlte es doch so bitter, gerade weil er Rußland so liebte.«[31]

Das Leben, das Malwida von Meysenbug nach ihrem Weggang aus London führte, war weiterhin geprägt vom Umgang mit interessanten Leuten. In Paris verkehrte sie u. a. mit dem französischen Historiker Jules Michelet, dem Komponisten Hector Berlioz, dem Dichter Charles Baudelaire, dem Maler Gustave Doré, mit Richard Wagner, der wegen seiner Teilnahme am Dresdner Mai-Aufstand 1849 in die Schweiz geflohen, dann nach Paris gegangen war, bevor er sich später zunächst in Tribschen bei Luzern und ab 1872 in Bayreuth niederließ.

Malwida von Meysenbugs mit dem Älterwerden immer deutlicher hervortretender Hang zu idealisieren, Unschönes zu verdrängen und helfende Gefährtin und Gönnern zu sein, zeigte sich besonders ausgeprägt in ihrer Beziehung zu Richard Wagner. In seiner Autobiographie nannte er sie seine »eifrigste Bekennerin«, eine um sein »Wohlergehen allerernstlichst besorgte Freundin«.[32] Sie vermittelte ihm, der uferlose Schulden machte, finanzielle Zuwendungen und verehrte ihn auf selbstlose Weise. Als er 1870 Cosima, die Tochter Franz Liszts und geschiedene Frau Hans von Bülows heiratete, war Malwida von Meysenbug Trauzeugin. In den Briefen an ihre Adoptivtochter Olga, die 1873 den Historiker Gabriel Monod geheiratet hatte, berichtete sie von ihren vielwöchigen Aufenthalten bei Wagners, von den zahlreichen Gesellschaften dort, von der Herzlichkeit, mit der sie als Familienmitglied in der neu erbauten Villa »Wahnfried« aufgenommen wurde. So schilderte sie im August 1878 ihrer »geliebten Olly«, wie Liszt den Parsifal auf dem Klavier spiel-

16 Richard Wagner im Jahre 1864

te, Wagner dazu sang und schließlich alle zusammen Karten spielten: »Wir haben uns aber totgelacht dabei über Wagners sprudelnde Lustigkeit und Witze. Der Übermut quoll ihm aus allen Poren, und dabei das sanfte Lächeln Liszts, der immer gütig, aber doch im Grunde eher traurig ist ... Heute morgen war schon Fest im Garten, der neue Hühnerhof war fertig, und Wagner hat eine Menge seltener Hühner kommen lassen, die nun zum erstenmal da in Freiheit gelassen wurden zum Jubel der Kinder. Liszt war dazu da und ich, dann kamen auch Wagner und Cosima, und wir frühstückten alle zusammen im Garten ... Wagner war ganz erfüllt von seinen Hühnern, und niemand würde glauben, wer diesen gemütlichen Hausvater sieht, daß er der für so stolz und grob verschrieene Wagner oder der große geniale Meister ist.«[33]

Besonders bei der Darstellung des Wagnerschen Familienlebens stellte Meysenbug seine schönen und erhebenden Seiten in den Vordergrund. Kein Wort über Wagners Wutausbrüche, z. B. als Liszt nicht auf Wagners Geburtstag am 22. Mai 1872 zur Grundsteinlegung des Festspielhauses in Bayreuth erschien[34], auch kein Wort der Verletztheit darüber, daß Wagner ihre Bücher ungelesen beiseite legte und sich über ihre sozialistischen Ideen mokierte.

Erst viele Jahre nach Wagners Tod erzählte sie dem jungen Romain Rolland bei einem gemeinsamen Aufenthalt in Bayreuth verschiedene

17 Olga Monod, geb. Herzen

18 Gabriel Monod

19 Cosima Wagner, geb. Liszt

20 Franz Liszt

Erlebnisse, die ihr nicht behagt hatten. Rolland bedrückte der »unerträgliche, germanische Übernationalismus« sowie der »selbstverständliche Antisemitismus«[35] der Familie Wagner. Es verwirrte ihn, daß »die Idealistin« ihm so viel von Wagner und so wenig von Nietzsche erzählt hatte. Dabei habe Nietzsche, schrieb er in seinen Lebenserinnerungen, ihr »eine hellsichtigere Zuneigung und Ehrfurcht bezeigt als der egoistische Wagner, der seine Mitmenschen nach dem Grade blinder Bewunderung und den von ihnen erhofften Diensten für sich und seine Kunst beurteilte. Und dennoch schätzte Malwida den der Freunde mehr, der von ihr weniger hielt; und folgsam, der Parole gemäß, schätzte sie Nietzsche in seiner Funktion als Tempeldiener; im Augenblick, da er sich davon befreite, strich sie ihn aus ihren Gedanken.«[36]

In der Tat war das Ende der über fünfzehn Jahre dauernden innigen Freundschaft zwischen Meysenbug und Nietzsche ein sehr trauriges. Sie hatten sich bei der Grundsteinlegung des Festspielhauses in Bayreuth im Mai 1872 kennengelernt. Malwida hatte »Die Geburt der Tragödie aus dem Geiste der Musik« auf Cosima Wagners Empfehlung hin gelesen, ein Buch, aus dem sie – wie sie später an Nietzsche schrieb – »Unschätzbares und meine tiefste Sympathie Erregendes empfangen«[37] habe. Auch über die »Unzeitgemäßen Betrachtungen«, mit denen Nietzsche den selbstgefälligen Fortschrittsglauben der damaligen Zeit anprangerte, äußerte sie sich begeistert.[38] Und als in Florenz eine Re-

21 Friedrich Nietzsche

form des Bildungswesens durchgeführt wurde, übersetzte sie Nietzsches »Vorlesungen über die Zukunft unserer Bildungsanstalten« ins Italienische.

Nietzsche schätzte an Malwida ihre mütterliche Zuneigung und ihre verständnisvolle Güte. Bei dem Bild »wie Mütter drohn, wie Mütter lächeln« im »Zarathustra« habe er ihr gutes Angesicht vor Augen gehabt. Er begann seine Briefe mit der Anrede »Verehrte liebe Freundin« oder »liebste muttergleiche Freundin« und beendete sie mit Sätzen wie den folgenden: »Bleiben Sie mir, was Sie mir waren, ich komme mir viel geschützter und geborgener vor; denn mitunter überkommt mich das Gefühl der Einöde, daß ich schreien möchte.«[39]

Eine wahrhaft idyllische Zeit erlebten Malwida von Meysenbug, Friedrich Nietzsche, sein Schüler und junger Freund Albert Brenner und der Philosoph und spätere Arzt Paul Rée von Oktober 1876 bis Mai 1877 in der Villa Rubinacci in Sorrent, wo die vier in einträchtiger Wohngemeinschaft zusammenlebten. Sie lasen und diskutierten Thukydides, C. J. Burckhardt, Plato, Voltaire, Diderot, Michelet (d. h., Brenner oder Rée lasen vor, weil Meysenbug und Nietzsche wegen ihrer schweren Augenleiden nur schlecht lesen konnten). Nietzsche schrieb in Sorrent zahlreiche seiner später unter dem Titel »Menschliches, Allzumenschliches« erschienenen Aphorismen. Besonders gern tat er dies unter einem Baum, den er seiner mütterlichen Freundin zeigte, »indem er scherzend sagte: Da fällt mir immer ein Gedanke herunter«.[40]

Wie traut und vergnüglich das gemeinsame Leben war, geht aus den Briefen Meysenbugs an ihre Ziehtochter Olga hervor. So beschrieb sie ihr, wie sie für das Weihnachtsfest den großen Gemeinschaftssaal mit Pflanzen, Bäumchen und Efeugirlanden geschmückt hatte. »Auf dem runden Tisch«, so fuhr sie fort, »standen ein wundervoller Strauß von Kamelien und Rosen ...; da lagen für Nietzsche eine rotseidene Zipfelmütze mit langer roter Quaste, wie sie hier in Sorrent gewebt werden, eine wunderschöne Mode; ferner ein immens großer Fächer von Leinen, um seine Augen zu schützen. Dabei lag folgender Vers:

›Schütze dem Freunde das Haupt,
den Sitz so edler Gedanken,
Daß sie zum Heile der Welt
oft noch künde sein Mund.‹

Auf Rées Platz lag ein sehr niedlicher Handspiegel mit hiesigem Holzmosaik, da er immer behauptet, im Grunde aller menschlichen Handlung sei Eitelkeit; dabei folgender Vers:

›Eitel sahst du die Welt,
sieh nun im Spiegel sie besser;
Oft ist das Wirkliche Trug,
wahr nur der spiegelnde Wahn.‹

22 Malwida von Meysenbug

Auf Brenners[41] Platz stand ein Regenschirm (er hatte nämlich keinen, und es regnet jetzt so viel hier) und dabei der Vers:

›Sehet, wer schleicht gebückt durch Nässe des strömenden Regens,
daß ihm der krempige Hut schirme die lustige Schar
wachsender Kindlein im Kopf? Wandle nun aufrecht, o Brenner!
Unter dem mächtigen Dach wohne gesichert die Brut!‹

Die Kindlein sind seine Novellen, deren er eine Menge schreibt. Auf Trinas[42] Platz lag ein schönes braunes wollenes Kleid, welches ich neulich in Neapel gekauft, und dieser Vers:

›Trina, der sorgenden, die wie Sturmwind hin durch das Haus fährt,
Sage dies Kleid nun den Dank, den treue Sorge verdient!‹

Die Überraschung war groß, als sie nun alle hereinkamen ... Ich war versteckt hinter der Tür meines Schlafzimmers und hörte die Anrufungen mit an und mußte herzlich lachen. Sie waren alle ganz gerührt und glücklich. Mir machte es auch Freude, ihnen welche gemacht zu haben. Das ist doch das Beste im Leben, anderen Freude zu machen.«[43]

Fünf Minuten von ihnen entfernt hatten sich Wagners für einen Monat eingemietet. Nietzsche sah Richard Wagner hier zum letzten Mal. »Die Anhänger eines großen Mannes pflegen sich zu blenden, um sein Lob besser singen zu können«, heißt der 390. Aphorismus unter dem Titel »Singvögel« in »Menschliches, Allzumenschliches«. Nietzsche wollte nicht zu ihnen gehören. Malwida hingegen gehörte dazu.

Als Nietzsche 1888 seine Loslösung von Wagner und die Revision seines einstigen Urteils über ihn in »Der Fall Wagner« zum Ausdruck brachte, reagierte sie verständnislos und bitterböse. Damit endete der umfangreichste Briefwechsel, den Nietzsche je mit einer mit ihm befreundeten Frau hatte.

Ihre grundsätzliche Kritik an Nietzsches Philosophie stellte Meysenbug in der 1901 erschienenen endgültigen Fassung ihrer Nietzsche-Erinnerungen dar: »Der Wille zur Macht ist kein Prinzip einer höheren Lebensauffassung. Er ist auf den niedrigen Naturstufen einfach das Recht des Stärkeren und auf den höheren die Klippe, an der jede Größe scheitert, wie es das Beispiel Napoleons I. unter anderem zeigt. Das ungestörte Recht freier Entwicklung ist ein solches höheres Prinzip. Aber unbeschränkte Freiheit des *Handelns* gibt es nicht. Die Bedingungen unserer eigenen Natur, die Pflichten gegen die Gemeinschaft, in der

23 Franz von Lenbach mit seiner Frau

24 Bernhard von Bülow

25 Romain Rolland

wir leben (denn darauf kommt es doch schließlich hinaus, mag man sie nun Staat, Gesellschaft, Gemeinde oder sonstwie nennen; in Zarathustra-Höhlen hält es der Kulturmensch doch nicht aus), Wohlwollen, Liebe, alle Bande, die uns an andere knüpfen, sind Beschränkungen der individuellen Freiheit. Frei ist nur, wer die notwendigen Fesseln anerkennt und dadurch in dem Allerheiligsten seiner Seele nicht gestört wird.«[44] Als Friedrich Nietzsche krank und umnachtet im August 1900 starb, zwölf Jahre, nachdem Malwida und er letzte Briefe ausgetauscht hatten, schickte ihm die 84jährige Freundin Lorbeerzweige aus Sorrent ans Grab.

Unter den vielen Freunden und vertrauten Bekannten ihrer letzten Lebensjahre in Rom, zu denen der Maler Franz von Lenbach, der 1885 ein Pastellbild von ihr malte, die Freundin Franz Liszts, Karoline Sayn-Wittgenstein, der Diplomat und Reiseschriftsteller Alexander von Warsberg, der italienische Ministerpräsident Marco Minghetti und der spätere Reichskanzler Bernhard von Bülow gehörten, war auch der fast fünfzig Jahre jüngere Romain Rolland. Aus ihrer »töricht leidenschaftlichen Freundschaft«[45] – wie Malwida von Meysenbug es selbst einmal nannte – wurde im Laufe der Zeit eine von Vertrauen und Herzlichkeit geprägte Beziehung. Die tätige Liebe der »großen Europäerin«[46] (Rolland) fand ihren Ausdruck darin, daß sie sein erstes Drama (»Orsini«) sowie einige essayistische Arbeiten von ihm übersetzte, die Kopien seiner Texte bezahlte und seine Schriften wichtigen Leuten empfahl. Ge-

26 Malwida von Meysenbug mit ihren Adoptivkindern

meinsam machten sie weite Landpartien, auf denen Malwida ihrem Schützling zahllose Erinnerungen aus ihrem Leben erzählte. Abends spielte ihr Romain auf dem Klavier Beethoven vor – aus den Diabelli-Variationen, aus der Missa Solemnis, das Adagio aus der Klaviersonate opus 106. Das Klavier hatte Olga Monod für ihre »zweite Mutter« gemietet, der die Musik Trost und Erquickung bedeutete. Und Rolland brachte das Klavier zum Klingen in einer Zeit, da es weder Schallplatten noch Radio gab.

Aber nicht nur dieser junge Dichter war die Freude ihres Alters. Herzens Töchter Olga und Natalie kümmerten sich in rührender und aufopferungsvoller Weise um sie. Da Malwida so sehr das Meer liebte, begleiteten Natalie und Olgas Tochter Jeanne die 85jährige nach Nettuno. Aus der Villa Cortegiani, wo sie sich eingemietet hatten, schrieb Malwida am 29.7.1902 an Olga: »Nun sitzen drei Skribenten am großen Eß-, Arbeits-, Schreib- und ricevimento- kurz alles in allem Tisch, und es ist wahrhaft imposant, zugleich aber höchst amüsant für den stillen Beobachter, das heißt Mumu, (Malwida, R. W.), daß sie ihre kleinen Bemerkungen noch so in aller Stille macht. Es zeichnen sich nämlich wie immer im Leben bei solchen Beschäftigungen ganz unbewußt die

Naturen in ihrer Ursprünglichkeit, ganz charakteristisch. Jeanne nimmt rasch einen Briefbogen, wie er gerade kommt; ihre Feder fliegt nur so darüber hin; schup: ist ein Brief fertig; schnell ins Kuvert hinein, francobolli darauf, schnell fort zu Nr. 2, denn die Post wartet nicht! Tante Tata (Natalie, R. W.) hat eine leere Schachtel zu ihrem Sekretariat erhoben; geordnet liegen die erhaltenen Briefe darin, ein zu beantwortender wird behutsam herausgezogen, dann ein sauberer Briefbogen vorsichtig unter anderen herausgenommen; dann die Adresse mit dem Datum weitläufig obenhin angemerkt, und nun geht es an detaillierte Lebensbeschreibungen, Vorwürfe wegen Nichtschreiben etc. Die Dritte, old Mumu nämlich, sieht alles mit stillem Lächeln, und als alter Praktikus nimmt sie ihr Blättchen und schreibt, was ihr fünfundachtzigjähriges Gehirn noch auszuhecken vermag.«[47]

So munter, aufmerksam und geistig klar blieb sie bis an ihr Lebensende. Als sie im Alter von 86 Jahren am 26. April 1903 im Kreise der ihr liebsten Menschen starb, lächelte sie – so Gabriel Monod an Romain Rolland –, daß »einem das Herz schmolz ... Ihr Ende entsprach dem Ideal ihres ganzen Lebens: ›Friede, Liebe!‹«

Ihre Asche wurde auf dem Friedhof bei der Cestius-Pyramide in Rom beigesetzt, wo auch Goethes Sohn August und die Asche Shelleys ruhen. Auf der von einem ihrer »Enkel« entworfenen, dunkelroten Marmorurne stehen »die beiden Worte, die der elysische Gesang ihrer Seele sind und die begleitet werden vom Wehklang römischen Windes in den sonnigen Zypressen: Amore. Pace«.[49]

27 Malwida von Meysenbug im Alter

Malwida von Meysenbug

Memoiren einer Idealistin

Die Auswahl aus den beiden Bänden der »Memoiren einer Idealistin« und dem Nachtragsband »Der Lebensabend einer Idealistin« erfolgte unter zwei Gesichtspunkten. Zum einen sollte ein lebendiges Bild von Malwida von Meysenbugs Leben vor Augen treten – des Lebens einer Frau, die sich mit bewundernswerter Kraft aus den emanzipationsfeindlichen Banden ihrer Herkunft fast befreite, deren Flügelschlag aber unter den verbliebenen Fesseln immer mehr erlahmte.

Zum anderen sollte ein vielseitiges und anschauliches Bild des 19. Jahrhunderts erstehen, wie es sich in den auf politische, gesellschaftliche, kulturelle und familiäre Dinge eingehenden »Memoiren« spiegelte. Gestrichen wurden vor allem die zuweilen langatmig vorgetragenen weltanschaulichen und religiösen Überlegungen, die für die heutigen Leserinnen und Leser weniger interessanten Erinnerungen der alternden Malwida von Meysenbug, eingestreute Gedichte, viele Zitate aus Büchern und Briefen, schließlich der größte Teil des »Lebensabends«, den die Autorin mangels erzählenswerter Erlebnisse mit wenig überzeugenden Erzählungen und Erörterungen anreicherte. Insgesamt wurden die drei Memoiren-Bände um knapp zwei Drittel gekürzt. Die Schreibweise wurde dem heutigen Sprachgebrauch angepaßt. Ausführliche Anmerkungen geben Auskunft über politische und soziale Hintergründe sowie über viele der von Malwida von Meysenbug erwähnten Personen (die sie zum Teil nicht beim Namen nannte, weil sie diese als bekannt voraussetzen konnte oder bewußt verschwieg, um niemanden zu kompromittieren).

Die Einleitung zu diesem Band gibt zwar ein Gesamtbild von Malwida von Meysenbugs Leben. Sie ist aber auch als Ergänzung und Korrektur zu den »Memoiren« gedacht, da »die Idealistin« manches verschwieg, anderes beschönigte.

Daher habe ich auch kaum aus den »Memoiren«, sondern vor allem aus nachgelassenen Dokumenten und Briefen und aus Zeugnissen ihrer Zeitgenossen zitiert.

Renate Wiggershaus

Früheste Erinnerungen

Es würde schwer sein, inmitten einer größeren Stadt ein besser gelegenes Haus zu finden, als das war, in dem ich geboren wurde und die ersten Tage der Kindheit verlebte. Das Haus lag in der Stadt Kassel und gehörte zu einer Reihe von Häusern, die eine Straße begrenzten, der man mit Recht den Namen Bellevue gegeben hatte, denn an der gegenüberliegenden Seite waren keine Häuser, sondern man genoß der herrlichen Aussicht auf schöne Garten- und Parkanlagen, die terrassenförmig in eine fruchtbare Ebene, durch die einer der größeren Flüsse Deutschlands, die Fulda, hinzieht, hinabsteigen. Ich war die Vorjüngste von zehn Kindern, die alle gesund und geistig begabt waren. Meine Eltern waren noch jung[1], als ich auf die Welt kam. Sie lebten in jener glücklichen Mitte zwischen dem Überflüssigen und dem Notwendigen, in der sich die meisten Bedingungen für häusliches Glück finden. Ich habe aus den ersten Kindheitstagen wie einen lichten Schein unendlicher Heiterkeit zurückbehalten. Nur drei bestimmtere Erinnerungen lösen sich von diesem hellen Hintergrunde ab.

Die erste dieser Erinnerungen ist das Wohnzimmer meiner Mutter, mit gemalten Tapeten, die Landschaften mit Palmen, hohem Schilfrohr und Gebäuden von fremdartiger Architektur enthielten. Meine kindliche Phantasie hatte Freude an dieser phantastischen Welt. Dazu kam, daß ein Freund des Hauses[2] mir Märchen dabei erzählte; z. B. daß eines dieser wunderbaren Häuschen die Wohnung eines Zauberers sei, der Blumenbach heiße und dem die ganze Natur gehorsam sei. Bei dem Häuschen stand ein großer Storch auf seinen langen, steifen Beinen, den Kopf mit dem langen Schnabel auf die Brust gesenkt. Das sei Blumenbachs Diener, sagte mein Freund; er stehe da immer und warte der Befehle seines Herrn.

Die zweite der Erinnerungen ist die an einen Abend, wo meine Wärterin mir erzählte, daß meine kleine Schwester, die vor nicht langer Zeit geboren war, wieder gestorben sei. Gegen das Verbot meiner Mutter ließ sie mich durch eine Glastür in ein Zimmer sehen, in dem ein schwarzer Kasten stand; in diesem Kasten lag meine kleine Schwester schlafend, weiß wie Schnee und mit Blumen bedeckt.

Die dritte Erinnerung endlich knüpft sich an die Person des alten Fürsten[3], der das Kurfürstentum Hessen, den kleinen deutschen Staat, der meine Heimat ist, beherrschte. Sein Wagen fuhr jeden Tag an unse-

28 Malwida von Meysenbugs Geburtshaus, Kassel, Schöne Aussicht 7

rem Hause vorüber; zwei Läufer in Livree liefen vor dem Wagen her. Im Wagen saß ein Greis, in einer Uniform mit dem Schnitt aus der Zeit Friedrichs des Großen und einem dreieckigen Hut auf dem Kopf. Seine weißen Haare waren hinten in einen Zopf geflochten und eine schreckliche Geschwulst bedeckte ihm die eine Backe. Das war die Krankheit, an der er starb. Ich sah sein Begräbnis nicht, aber meine alte Wärterin wiederholte mir unzähligemal die Beschreibung desselben. Man bestattete ihn nicht in der Gruft seiner Ahnen in der großen Kirche. Zufolge seines Wunsches setzte man ihn in der Kapelle eines Lustschlosses (auf der Wilhelmshöhe) bei, das er hatte bauen lassen und das sein Lieblingsaufenthalt gewesen war. Das Leichenbegängnis ging die Nacht vor sich, beim Scheine der Fackeln, nach alter Sitte. Ein Ritter in schwarzer Rüstung, auf einem schwarzen Pferd, mußte dicht hinter dem Trauerwagen herreiten. Dieser Ritter wurde immer aus der hohen Aristokratie gewählt, aber er mußte stets, wie die Sage erzählte, diese Ehre mit dem Leben büßen. Auch in diesem Fall wurde der Volksglaube nicht getäuscht. Der diesmalige Schauspieler in dem nächtlichen Drama, ein junger Edelmann voll Kraft und Gesundheit, wurde drei Wochen nach dem Begräbnis von einem Fieber hinweggerafft. War dieses Fieber einfach die Folge einer Erkältung in der kalten Eisenrüstung während des langen nächtlichen Zuges? Das Volk dachte nicht an eine solche Möglichkeit, und meine kindliche Einbildungskraft stimmte dem Volksglauben bei. Auch ergriff mich jedesmal ein geheimer Schauer, wenn ich mit meinen Eltern das Lustschloß besuchte und in der Rüstkammer auf einem schwarzen hölzernen Pferd die schwarze Rüstung sitzen sah, die der unglückliche Kavalier in jener Nacht getragen hatte.

Öffentliche und persönliche Beziehungen

Der Tod des alten Herrn wurde nicht nur in meiner Familie die Ursache großer Veränderungen, sondern er bezeichnete, sozusagen, das Ende einer ganzen Epoche in der Geschichte meines kleinen Vaterlandes. Das regierende Haus, dem er angehört hatte, war sehr alt und zählte unter seinen Ahnen Mitglieder, die sich durch Tapferkeit und Charaktergröße ausgezeichnet hatten. Aber die letzten Generationen waren herabgekommen. Sie hatten ihr Privatvermögen auf schamlose Weise vermehrt, indem sie ihre Untertanen an fremde Mächte verkauften, um sie in fernen Kriegen zu verwenden. Maitressen regierten seit langem das Land. Die letzte Regierung war sonderbaren Wechselfällen unterworfen gewesen. Der Charakter des alten Fürsten hatte bei allen Fehlern eine gewisse Würde gehabt; bei der Annäherung des allgewaltigen Eroberers[4] unseres Jahrhunderts verließ er freiwillig sein Fürstentum, da er wohl wußte, daß er nicht Macht hatte, es zu verteidigen, und seinen Untertanen unnütz vergossenes Blut ersparen wollte. Er zog die Verbannung der schmachvollen Unterwerfung anderer deutscher Fürsten vor. Die Hauptstadt seines kleinen

29 Ludwig Sigismund Ruhl, der Märchenerzähler im Hause Meysenbug

Reichs wurde die eines großen Königreichs, das der Eroberer Jérôme, dem jüngsten seiner Brüder, schenkte. Die Eleganz, die Frivolität und die Leichtgläubigkeit der französischen Sitten ließen sich in den verlassenen Wohnungen der Zopfmenschen nieder. Der junge König schuf ein kleines Paris[5] auf deutscher Erde.

Mein Vater, der seine Familie nicht in die Verbannung führen konnte, blieb und trat in den Dienst des neuen Staats. Meine Mutter war ganz jung und sehr schön; so war es nur natürlich, daß beide an dem lebhaften, fröhlichen Leben des jungen Hofes teilnahmen. Wie oft quälte ich meine Mutter, damit sie mir immer und immer wieder die Geschichte jener Tage, die lange vor meiner Geburt ihr Ende erreichten, erzähle! Wie begierig lauschte ich den Beschreibungen der glänzenden Feste und der schönen, reizenden Frauen, die mit ihren Familien aus Frankreich gekommen waren, um durch ihre Grazie den Hof des galanten Königs zu schmücken! Mit welchem Interesse untersuchte ich die Garderobe meiner Mutter, in der sich noch viele Überreste jener Zeit fanden! Wie mir diese Schäferkostüme, diese türkischen Kleider, diese antiken Draperien gefielen! Eine Menge Gedanken wurden in mir wach, wenn ich an das vorzeitige Ende all dieser Herrlichkeit dachte. Wie ein Traum war all das Prächtige verflogen. Die Russen waren an den Toren der Stadt erschienen, ihre Kugeln hatten durch die Straßen gepfiffen. Meine Eltern hatten ihre besten Sachen eingepackt und das Haus verlassen, das dem feindlichen Angriff zu sehr ausgesetzt war. Die alte Tante, die mit uns lebte, hatte viele Gegenstände in Fässer voll Mehl auf dem Boden versteckt. Eine Kanonenkugel traf das Haus und blieb in der Mauer stecken.

Indem ich diesen Erzählungen horchte, bedauerte ich von ganzem Herzen, nicht damals schon gelebt zu haben, damit ich die Gefahr mit meinen Eltern hätte teilen können. Ich wäre auch sehr begierig gewesen zu wissen, ob die Kosaken die Sachen, die im Mehl versteckt waren, gefunden hätten, im Fall die Stadt geplündert worden wäre.

Aber die Stadt sowohl wie meine Eltern wurden vor dem Ruin bewahrt. Der alte Fürst kehrte in sein Land zurück. Die Zöpfe und die Korporalstöcke nahmen wieder den Platz ein, den die französischen Grazien verlassen hatten. Das Land wurde abermals von einer Maitresse, der wenig liebenswürdigen Pflegerin eines siechen Greises, regiert. Günstlinge, die sich im Exil, das sie mit ihrem Fürsten teilten, bereichert hatten, erhielten die ersten Stellen im Staat. Das Volk, das unter den verschiedenen deutschen Stämmen für seine Anhänglichkeit an sein Fürstenhaus bekannt war, hatte den wiederkehrenden Regenten zuerst mit freudigem Entzücken begrüßt; bald aber wurde man inne, daß das Band zwischen Vergangenheit und Gegenwart zerrissen war. Die Fürsten und die Völker hatten die nationale Erhebung und die Unabhängigkeitskriege in sehr verschiedener Weise verstanden. Die begeisterten Träume so vieler edler Herzen verflogen, und anstatt des Morgenrots der Freiheit, das die deutsche Jugend erhofft hatte, stieg ein neuer, düstrer, nebelverhüllter Tag herauf. Die Menschen der alten Zeit betrachteten den Zwischenakt der großen Komödie der absoluten Monarchie als beendet, um in Bequemlichkeit aufs neue die alten Throne und die alte Herrschaft einzunehmen. Das Blut der Völker war umsonst geflossen. Die Geschichte stand wieder still.

Nur der Tod stand nicht still; er holte den Greis mit dem Zopf, und von diesem Augenblick an wurden wenigstens die Haare im ganzen Land von der Fessel der Vergangenheit erlöst.

Äußerlich veränderte sich vieles unter der neuen Regierung. Mein Vater, der als Kind ein Spielkamerad des Erbprinzen gewesen war, wurde in die Nähe des nunmehrigen Fürsten[6] berufen, um eine bedeutende Stelle im Staate einzunehmen. Wir verließen das Haus, das ich im Anfang dieser Erzählung erwähnt habe, um ein größeres und glänzenderes, dicht beim fürstlichen Schlosse, zu bewohnen.

Unser Familienleben

Ich muß glauben, daß das Gefühl der Ehrfurcht mir eingeboren war, denn man hatte mich nie gezwungen, irgendeine Art von Kultus zu beobachten, und doch hatte ich einen solchen für meine Eltern und meine älteste Schwester. Sie war schon erwachsen, als ich noch ein kleines Mädchen war. Sie erscheint mir in der Erinnerung wie eine der Madonnen der altdeutschen Maler, die die Typen der ausschließlich weiblichen Schönheit sind – jener Schönheit, die mehr im Ausdruck himmlischer Reinheit und Sanftmut besteht als in der Regelmäßigkeit der Züge. Meine Verehrung für diese Schwester ging so weit, daß meine Mutter ein wenig eifersüchtig darauf wurde. Das war der erste Konflikt in meinem kindlichen Leben; er endete mit der Verheiratung meiner Schwester, die ihrem Gatten in seine Heimat folgte.[7] Diese erste Trennung kostete mich viel Tränen.

Die Liebe zu meiner Mutter erwachte danach aber in ihrer ganzen Stärke. Ich erinnere mich noch des Entzückens, mit dem ich sie betrachtete, wenn sie, die noch immer schön war, sich zu einem Feste

30 Kassel um 1830

schmückte, besonders zu einem Ball bei Hof. Ich setzte mich dann an das Fenster einer dunkeln Stube, von wo aus ich die von Licht strahlenden Fenster des fürstlichen Schlosses sehen konnte. Da wartete ich, bis sie in die erleuchteten Prachtgemächer trat und an einem der Fenster die Vorhänge etwas auseinanderschob, damit ich hineinsehen könne. Ich sah die Damen in prächtigen Anzügen, die Herren in goldgestickten Uniformen zu beiden Seiten des Saales aufgestellt. Ich sah den Fürsten und seine Familie eintreten und an den Reihen der aufgestellten Personen entlanggehen, um einer jeden derselben ein paar Worte zu sagen. Man schien diesen Worten eine große Wichtigkeit beizulegen, weil es wie der Gipfel der Demütigung angesehen wurde, wenn eine Person übergangen und nicht angeredet worden war. Wie stolz war ich, wenn ich sah, daß man sich mit meiner Mutter länger unterhielt als mit andern! Ich glaubte fest, daß dies eine große Auszeichnung sein müsse. War denn ein Fürst nicht ein über die andern erhabenes Wesen? Warum war er denn sonst ein Fürst? Ich hatte ja in den Märchen der Tausend und Einen Nacht so viel von dem edeln, großmütigen Charakter Harun al Raschids gehört, war so durchdrungen von der ritterlichen Tugend des Kaisers Friedrich des Rotbarts, der im Kyffhäuser sitzt und auf den Augenblick wartet, um das herrliche deutsche Reich wieder herzustellen, daß ich nicht an der Erhabenheit der Fürsten zweifelte.

Mein Vater, der mit Geschäften überhäuft war, hatte nicht viel freie Zeit für seine Kinder; wenn er sich aber einmal mit uns abgeben konnte, so war es ein wahres Fest, denn es wäre unmöglich gewesen, eine redlichere, liebevollere, zärtlichere Natur zu finden, als die seine war.

Unsere Mutter war es, die sich damit beschäftigte, die künstlerischen Neigungen in uns zu wecken. Ihre Geistesrichtung gehörte jener geistigen Mitte der Zeit an, zu welcher die Humboldts, Rahel[8], Schleiermacher, die Schlegels und andere berühmte Zeitgenossen zählten. Diese Richtung, zugleich liberal, patriotisch und philosophisch, hatte auch eine eigentümliche Beimischung von dem Mystizismus, den die damals in höchster Blüte stehende romantische Schule hinzubrachte. Verbunden mit der unabhängigen Natur meiner Mutter, führte diese Richtung sie sehr häufig zur Opposition gegen die Konvention der Gesellschaft, an der die Stellung meines Vaters sie teilzunehmen zwang. Ganz besonders war dies der Fall bei der Wahl der Personen, aus denen sie ihren engeren Kreis bildete. Anstatt sie ausschließlich aus den Reihen der Aristokratie zu nehmen, wählte sie sie vielmehr nach den Eigenschaften des Geistes und Herzens, unbekümmert darum, welcher Schicht der Gesellschaft sie angehörten. Besonders gern zog sie die ausgezeichnetsten Mitglieder des Theaters herbei, deren Leistungen ihr

31 Kassel um 1830

Entzücken und Genuß gewährten und die sie ihren übrigen Gästen vollkommen gleichstellte. Das war damals noch eine große Kühnheit, denn man sah die Theatermitglieder noch wie eine ausgeschlossene Kaste, eine Art Parias an, höchstens gut genug, den anderen Sterblichen die Langweile zu vertreiben, aber durchaus nicht berechtigt, sich ihresgleichen zu wähnen. Auch wurde meine Mutter sehr deshalb getadelt, und selbst mein Vater teilte ihre Ansicht in dieser Beziehung nicht ganz. Er kam selten zu den kleineren Vereinigungen bei ihr. Meine älteren Schwestern und Brüder aber, die selbst alle sich der einen oder anderen Kunst gewidmet hatten, nahmen daran teil, und ganz besonders waren es treffliche musikalische Aufführungen, die häufig im Hause vorkamen. Meine Kindheit verging in dieser geistigen und künstlerischen Mitte. In unserem Familienleben waren die Kinder nicht so von dem Leben der Erwachsenen ausgeschlossen, wie dies z. B. in England der Fall ist. Meine Mutter war der Ansicht, daß die Berührung mit ausgezeichneten Menschen nur einen guten Einfluß auf die geistige Entwicklung der Kinder haben könne und allmählich ihr Urteil und ihren Geschmack entwickeln müsse. Ich glaube, daß sie ganz recht hatte und daß diese Bemühungen, so weit sie möglich sind, eins der wichtigsten Elemente der Erziehung sein müßten. Die Griechen wußten es wohl, und die Lyzeen, wo ihre Philosophen und Weisen sich mit den Kindern unterhielten, trugen wahrscheinlich nicht wenig dazu bei, aus ihnen ein Volk zu machen, wie bis jetzt noch kein ähnliches dagewesen ist.

Wir erhielten keine sogenannte religiöse Erziehung. Ich erinnere mich nicht, wer mir zuerst von Gott sprach und mich ein kleines Gebet lehrte. Wir wurden niemals genötigt, unsere Frömmigkeit in Gegenwart der Diener oder fremder Personen zur Schau zu tragen, wie es in England geschieht. Ich für mein Teil befolgte, ohne es zu wissen, das Gebot Christi, das sagt, daß man allein sein muß, wenn man recht beten will. Jeden Abend, wenn ich in meinem Bett lag und keinen anderen Vertrauten hatte als mein Kopfkissen, wiederholte ich leise für mich mein kleines Gebet, mit der Andacht des wahren Glaubens. Niemand wußte etwas davon. Mein Gebet lautete: »Lieber Gott, ich bin klein, mach du mein Herz rein, daß niemand drin wohne wie der liebe Gott allein.«

Doch konnte ich es nicht verhindern, daß mein Herz noch andere geliebte Einwohner hatte. Ich erfand mir also selbst ein zweites Gebet, das ich jeden Abend im geheimen nach dem ersten betete und in dem ich den Segen Gottes auf meine Eltern und Geschwister, auf meinen Lehrer und dessen Familie und schließlich auf alle guten Menschen herabrief. Wenn ich diese mir von mir selbst auferlegte Pflicht des Herzens erfüllt hatte, war mein Gewissen beruhigt und ich schlief den Schlaf des Gerechten.

Eines Morgens erwachte ich vor Tagesanbruch durch ein ungewohntes Geräusch im Schlafzimmer meiner Mutter, in dem auch meine jüngste Schwester[9] und ich schliefen. Es war im Winter, das Feuer im Ofen wurde bereits angesteckt. Ich hörte meine Mutter weinen und die alte Tante, die an ihrem Bett stand, sagen: »Tröste dich, dein Kind ist jetzt bei Gott.« – Ich begriff, daß man von dem kleinen Bruder redete, der, erst einige Monate alt, seit mehreren Tagen krank gewesen war. Ich weinte auch still in mein Kopfkissen, ohne merken zu lassen, daß ich erwacht sei und die Worte gehört habe, die mir ein erhabenes Geheimnis zu enthalten schienen, das über meine Fassungskraft ging. Als die Zeit des Aufstehens für mich gekommen war, sagte man mir, mein kleiner Bruder sei gestorben. Ich hätte gern mehr über dies Geheimnis des Sterbens und der Vereinigung mit Gott gewußt, aber ich wagte nicht zu fragen, aus Furcht, die Betrübnis der anderen zu vermehren.

Am Nachmittag kam eine kleine Freundin, uns zu besuchen. Man führte sie in das Zimmer, wo der tote Bruder lag, aber mich und meine jüngere Schwester ließ man nicht eintreten. Das verwundete mich tief. Man hielt mich also für zu schwach, um den schmerzlichen Anblick zu ertragen, oder für unfähig, das Unglück zu begreifen! Ich sprach niemals davon, aber der Stachel war so tief in das Herz gedrungen, daß selbst jetzt noch, nach so viel größeren Täuschungen, ich seine Spitze fühle.

Die erste Revolution

Mein Vater war mit dem Fürsten in ein entferntes Bad gereist, wo der letztere eine Kur brauchen sollte. Plötzlich verbreitete sich die Nachricht, der Fürst sei dort gefährlich erkrankt. Man flüsterte sich zu, die Wirklichkeit sei noch schlimmer als die Nachricht, ja man sprach von Todesgefahr. Das Land war in großer Aufregung. Die Nachrichten über die Julirevolution waren kurz zuvor aus Frankreich gekommen. Ein elektrischer Strom durchzuckte Europa. Alle Elemente der Unzufriedenheit, die seit langem in den Völkern gärten, wollten an das Licht. Ich hörte zum erstenmal das Wort *Revolution.*

Ich war von dem allen sehr aufgeregt. Ein Vorgefühl von Dingen, die eine bis dahin ungekannte Wichtigkeit ahnen ließen, erfüllte mich.

Aber wie es bei Kindern zu gehen pflegt, so hatten meine Gefühle einen ganz persönlichen Charakter: Ich fürchtete Gefahren für meinen geliebten Vater. Die Unzufriednen im Lande erhoben ihre Stimme und sagten, der Fürst habe die Reise nur seiner Maitresse[10] zuliebe unternommen, der man die Bäder verordnet hatte. Man klagte deshalb alle an, die sich im Gefolge des Fürsten befanden, und mein Vater war die Hauptperson darunter. Man behauptete auch, die Wahrheit werde verhehlt, um den legitimen Thronerben zu hindern, aus der Verbannung zurückzukehren. Endlich murrte man, daß das Land sich in einem so kritischen Augenblick ohne Regierung befände. Die liberale Partei schrieb den Namen des Thronerben und seiner Mutter auf ihr Banner und verlangte stürmisch deren Zurückberufung.

Meine Familie sah voll Angst die schweren Wolken, die sich mehr und mehr über dem Haupt meines Vaters zusammenzogen. Ich zitterte für ihn, ohne die ganze Tragweite der Ereignisse zu verstehen, und ich erinnere mich sehr wohl des Augenblicks, wo ich, von einer plötzlichen Eingebung erfaßt, mich zu Gott, als dem höchsten Helfer, wendete. Allein, die Augen zum Himmel erhoben, als sollten sie durch die Himmelsräume bis zum Thron des Allmächtigen dringen, richtete ich ein glühendes Gebet an ihn. Ich versprach ihm, die einzige schlechte Neigung, deren ich mir bewußt war, zu überwinden, wenn er das Leben des Fürsten erhalten wolle, von dem, wie ich mir vorstellte, die glückliche Heimkehr und die Ruhe meines Vaters abhing.

Man möge über diesen kindlichen Vertrag lachen, wenn man will, aber es war das doch der Glaube, der Berge versetzen kann, der bittet und sich erhört fühlt. Gott nahm auch meinen Vertrag an. Es kamen bessere Nachrichten, das Leben des Fürsten war außer Gefahr. Aber ehe er so weit hergestellt war, um reisen zu können, waren Unruhen in mehreren Teilen von Deutschland, und auch in unserem Lande, ausgebrochen. Man wünschte die Rückkehr des Fürsten, aber nicht die seiner Maitresse. Sie wurde an der Grenze in so bedrohlicher Weise empfangen, daß sie es für besser fand, umzukehren. Der Fürst kam allein in Begleitung meines Vaters. Es rührte mich sehr, als ich ihn zum erstenmal zu Fuß vom Schloß in das Ministerium gehen sah. Er war blaß, gealtert, sein Gang unsicher, sein Haar ergraut.

Wenige Tage später kehrten seine legitime Gemahlin, der Erbprinz und dessen Schwester zurück. Diese Menschen, durch die engsten natürlichen Bande vereinigt, begegneten sich wieder, nach jahrelanger Trennung, auf den Befehl ihrer Untertanen. Man feierte die Versöhnung, von der die Herzen der Beteiligten nichts wußten, als ein öffentliches Fest. Der Fürst und seine Familie zeigten sich den Volksmassen, die den großen Platz vor dem Schloß bedeckten, auf dem Balkon. Enthusiastische Freudenbezeugungen empfingen sie und steigerten sich bis zum ausgelassensten Jubel, als der Fürst ein zweites Mal auf dem Balkon erschien, umgeben von den Abgesandten des Volks, unter denen sich die fanatischsten Liberalen befanden, und versprach, was das Volk durch ihren Mund verlangt hatte: eine Konstitution.

Mein Vater begab sich nun mit Eifer an ihre Ausarbeitung. Er entwarf sie auf so breiter und freier Grundlage wie nur möglich. Aber er war tief gekränkt durch die ungerechten Angriffe, deren Gegenstand er fortwährend, trotz seiner reinen Absichten und seines unermüdlichen Eifers, war. Man beschuldigte ihn, im Einverständnis mit der Maitresse gehandelt und bei der Verteilung von Gunstbezeugungen an Leute, die es nicht verdienten, gegen die Fürstin und den Erbprinzen intrigiert zu haben, kurz, das Instrument des Despotismus gewesen zu sein, während er den despotischen Neigungen des Fürsten stets zum Besten des Landes energischen Widerstand geleistet und sich des Beistandes der Maitresse nur bedient hatte, um Akte der Gerechtigkeit und Redlichkeit durchzusetzen.

Wie oft hatte ich nicht meine Mutter mit tödlicher Angst den Ausgang der Szenen im Schloß erwarten sehen, wo mein armer Vater allein gegen die unbezähmbaren Leidenschaften eines Menschen, in dessen Händen das Geschick von Tausenden lag, kämpfte. Ich fing an, die zu hassen, die ihn verkannten, als ich sah, wie die Sorge in seinem verehrten Antlitz Furchen zog und wie das wohlwollende Lächeln, das es sonst verschönte, nie mehr darauf erschien. Ich nahm leidenschaftlich Partei für ihn gegen die Revolutionäre, doch wagte ich es nicht, im betrübten Familienkreis dem, was in meinem Herzen kochte, Luft zu machen. Konnte ich aber meinem Zorn nicht mehr gebieten, dann flüchtete ich mich in das Zimmer der Dienstboten und hielt da glühende Reden über die Tugenden meines Vaters und die Bosheit seiner Feinde.

Der Herbst kam; die Aufregung im Volke dauerte fort, und aufrührerische Szenen erneuerten sich von Zeit zu Zeit. Der Fürst hatte sich in seine Sommerresidenz zurückgezogen, die eine Stunde von der Hauptstadt entfernt lag, unter dem Vorwande, daß seine Gesundheit der Ruhe bedürfe, in Wahrheit wohl aber nur, um ferner von dem Sitz des Aufruhrs zu sein. Die älteste seiner illegitimen Töchter, ein junges Mädchen von großer Intelligenz und edlem Charakter, war bei ihm. Die Fürstin und der Erbprinz waren in der Stadt. Mein Vater befand sich bei dem Fürsten in der Sommerresidenz, doch kam er täglich zur Stadt gefahren, um im Ministerium an dem Konstitutionsentwurf zu arbeiten.

Mit Angst erwartete ich jeden Morgen am Fenster den Wagen, der ihn brachte, und es war mir tieftraurig, daß er kaum die Zeit hatte, uns zu begrüßen. Die Besuche, die wir ihm in der Sommerresidenz machten, waren auch wenig befriedigend. Wir mußten stets im geschlossenen Wagen fahren, denn das unwissende Volk schloß in seinen Haß gegen die einzig Schuldigen nicht nur meinen Vater ungerechterweise, sondern auch seine ganze Familie ein, und wir konnten es erwarten, daß man unsern Wagen mit Steinen bewerfen würde, hätte man uns erkannt. Ich hatte gar keine Angst wegen einer persönlichen Gefahr, aber ich fühlte uns alle von einem traurigen, fürchterlichen Schicksal bedroht, und ich war tief beleidigt, daß die Unschuldigen leiden mußten. Der schöne Aufenthalt meines Vaters, in dem ich so viele glückliche Stunden der Kindheit verbracht hatte, erschien mir jetzt wie eine Art Gefängnis, über dem eine düstere Zukunft schwebte.

Eines Tages[11] wurde die Stadt alarmiert durch die Nachricht, daß die verhaßte Maitresse heimlich auf dem Lustschloß angekommen sei, daß man die Flucht des Fürsten vorbereite, daß man die Arbeit an der Konstitution suspendieren wolle, daß man einen Staatsstreich beabsichtige und was der Gerüchte mehr waren. Das war der Funken, der in die Pulvermine fiel. Im Nu waren die Straßen von tobenden Massen erfüllt, die sich dann, unter der Leitung ihrer Führer, zu einem ungeheuren Zuge ordneten und mit Geschrei und Drohungen der Sommerresidenz zuzogen. Die meisten Bewohner unseres Hauses waren ausgegangen, um die Ereignisse zu verfolgen und die Rückkehr der Volksmassen zu beobachten. Der jüngste meiner Brüder[12], ein Knabe von sechzehn Jahren, ein Diener und der alte Schreiber meines Vaters bildeten das ganze männliche Personal, das im Hause zurückblieb. Außerdem waren meine Mutter, die alte Tante, meine jüngere Schwester, ich und einige Dienstmädchen zu Haus. Im ersten Stock war die fürstliche Kanzlei mit wichtigen Papieren. Der alte Schreiber saß darin wie ein Soldat auf seinem Posten und erwartete die Ereignisse. Die Stadt war beinah leer, denn die lärmende Prozession, die nach dem Lustschloß gezogen war, brauchte mehrere Stunden, ehe sie zurückkehren konnte. Die übrigen Einwohner blieben still in ihren Häusern. Von unseren Fenstern aus konnte man die lange Straße hinunter bis zum Tor hinsehen, von wo der Weg zum Lustschloß führte. Nach einigen Stunden angstvoller Erwartung hörten wir einen Lärm, dem fernen Rauschen des Ozeans ähnlich. Bald sahen wir eine dichte, schwarze Masse in der Ferne erscheinen, die sich langsam heranbewegte und die Straße ihrer ganzen Breite nach ausfüllte. Ein Mann von ungewöhnlicher Größe ging voraus und schwang einen dicken Stock in der Hand. Dies war ein Bäcker, der das Haupt der Bewegung geworden war. Plötzlich hielt er vor unserem Hause still und mit ihm die ganze Masse, die ihm folgte. Er erhob seinen Stock gegen unsere Fenster und stieß furchtbare Verwünschungen aus. In demselben Augenblick erhoben sich Tausende von Händen und Stöcken und Tausende von Stimmen schrien und brüllten. Kaum daß wir Zeit hatten, uns von den Fenstern zurückzuziehen, so flogen schon große Pflastersteine gegen die Fenster des ersten Stocks und einige erreichten sogar den zweiten Stock, den wir bewohnten. Zu gleicher Zeit erfolgten heftige Schläge gegen die Haustür. Mein junger Bruder hatte die Geistesgegenwart gehabt, beim Herannahen der Volkshaufen die Türe zu schließen und die inneren Riegel vorzuschieben. Die wütende Menge wollte die Tür mit Gewalt öffnen, und Gott weiß, welches unser Schicksal gewesen wäre, wenn nicht zu rechter Zeit Hilfe gekommen wäre. Zwei junge Offiziere zu Fuß brachen sich Bahn durch die Menge. Es waren der Erbprinz und sein Adjutant. Sie stellten sich vor unsere Tür, und der Erbprinz richtete einige Worte an die Aufrührer, befahl ihnen auseinanderzugehen und sich zu beruhigen und versprach, daß ihre gerechten Wünsche gehört und befriedigt werden sollten. Dieser Beweis von Mut machte einen großen Eindruck. Zu gleicher Zeit sah man langsam eine Abteilung Kavallerie, den gezogenen Säbel in der Hand, die Straße herabziehen. Die Massen fingen an, sich zu zerstreuen, indem sie immer noch Verwünschungen und Drohungen ausstießen. Nachdem die Straße gesäubert war, kam der Prinz zu uns herauf, um meiner Mutter sein Bedauern und seine Teilnahme auszusprechen und ihren Dank zu empfangen. Am Abend waren die Zimmer meiner Mutter voller Menschen. Freunde und Bekannte eilten herbei, um sich nach unserem Befinden zu erkundigen. Mehrere Anführer der liberalen Partei, in der Uniform der Nationalgarde, befanden sich darunter.

So endete die lichterfüllte Zeit der ersten Kindheit unter den Donnerschlägen, die einen großen Teil Europas erschütterten. Die glückliche Sorglosigkeit des ersten kindlichen Alters war vorbei. Ich hatte zum erstenmal eine große tragische Wirklichkeit sich vor mir auftun sehen, und ich hatte leidenschaftlich Partei genommen in einem Konflikt, der allgemeiner Natur war. Natürlich war es für jetzt noch mein Herz, das mein Urteil leitete; es verstand sich, daß die, die ich liebte, recht haben mußten. Aber mein Blick fing an, einen weiteren Horizont zu umfassen. Ich begann Zeitungen zu lesen und den politischen Ereignissen mit großem Interesse zu folgen. Zwar spielte ich noch mit meinen Puppen, doch fühlte ich mich auf der Schwelle eines neuen Lebens. Ich hatte eine zweite Taufe empfangen durch die Hand der Revolution.

Völlige Umwandlungen

Die Konstitution war vollendet. Sie war in Wahrheit die freisinnigste aller deutschen Konstitutionen.[13] Ihre Einführung sollte mit großer Feierlichkeit geschehen. Das Volk war trunken vor Freude. Überall sah man die nationalen Farben (noch nicht die deutschen Farben, denn die Idee der großen deutschen Einheit war noch unter dem Bann, aber die meines engeren Vaterlandes, die früher auch verboten gewesen, weil sie das Symbol zu freier Bestrebungen waren). Die Nationalgarde vertrat an diesem Tag überall die Soldaten. Der große Platz vor dem Schloß war dicht gedrängt voll Menschen. Die Fenster, die Balkons, die Dächer selbst waren mit Zuschauern besetzt. Als der Fürst mit seiner Familie auf dem Balkon des Schlosses als konstitutioneller Monarch erschien, empfing ihn ein nicht endenwollender Jubel.

Ich war sehr von dem Schauspiel ergriffen. Der Anblick einer solchen Menge, die von einem einzigen Gefühl, dem der Liebe und der Dankbarkeit erfüllt war, schien mir eine erhabene Sache, obgleich ich nicht recht wußte, wie ich dies Gefühl mit dem des Schreckens und des Hasses vereinigen sollte, das der Anblick dieses selben Volkes mir kurz zuvor eingeflößt hatte. Auch war der gute Eindruck nicht von langer Dauer, denn ich sah bald, daß die Ungerechtigkeit des Volks gegen meinen Vater fortdauerte, gegen ihn, dem sie hauptsächlich diese freisinnige und so freudig bewillkommnete Konstitution verdankten. Die Ehren, mit denen ihn der Fürst überhäufte, entschädigten sein edles Herz nicht für den Undank des Landes, dem er seine besten Fähigkeiten mit voller Hingebung gewidmet hatte. Ich erinnere mich sehr wohl, wie er eines Morgens, eben aus dem Schlosse zurückkehrend, in goldgestickter Uniform in das Zimmer meiner Mutter trat, mit tiefer Trauer im Antlitz, und ihr sagte: »Ja, eine Exzellenz siehst du vor dir, aber um welchen Preis!« – Der Fürst hatte ihn zum Minister gemacht und ihm das Großkreuz des Hausordens verliehen. Er aber wollte nicht länger im Lande bleiben und bat um einen Gesandtschaftsposten, der ihm auch, obwohl mit Widerstreben seitens des Fürsten, zugesagt wurde.

Der Gedanke einer vollständigen Veränderung unseres Lebens stieg vor meiner Einbildungskraft auf. Ich sollte die Spielplätze meiner Kindheit, meine Freundinnen, meine Stunden, alle Traditionen meines jungen Lebens verlassen! Indem ich an diese Trennung dachte, schien es mir, als würde mein Herz vor Schmerz brechen. Auf der anderen Seite aber entfaltete die Phantasie ihre Flügel und eilte freudig dieser unbekannten Zukunft zu, in der ich so viel Neues lernen, schauen, erleben würde.

Die Veränderung kam, aber in anderer Weise. Der Fürst, der den Forderungen seines Volkes gezwungen nachgegeben hatte, sah bald genug ein, daß er unfähig war, als konstitutioneller Fürst zu regieren, und die Nachricht verbreitete sich, daß er entschlossen sei, zugunsten seines Sohnes abzudanken.[14] Wahrscheinlich trug der Wunsch, sich mit derjenigen, die er dem Willen des Volkes hatte opfern müssen, wieder zu vereinen, nicht wenig zu diesem Entschluß bei. Aber die Aufrichtigkeit, mit der er sich selbst beurteilte, war darum nicht minder lobenswert und ließ viele seiner Fehler vergessen. Einer seiner Kollegen im Absolutismus, der Kaiser Nikolaus von Rußland, hatte eines Tages gesagt: »Es gibt nur zwei Regierungsformen: den Absolutismus oder die Republik.« Unser Fürst schien diese Anschauung zu teilen, und da er die absolute Macht nicht mehr ausüben konnte, zog er vor, als freier Mensch und einfacher Bürger zu leben.

Mein Vater, auf das dringendste vom Fürsten aufgefordert, beschloß, seinem einstigen Spielgefährten in das freiwillige Exil zu folgen und den Staatsdienst zu verlassen, der ihm so viel bittere Enttäuschungen gebracht hatte. Der Entschluß des Fürsten rief große Beunruhigung hervor, und man bemühte sich, ihm entgegenzuarbeiten. Der Fürst beschloß, heimlich zu gehen, ehe man ihn daran verhindern könne. Er hinterließ ein Dekret, in dem er seinen Sohn für die Zeit seiner Abwesenheit zum Regenten ernannte und seine Rückkehr hoffen ließ. Mein Vater begleitete ihn.

Wir sollten folgen, ohne daß irgend jemand es wüßte, denn der Haß des Volkes gegen unsere Familie schien sich noch gesteigert zu haben seit der Abreise des Fürsten. Die geheimen Vorbereitungen für unsere, ich möchte fast sagen Flucht, hatten etwas Tragisches. Wir konnten unseren Freundinnen weder Lebewohl sagen noch ihnen Geschenke als Andenken hinterlassen. Sogar die alte Tante durfte den Tag der Abreise nicht wissen; ihr hohes Alter erlaubte ihr nicht, uns zu folgen, und man fürchtete für sie die unvermeidliche Aufregung der Trennung.

An einem Januarmorgen[15] standen wir alle vor Tagesanbruch auf, als alles ringsum noch schlief. Die Vorbereitungen waren während der Nacht gemacht, und der große Reisewagen stand, mit vier Postpferden bespannt, im Hof. Wir verließen leise und schweigend das Haus, ein je-

32 Das Wohnhaus der Meysenbugs in der oberen Königstraße 45 zur Zeit der Aufstände von 1830

der nahm still seinen Platz im Wagen ein, und die Pferde setzten sich in Bewegung. Wir fuhren durch die noch ganz menschenleeren, schneebedeckten Straßen; über uns spannte sich ein grauer, nebelverhüllter Himmel aus, kaum von der ersten Morgendämmerung erhellt und jenem unbekannten Schicksal ähnlich, dem wir entgegengingen.

Sollte ich erfahren, daß dieses Schicksal die natürliche Folge einer langen Reihe von Ursachen und Wirkungen ist, die aus dem Zusammenstoß äußerer Umstände mit unserem individuellen Charakter und unseren Handlungen entstehen? Oder sollte ich mich überzeugen, daß das Endziel der menschlichen Schicksale im voraus von einem unerforschlichen Willen gezeichnet ist, der, indem er uns in absurde Widersprüche und grausame Leiden verwickelt, dennoch nur unser Bestes will und uns von jenseits der Wolken dazu leitet?

Zu jener Zeit glaubte ich an die letzte Hypothese!

Herumziehendes Leben

Ja, es war ein herumziehendes Leben, das für uns anfing und das sich durch mehrere Jahre fortsetzte – ein Leben ohne bestimmten Plan, ohne regelmäßige Studien, ohne irgendein System. Es war das ein großes Unglück für mich, denn während dieser Zeit erhielt die träumerische Richtung meiner Phantasie ein solches Übergewicht, daß ich die Folgen davon mein ganzes Leben hindurch gespürt habe. Ich bin überzeugt, daß, wenn ich in jener Zeit hätte ernste, fortgesetzte Studien machen können, meine Fähigkeiten sich mit großer Macht entwickelt hätten, anstatt sich in der Spekulation und den Kämpfen der Einbildungskraft zu verbrauchen. Mich verzehrte ein brennender Durst zu lernen und zu wissen. Wieviel Aufmerksamkeit sollte man in der Erziehung auf solch einen Durst des erwachenden Geistes wenden und wie sollte man bemüht sein, ihn in der rechten Weise zu befriedigen! Es gehört gewiß zu den größten moralischen Martern, wenn ein junges Wesen sich mit Inbrunst zu den unbekannten Regionen des Wissens und des Ideals hinsehnt und weder Mensch noch Gott findet, um seinen Wunsch zu erhören und diesen Schrei der Sehnsucht nach dem Manna in der Wüste zu befriedigen. Das sind die Märtyrer der erwachenden Intelligenz, die Führer und Antworten verlangen, und statt dessen unter dem Druck der Mittelmäßigkeit, die sie umgibt, oder der Lasttierarbeit, die man ihnen auferlegt, ersticken.

Meine vortrefflichen Eltern konnten zu der Zeit kaum dem Mangel an Unterricht abhelfen. Ihr eigenes Leben war entwurzelt. Der Fürst, dessen Schicksale mein Vater teilte, reiste im südlichen Deutschland umher, ohne sich irgendwo länger als einige Monate niederzulassen. Wir folgten ihm, und so fehlte immer die Zeit, einen Kursus regelmäßiger Studien anzufangen. Von allen Kindern waren nur noch meine jüngste Schwester und ich bei meiner Mutter. Sie konnte sich nicht entschließen, sich von uns zu trennen und uns in eine Pension zu geben. Man beschloß, eine französische Gouvernante zu nehmen, die uns überallhin folgen könnte. Wir sprachen noch nicht gut Französisch, und dieser Mangel wurde für mich eine Quelle großer Demütigung. In Frankfurt am Main, wo wir einen Winter zubrachten, konnten meine Eltern, die viele Bekannte da hatten, sich den Besuchen und Einladungen nicht entziehen. Auch meine Schwester und ich wurden in den Kreis jugendlicher Bekanntschaften gezogen und u. a. zu einem Kinderball eingeladen in einem der reichsten Häuser der Stadt, in dem Luxus und verschwenderische Üppigkeit herrschten. Als wir aus dem Wagen stiegen, wurden wir am Fuß der Treppe von den zwei Söhnen des Hauses, Knaben unseres Alters, die mit Glacéhandschuhen und dem Hut in der Hand dort harrten, empfangen und die Treppe hinaufgeführt. Ihre Schwester, unsere junge Wirtin, war von einer bezaubernden Schönheit, sprach mehrere Sprachen in größter Vollkommenheit, tanzte mit unbeschreiblicher Grazie und besaß schon völlig die Sicherheit und die Manieren einer vollendeten Weltdame. Sie empfing uns mit der vornehmen Höflichkeit einer solchen und stellte uns sogleich mehreren ihrer jungen Freundinnen vor, die ihr, wenn auch nicht an Schönheit, doch an Eleganz der Manieren ähnlich waren. Sie schienen mir alle so überlegen, daß es mich förmlich erdrückte. Die Unterhaltung wurde fast fortwährend in französischer Sprache geführt, denn diese jungen Wesen, obgleich alle Deutsche, sprachen diese Sprache geläufiger wie ihre Muttersprache. Ich konnte nur in Monosyllaben antworten und beobachtete ein ängstliches Schweigen, da ich nicht zu gestehen wagte, daß ich noch so wenig Französisch wisse. Meine Demütigung aber erreichte den Gipfel, als der Tanz begann. Ich war ganz unbekannt mit all den modernen Tänzen, die auf einer eleganten Karte verzeichnet waren, die man mir überreicht hatte. Mich unter jene jungen Mädchen zu mischen, die mit vollendeter Tanzkunst ihre Pas ausführten, schien mir unmöglich. Ich beschloß daher rasch, gar nicht zu tanzen, unter dem Vorwand, daß der Tanz mir Kopfweh mache, und blieb den ganzen Abend traurig an meinen Platz gefesselt, die glücklichen Geschöpfe betrachtend, vor denen ich mich wie vernichtet fühlte, ich, die ich mich in meinen Träumen der heroischesten Taten, der großmütigsten Hingebung fähig fühlte. Meine Schwester, die unbefangener, weniger ehrgeizig und in diesem Fall weiser war, tanzte, brachte Verwirrung in die Kontertänze, lachte herzlich darüber, antwortete deutsch, wenn man sie französisch anredete, und belustigte sich sehr. Ich kam enttäuscht und traurig nach Haus, krank vor Verlangen nach dem, was mir plötzlich einen ungeheuren Wert zu haben schien – nach einer modischen Erziehung.

Ich begrüßte also den Plan, eine Erzieherin zu nehmen, bei der ich Französisch und überhaupt wieder regelmäßig lernen könne, mit Entzücken. Die Erzieherin kam, aber schon ihr Äußeres entsprach nicht der Idee, die ich mir von ihr gemacht hatte. Nicht nur, daß sie von einer wirklich unangenehmen Häßlichkeit war, auch ihre Manieren hatten etwas so Angelerntes, ihre Höflichkeit war so konventionell, voller Phrasen und so ohne Herz, daß es mir höchst unangenehm auffiel. Ich hatte zu viel Empfindung, um das für gute Manier zu halten. Ich bestrebte

33 Malwida von Meysenbug als junges Mädchen

mich jedoch, ihr mit Respekt entgegenzugehen, und war glücklich, als am ersten Tag ein Stundenplan gemacht und eine regelmäßige Zeiteinteilung festgestellt wurde. Leider gehörte nur kurze Zeit dazu, um mich zu überzeugen, daß sie nicht die Person war, die meinen Durst nach Wissen befriedigen konnte. Sie wußte nichts, außer einem gewissen Katechismus, auf jedem Felde, wo sie zu lehren unternahm. Eine Frage außerhalb dieses Katechismus fand sie ohne Antwort. Ich fühlte bald eine geheime Empörung gegen dieses armselige Lehren in mir aufsteigen und wandte mich, mit größerer Leidenschaft denn je, zum Lesen. Wir mußten durch den Lesekursus hindurch, den eine französische Gouvernante damals unwiderruflich vorschrieb: die Schriften von Mme. Cottin: Les enfants de l'Abbaye, Caroline de Lichtfield etc. Ich las das alles und lebte in einer eingebildeten Welt exaltierter Tugenden, furchtbarer Verfolgungen und Verbrechen, glorreicher Triumphe des Guten über das Böse.

Meine Mutter, der Gesellschaft ihrer erwachsenen Kinder und ihrer alten Freunde beraubt, verschloß sich mehr und mehr in sich selbst. Meine jüngere Schwester, eine sanfte, ruhige Natur, verstand meine inneren Aufregungen und Qualen nicht. Ich fand mich allein mit allen brennenden Fragen meines Innern und wurde nervös und aufgeregt, so daß es endlich meine Gesundheit angriff. Ich hatte besondere Erscheinungen der Einbildungskraft, beinahe Halluzinationen. So konnte ich z. B. lange Zeit nicht von einem Verbrechen oder Laster reden hören, ohne von einer grausamen Aufregung erfaßt zu werden. Es schien mir, daß, weil so abscheuliche Möglichkeiten überhaupt in der menschlichen Natur vorkämen, sie auch sehr wohl im Grunde meines eigenen Wesens schlummern könnten. Diese eitlen Schrecken gewannen oft eine solche Stärke, daß sie meinen Schlaf störten und mich um so grausamer quälten, als ich mit niemand davon sprechen konnte. Das rechte Lernen allein hätte sie zerstreuen können; an dem reinen Lichte der Erkenntnis hätte ich, mit dem freien Gebrauch meiner Fähigkeiten, den Frieden gefunden.

Endlich konnte ich die geistlose Mittelmäßigkeit des Unterrichts der Gouvernante nicht mehr aushalten und sprach eines Abends ernstlich davon mit meiner Mutter. Sie stimmte mir bei und versprach, sie zu verabschieden. Unglücklicherweise war die Person, die der Gegenstand dieser Unterhaltung war, im nächsten Zimmer gewesen und hatte alles gehört. Sie war sehr böse und verlangte augenblicklich ihre Entlassung. Ich war sehr froh über den Erfolg, aber ich bedauerte die Art, wie ich ihn erhalten hatte. Irgend jemandem, wer es auch war, wehe zu tun gehörte immer zu den traurigsten Dingen meines Lebens. Nachdem die Gouvernante einen sehr kühlen Abschied von uns genommen hatte, schrieb ich ihr einen Brief, in dem ich sie bat, mir zu verzeihen.

Wieder ein fester Wohnsitz

Dem Wanderleben mußte endlich ein Ziel gesetzt werden. Man mußte einen Ort erwählen, um sich niederzulassen. Dies konnte jedoch nur geschehen, indem wir uns zeitweise wenigstens von unserem Vater trennten, der den Fürsten nicht verlassen konnte, der nie lange an einem Ort weilte. Meine Mutter entschied sich für die Stadt, wo meine älteste verheiratete Schwester lebte – die, die ich in meiner frühesten Kindheit so sehr geliebt hatte. Es war die Stadt Detmold, die Hauptstadt des kleinen Fürstentums Lippe. Mein Vater versprach, von Zeit zu

34 Das Meysenbugsche Palais in Detmold (von Malwida von Meysenbug gezeichnet)

Zeit zu längerem Aufenthalt uns dort zu besuchen. Außerdem versprach er uns fest, daß, wenn alle Söhne in einer unabhängigen Stellung sein würden, er seine Verpflichtung gegen den Fürsten auflösen und sich für immer mit uns vereinigen würde.

Ohne den Schmerz dieser Trennung wäre ich über die Wahl des Aufenthaltes hochbeglückt gewesen. Das Familienleben meiner Schwester war der Widerschein ihrer engelhaften Natur; ihre Kinder glichen ihr an Sanftmut und Liebenswürdigkeit. Die Stadt, wo sie lebte, war eine jener kleinen deutschen Residenzen, die die Hauptstadt eines Ländchens sind, das für einen englischen Aristokraten nur ein mäßiger Grundbesitz sein würde. Es war eine hübsche, reinliche Stadt an einem der malerischsten Punkte des nördlichen Deutschlands gelegen, von Hügeln, mit herrlichen Buchenwäldern bedeckt, umgeben, an die sich historische Erinnerungen ferner Vorzeit knüpften. Mein Schwager war eine der ersten Notabilitäten des Ortes[16]; seine Familie gehörte zu den ältesten der kleinen Aristokratie des Ländchens. Er war von Kindheit auf der Freund und unzertrennliche Gefährte des regierenden Herrn gewesen, und nichts in den öffentlichen Angelegenheiten geschah ohne seinen Rat.

Der Regent des kleinen Staats[17] war ein ehrlicher Mann, gut von Herzen, aber etwas beschränkten Verstandes und von einer über alles

Maß gehenden Schüchternheit, die die Folge der langen Abhängigkeit war, in der ihn seine Mutter gehalten hatte. Diese, Fürstin Pauline, eine Frau von überlegenem Geist und männlicher Bildung, war nahezu an zwanzig Jahre Regentin gewesen, da ihr Sohn ein kleiner Knabe war, als sein Vater starb. Sie allein unter allen regierenden Häuptern Deutschlands wagte es, dem fremden Eroberer[18] entgegenzugehen, um ihm die Sprache der Vernunft und Menschlichkeit zu reden. War der Gefürchtete erstaunt, daß eine Frau wagte, was die anderen nicht gewagt hatten? Hatte er einen anderen Beweggrund? Genug, er behandelte sie mit Anerkennung und zog vorüber, ohne das kleine Ländchen und seine mutige Regentin zu belästigen.

Sie war eine Freundin der Wissenschaften und der Literatur, berief mehrere ausgezeichnete Männer an ihren Hof und bemühte sich, Aufklärung und Moralität in ihrem kleinen Lande zu verbreiten. An der Spitze eines großen Königreichs würde sie eine Katharina die Zweite gewesen sein, ohne deren Laster. Das einzige, was ihr nicht gelang, war die Erziehung ihrer beiden Söhne, ihrer einzigen Kinder. Um ihnen die Grundsätze strenger Moralität beizubringen, hatte sie sie dermaßen tyrannisiert und so lange wie Kinder behandelt, daß der älteste, schon scheu und zurückhaltend von Natur, ein halber Wilder geworden war. Der zweite, ein leichtsinniger, ausschweifender Mensch, hatte sich, einmal von der mütterlichen Autorität befreit, einem liederlichen Leben ergeben. Er war im Militärdienst aller möglichen Länder gewesen, hatte immer schlechten Betragens wegen den Dienst verlassen müssen, und sein Bruder hatte ihn mehr wie einmal vom Schuldgefängnis losgekauft. Der älteste, nach dem Tod der Mutter zur Regierung gelangt, führte ein wahres Einsiedlerleben. Seine Frau war ein gutes, sanftes Wesen, die sich der gänzlichen Zurückgezogenheit und der strengen Lebensweise ihres Gatten unterwarf. Sie hatten viele Kinder und führten ein exemplarisches Familienleben. Ihr altes Schloß mit hohen Ecktürmen und kleinen Türmchen war von Gärten umgeben, die auf den alten Wällen gepflanzt waren, und diese umschloß ein breiter Graben, auf dem Enten und Schwäne friedlich hausten. Von der öffentlichen Promenade aus konnte man die fürstliche Familie in diesen Gärten spazierengehn sehn, aber niemals setzte ein Mitglied derselben einen Fuß in die Straßen der Stadt. Ein- oder zweimal im Jahr war ein Galadiner auf dem Schloß, zu dem auch die Damen, deren Rang sie zu dieser Ehre berechtigte, eingeladen wurden. An dem Tag, wo dieses große Ereignis stattfand, rollten die Hofwagen in der Stadt umher, um die Damen abzuholen, da die Toiletten sonst zu sehr gelitten hätten, weil es keine geschlossenen Wagen in der kleinen Stadt gab und man sonst in Gesellschaften, ja auch auf Bälle, zu Fuß ging. Die Tafeln waren eine harte Aufgabe für den armen Fürsten; er mußte dann an all den Damen, die in einer Linie aufgestellt waren, vorüberdefilieren und einer jeden wenigstens ein paar Worte sagen. Steif wie ein Stück Holz in seine Uniform eingeschnürt, die Lippen zusammengepreßt, stammelte er mit ungeheurer Anstrengung irgendeine Banalität über das Wetter oder über einen anderen ebenso unbedeutenden Gegenstand. Kaum hatte er eine Antwort erhalten, so schob er weiter und schien wie von einem schweren Druck befreit, wenn er glücklich bei den Herren angelangt war.

Er hatte bei alledem zwei Leidenschaften, die ihn aus seiner Höhle herauslockten: die Jagd und das Theater.

Die herrlichen Wälder, die die kleine Residenz umgaben, waren voller Wild, dessen einziger legitimer Jäger er war. Im Winter verging fast kein Tag, an dem man nicht zwei oder drei fürstliche Schlitten durch die Straßen der Stadt und über die schneebedeckten Landstraßen fliegen sah, die diese Nimrod-Familie in die Wälder entführte, alle zusammen, die Eltern und die Kinder. Sie blieben den ganzen Tag im Walde. Der Fürst und die älteren Söhne jagten; die Fürstin mit den übrigen Kindern, in ihre Pelze eingehüllt, blieben entweder in den Schlitten sitzen oder gingen auf dem Schnee spazieren. Vergebens klagten die Lehrer, daß der Unterricht bei dieser Lebensweise Schaden leide. Die geistige Entwicklung der Kinder wurde dem Familienleben und dem Wildpret geopfert.

Die zweite Leidenschaft des Fürsten, die für das Theater, wurde auf Kosten der Revenuen des kleinen Staats befriedigt. Man flüsterte sich wohl zu, daß die Ausgaben unverhältnismäßig groß wären, aber die Landstände, die sich unter der Regentin-Mutter noch regelmäßig versammelt hatten, wurden von dem Sohn nie mehr einberufen. Niemand kontrollierte die Ausgaben. Die Freunde des Fürsten sagten, man könne ihm doch das *eine* Vergnügen lassen, da er übrigens so einfach und moralisch lebte. Auch muß man sagen, daß sein Theater unter die besten in Deutschland gehörte und daß die größten Künstler es nicht verschmähten, Vorstellungen daselbst zu geben. Die besten dramatischen Werke sowie die besten Opern wurden mit einer ziemlich seltenen Vollendung gegeben. Es war demnach natürlich, daß das Theater der Mittelpunkt der Interessen und Gespräche der kleinen Residenz war, und man kann nicht leugnen, daß es zur Quelle einer Art künstlerischer und intellektueller Erziehung wurde, die die Gesellschaft weit über die anderer gleich großer Provinzstädte erhob.

Nach dem Theater gab es noch eine andere Anstalt, die zur Unterhaltung der Gesellschaft diente, an der aber der Fürst keinen Anteil hatte. Dies war eine Art Klub, dem man den französischen Namen »Ressource« gegeben hatte, anstatt ihn einfach Verein oder etwas dergleichen zu nennen. Dort vereinigten sich die Herren der Gesellschaft; die Familienväter, besonders aber die jungen unverheirateten Leute, verbrachten da einen großen Teil des Tages und fast immer die Abende, um Zeitungen zu lesen, Karten und Billard zu spielen, Wein und Bier zu trinken, die Neuigkeiten der großen und kleinen Welt zu besprechen und unglaubliche Massen von Tabakswolken in die Luft zu schicken. Am Sonntagabend war auch den Damen Zutritt gestattet, und dann nahm das Ganze einen anderen Anstrich an. Die Herren erschienen im Frack, die Pfeifen und Zigarren verschwanden, die älteren Herren und Damen spielten Karten, die jungen Leute unterhielten sich mit Gesellschaftsspielen, mit Gespräch und Tanz. Einmal im Monat war ein großer Ball.

In dieser Weise schufen sich die kleinen deutschen Städte ein geselliges Leben, da es keine großen Vermögen dort gab und die meisten Einwohner Beamte mit Besoldungen waren, die gerade nur für das Notwendigste hinreichten. In solch einem Verein aber konnte ein jeder mittels eines kleinen Beitrages sich mit seinen Bekannten treffen und die Freuden der Geselligkeit genießen, ohne daß es seine Mittel überstieg. Der Ton, der in diesen Vereinen herrschte, war sicher nicht der letzte Ausdruck feiner geselliger Bildung; aber da, wo, wie in dem kleinen Städtchen, von dem ich spreche, ein kleiner Hof, ein gutes Theater, ein treffliches Gymnasium, eine gute Töchterschule und einige Männer von Geist und Verdienst in den Wissenschaften sich vorfanden, herrschte doch eine gewisse Erhebung in den Ideen, die sich den Manieren und dem Ton der Unterhaltung mitteilte. Meine Schwester und ich gehörten noch nicht eigentlich der Gesellschaft an, denn wir waren noch nicht konfirmiert, und dies war, wenigstens damals, in Deutschland das Signal für die jungen Mädchen, um in die Reihen der Erwachsenen eingeführt zu werden. Unser Wanderleben hatte diesen Vorgang etwas verspätet, und wir bedurften noch eines ganzen Jahres Vorbereitung durch Religionsstunden. Wir erhielten diese von dem ersten Prediger der Stadt.[19] Dies war ein noch junger Mann, schön wie ein Christus, mit einem Lächeln des Wohlwollens auf den Lippen. Er war nicht sehr orthodox, hatte aber eine große Güte und eine sanfte sentimentale Religiosität, die ihn allein seinen Schülern wert machte, denn er war es, der die Jugend der Gemeinde konfirmierte. Seine Frau war eine höchst

35 Das fürstliche Schloß in der Residenzstadt Detmold um 1840

ausgezeichnete Person, die Tochter eines der ersten Kirchenredner in Deutschland. Sie war orthodoxer als ihr Mann, aber auch energischer und von größerer Intelligenz. Zugleich war sie der Modelltypus einer Familienmutter. Da sie nur sehr bescheidene Mittel hatte, um eine zahlreiche Familie zu erziehen, so erfüllte sie selbst die geringsten Pflichten des häuslichen Lebens und besorgte mit einem Dienstmädchen den ganzen Haushalt. Während ihre geschickten Hände das Mittagessen bereiteten, sang sie ein deutsches Lied für den Säugling, der neben ihr im Korbwägelchen lag. Wenn das Essen so weit gediehen war, daß das Feuer das übrige tun konnte, rollte sie den Wagen in die kleine Umzäunung, die man den Garten nannte. Hier fand sie andere, etwas größere Kinder, die um einen Nußbaum, die einzige Zierde dieses Platzes, herumspielten. Die Zweige dieses Baumes bildeten ein grünes Laubdach vor einem Fenster des zweiten Stockes, an dem ein prächtiger Rosenstock im Topfe blühte. Von Zeit zu Zeit erschien das schöne, gute Antlitz des Predigers an diesem Fenster und lächelte von oben seinen Geliebten unten zu.

In dem Zimmer des zweiten Stocks, das von diesem Zimmer erhellt wurde, begann nun ein wichtiger Abschnitt meines Lebens. Es war das Arbeitszimmer des Predigers. Während eines ganzen Jahres gingen meine Schwester und ich wöchentlich zweimal dorthin, um in den Dogmen der protestantischen Kirche unterrichtet zu werden.

Ich ging diesem Unterricht mit wahrer Inbrunst entgegen. Ich hoffte die Offenbarung der Wahrheit zu empfangen und das Geheimnis des

Lebens – das Wort, das für immer mein Sein bestimmen sollte, zu finden. Die ruhige kleine Stube mit ihren einfachen Möbeln und ihren Büchern; die Strahlen der Nachmittagssonne, die in den Zweigen des Nußbaums spielten und einen Heiligenschein um das Haupt des Lehrers bildeten – alles das hatte eine sanfte, mystische Harmonie, wie ein Echo der ersten Zeiten des Glaubens. Ich wähnte mich in einer anderen Welt, in der Gegenwart Gottes selbst. Ich fühlte mich stark, um den Kampf mit der Erbsünde zu beginnen, an die man mich glauben lehrte, mit der Welt, die dem Geist entgegengesetzt ist. Ich nahm es ernst mit dem Heil meiner Seele. Ich wollte nicht bei den Worten stehenbleiben, sondern die christliche Askese in Wirklichkeit üben und den Sieg des Geistes über das Fleisch erringen, den mir das Dogma als das Ziel der Vollkommenheit zeigte. Aber, gerade als wolle der Versucher mich auf die Probe stellen, so fühlte ich zu gleicher Zeit die Liebe zum Leben und zu allem, was es Schönes bietet, in voller Stärke in mir erwachen. Der Dämon führte mich immer von neuem auf die Höhen, zeigte mir die Schätze des Daseins und sagte: alles das wolltest du verlassen?

Ich nahm den Dualismus zwischen dem Geist und der Welt, von dem mir das Dogma sprach, im Ernst, und beschloß, die Welt und ihre Versuchungen zu fliehen. Ich begann damit, nicht mehr in das Theater zu gehen, das ich leidenschaftlich liebte; ich verweigerte, die Meinen in Gesellschaften zu begleiten. Sie verstanden das nicht und hielten es für überspannte Launen. Da erfand ich Vorwände, um zu Haus zu bleiben und der Qual zu entfliehen, ihnen den Zustand einer Seele zeigen zu müssen, der ihnen krankhaft erschien. Zuweilen bat ich sie aber auch mit Tränen, mir nicht zu zürnen, sondern mir zu glauben, daß ich Gott mehr gehorchen müsse als den Menschen.

Jeden Sonntag ging ich regelmäßig in die Kirche. Da, vor allem, war ich ganz versenkt in den großen Gegenstand, der mich beschäftigte; und ich verlor das Bewußtsein von allem, was mich umgab, und hing nur an des Predigers Lippen. Eines Tages machte mir eine sehr weltliche Dame Komplimente über meine Frömmigkeit und sagte, daß der Ausdruck der Andacht in meinem Gesicht die ganze Gemeinde erbaue. Das gab mir einen argen Stoß, und meine Unbefangenheit wurde für lange Zeit gestört. Ein Gefühl der Eitelkeit mischte sich von da an unwillkürlich in meine Sammlung. Ich erfuhr zu der Zeit mehrere Male, welchen Schaden unbesonnene und frivole Worte anstiften können. Mein Schwager, der in dieser Beziehung nicht sehr skrupulös war, neckte mich eines Tages mit meiner Verehrung für meinen Religionslehrer und fügte mit ironischem Lächeln hinzu, daß man wohl wisse, weshalb die jungen Mädchen so gern Stunden bei ihm hätten. Ich antwortete nichts darauf, aber es verwundete mich tief. Das Gefühl der Ehrfurcht, das ich für den Prediger hegte, schien mir profaniert, und noch lange Zeit fühlte ich die Wunde, die mir die Frivolität geschlagen hatte.

Die Freundschaft, mit der die Frau meines Lehrers mich ehrte, wurde mir zu einem großen Trost.

Die bösen Zungen der Stadt hatten viel gegen sie zu sagen, besonders die, die es für das »ewig Weibliche« halten, die Interessen der Kinderstube und des Haushalts mit in den Salon zu bringen, aus dem einfachen Grunde, weil sie keine andern haben. Ich habe schon früher gesagt: die Frau des Predigers erfüllte ihre Pflichten im Hause mit höchster Gewissenhaftigkeit, was sie aber nicht hinderte, für den häuslichen Kreis und für ihre Freunde noch andere Gegenstände des Gesprächs zu haben. Man beschuldigte sie der Affektation, weil sie die Sprache eines gebildeten Geistes sprach; man nannte sie falsch, weil sie mit allen Menschen höflich war, aber sich nur wenigen ganz gab. Ich fand weder den einen noch den anderen Fehler an ihr, und ich genoß die Stunden, die ich bei ihr zubringen konnte, wie Stunden wahren Fortschritts für mich. Sie behandelte mich mit großer Güte, als sei ich ihr ebenbürtig an Intelligenz und Erfahrung. Meine Beziehungen zu der Familie beschränkten sich damals auf die Eltern, denn die älteste Tochter, die mir im Alter nahestand, beendete ihre Erziehung im Hause ihres Großvaters in einer anderen Stadt, und die zweite Tochter war noch ganz Kind. Zuweilen, wenn ich in das Zimmer der Mutter trat, sah ich einen jungen Menschen, kaum erst Jüngling, bleich und scheu, an einem Schreibtisch sitzen und arbeiten. Gewöhnlich stand er auf, wenn ich kam, grüßte linkisch, ohne aufzusehen, und verschwand. Es war der älteste Sohn.[20]

Unser Lehrer wünschte, daß wir die letzte Zeit vor der Konfirmation an den Stunden teilnähmen, die er den Kindern, die konfirmiert werden sollten, in Gemeinschaft gab. Mich rührte und erfreute dieser Wunsch. Ich hatte niemals den Reiz empfunden, mit andern, außer meiner Schwester, zusammen zu lernen. Es schien mir schön, gerade bei dieser Gelegenheit zum erstenmal in eine Gemeinschaft einzutreten, deren meiste Mitglieder in der Gesellschaft weit unter mir standen, vor Gott aber meinesgleichen waren. Die meisten der sechzig Kinder, Knaben und Mädchen, waren einfache Bauernkinder. Ich nahm mit lebhafter Freude meinen Platz zwischen ihnen auf den Holzbänken ein und vergaß darüber, daß das Zimmer klein und von einer Luft erfüllt war, die durch die Ausdünstungen der oft unreinlichen und feuchten Kleider dieser armen Kinder, die in jedem Wetter vom Lande hereinkamen, verpestet war. Meine Gesundheit, wie schon gesagt, war sehr zart; aber ich würde mich selbst verachtet haben, hätte ich meine Schwäche und meinen Widerwillen nicht überwinden können. Da fühlte ich mich so frei, als ich in anderer Gesellschaft schüchtern war. Meine Zweifel, meine Bedenken waren eine Sache für sich; was die Dogmen und die Lehre anbetraf, so wußte ich alles vollkommen. Auch war ich ohne Furcht, als der Tag des öffentlichen Examens kam. Es war mir eine heilige Pflicht, vor der Gemeinde Rechenschaft davon abzulegen, daß ich den Inhalt der christlichen Lehre kenne und es verdiene, aufgenommen zu werden. Die Kirche war gedrängt voll Menschen; ich gab meine Antworten mit fester Stimme, und man sagte mir nachher, man habe mich in der fernsten Ecke der Kirche verstanden. Zu Haus freute man sich meines Erfolgs. Mir aber war das noch keine Befriedigung. Das Unendliche zu erfassen, die Offenbarung der ewigen Wahrheit zu erhalten, durch die göttliche Gnade in ein neues ideales Wesen, ohne Fehler und Flecken, verwandelt zu werden, das war es, was meine Seele wünschte, was ich in dieser letzten feierlichen Woche, die der Konfirmation vorausging, zu erlangen hoffte. Wenn ich mein Leben hätte als Opfer darbringen oder mich mit Wolken hätte umgeben können, die mir den Anblick der wirklichen Welt entzogen hätten, ich hätte es getan. Ich hätte mit einem Schritt die geheimnisvolle Brücke des Todes überschreiten mögen, um mich im Schoße der abstrakten Vollkommenheit wiederzufinden.

Die Hauptzeremonie sollte am Sonntag stattfinden. Den Freitag vorher hatten wir die letzte Stunde. Unser Lehrer war sehr gerührt; er sprach uns mit Tränen in den Augen von der Heiligkeit und Wichtigkeit des Aktes, dem wir entgegengingen. Dieser treffliche Mann, wenn er auch meinen Verstand nicht immer befriedigen konnte, wußte doch immer mein Herz zu rühren. Ich war so von Begeisterung ergriffen, daß ich mir die großen Kämpfe und Opfer, die heroischen Taten ersehnte, um die Tiefe meines Eifers zu bewähren.

Unser Lehrer verlangte eine geschriebene Beichte unserer Überzeugungen von uns. Ich schrieb die meinige mit soviel Aufrichtigkeit als möglich. Aber wie hätte ich ihm in diesem letzten Augenblick alles sagen können? Wie hätte ich ihm entschleiern können, daß in der Tiefe meines Geistes eine Stimme gegen das meiste, was er uns mit so viel Sorgfalt gelehrt hatte, protestierte und daß, trotz der Inbrunst und Aufrichtigkeit meiner Bestrebungen, ich vielleicht weiter davon entfernt war, ein ergebenes Mitglied der Kirche zu sein, als die Bauernkinder, deren Gleichgültigkeit ihn betrübte? Dann aber lebte ich auch der Hoffnung, daß Gott sich mir in der entscheidenden Stunde offenbaren werde, daß er mir, wie dem Paulus, den siegenden Glauben geben werde, den ich noch nicht hatte.

Mein Lehrer war völlig befriedigt von dem, was ich geschrieben hatte.

Am Sonnabend gingen wir mit allen Mitgliedern unserer Familie zur Kirche, um der Vorbereitung für das Abendmahl beizuwohnen, an dem meine Schwester und ich zum erstenmal, unmittelbar nach der Konfirmation, teilnehmen sollten. Mir war das der wichtigste, aber auch der geheimnisvollste Teil des ganzen Vorgangs. Ich hatte unaufhörlich die Fragen meines skeptischen Dämons auszuhalten, der mir die Erklärung des Wunders der Transsubstantiation abverlangte. Ich fühlte sehr wohl, daß ich nicht fragen dürfe – daß das Wunder eben nur existiere, solange man nicht frage, sondern glaube.

Ich hörte der ermahnenden Vorbereitung mit tiefer Sammlung zu. Aber als der Prediger die Formel des Rituals las: »Wer unwürdig isset von diesem Brot oder trinket von diesem Wein, der ißt und trinkt sich selbst zum Gericht« –, da überfiel mich ein tödlicher Schreck. Als er danach die Versammelten fragte, ob ein jeder seine Sünden aufrichtig bereue und zum Tische des Herrn mit dem Wunsche gehe, losgekauft zu werden durch sein Blut, und als alle fest mit »Ja!« antworteten, war ich so bestürzt, daß mir das Wort auf den Lippen erstarb. Ich zitterte und litt Höllenpein. Wir verließen die Kirche, mir schwamm alles vor den Augen wie ein Traum. Meine Mutter und Schwestern waren ruhig und heiter. Die Unterhaltung am Abend war wie alle Tage; man sprach gar nicht von dem Vorgegangenen noch von dem am folgenden Tag Bevorstehenden. Man schien gar nicht daran zu denken, daß man am Vorabend eines furchtbaren Gerichts stand, das für die Ewigkeit entscheiden konnte, während ich gebeugt, vernichtet war unter der furchtbaren Verantwortung, mit der man meine Seele beladen hatte. War ich würdig, von diesem Brot zu essen, von diesem Wein zu trinken? War ich so fest im Glauben, wie es die Kirche verlangte? Hundertmal war ich auf dem Punkte zu rufen: Nein, nein, ich bin nicht würdig; ich liebe die Welt, die Sonne, die Erde, die Blumen, die Vergnügungen, die Jugend, die Schönheit; ich habe Durst nach Glück! Ich kenne das Mysterium der Erwählten nicht; ich begreife nicht, warum in mir zwei Wesen sind, das eine gut, edel, zur Seligkeit fähig – das andere verloren und verurteilt für ewig.

Aber die Furcht, nicht verstanden, einfach für krank oder für toll gehalten zu werden und den Frieden der anderen zu stören, schloß mir den Mund. Ich ging in mein Zimmer, warf mich auf die Knie und flehte zu Gott um Hilfe. Am folgenden Morgen erwachte ich ruhiger.

Wie es in Deutschland Sitte ist, daß bei der Konfirmation die jungen Mädchen der besseren Stände zum erstenmal ein schwarzseidenes Kleid anziehen, so geschah es auch bei uns, und dieser feierliche Anzug beruhigte mich und tat mir gut. Unsere Jungfer gab sich besondere Mühe mit unserer Toilette, als wenn es sich um ein weltliches Fest handle, und schwätzte dabei mehr als gewöhnlich. Es widerstrebte mir, doch zog es mich unwillkürlich etwas von meinen Gedanken ab. Als die Stunde da war, sagte ich meiner Mutter mit tiefer Bewegung Lebewohl, indem ich sie bat, mir meine Fehler zu vergeben: meine Schwester und ich mußten uns in das Haus des Predigers begeben, ehe wir zur Kirche gingen. Dort war alles mit Blumen bestreut. Unser Lehrer empfing uns in seinem priesterlichen Talare und redete so liebevoll und eindringlich zu uns, daß selbst die gleichgültigsten unter den Kindern Zeichen der Rührung gaben. Als die Glocken der nahen Kirche anfingen zu läuten, setzte sich unsere Prozession in Marsch, unser Lehrer voran, wir alle ihm folgend, zu zwei und zwei. Der Weg vom Pfarrhaus zur Kirche war mit Blumen bestreut, die Kirche war damit geschmückt. Der Gesangverein der Stadt, in dem sich einige unserer besten Freundinnen befanden, grüßte uns mit einem schönen Gesang. Ich fühlte mir Flügel wachsen, ich betete zu Gott, daß er diese Stunde segnen möge für mein ganzes Leben. Die Predigt, von derselben Stimme vorgetragen, die mein Herz so oft gerührt hatte in der kleinen grünen Stube, machte mich ruhig. Als der Prediger nach derselben uns unser Glaubensbekenntnis abfragte, sprach ich mein: »Ja!« mit fester Zuversicht. Dann kniete ich mit den andern vor ihm nieder, um seinen Segen zu empfangen. Er legte uns die Hände auf das Haupt, nahm uns auf als Mitglieder der protestantischen Kirche und segnete einen jeden mit einem besonderen Bibelspruche ein. Mir sagte er: »Sei getreu bis in den Tod, so will ich dir die Krone des Lebens geben.« Mein Herz wiederholte als feierliches Gelübde: Getreu bis in den Tod! Der Chor von oben grüßte die jungen Christen abermals mit einem Siegesgesang. Wir kehrten nicht mehr auf die Konfirmandenbänke, sondern zu unseren Eltern und Verwandten zurück, um zu erwarten, bis die Kirche sich geleert haben würde von allen, die am Abendmahl nicht teilnehmen wollten.

Als nun der klagende Gesang vom »Lamm Gottes unschuldig« sich erhob, der durch die Kirche wie mit einem geheimnisvollen Schauer vor dem Mysterium, das sich nun offenbaren sollte, tönte, da kehrten mir Angst und Zweifel zurück. Die Stunde der Entscheidung war gekommen. Mein Herz schlug in heftigen Schlägen, die Stimme hätte mir versagt, um zu rufen: »Nein, nein, ich kann nicht, ich habe nicht den rechten Glauben!«

Unwillkürlich ließ man meiner Mutter und meiner älteren Schwester den Vortritt, denn selbst in der Kirche verliert sich das Gefühl der sozialen Unterschiede nicht. Meine jüngere Schwester und ich folgten. Ich näherte mich dem Altar mit niedergeschlagenen Augen, die äußere Welt war mir verschwunden. Ich erwartete das Mysterium des Kreuzes, des Lebens im Tode, im Glanze himmlischer Glorie vor mir zu sehen. – Ich empfing das Brot aus den Händen meines Lehrers und hörte die Worte: »Nehmet und esset, dies ist mein Leib, der für euch gebrochen wird zur Vergebung der Sünden.« – Ich berührte mit meinen Lippen den Kelch, eine Stimme sagte mir: »Dies ist mein Blut, das vergossen wird zur Vergebung für viele.« – Aber in meinem Innern ging keine Wandlung vor, kein Mysterium wurde mir offenbar, kein Gott war da, mich in die Herrlichkeit des Himmels, in die Reihen der Erwählten einzuladen!

Ich war verworfen, verurteilt für ewig! Wie ich nach Hause kam, wie ich das Elend dieses Tages überlebte, wie es mir gelang, mein tiefes Leiden den Augen meiner Familie zu entziehen – ich weiß es nicht. Ich weiß nur noch, daß die unschuldigen Augen meiner kleinen Nichten, die ich unendlich liebte, mir zu sagen schienen: »Was willst du verlorener Engel in unserm Paradies?«

Das unmittelbare Resultat dieser furchtbaren geistigen Kämpfe war die absolute Erschöpfung und die Unfähigkeit, für den Augenblick wenigstens, noch weiter zu kämpfen. Auf diese Weise hatte ich eine Art von Frieden, den ich für eine späte Antwort auf meine Bitten hielt, und ich fing wieder an, etwas zu hoffen. Ich war nun ganz frei, über meine Zeit zu verfügen. Die Vermögensverhältnisse, in denen wir lebten, verpflichteten uns nicht, wie die meisten unserer Freundinnen, uns im Detail mit dem Haushalt zu beschäftigen. Ich widmete den größten Teil meiner Zeit dem Lesen, der Malerei, der Musik; aber ein guter Teil davon gehörte auch den Spaziergängen und dem Aufenthalt im Freien, denn meine Liebe zur Natur hielt der Liebe zum Studium stets das Gleichgewicht. Ich durchstreifte die lieblichen Umgebungen der kleinen Residenz, bald mit den Meinen, bald allein, mit der glücklichen Freiheit, die, wenigstens damals noch, die jungen Mädchen in Deutschland, besonders in den kleinen Städten, genossen, da es unerhört gewesen wäre, daß ein junges, bescheidenes Mädchen beleidigt würde, weil sie unbegleitet war. Meine Schwester fand es oft sonderbar, daß ich, wenn wir bereits unsern Morgenspaziergang gemacht hatten, mich von der leuchtenden Nachmittagssonne noch einmal unwiderstehlich in das Freie gelockt fand. Sie konnte es nicht wissen, daß ich die Natur nötig hatte, um das Gleichgewicht in mir herzustellen; daß ich mir tausenderlei Trost schöpfte aus Sonnenstrahlen, grünen Wäldern, blühenden Wiesen, weiter Fernsicht von schwellenden Höhen. Ich hätte sogar noch viel mehr von dieser Arznei der Seele, zu der mein natürliches Verlangen mich führte, haben müssen. Ich hätte auf dem Lande leben, in Garten und Feld arbeiten, mich mit Naturwissenschaften beschäftigen müssen, um noch mehr des beruhigenden Einflusses, den die Natur auf mich übte, zu genießen.

Das friedliche Leben, das ich damals führte, sollte durch einen tiefen, wirklichen Schmerz gestört werden, der das Herz traf und nicht bloß die Einbildung.

Meine älteste Schwester, die ich immer noch so zärtlich liebte, wurde schwer krank, nachdem sie ihrer vierten Tochter das Leben gegeben hatte. Während drei langer Monate verzehrte sie sich in schrecklichen Leiden. Ich verbrachte meine ganze Zeit an ihrem Bett oder mit ihren kleinen Töchtern. Alle meine Gedanken gingen darauf hin, ihre Leiden zu lindern, ihr Hilfe und Trost zu sein. Aber ich sah voll Verzweiflung, daß das Ende unabweisbar nahe. Da wendete ich mich wieder zu dem unsichtbaren Retter. Während der Nächte, die ich bei ihr verbrachte, rief ich Gott an, uns zu Hilfe zu kommen und sie uns zu erhalten. Aber ich fand ihn mir weiter und weiter entrückt, in ferne unbegrenzte Regionen. Er erschien mir nicht mehr wie früher als eine Individualität: er erfüllte das Universum, er war eins mit den strengen Gesetzen, die die Welt regieren. Das Verhängnis, das über uns schwebte, zu ändern, war nicht in seiner Macht. Ich hörte eine Stimme, die, wie das Fatum der Alten, mir zurief: »Unterwirf dich!« Ich blieb stundenlang auf den Knien liegen, das Gesicht in meine Hände verborgen, und beweinte den unersetzlichen Verlust. Wir mußten gehorchen. Anstatt des liebenden Vaters, den inbrünstiges Flehen rührt, fand ich die eherne Notwendigkeit.

Die Sterbende war seit mehreren Tagen des klaren Bewußtseins beraubt, in einem Halbschlummer, aber sie litt auch nicht mehr. Sie sprach von sanften Dingen und schien glückliche Bilder vor sich zu haben. Eines Abends kam ihr das Bewußtsein zurück; sie ließ ihre kleinen Töchter kommen und nahm Abschied von ihnen mit herzerschütternder Zärtlichkeit. Aber sie war dabei heiter verklärt, als ob sie, der Ewigkeit gewiß, die zeitliche Trennung nicht fürchtete. In der Nacht sprach sie von Engeln, die ihr winkten, und lächelte ihnen selig zu. Die Krankenwärterin verbeugte sich ehrfurchtsvoll und flüsterte mir ins Ohr: »Man erwartet sie im Himmel, sie wird bald gehn!« Gegen Morgen zog ich mich einen Augenblick zurück, um zu ruhen. Man kam mich zu rufen. Es war alles vorüber. Sie lag auf ihrem Bett, bleich, still für immer, mit einem himmlischen Lächeln auf den Lippen. Ich kniete an ihrem Bett nieder, ich schaute durch meine Tränen auf dies teure Antlitz, und eine Stimme in mir frug: »Werden wir uns je wiedersehen?« Mein Herz zog sich krampfhaft zusammen; aber die Liebe, die ich für sie gehabt hatte, rief mir zu: »Ja, du wirst sie wiedersehen!«

Die sanfte Ruhe meines Lebens wurde durch eine Erfahrung ganz besonders bittrer Art, auf die ich nicht gefaßt war, unterbrochen. Einer meiner Brüder, der keine besonderen Fähigkeiten für irgendeinen Beruf zeigte, war zum Militär gemacht worden. Es war dies ein leider sehr verbreiteter Irrtum, den auch mein teurer Vater da beging. Mein Bruder war schön, talentvoll, hatte angenehme Manieren und ein gutes Herz; aber er war leichtsinnig, schwach und oberflächlich. Ihn dem müßigen, unnützen Leben eines Offiziers in tiefem Frieden zu weihen hieß beinah, ihn unwiderruflich dem Verderben zuführen. Es war dies damals jedoch, wie schon gesagt, eine häufig vorkommende Tatsache, daß man junge Leute, die zu nichts anderem taugten, in die Armee steckte. Dort eigneten sie sich einen Stolz an, der auf einem falschen Prinzip beruhte, nämlich: daß der größte Stolz eines Landes seine Armee sei. Sie bildeten sich ein, daß ihre Tätigkeit, die Soldaten zu dressieren und Maschinen aus ihnen zu machen, wichtig und nützlich sei. Sie verwilderten in der Untätigkeit des Garnisonslebens in kleinen Städten und ruinierten sich durch die Rivalitäten jeder Art, die die Folge ihrer Stellung waren. Mein Bruder wurde ein trauriges Beispiel der Resultate eines solchen unnatürlichen und nutzlosen Lebens. Meine armen Eltern litten Unsägliches durch die Nachrichten, die von ihm kamen. Man tat viel für seine Rettung, aber umsonst. Ich kannte niemals die ganze Ausdehnung seiner Schuld, aber sie mußte groß sein, da mein Vater ihn endlich verstieß und seinen Namen nicht mehr hören wollte. Gezwungen, den Militärdienst zu verlassen, kam er plötzlich nach der Stadt, wo wir lebten. Er kündigte sich durch einen Brief an, der seine Reue aussprach, und bat uns, ihn nicht zu verlassen. Dieser Brief wurde nun von dem Bruder, der immer bei uns lebte[21], da er im Dienst des kleinen Staates war, meiner Schwester und mir gelesen. Wir verbargen vorerst vor der Mutter dieses traurige Ereignis und beschlossen, ihn insgeheim zu sehen, da wir einen Bruder nicht zurückweisen konnten, der als Flehender zu uns kam, auch wenn er durch eigene Schuld soweit gekommen war.

Es gibt Augenblicke im Leben, die ganze Tragödien enthalten, die viel pathetischer sind, als irgendeine Einbildung sie erfinden könnte. So war der Augenblick, als meine Schwester und ich abends in ein Zimmer zu ebner Erde traten und dort einen Mann vor uns stehen sahen, der uns unbekannt war und der wie ein Verbrecher zitterte. Dieser Mann war unser Bruder. Er hatte uns verlassen, als wir noch kleine Kinder waren, und war uns daher völlig fremd; aber der Groll, den ich gegen ihn hegte wegen des Kummers, den er dem teuren Vater bereitet hatte, löste sich auf in ein tiefes, grenzenloses Mitleid, als ich ihn so vor mir stehen sah. Ich hätte mein Leben hingeben mögen, um ihn von dem Gefühl der Schande zu retten, die ihn erdrücken mußte, vor seinen jüngeren Schwestern gleichsam wie vor seinen Richtern zu stehen. Um ihm die Bitterkeit der Stunde zu erleichtern, zeigte ich ihm die versöhnende Neigung einer Schwester. Nachdem wir unsere Mutter vorbereitet hatten, sah auch sie ihn, und es wurde beschlossen, ihn, zu einem letzten Versuch, eine Zeitlang bei uns zu behalten, wo er sich mit agronomischen Vorstudien beschäftigen sollte, um nachher bei einem tüchtigen Landwirt zu lernen.

Es gibt wohl kaum ein peinlich traurigeres Gefühl als das, mit einem Wesen zu leben, das uns noch dazu durch die Bande des Bluts verwandt und dessen Leben durch schwere Fehler befleckt ist. Ich habe immer mehr gelitten, wenn ich ein Kind für einen begangenen Fehler demütigen sah, als das Kind selbst, und in noch höherem Grade litt ich, wenn derselbe Fall mit Dienstboten eintrat, oft schon älteren Leuten und oft nur wegen Kleinigkeiten. Aber einen Menschen, meinesgleichen in allem und obenein mein Bruder, durch seine eigene Schuld gedemütigt vor mir zu sehen, das war eine der schmerzlichsten Prüfungen meines Lebens. Wenn ich die wahre Reue, die tiefe Trauer, die den Menschen neugeboren werden läßt, in ihm gesehen hätte, so hätte ich mich rückhaltlos der schwesterlichen Neigung hingegeben, die mich zu ihm zog. Aber ich glaubte nur zu sehr zu bemerken, daß er mehr durch die äußeren Umstände als durch sein Gewissen gedemütigt war. Die Eitelkeit, die oft durch seine angenehmen und eleganten Manieren durchschien, stieß mich immer wieder ab. Dennoch arbeitete ich mit allem Eifer daran, in seinem Herzen die Liebe zur Tugend und zur ernsten Arbeit wiederzuerwecken.

Alles schien mich mehr und mehr an die häuslichen Pflichten zu fesseln, die das Geschick mir auferlegt hatte. Ich verlangte nichts anderes, als sie getreu erfüllen zu können. Meine Mutter, kaum von einer längeren nervösen Krankheit hergestellt, verletzte sich am Fuß und wurde so auf Monate wieder an das Lager gefesselt. Ich verließ sie nicht einen Augenblick, besuchte weder Gesellschaften noch Theater und widmete mich einzig der Pflege der Kranken. Wenn es möglich wäre, in der kindlichen Liebe zu *rechnen,* so würde ich sagen, daß ich zu dieser Zeit der Mutter meine Schuld bezahlte.

Die bösen Neigungen meines Bruders nahmen doch wieder überhand. Er beging einen Exzeß, den wir der Mutter verheimlichten, der mich aber aufs äußerste gegen ihn empörte, so daß ich ihm in strengster Weise darüber sprach. Er wurde böse über meine Vorwürfe, anstatt zu erkennen, daß er sie verdiene. Ich fing an, an ihm zu verzweifeln. Er wurde auf das Land geschickt, unter die Aufsicht eines strengen Mannes, um praktische Landwirtschaft zu lernen.

Zur selben Zeit entschied der Arzt, daß meine Mutter den ganzen Sommer in einem der größten Badeorte Mitteldeutschlands zubringen müsse.

Vor unserer Abreise[22] schrieb ich meinem unglücklichen Bruder ein letztes Abschiedswort, in das ich meine ganze Seele legte. Ich schrieb mit der leidenschaftlichen Wärme des Mitleids, das um jeden Preis retten möchte und sich allmächtig glaubt. Doch auch dieses war umsonst. Das Übel war zu mächtig geworden. Wir erhielten schlechte Nachrichten; ich fühlte mich außerstande, noch mehr zu tun, und beschloß, meine Kraft nicht mehr für eine hoffnungslose Sache zu verwenden. Mein Bruder ging nach Amerika, wo er einige Zeit nachher starb.

Wir sahen den Rhein wieder und die schönen Landstriche des südlichen Deutschlands. Wir sahen den Vater und besuchten mit ihm alle Freunde an verschiedenen Orten. Endlich ließen wir uns in dem für die Mutter bezeichneten Badeort nieder, der mit der Wirksamkeit seiner Heilquellen die Schönheit der Umgebungen und die Eleganz einer Stadt verband. Da sollte ich endlich die sogenannte »große Welt«, die vornehme Gesellschaft kennenlernen, die dort aus allen Teilen der zivilisierten Welt zusammenströmte. Seit längerer Zeit hatte ich den großen Wunsch, mich dieser Gesellschaft zu nähern, von der ich mir ein sehr schönes Bild entworfen hatte. Es schien mir, als müsse die Berührung mit ihr meine Erziehung vollenden und mir die Freiheit des Geistes und des Benehmens geben, nach der ich seufzte. Die Gesellschaft unserer kleinen Residenz genügte mir nicht mehr. Ich hatte ein unbestimmtes Verlangen nach einer weiteren Sphäre. Einer sehr geistvollen Französin, die eine Zeitlang Erzieherin der Prinzessinnen gewesen war, hatte ich einmal von diesem Verlangen gesprochen. Sie kannte die Pariser »große Welt« und antwortete mir darauf: »Fragen Sie die Sonne, die Sterne, den Frühling, die Blumen um das, was Ihnen fehlt; die ›große Welt‹ kann es Sie nicht lehren.«

Die Lehrer kannte ich sehr wohl! Sie waren die Vertrauten meiner geheimsten Gedanken; sie flüsterten mir Offenbarungen zu; ich hatte immer mit ihnen ein besonderes Leben geführt, von dem niemand etwas wußte. Aber ich hatte noch etwas anderes nötig: ein weiteres Feld des Denkens, eine größere Freiheit, und ich bildete mir ein, daß ich das in einer gebildeten, verfeinerteren Gesellschaft, die von wichtigen und vielseitigen Interessen bewegt sei, so wie ich mir die Gesellschaft großer Städte dachte, finden würde.

Wir waren auch in kurzer Zeit von einer Menge neuer Bekanntschaften umgeben, von denen immer eine die andere nach sich zog. Glänzende Bälle wurden im Kursaal gegeben, in den das Spiel und das Vergnügen eine, äußerlich wenigstens, bei weitem elegantere und feinere Gesellschaft zog als die, die ich bisher gesehen hatte. In der Menge bildeten sich für uns auch ganz natürlich engere Beziehungen. Eine russische Gräfin mit ihrer Tochter wohnte mit uns in demselben Hotel, und wir wurden bald mit ihr näher bekannt. Die Mutter war eine treffliche Frau, sanft und liebenswürdig. Die Tochter war erst vierzehn Jahre alt, ganz das Gegenteil der Mutter, ein wildes Kosakenmädel, voller Launen, keck und ohne Disziplin. Sie schloß sich uns rasch so sehr an, daß sie zu allen Tageszeiten, in jedem möglichen Anzug, aufgefordert oder nicht, bei uns eintrat. Oft erschien sie schon um sechs Uhr morgens mit aufgelöstem Haar, im tiefsten Négligé, einen Teller mit Erdbeeren und frischer Milch in der Hand, um dies, ihr Frühstück, bei uns zu verzehren. Dann warf sie alles durcheinander, seufzte über ihre Jugend, die ihr noch nicht erlaube, auf Bälle zu gehen, und verwünschte alles Lernen. Doch hatte sie trotz dieser wenig angenehmen Manieren etwas Originelles, Offenes und Großmütiges. Diese Eigenschaften und die Achtung und Freundschaft, die wir für die Mutter hatten, machten uns duldsam gegen die kleine Wilde. Bei dieser russischen Dame machten wir die Bekanntschaft eines ihrer Landsleute, eines russischen Diplomaten, eines Mannes von etwa dreißig Jahren mit einem edlen, interessanten Äußeren. Er ging an Krücken infolge eines Rheumatismus, den er sich durch eine großmütige Handlung zugezogen hatte. Das Schiff, mit dem er von Petersburg nach Deutschland zu einer Vergnügungsreise kam, hatte angefangen zu brennen und er war in das Meer gesprungen, um zwei Personen das Leben zu retten. Die Gräfin, die ihn schon in Rußland gekannt hatte, sprach von ihm mit Bewunderung. Ich fühlte mich vom ersten Augenblick an unter dem Zauber seiner geistvollen Unterhaltung und war sogleich überzeugt, daß ich das Vergnügen seiner Gesellschaft jedem andern Vergnügen vorziehen würde. Er nahm wegen seiner Gesundheit nie an den großen öffentlichen Festlichkeiten teil, aber er wohnte in demselben Hause wie wir, und so sahen wir ihn oft. Einmal nahm er doch auf unsere Bitten eine Einladung zu einem ländlichen Fest an, das eine reiche Kreolin, eine liebenswürdige Dame unserer Bekanntschaft, gab. Dieses Fest fand auf einem Hügel statt, von dem aus man weit hinaus ein reiches, blühendes Land übersah. Die Gesellschaft bestand aus Personen der verschiedensten Nationalitäten. Ich setzte mich unter ein Zelt, das unsere Wirtin hatte aufschlagen lassen, um in Ruhe mich an der schönen Aussicht zu erfreuen. Die Sonne breitete ihren Zauber über die reiche Landschaft. Um mich her ertönte fröhliches Geplauder in allen möglichen lebenden Sprachen. Alles atmete Jugend, Schönheit, Glück. Mein Blick haftete an einem leuchtenden Punkt am Horizont; ein neues unaussprechliches Gefühl erfüllte mein Herz und eine Träne höchster innerer Verklärung trat in mein Auge.

Plötzlich, wie von einem magnetischen Zug bewegt, wandte ich meinen Blick zur Seite und sah zwei dunkle Augen, die forschend und teilnahmsvoll auf mir ruhten. Es war unser neuer Freund, der sich leise neben mich gesetzt hatte. Nun wurde es mir mit einemmal klar, warum ich mich so glücklich gefühlt hatte: ich liebte! Rahel sagt: »Die Liebe ist Überzeugung!« Ich war überzeugt. Er erschien mir ein vollkommener Mensch. Nicht allein, daß er den Geist hatte, der sich nie erschöpft, und die Grazie des Geistes, die immer entzückt – er besaß zugleich die Harmonie und Feinheit des Benehmens, die der Reflex der schönen Seelen sind. Ich hatte das Ansehn eines Kindes, viel jünger als ich war, und ich empfand in seiner Gegenwart die unüberwindliche Schüchternheit, die so viele gute Stunden meines Lebens verdorben hat. Aber dessenungeachtet fühlte ich, daß auch er ein mehr als gewöhnliches Interesse an mir nahm und meine Nähe suchte. Da er nicht viel gehen konnte, schlug er oft kleine Ausflüge zu Esel in die reizende Umgegend vor, an denen meine Schwester, ich, die wilde kleine Katharine und er die einzigen Teilnehmer waren. Wir durchstreiften so das schöne Land und machten Halt auf grünen Hügeln mit weiter Fernsicht oder in blühenden Tälern, mit allem Reiz der Einsamkeit geschmückt. Wir ruhten dann auf dem Rasen aus, und er sprach zu uns über Geschichte, über Poesie, über seine Reisen. Ich hörte ihm mit meiner ganzen Seele zu und genoß in tiefen Zügen den für mich neuen Reiz eines solchen Gesprächs. Aber jene peinliche Schüchternheit hielt mich ab, frei zu sagen, was ich fühlte und dachte. Erriet er, was in dem Herzen des stummen jungen Mädchens an seiner Seite vorging, die die unbefangene Keckheit der wilden jungen Russin beneidete, die von allerlei Unsinn schwatzte ohne Scheu? Ich weiß es nicht, aber er war sehr sanft und liebevoll mit mir. Unglücklicherweise kamen dann ältere Bekannte von ihm an, die ihn fast gänzlich in Beschlag nahmen, so daß ich ihn viel seltener sah.

Währenddem hatte sich die Zahl unserer Bekanntschaften immer noch vermehrt, und wir wurden in einen wahren Strudel von Festlichkeiten hineingezogen. Unter diesen Bekanntschaften war eine andere russische vornehme Dame, eine Witwe mit drei Kindern. Sie kam ihrer Gesundheit und des Vergnügens wegen her. Der Zufall wollte, daß auch sie in dem Hotel einkehrte, wo die russische Gräfin, unser Freund und wir wohnten. Unser Freund hatte sie schon in Petersburg gekannt, unsere Bekanntschaft mit ihr wurde durch ihn vermittelt, und bald hatten wir sie so oft bei uns wie die wilde Tochter der Gräfin. Sie war etwa dreißig Jahre alt und nicht schön, aber trotzdem war es noch immer die große Beschäftigung ihres Lebens: zu gefallen. Sie sagte selbst, indem sie von den Petersburger Damen sprach: »Wir werden erzogen, um zu gefallen.« Sie hatte ein gutes Herz und ein einnehmendes Wesen, deshalb mußte man ihr gut sein, trotz allem, was man an ihr tadelte. Sie bezeugte meiner Mutter und uns Schwestern eine gleich große Zärtlichkeit, und bald kannten wir ihre ganzen Verhältnisse und ihren geheimen Kummer. Sie hatte eine Leidenschaft für einen jungen Polen, einen der Löwen der Badegesellschaft, einen Menschen von seltener Schönheit, aber einen völligen Taugenichts. Blasiert in allen Dingen, Spieler, eitel und oberflächlich, wußte dieser Mensch tolle Leidenschaften einzuflößen, die er während der Dauer des Romans ausbeutete. Dasjenige seiner Opfer, das am meisten zu beklagen war, war seine eigene Frau, denn er war verheiratet und hatte einen kleinen Sohn. Die Frau war eine große Schönheit gewesen und hatte ihm, der politisch kompromittiert war, die großmütigsten Opfer gebracht. Jetzt war sie von Sorgen vor der Zeit verblüht. Ihr großes Vermögen hatte er durchgebracht, und sie waren oft in äußerster Armut. Er verriet sie unaufhörlich, aber sein Herz war nicht bei seiner Untreue beteiligt, denn er liebte niemanden; er mißhandelte seine Frau und rächte an ihr seine Verluste beim Spiel; ja er ließ seine üble Laune dann sogar an seinem Kinde aus. Dies arme, kleine, kränkliche Wesen konnte man auch nur mit tiefem Mitleid betrachten. Trotzdem liebte seine Frau ihn mit einer so leidenschaftlichen Hingebung, daß sie stets noch Entschuldigungen für ihn fand, nur von seinen Blicken lebte und von Glück strahlte, wenn er ihr einmal vor den Augen einer Rivalin einige Aufmerksamkeiten erwies. War das bewunderungswürdig oder abscheulich? Mein Gefühl neigte zu der letzteren Entscheidung, und mein Mitleid war immer mit einem geheimen Zorn gemischt, wenn ich sie abends, in den Salons des Kurhauses, in einem alten, verblichenen Putz, der ihre Armut nur noch sichtbarer machte, mit Augen, rot vom Weinen, den Mann verfolgen sah, der sie öffentlich beleidigte, indem er anderen Frauen den Hof machte. Die Prinzeß (ebenjene Witwe) war ihm, wahrscheinlich wegen ihres Vermögens, als eine wünschenswerte Eroberung erschienen. Es gelang ihm in kurzer Zeit, ihr eine heftige Leidenschaft einzuflößen. Die beiden Frauen, Rivalinnen in diesem Drama, kamen nun sehr oft, Trost und Rat bei meiner Mutter zu holen, und so ward ich zum erstenmal Zeugin einer dieser traurigen Komödien, deren Theater die sogenannte »große Welt« ist. Eines Abends waren wir in einem Wagen mit der Prinzeß zu einem Ball im Kursaal gefahren. Der Pole quälte diese den ganzen Abend mit Anfällen geheuchelter Eifersucht. Er machte ihr Szenen, die jedermann auffallen mußten. Dies war auch sein Zweck; er wollte sie kompromittieren, um sie zu beherrschen. Die Prinzeß schwankte zwischen ihrer Leidenschaft und der Furcht vor dem allgemeinen Tadel. Endlich, bis zum äußersten gequält und gemartert, entschloß sie sich, zu gehen. Wir versprachen, mit ihr zu fahren und den Rest des Abends mit ihr zuzubringen. Kaum hatten wir uns entfernt, als der Wagen angehalten und der Schlag aufgerissen wurde; der Pole sprang auf den Wagentritt, umfaßte die Knie der Prinzessin und schwur mit den leidenschaftlichsten Ausdrücken, daß er diese Stellung nicht eher verändern würde, bis der Friede zwischen ihnen geschlossen sei und sie ihr Unrecht gegen ihn gut gemacht haben würde. Die Prinzessin schrie laut auf vor Furcht. Ich war außer mir vor Empörung und befahl dem Kutscher, im Galopp von dannen zu fahren. Der Pole mußte herabspringen und konnte uns nicht folgen. Die Prinzessin war in Verzweiflung. Zu Hause angelangt, verließ ich sie ohne Lebewohl und erklärte, daß keine Macht der Erde mich wieder dazu bringen werde, mit ihr auszugehen.

Die Geschichte verbreitete sich natürlich. Unser russischer Freund kam zu uns, um nach den Einzelheiten zu fragen. Er verachtete den Polen und lächelte voll Güte über meine Empörung. Dann ging er, um der Prinzessin ernste Vorstellungen zu machen, denn sie hatte eine große

Achtung für ihn. Ich ging während mehrerer Tage nicht zu ihr; dann aber kam sie und bat in so herzlicher Weise, zu einer kleinen Gesellschaft zu ihr zu kommen, von der der Pole ausgeschlossen war, daß wir es ihr nicht abschlagen konnten. Dieses Abenteuer vollendete meine Enttäuschung über die Vorzüge der »großen Welt«. – »Das ist also die Gesellschaft, von der ich mir so viel Vorteile für meine geistige Entwicklung versprochen hatte?« dachte ich. Ich flüchtete mich dann desto öfter wieder zu meiner ernsten russischen Freundin, der Mutter der kleinen Wilden, wo ich sicher war, eine Unterhaltung voller Reiz zu finden, und wo ich zuweilen dem begegnete, der mir allein das Ideal verwirklichte, das ich mir von der vornehmen Gesellschaft gemacht hatte.

Er verließ uns, um eine Reise von mehreren Wochen im südlichen Deutschland zu machen und zu versuchen, ob seine Kräfte wiederhergestellt seien und er seine Kur als beendigt ansehen könne. Nach seiner Abreise verlor die Gesellschaft den letzten Reiz für mich, die Bälle langweilten mich. Ich hatte nur einen sehnsüchtigen Wunsch: den, ihn noch einmal zu sehen. Eines Tages wurde dieser Wunsch so mächtig, daß ich ein heißes Gebet zu Gott sandte, ihn noch einmal sehen zu dürfen. Das Gebet war eigentlich die einzige religiöse Praxis, die mir noch geblieben war, und auch dazu flüchtete ich mich nur unter dem Eindruck einer starken inneren Bewegung. Durch ein sonderbares Zusammentreffen kehrte er an demselben Tag in das Haus zurück in dieselben Zimmer über den unseren, die er schon früher innegehabt hatte. Ich erfuhr es nicht, aber als wir am Abend unter den Orangenbäumen vor dem Kursaal mit anderen Bekannten saßen, erschien er plötzlich, kam auf uns zu und setzte sich neben mich. Man fragte ihn über seine Reise und ob er jetzt in sein früheres Logis zurückgekehrt sei. Er bejahte das letztere und setzte leise, nur mir vernehmlich, hinzu: »Wenn ich da nicht hätte sein können, wäre ich gar nicht zurückgekommen.«

Einige Wochen nachher schied er für immer, um einen neuen Gesandtschaftsposten in fernem Lande anzutreten. Am Abend vor seiner Abreise waren wir im Salon der Prinzessin zusammen. Er blieb den ganzen Abend neben mir sitzen, und zum erstenmal fühlte ich mich ganz frei mit ihm. Im Angesicht der Gefahr habe ich immer den Mut gefunden: so war auch hier, im Augenblick der Trennung, meine gewöhnliche Zurückhaltung verschwunden. Diese letzten Augenblicke mußten mein sein, und sie waren es vollständig. Wir verließen den Salon der Prinzessin zusammen. An unserer Tür nahm er einen herzlichen Abschied von meiner Mutter und Schwester, darauf reichte er mir die

Hand, hielt sie einen Augenblick und sah mich mit einem Blick voll tiefer Empfindung an; dann ging er, ohne mir ein Wort zu sagen.

Ich schlief die ganze Nacht nicht. Vor Tagesanbruch hörte ich seinen Schritt über uns und hörte ihn die Treppe hinunterkommen. Ich glitt leise aus dem Bett, um Mutter und Schwester nicht zu wecken, hüllte mich in einen Mantel und eilte an das Fenster des Wohnzimmers. Ich sah ihn durch den Hof gehen dem Tor zu, wo der Wagen ihn erwartete. Plötzlich wandte er den Kopf um und sah nach unseren Fenstern. Ich zog mich mit Blitzesschnelle zurück. Als ich wieder hinaussah, war er verschwunden. Warum hatte er zurückgesehen? Ja, er wußte es, daß er ein tiefes Weh hinter sich ließ.

Nach seiner Abreise sprach mir die russische Gräfin, seine und meine Freundin, von ihm mit einer unendlichen Bewunderung und Achtung. Sie fügte wie absichtlich hinzu, daß er nicht in einer Lage sei, die ihm gestatte, sich zu verheiraten, außer mit einer reichen Frau, daß er aber ein zu großer Ehrenmann sei, um eine Frau nur des Geldes wegen zu heiraten. Nach einigen Tagen sah ich einen Brief meines Vaters an meine Mutter offen auf dem Tisch liegen. Da meine Mutter sie mir meist zu lesen gab, so nahm ich auch diesen auf und las gerade eine Stelle, die sich auf mich bezog. Mein Vater schrieb: »So hat das arme Kind ihn auch kennenlernen, den großen Schmerz – möge Gott sie trösten!«

Meine Mutter hatte mich also erraten und hatte meinem Vater darüber geschrieben. Gegen mich jedoch schwieg sie, weil auch ich schwieg. Niemals wurde der Name des Geschiedenen mehr zwischen uns genannt. Ich wußte meiner Mutter Dank für diese Zartheit. Man kann an solche Geheimnisse des Herzens kaum rühren, ohne sie zu vulgarisieren, ohne ihnen die Poesie zu nehmen, die ihnen auch im Schmerz noch eine tröstende Kraft gibt. Dieser Sommernachtstraum ist rein und unverletzt in meiner Erinnerung geblieben, und die sanfte Rührung, die von solchen Erinnerungen ausströmt und das Herz noch am Rand des Grabes seltsam leise bewegt, scheint wie das Pfand von etwas Unsterblichem, das den Zerstörungen der Zeit widersteht.

Den Winter 1842/43 verbrachte Malwida von Meysenbug in Frankfurt, wo sie Malunterricht bei dem Maler Carl Morgenstern erhielt. Wieder in Detmold, gründete sie einen »Verein der Arbeit für Arme«. Im Winter 1844/45 begleitete sie ihre Schwester und deren Kinder zu einer Kur in die Provence. Auf der Rückreise machten sie Station in Grenoble.

Wir blieben ein paar Tage in Grenoble. Die Knaben, der Erzieher und ich hatten den Wunsch, das große Karthäuserkloster zu sehen. Meine Schwägerin konnte, da es eine ermüdende Unternehmung war, nicht mit. Wir zogen also ohne sie aus. In einem kleinen Dorf, einige Stunden von Grenoble, nahmen wir Maultiere und einen Führer und begaben uns auf den Weg bergauf. Der Weg steigt zuerst zwischen steilen Bergwänden, die mit Grün bedeckt sind, empor; in der Tiefe rauscht ein tosender Bergstrom, und die Wipfel riesiger Berge ragen aus ihr herauf. Nach und nach aber wird das Grün spärlicher, die Felsen drohender, der Abgrund schauerlicher und die Straße mühseliger und gefährlicher. Endlich kommt man an einen Punkt, wo alle Vegetation aufhört und wo wirklich Tod und Erstarrung herrschen. Ein riesiges Felsentor, Todestor benannt, führt in diese schauerliche Einöde hinein; so ungefähr mußte Dante sich sein Höllentor vorstellen, an dem jede Hoffnung zurückblieb. Einige Zeit nachher erscheint jedoch grünendes Leben wieder, und plötzlich findet man sich ganz erstaunt auf einem Bergplateau, in einer Höhe von 6000 Fuß über dem Meer, das ein Paradies nach der Hölle scheint. Es ist eine von noch höheren Zacken eingeschlossene Ebene, bedeckt mit dem köstlichsten Grün, mit prächtigem Laubholz und vielfarbigen Blumen. Inmitten dieser schönen Berg-Oasis erhebt sich nun das große Karthäuserkloster, das erste, vom heiligen Bruno selbst gebaute Kloster dieses Ordens. Es sieht von außen fast aus wie eine Festung mit seinen mächtigen Mauern und Türmen. Ein kleines hölzernes Haus, außerhalb der Ringmauern des Klosters mit einem großen Eßsaal unten und einer Menge kleiner Zellen darüber, ist zu der Aufnahme von Frauen und Kindern bestimmt, da solche das Kloster selbst nicht betreten dürfen. Männer werden im Kloster aufgenommen und übernachten daselbst. Nachdem ein Laienbruder uns in dem Eßzimmer ein gutes Abendessen serviert hatte, begab sich der Erzieher in das Kloster, um die Nacht daselbst zu verbringen. Ich beneidete ihn sehr um dieses Vorrecht; ich hätte so gern das Innere dieses Klosters gesehen, wo seit den Zeiten des heiligen Bruno die Jahrhunderte sich versteinert haben. Die Knaben und ich nahmen ein jeder von einer Zelle Besitz, die alle mit einem sehr reinlichen Bett, mit Waschtisch, Stuhl, Betpult, Kruzifix und Weihwasserkessel versehen waren. Ich blieb bis spät in die Nacht an meinem Fenster; hinaus konnte ich nicht mehr, da man das Haus von außen verschlossen hatte. Zunächst sah ich den Laienbrüdern zu, die in einer großen Kastanienallee Ball spielten, dann folgten sie dem Ruf der Klosterglocke, und nun trat ringsum eine großartige Stille, ein erhabenes Schweigen ein. Der Mond erhellte die

Einsamkeit der Berge und die ansehnlichen Gebäude des Klosters. Nach und nach versanken die flüchtigen Erscheinungen der Welt, die Phantasmagorien der Einbildungskraft, die ungestümen Wünsche wie in einen fernen Traum. Das Dasein schien nur noch in der reinen Idee, in der Abstraktion der Dinge zu bestehen und schwamm, wie ein elementares Fluidum, auf den silbernen Strahlen des nächtlichen Gestirns. Lange, lange schaute ich hinaus und hatte das Gefühl meiner Individualität verloren. Da schallte plötzlich ein Glockenton durch das elementare Leben der Nacht und zitterte in den Mondeswellen wie ein Schöpfungsgebet, das das Universelle wieder zu individuellen Formen rief. Es war Mitternacht. Die Kirchenglocke lud die Mönche zu der Messe ein, die jede Nacht um die zwölfte Stunde gefeiert wird und in der die Brüder für das Seelenheil derer beten, die sie unten in der Welt des Elends und der Sünde zurückgelassen haben. Gewiß war es ein großes Gefühl, das diese Regel eingab – das Mitleid, das welterlösende Erbarmen mit denen, die moralisch noch mehr leiden als physisch; die Stärke der Liebe, die alles retten möchte, was sich in Finsternis und Verbrechen bewegt. Vielleicht waren unter diesen armen Mönchen einfache Herzen, die noch mit vollem Glauben beteten; aber ach! in der Welt, wie sie nun einmal ist, ist es nicht genug, zu fühlen und zu lieben, man muß vor allem denken und handeln, und jede Kraft, die für die große Arbeit des Lebens verloren ist, wird eine Sünde gegen das Gesetz des Fortschritts.

Am Morgen früh, vor fünf Uhr, hörte ich die Stimme des Laienbruders, der vor meiner Tür stand und mir zurief, es sei ein wahres Unwetter und unmöglich, fortzugehen. Ich stand auf und sah wirklich, daß es schrecklich war. Die ganze schöne Oasis, so grün, frisch und blühend am Abend, war mit einem dichten, grauen Schleier bedeckt; dunkle Wolken hingen in sonderbaren Fetzen beinahe bis auf die Erde und verdeckten die umgebenden Berge ganz. Der Regen, mit Schneeflocken vermischt, strömte zur Erde. Der Führer versicherte, der Weg sei bei solchem Wetter gefährlich. Ich war verantwortlich für das Leben der Knaben, und doch wußte ich auf der anderen Seite, daß meine Schwägerin in großer Herzensangst sein würde, wenn wir nicht zurückkehrten, da in Grenoble das Wetter vielleicht sehr schön war. Der Erzieher kam aus dem Kloster und war auch der Meinung, daß wir warten müßten. Inzwischen erzählte er uns, was er im Kloster gesehen und gehört hatte, unter anderem von einem Mönch deutscher Abkunft, der da oben seit fünfzig Jahren weilte, ohne je in die Welt zurückgekehrt zu sein und seine Muttersprache beinahe vergessen hatte. Doch hauptsächlich war er ergriffen von der Mitternachtsmesse, die allerdings einen mächtigen Eindruck auf die Phantasie machen mußte.

Nach einigen Stunden ließ der Regen nach, und ich beschloß sogleich zu gehen. Ich befahl dem Führer, bei den Kindern zu bleiben und sie nicht einen Augenblick zu verlassen. Ich selbst verließ mich auf den Instinkt meines Maultiers, den ich auch Gelegenheit hatte zu bewundern. Die Steine waren vom Regen so schlüpfrig geworden, daß man Mühe hatte, einen Schritt zu machen; aber das vorsichtige Tier prüfte immer zuerst mit dem Fuß, ob die zu betretende Stelle sicher sei, und die Freude, die ich an seiner Klugheit empfand, ließ mich die Gefahr vergessen. Denn Gefahr war da; neben uns heulte es im Abgrund, und die Straße dreht sich zuweilen so schroff um Felsenecken, so hart an der schauerlichen Tiefe hin, daß es nur eines einzigen falschen Schrittes bedarf, um unrettbar verloren zu sein. Endlich kamen wir doch ohne Unfall unten im Dorf an, wo wir aber einige Stunden verweilen mußten, um unsere Kleider zu trocknen, denn wir waren bis auf die Haut durchnäßt. Dann kehrten wir nach Grenoble zurück, wo wir mit Angst erwartet wurden.

Einige Tage nachher passierten wir die französische Grenze, und ich empfand ein wahres Herzweh, als ich zum letztenmal Französisch um mich sprechen hörte. Ich hatte das Französische in der provenzalischen Mundart liebgewonnen. Die sanften musikalischen Laute* der romanischen Sprache passen zu der südlichen Natur, und wen diese mit ihren Reizen bestrickt hat, der liebt jene Sprachen, wie man das Wort liebt, das aus dem Munde eines geliebten Wesens kommt.

Mein Vaterland erschien mir nicht mehr so schön wie früher; die Erde war ohne Blumen, die Landschaft ohne Farben, der Himmel trüb. Aber ich gedachte des Gelübdes, das ich in den Alpen der Dauphiné dem Weltgeist geleistet, und ich war entschlossen, mit festem Schritt vorwärts zu gehen.

Endlich kam ich heim in das elterliche Haus, denn auch mein Vater war zu längerem Besuch eingetroffen. Der Familienkreis war groß, und ich wurde mit solcher Freude und Liebe empfangen, daß mein Herz warm wurde. Dennoch fühlte ich, daß ich ein wenig fremd geworden war und daß sich ein noch unbestimmter, aber mit Sicherheit empfundener Bruch im Grunde meines Wesens vorbereitete. Ich sah deutlich, daß dem Leben, das ich vor mir hatte, ein großes leitendes Prinzip, ein allgemeines Ziel, das alles beherrscht, fehlte. Das gerade war aber für mich die Hauptsache geworden, der Durst meiner Seele, die Flamme,

* Ich nehme hiervon das moderne Pariser Französisch aus.

die alle kleinen Rücksichten verzehrte und die, das fühlte ich, mich selbst verzehren würde, könnte sie sich nicht verwirklichen. Ich liebte meinen Vater mit einer Liebe, die selbst jetzt, so lange Zeit nach seinem Tode, nichts von ihrer Stärke verloren hat. Ich sah mit Schmerz, wie die Einsamkeit, zu der ihn die Liebe für die Seinen verdammte, da er noch in der Nähe des immer wandernden Fürsten bleiben mußte, ihn drückte und wie schmerzlich sie ihm war. Eines Tages, als ich mit ihm allein war, sprach er davon und rief voll Bitterkeit: »Ich bin so allein, so allein!« – Ich warf mich in seine Arme und sagte ihm: »Nimm mich mit dir, wenn du wieder gehst; laß mich immer bei dir bleiben, ich widme dir mein Leben, du wirst nicht mehr allein sein.«

Er umarmte mich, aber er antwortete nicht und nahm meine Hingebung nicht an. Wenn er sie angenommen hätte, so wäre der ganze Lauf meines Lebens ein anderer geworden. Für ihn zu leben wäre dann das Ziel gewesen, auf das ich alle meine Bestrebungen konzentriert hätte. Ich hätte darin die Befriedigung gefunden, die das Bewußtsein einer großen Anstrengung, einer ganz erfüllten Pflicht gibt. Danach hatte ich niemals mehr Gelegenheit, ihm die ganze Tiefe meiner Liebe zu zeigen, und mein Leben nahm eine solche Richtung, daß die Kindesliebe darin nicht mehr das höchste Ziel, nicht der Kompaß sein konnte, nach dem es steuerte.

Ich wendete mich mit neuem Entzücken zur Malerei und führte mehrere Bilder nach den Skizzen, die ich aus dem Süden mitgebracht hatte, aus. Aber in die reine Freude an dieser Beschäftigung trat wieder ein schwarzer Schatten, und ein eherner Schicksalsspruch wurde mir endlich ganz klar: ich mußte der liebsten Beschäftigung entsagen wegen der Schwäche meiner Augen. Sie waren von Kindheit auf schwach gewesen, und ich hatte sie immer zu sehr angestrengt. Der Arzt erklärte mir, daß ich das Malen aufgeben müsse, um meine Augen zu retten. Ich fühlte, daß dies schwere Urteil richtig sei, aber es erfüllte mich mit Verzweiflung. Es lag in meiner Natur, meine schwersten Kämpfe in mich zu verschließen, und niemand ahnte, was die Unterwerfung unter dieses Urteil mich kostete. Ich murrte in meinem Herzen gegen die Ungerechtigkeit des Schicksals, das das Streben nach dem Ideal in das Herz des Menschen legt, ihm das Talent gibt, um es auszusprechen, und ihm dann die nötigen physischen Kräfte versagt. Nach und nach jedoch brach sich eine Ansicht in mir Bahn, die mich über den Schmerz erheben sollte. Ich sah ein gewaltigeres Mittel vor mir, dem Ziele meines Lebens zuzueilen, als Religion und Kunst es gewesen waren, nämlich die Teilnahme, durch den Gedanken und die Tat, am Fortschritt der

Menschheit. Sobald dieser Gedanke sich in mir zu befestigen begann, milderte sich mein Leiden, die Malerei aufgeben zu müssen. Ich verließ die Spezialität, um in den Bereich der Fragen auf der ganzen Leiter des menschlichen Daseins einzutreten. Aber wie immer, verlangte ich auch hier, sogleich von der Theorie zu den Konsequenzen derselben überzugehen. Die Religion, aus ihrer metaphysischen Region herniedergestiegen, mußte sich in die Ausübung des Mitleids verwandeln und die Gleichheit der Brüderlichkeit unter den Menschen einführen. Die Armen zu besuchen, ihnen zu helfen, sie zu trösten wurde mir nun zur Notwendigkeit. Man sprach mir von einem armen Knaben, der unsägliche Leiden erduldete, da er den Knochenfraß an einem Bein hatte, und dessen sehnlichster Wunsch es war, vor dem gewissen Tod, dem er entgegenging, noch konfirmiert zu werden. Er bedurfte dazu einiger Vorbereitungsstunden, aber keiner der Prediger in der Stadt hatte diese übernehmen wollen, wahrscheinlich aus Furcht vor der verpesteten Luft, die das Krankenlager umgab. Ich entschied mich sogleich, hinzugehen und mein Bestes zu tun, um das arme Geschöpf zu trösten.

In einem ganz kleinen Zimmer fand ich, auf einem sehr reinlichen Lager, einen armen Knaben, dessen Gesicht Totenblässe deckte. Der Anblick seines Beines war furchtbar, und es bedurfte all meines Mutes, um ihn zu ertragen. Aber wenn man dies arme Kind ansah, das mit rührender Geduld litt und dessen große schwarze Augen das hinfällige Dasein zu beherrschen schienen, um den Tod aufzuhalten, bis es die Worte des Heils vernommen, dann überwand man den natürlichen Widerwillen, um diese junge Seele zu erquicken. Ich ging nun regelmäßig hin, ihm aus der Bibel vorzulesen und Betrachtungen daran zu knüpfen, die seinem Alter und seiner Fassungskraft gemäß, aber nichts weniger als orthodox waren. Ich stellte ihm seine Leiden nicht dar als gesandt für sein Heil; ich sagte ihm nicht, daß er durch den Kreuzestod eines Vermittlers losgekauft sei von Sünden, von denen sein unschuldiges Herz nichts wußte; aber ich bestrebte mich, ihm die Kraft und Majestät des Geistes klar zu machen, der im Anblick der ewigen Wahrheit auch die schrecklichsten Leiden vergessen kann. Selbst fortgerissen von meiner Aufgabe, versuchte ich ihn zu einem Zustand der Begeisterung zu erheben, die ihm seinen schrecklichen Tod erleichtern könnte. Ich sehe noch jetzt in der Erinnerung das Angesicht des armen Kindes, wenn ein verklärtes Lächeln seine bleichen Lippen umspielte und seine großen dunklen Augen von einem überirdischen Strahl erglänzten. Ich hätte mich selbst verachtet, hätte ich meine Aufgabe nicht bis zum letzten Augenblick fortgesetzt, und als ich eines Morgens die Nachricht empfing, daß er in der Nacht friedlich entschlummert sei, da fühlte ich, obgleich ich mich für ihn freute, eine Lücke in meinem Leben, denn es schien mir, als ob nun erst, an seinem Schmerzenslager, die wahre Verwirklichung des Ideals für mich begonnen habe.

Es war sonderbar, daß in diesem Fall, so wie früher, als ich die christliche Askese und nachher den ausschließlichen Kultus der Kunst verwirklichen wollte, ich einer stummen Opposition, einer Art Erstaunen von seiten der Meinen begegnete. Sie waren so aufrichtig gut, fromm, mildtätig, für Kunst begeistert und begriffen doch nicht, warum man gerade »so weit« gehen müsse. Sie sprachen mir nicht davon, aber ich fühlte es. Ich schwieg und fuhr fort, die Armen und Unglücklichen zu besuchen, weil eine Stimme, die stärker war als alle menschlichen Rücksichten, es mir gebot.

Unter den Freundinnen, die ich wiedergefunden hatte, war die »Kleine«[23] wieder die erste und liebste. Ihre Mutter, die älteste Schwester und der Bruder wären verreist, aber sie wurden bald zurückerwartet und mit ihnen eine Tante, eine viel jüngere Schwester der Mutter, die man die geistreiche Tante nannte und von deren Einfluß auf den Bruder mir die Kleine viel erzählte. Ich hatte seit meiner Abreise nach dem Süden nicht viel von meinem Apostel gehört, nur die Kleine hatte ihn manches Mal in ihren Briefen erwähnt, und auch meine Mutter hatte öfter von ihm geschrieben. Ich hatte oft an ihn gedacht und freute mich, ihn wiederzusehn. Aber der Gedanke an diese so schöne und ausgezeichnete Tante erfüllte mich mit einiger Unruhe. Sie kamen endlich an, und die Kleine kam alsbald mit der Tante zu uns. Wir fanden sie sehr schön, elegant, geistvoll, fast gelehrt, aber es fehlte ihr an Unmittelbarkeit, und sie war uns allen nicht sympathisch. Meine Mutter bat sie jedoch sowie die drei Geschwister, einen Abend bei uns zuzubringen. Es war das erstemal, daß ich meinen Apostel wiedersah. Er kam auf mich zu und reichte mir die Hand. Wir sahen uns an; es war ein Blick gegenseitigen Erkennens, der Gruß einer Seele an die andere, ein tiefes Verstehen, als ob wir uns seit Ewigkeiten gekannt hätten. Alle Furcht vor der geistreichen Tante war verschwunden; ich fühlte, daß sie nur seiner Intelligenz etwas war, aber nicht seinem Herzen. Im Laufe des Abends fragte er mich, ob ich gedichtet habe im Süden, und als ich es bejahte, bat er, ihm die Gedichte zu zeigen. Ich willigte ein unter der Bedingung, mir eine strenge Kritik derselben zu geben, was er auch versprach. Es schien uns nur natürlich, beinah den ganzen Abend ausschließlich miteinander zu sprechen, gleichsam wie um uns zu entschädigen für die verlorene Zeit. Dann wurden bestimmte Abende zur Zusammenkunft bei uns verabredet, wo er unserem kleinen Kreis den zweiten Teil des Faust vorlesen wollte, und somit war ein öfteres Wiedersehen vorerst gesichert.

Einige Tage darauf schickte ich ihm eine Auswahl der Gedichte, die ich in Hyères geschrieben hatte. Niemand hinderte mich daran. Niemals hatte meine Mutter mir ausdrücklich Sachen der Art verboten. Ich zeigte ihr nichts von der Sendung, nicht aus Mangel an Vertrauen, sondern weil ich schon fühlte, daß eine ganze Seite meines Daseins keine Sympathie bei den Meinigen finden würde und daß von daher mir kein Rat kommen könne.

Wenige Tage darauf erhielt ich ein begeistertes Gedicht von ihm, daß unsere erste Bekanntschaft, unsere Trennung, seinen Abschiedsgruß und meine Antwort als jene ahnungsvollen Momente zusammenstellte, denen die höchste Blüte des Lebens in himmlischer Anmut entsteigen müsse. Dabei befand sich die Kritik eines jeden meiner Gedichte; feine geistvolle Urteile, die mich beglückten und belehrten. Ich fühlte mich unsäglich glücklich. Die Sonne jener Liebe, die dem ganzen Leben ihren Stempel aufdrückt, stieg an meinem Horizont empor. Dennoch wollte ich das Gefühl, das mächtig aufwuchs, um keinen Preis anders nennen als Freundschaft. Ich war entschieden, es auf den Verkehr zweier verwandter Seelen zu begrenzen, denn ein schweres Bedenken drängte sich mir auf. Er trat in das Leben ein ohne andere Stütze als seinen Genius. Ich glaubte ihn zu großen Dingen bestimmt, und ich hätte ihn um alles in der Welt nicht so früh gebunden wissen wollen durch Fesseln, die vielleicht seine Zukunft hätten hindern können. Ich fühlte in mir die große einzige Liebe nah am aufblühn, ich sah voraus, daß eine Flamme ausbrechen würde, die mein Leben verzehren könnte, und ich wollte seine Jugend nicht mit einer solchen Verantwortung belasten. Ich war einige Jahre älter als er[24], und es schien mir, als dürfe ich nicht auf die Treue eines so jungen Herzens Anspruch machen. Ich bemühte mich also, unsere Beziehungen bei dem Austausch allgemeiner Ideen zu erhalten. Es verging jetzt fast kein Tag, an dem wir nicht Briefe wechselten, mit Gedichten oder Fragen und Antworten auf allen Lebensgebieten. Er bekannte frei das Gefühl, das ihn beseelte, und verlangte dasselbe Bekenntnis von mir. Wenn ich ihm antwortete, daß ich älter sei als er, so lächelte er, denn ich sah wirklich noch aus wie ein Kind, oder er war verletzt und warf mir bitter meine Kälte vor. Er erriet nicht, daß ich, um einer schon ganz mächtigen Liebe willen, noch gegen diese Liebe selbst ankämpfte.

Der schwere Kampf aber erschütterte meine Gesundheit, und ich wurde bedenklich krank. Es war gerade an meinem Geburtstage[25], daß man für mein Leben fürchtete. Drei Wochen schwebte ich zwischen Leben und Tod. Dennoch umfing mich auch in den größten Schmerzen ein dämmerndes Gefühl unendlichen Glücks, und ich hörte beständig Beethovensche Symphonien in mir tönen. Endlich war ich außer Gefahr, aber noch so schwach, daß man kaum mit mir sprechen durfte. Doch erfuhr ich, daß mein Freund täglich dagewesen war, um nach mir zu fragen, und meine Mutter gab mir selbst einen Brief von ihm. Es war ein Gedicht, in dem er die Genesung, diese Tochter des Himmels, anflehte, herabzusteigen und mich zu befreien von der Qual der Schmerzen. Es war schön und edel, wie das Gefühl, das uns vereinte. Ich konnte nach und nach, einzeln, meine Freunde wiedersehen. Seine Reihe kam auch. Er trat ein, und ich reichte ihm die Hand entgegen. Er gestand mir nachher, daß er in dem Augenblick gefühlt habe, wie alle Bedenken meinerseits gewichen seien, und daß wir nun, selig vereint, auf der heiligen Flut der Liebe dahinziehen würden zu den Gestaden des Geistes und der Schönheit. So war es auch: Liebe und Poesie kehrten mit der Gesundheit zurück. Ich war noch auf meinem Lager der Genesung, als der erste Schnee fiel. Die rauhe Gestalt des nordischen Winters betrübte mich tief. Ich gedachte mit Sehnsucht des Südens, wo der Arme, mit seiner Sonne, mit seinem freigiebigen Boden, auch in Lumpen noch den edlen, menschlichen Typus bewahrt, während Hunger und Kälte im Norden den Menschen zur Jammergestalt entstellen. Ich wendete mich mehr und mehr den sozialen Fragen zu, an die ich zunächst herangetreten war, um das Ideal christlichen Erbarmens zu verwirklichen.

Mit Theodor diskutierte ich sie. Nach den ersten Besuchen, die er mir während meiner Genesung gemacht hatte, kam er plötzlich selten. Ich empfand seine Abwesenheit mit tiefem Schmerz, und hätte ich nicht täglich einige Zeilen von ihm erhalten, ich hätte es kaum ertragen. Endlich erfuhr ich als schönste Überraschung, was ihn ferngehalten hatte. Er hatte sein erstes Buch[26] vollendet, in dem er sich öffentlich vom orthodoxen Christentum lossagte und Christus als Menschen, Reformator und Revolutionär darstellte, der nichts anderes hatte einführen wollen als ein gereinigtes Judentum und eine edlere Moral. Nachdem Theodor sein Examen als Kandidat der Theologie längst glänzend bestanden hatte, brach er plötzlich durch diesen kühnen Schritt mit einer doppelten Tradition, mit der der Kirche und der seiner teuersten persönlichen Beziehungen. Für seine Eltern war es eine harte Probe; sein Vater war der erste Geistliche im Lande[27], seine Mutter hatte gehofft, in diesem geliebtesten Sohn den Ruhm ihres Vaters[28] wieder aufleben und einen neuen Verfechter des Protestantismus erstehen zu sehen. Dennoch, trotz ihrer Enttäuschung, konnte sie nicht umhin, die schöne Schrift ihres Sohnes zu bewundern und ein schmerzliches Glück beim Lesen derselben zu fühlen. Ich war ganz versenkt in dieses Buch. Nicht nur, daß ich den Geist und die Poesie des geliebten Autors bewunderte, sondern, indem ich las, fiel auch ein Schleier nach dem andern von meinen Augen. Ich erkannte, daß alle meine schmerzlichen religiösen Kämpfe nur die legitime Empörung des freien Gedankens gegen die versteinerte Orthodoxie gewesen waren und daß das, was ich für schuldig gehalten hatte, die Ausübung eines ewigen Rechts gewesen war. Ohne zu zögern, folgte ich meinem Freunde in die scharfe, gesunde Luft der Kritik. Er hatte seine Besuche wieder aufgenommen, und unsere Gespräche drehten sich fast ausschließlich um diese Gegenstände. Es kostete mich nichts, der Idee von Christus als Vermittler zwischen Gott und Menschen zu entsagen, denn ich hatte nie die Notwendigkeit dieser Vermittlung begriffen. Ebenso wurde es mir leicht, Gott aus der engen Grenze der Individualität, in die ihn das christliche Dogma einfaßt, zu befreien: in der Tat war dies längst in meinen Gedanken geschehen. Schwer wurde es mir nur, dem Glauben an die persönliche Unsterblichkeit zu entsagen. Ich hatte diese herrliche Phase des persönlichen Egoismus, diese poetische Anmaßung des Ichs, das sich ewig bejahen möchte, diesen Traum der Liebe, die kein Ende kennen will, sehr geliebt. Während unsere Diskussionen über diesen Punkt noch dauerten, schrieb er mir einmal: »Sie sträuben sich noch ein wenig dagegen, daß alles Vergängliche vergänglich sei. Wenn ich in meinem Herzen den Glauben an seine eigene Unsterblichkeit fände, so würde die Vernunft mich nicht daran irre machen. Es sind nicht die kleinen und schlechten Geister, sondern die guten und großen, die an ihre eigene Unsterblichkeit geglaubt haben. Aber ich habe diesen Glauben nicht. Wenn ich von Unsterblichkeit sprechen wollte, dann müßte jede Rose, jeder Frühlingskranz, der Gesang der Nachtigall und alles, was je mein Herz entzückt hat, mit mir kommen, und ich weiß doch, daß die Rose welkt, daß die Kränze zerfallen, die Augen erlöschen, die Haare bleichen und das Herz selbst, mit seiner Liebe, in Staub zerfällt. Unsterblichkeit ist nur in der Poesie. Der Geist ist nur Geist, weil er frei ist von jeder Form, von jeder Individualität.«

Der Bund unserer Herzen wurde doppelt fest und heilig während dieser Verständigungen über die höchsten Angelegenheiten des menschlichen Lebens, und ich verweigerte auch von meiner Seite nicht länger das Bekenntnis der tiefsten, heiligsten Liebe.

Während wir so die sanften Freuden einer reinen Liebe genossen, sammelten sich Wolken über unseren Häuptern. Die Natur des Gefühls, das uns vereinte, konnte unseren beiderseitigen Familien kein Geheimnis mehr sein, obgleich weder Theodor noch ich davon auch nur mit einem Wort gesprochen hatten. Ein sehr entschiedenes Mißvergnügen zeigte sich, ohne daß man es aussprach. Die Familie meines Freundes hatte wohl hauptsächlich nur das entgegenzusetzen, was ich selbst anfangs gegen meine Liebe einzuwenden versuchte, nämlich daß ich sechs Jahre älter war als er und die Freiheit seiner Zukunft, die er sich ganz selbst schaffen mußte, nicht in so frühe Fesseln gelegt werden sollte. Meine Familie sah außer diesen Schwierigkeiten noch eine andere, größere. Er war Demokrat, bekannte es frei und wurde es von Tag zu Tag mehr, je mehr sein kritischer Blick den unermeßlichen Abstand der existierenden Zustände von seinem Ideale ersah. Die meisten jungen Leute der Gesellschaft, seine Schul- und Universitätskameraden, haßten ihn, wie sein Vater es vorausgesagt hatte, seiner Superiorität und des besseren Gebrauchs wegen, den er von seiner Zeit machte. Die Damen und jungen Mädchen mochten ihn nicht, weil er sich nur mit wenigen unter ihnen beschäftigte, wenn er in Gesellschaft erschien – mit denen nämlich, mit denen er über andere Dinge als Strickstrumpf und Küche sprechen konnte. Mein Schwager und auch mein Bruder waren sehr aufgebracht gegen ihn, weil er einen Artikel geschrieben hatte, worin er die großen Ausgaben für das Theater auf Kosten des armen Volks, das die Steuern zahlen müßte, tadelte. So weit ging der Absolutismus damals in Deutschland, daß in einem solchen Duodezländchen, wie das, von dem ich hier spreche, kein freies Wort, kein gerechter Tadel über Angelegenheiten, die das allgemeine Wohl betrafen, ausgesprochen werden konnte und daß ein Mensch verpönt wurde, der an den Nimbus dieser kleinen Majestäten zu rühren wagte. Mein Schwager grüßte Theodor kaum noch, sprach nie mit ihm und sah meine Beziehungen zu ihm mit entschiedener Mißbilligung. Diese Opposition in meiner Familie beunruhigte meine Mutter sehr. Sie kannte meine Natur nur zu gut, um nicht zu wissen, daß eine solche Liebe mächtige Wurzeln in meinem Herzen schlagen würde und daß, wenn sie Widerstand finden sollte, tiefe Schmerzen die Folge davon sein müßten.

Ich bemerkte das alles sehr wohl und war tief betrübt darüber. Das Gefühl, das ich für Theodor hatte, war die schönste und edelste Blüte meines Wesens. Aber je mehr meine Liebe mir heilig war, je mehr verschloß ich sie in die Tiefe meines Herzens. Ich glaube, daß diese tiefe, keusche Scham die Eigenschaft jedes großen reinen Gefühls ist. Wenn jedoch ein solches Gefühl ungerechterweise angegriffen wird, so findet es sogleich den Heldenmut, sich zu bekennen und zu verteidigen, und wäre es vor der ganzen Welt. Ich mußte also durch diesen zweiten Grad hindurchgehen. Zunächst fing ich an, mich von der Gesellschaft zurückzuziehen, von der er ausgeschlossen wurde. Wenn ich ihm aber auf der Ressource oder sonstwo begegnete, so sprach ich mehr mit ihm als mit jedem andern. Ich trotzte den mißbilligenden Blicken meines Schwagers und dem halb spöttischen, halb unwilligen Ausdruck auf den Gesichtern meiner Bekannten, die empört waren, daß ich ihnen einen »Demokraten« vorzog, der noch dazu ganz gleichgültig gegen ihre Nichtachtung schien. Schwerer zu tragen war mir das Mißvergnügen meiner Mutter, das anfing, sich in Vorwürfen und bitteren Bemerkungen Luft zu machen, die um so schmerzlicher für mich waren, als ich nicht von ihrer Seite daran gewöhnt gewesen war und sie einst eine wahre Begeisterung für Theodor gehabt hatte. Eines Abends hatte ich die Meinen zu einem Ball auf der Ressource begleitet, obgleich ich nicht mehr tanzte. Theodor war auch dort, und da er auch nie tanzte, so setzte er sich zu mir und blieb da den größten Teil des Abends, in die schönsten Gespräche vertieft. Als wir nach Hause zurückkehrten, sah ich den Ausdruck der Verstimmung auf dem Angesicht meiner Mutter, und bald brach sie in heftige Vorwürfe aus, daß ich mich ganz öffentlich so ausschließlich mit diesem Menschen beschäftigt und mich allen Bemerkungen preisgegeben habe. Anfangs antwortete ich sanft und begütigend, dann aber übermannte mich das Gefühl, so ungerecht behandelt zu werden, und zum erstenmal in meinem Leben wurden harte Worte zwischen mir und meiner Mutter ausgetauscht. Ich litt unsäglich dabei; es war die erste tiefe Wunde für meine Liebe zu der Familie, und ich fühlte, daß ich von nun an durch viele Kämpfe zu gehen haben würde.

Ungeachtet meiner Schüchternheit und Demut war ich doch auch sehr stolz. Oft hatte ich schon früher zu meiner Schwester gesagt, der Grundsatz meines Lebens solle sein: »Von wenigen geliebt, von allen geachtet.« Liebe schien mir ein zu hohes, heiliges Geschenk, um es von vielen erlangen und ertragen zu können, denn rechte Liebe kann man auch nur wenigen geben; aber Achtung ist die Frucht unseres sittlichen Verhaltens, und sie müssen wir auch selbst dem Feinde einflößen. Dennoch empfand ich jetzt, daß die große Anerkennung, deren ich bisher genossen, anfing, sich zu vermindern. Welches aber war die Schuld, die ich begangen hatte? Einen jungen Mann zu lieben, dem auch seine Feinde keinen ernsten Vorwurf machen konnten, und endlich die Ziele zu *verstehen,* nach denen meine ganze Jugend ein unbewußtes Wandeln gewesen war? Es fiel abermals ein Schleier von meinen Augen. Ich sah ein, daß ich nicht mehr das sanfte, nachgiebige Geschöpf war, das, um niemanden zu verletzen, sich allem unterwarf und den Weg, den alle gingen, mit ihnen ging aus Gehorsam und Gefälligkeit. Ich fühlte, daß ich eine Individualität wurde, mit Überzeugungen und mit der Energie, sie zu bekennen. Ich begriff nun, daß dies mein Verbrechen sei. Die allgemeine Anerkennung fing an, ihren Wert für mich zu verlieren, und ich sah ein, daß ich hinfort nur mein Gewissen zur Richtschnur nehmen und nur tun würde, was es mir vorschrieb.

Aber der Kampf wurde alle Tage schwerer. Mein Vater kam wieder während des Sommers, um uns zu sehen. Ach! und auch mit diesem geliebten Vater fühlte ich mich nicht mehr im Einklang über wichtige Lebensfragen. Die Politik hatte einen großen Platz in meinen Gesprächen mit Theodor eingenommen, und die Entwicklung meiner Gedanken zu demokratischen Ansichten war die natürliche Folge davon. Ich hatte oft in den Briefen an meinen Vater Fragen über politische Gegenstände getan, um, wenn es möglich wäre, meine Ideen nach den seinigen zu bilden. Er hatte mich einmal an Guizot[29] und seine Politik verwiesen, die ich beobachten sollte, wenn ich mir richtige Ideen bilden wollte. Meist aber hatte er meine Fragen unbeantwortet gelassen, da er diese Dinge als außerhalb der weiblichen Sphäre liegend betrachtete. Doch erinnere ich mich des Augenblicks, wo ein tiefer Schmerz mein Herz durchzuckte, als eine seiner Äußerungen bei einem Gespräch mir plötzlich hell die Kluft beleuchtete, die sich zwischen seinen Ansichten und den meinen aufgetan. Er war von den Veränderungen unterrichtet worden, die man in meiner Art zu denken vorgehen sah und die man nicht als logische Folge meiner geistigen Entwicklung, sondern als einen beklagenswerten Einfluß der »unglücklichen Neigung« für einen Menschen mit exzentrischen und falschen Ansichten betrachtete. Es ist dies ein sehr häufig vorkommender Irrtum der Orthodoxen in Religion und Politik: wenn ein Geist sich von ihren Gesetzen befreit, so schieben sie die Schuld dieser Emanzipation auf irgendeine äußere Ursache, auf eine geistige Verführung und denken nicht daran, daß es die innere Logik des tiefsten Wesens ist, die nur durch die Umstände an das Tageslicht gefördert wird.

Mein Vater sprach mit mir nicht darüber; es war durchaus keine absolute Notwendigkeit da, weder von der einen noch der andern Seite, das Schweigen zu brechen, aber der innere Bruch fühlte sich doch durch, und dieses Gefühl war um so schmerzlicher, als wir uns deshalb nicht weniger liebten. Ich sah Theodor fast gar nicht. Man forderte ihn nicht auf zu kommen, ich wünschte es selbst nicht, weil ich wußte, daß seine Begegnung mit meinem Vater nicht so sein würde, wie mein Herz es bedurfte. Ich sah ihn nur, wenn ich von Zeit zu Zeit die »Kleine« besuchte, aber auch das konnte ich nicht oft tun, da der größte Teil unserer Zeit meinem Vater gewidmet war. Die Briefe meines Freundes waren mein einziger Trost. Eines Tages fand ich aus, daß ich einen Brief nicht erhalten hatte, und erfuhr, daß er meiner Mutter gegeben worden war. Ich fragte sie danach, sie gab ihn mir zurück – aber – geöffnet und gelesen. Das war ein schwerer Schlag für mein Herz. Ich hätte diesen Brief der ganzen Welt zeigen können, und um so mehr meiner Mutter. Sie waren reicher und schöner als viele, die veröffentlicht worden sind und die Bewunderung der Welt erregt haben. Aber sie waren so sehr *mein,* daß ich sie mit niemandem auf Erden teilen konnte. Die Liebe kam bei mir, wie einst die Religion, aus den unergründlichen Tiefen der Seele und war ein zu innerliches Teil meiner selbst, um diskutiert zu werden. Ich habe niemals das frivole, oberflächliche Gefühl begriffen, das allen Freundinnen und Bekannten mitzuteilen ein Bedürfnis ist. Die tiefe ewige Liebe schien mir der Sonne ähnlich, die man an ihren wärmenden, wohltuenden Strahlen erkennt, in die man aber nicht hineinsehen kann, weil ihr Licht zu sehr blendet. Die Begebenheit mit dem Brief trug viel dazu bei, den Geist der Empörung in mir zu nähren. Das Gefühl, das sich aller Augen entzogen hatte, um seine Heiligkeit nicht zu profanieren, stand nun in Waffen auf, um sein legitimes Recht vor der Welt zu verteidigen.

Es ereignete sich unter anderem einmal, daß, als wir in einem öffentlichen Garten, wo man Kaffee trank und Musik anhörte, in einem Kreis von Bekannten saßen, Theodor vorüberging, grüßte, sich uns aber nicht näherte und noch mehrere Male in unsere Nähe kam, ohne mit mir zu reden. Nach Haus zurückgekehrt, schrieb ich ihm, um die Ursache dieser Vernachlässigung zu erfahren. Er antwortete mir scherzend, daß er mich nicht der Verlegenheit habe aussetzen wollen, den verachteten Demokraten im Kreise meiner hochadeligen Bekannten anzuerkennen. Das nächstemal, als wir an diesem Ort waren, ging ich auf Theodor zu, sobald ich ihn erspähte, und wandelte lange mit ihm auf und ab in den Alleen des Vergnügungsortes, vertieft wie immer in die ernstesten Gespräche. Ich wußte, daß man uns mit Erstaunen betrachtete. Eine junge, stolze, aristokratische Schönheit, die mir immer viel Freundschaft bezeigt hatte, begegnete uns am Arme ihres Bräutigams, eines Barons. Sie sah mich erstaunt, fast erschrocken an, als wollte sie sagen: »Ist es möglich, daß du dich so herablassen kannst? Hast du die Bedeutung der kleinen Silbe vor deinem Familiennamen vergessen? Diesen Demokraten, diesen unmoralischen Menschen, der die Kirche – der die Berechtigung des Adels leugnet, den konntest du erwählen?«

Das alles stand so klar auf ihrem Gesicht geschrieben, daß ich im Begriff war zu lachen. Aber eine härtere Probe war es für mich, an meinen Eltern vorüberzugehen. Ich konnte nicht auf sie zueilen und Theodor meinem Vater vorstellen; das wäre wie eine Herausforderung ihrer öffentlichen Zustimmung gewesen. Ich wußte, daß ihnen das schmerzlich peinlich gewesen wäre, und auf der andern Seite wollte ich meinen Freund nicht einer kalten und gezwungenen Aufnahme aussetzen. Ich fühlte mit Schmerz die Pein, die ich ihnen verursachte, aber ich mußte dem Manne, den ich liebte, diesen Beweis der Neigung geben, ich mußte eine edle Liebe durch ihr Bekenntnis verteidigen.

Indes kam eine neue schwerere Prüfung als die vorhergehenden, die mich auch zu einem energischeren Schritt als die früheren nötigte. Meine Mutter beschloß ihre große jährliche Gesellschaft zu geben, zu der auch die jungen Prinzen und Prinzessinnen des fürstlichen Hauses eingeladen wurden. Früher hatten mir diese Festlichkeiten in unserem Hause Freude gemacht. Es wurde meist getanzt, und ich tanzte gern mit den beiden ältesten Prinzen, von denen besonders der zweite mir viel Sympathie einflößte. Jetzt wußte ich, daß man auf dem Schloß, wie überhaupt in der Gesellschaft, sehr verändert gegen mich war. Meine »demokratischen Gesinnungen« mißfielen diesen kleinen Herrschern über einige Quadratmeilen Land. Diesmal sollte nun unser Fest kein Ball sein, sondern eine Gesellschaft, in der von Künstlerhand lebende Bilder gestellt werden sollten. Alle derartigen Belustigungen interessierten mich kaum noch, doch gab ich mich bereitwillig wie immer zur Hilfe bei den Vorbereitungen her, als meine Mutter mir plötzlich ankündigte, daß es unmöglich sei, Theodor einzuladen. Seine Familie würde natürlich gebeten werden, da sein Vater zu den ersten Personen des kleinen Staates gehörte, aber mein Schwager habe erklärt, daß man den jungen Prinzen unmöglich die Beleidigung zufügen könne, sie in denselben Salon zu bitten mit einem Menschen, der einen so tadelnden Artikel gegen die unschuldigen Neigungen ihres Vaters geschrieben habe, und daß er (mein Schwager) nicht kommen würde, wenn jener käme. Meine Mutter hatte diesen Rücksichten nachgegeben, wenngleich es ihr schwer wurde meinetwegen. Der bitterste Haß hätte keinen schmerzlicheren Schlag erfinden können, und er kam mir von meiner Familie, von guten, liebenden, geliebten Wesen!

Meine Schwestern waren ganz vertieft in die Vorbereitungen zu den lebenden Bildern, bei denen ihnen ein junger Künstler beistand, der seit einiger Zeit in der kleinen Residenz lebte. Er war sehr gern gesehen in unserem Haus; sanft, angenehm, mit einem hübschen Talent begabt, stieß er nie an und hatte überhaupt keine »politische Meinung«. Ich sah es mit einem Gefühl von Bitterkeit, daß dieser gute, aber unbedeutende Mensch so ganz in ihre Intimität aufgenommen wurde, daß sie ihn vorzogen, daß er die Seele alles dessen, was geschah, war, während der geniale, edle Mensch verbannt, ja öffentlich beleidigt wurde, weil er gewagt hatte, zu schreiben, daß man mehr, als erlaubt sei, in einem kleinen Zwergstaat ausgebe, um der Neigung eines Fürsten zu genügen. Ich bestand nicht darauf, daß er eingeladen würde; ich war zu stolz, um es als eine Gnade für ihn zu erbitten; aber ich erklärte, daß ich auch der Gesellschaft nicht beiwohnen würde, wenn ich nicht das feierliche Versprechen erhielte, unmittelbar nach der großen Gesellschaft eine kleinere, aus den besten Familien bestehende, gegeben zu sehen, zu der er eingeladen würde. Dies wurde angenommen. Meiner Mutter tat es leid, mich so zu verletzen, und sie ergriff gern dies Mittel, den Schlag zu mildern. Auch wollte sie vermeiden, daß die Sache zu bekannt würde durch meine Abwesenheit von der Gesellschaft. Dennoch hatte sich das Gerücht davon bereits verbreitet. Die Mutter Theodors war tief verletzt durch die ihrem geliebtesten Sohne, dem Stolz ihres Herzens, zugefügte Beleidigung. Die »Kleine« und der Vater lehnten die an sie ergangene Einladung ab. Von der Familie erschien nur die älteste Schwester mit ihrem Bräutigam.

Ich sandte Theodor einen Strauß Veilchen, die ersten des Jahres, und schrieb ihm ein paar Worte, die uns beide hoch über die Kleinlichkeit des menschlichen Verkehrs erhoben. Dann ertrug ich mit fester Haltung, durch eine innere Verachtung gegen die Torheit der Gesellschaft unterstützt, die Qual dieses Abends. Es herrschte eine allgemeine leise Verstimmung, denn es war ganz natürlich, daß man Bemerkungen machte über die Abwesenheit einer der ersten Familien der Stadt und über eine Neigung meinerseits, die meine Familie öffentlich verleugnete.

Den folgenden Morgen erhielt ich einige Zeilen von ihm, in denen er für die Veilchen und die Trostesworte dankte, mit denen ich ihn und mich über die Klatschereien und bösen Reden getröstet hatte, die die Folge des Vorgefallenen sein würden. Er schloß damit: »Ich lese im Plato, um mich von dem Schmutz der modernen Welt zu reinigen.«

Einige Tage später erinnerte ich an die versprochene kleinere Gesellschaft, nicht als eine Freude, weder für ihn, noch für mich – denn welche Freude konnte uns eine Gesellschaft geben, die nur ein spöttisches Lächeln oder ein hochmütiges Mitleid für ein Gefühl hatte, das sich über ihre Begriffe erhob? Ich verlangte das Versprechen als eine Gerechtigkeit, die uns beiden gehörte, als ein Zeugnis, daß die Beleidigung nicht persönlich gewesen war, sondern eine Nachgiebigkeit gegen die kleinen Tyrannen. Die Gesellschaft fand statt. Die »Kleine« kam mit ihrem Bruder. Alle die geladenen Personen bemühten sich, freundlich und liebenswürdig zu sein und jedes peinliche Gefühl zu verbannen. Meine Mutter gab das Beispiel. Mein Freund, obgleich ihm der Abend eher eine Marter als eine Befriedigung war, tat auch seinerseits sein Möglichstes, gesellig liebenswürdig zu sein, und er war zu reich begabt, um nicht auch dies zu können. Man bemerkte mit Erstaunen, daß dieser gefürchtete Demokrat, dieser schlimme Kritiker, ein allseitig gebildeter Mensch war, mit dem es sich ganz menschlich umgehen ließ. Man vermied natürlich von beiden Seiten die gefährlichen Klippen im Gespräch, und so verlief der Abend ganz gut. Die äußere Genugtuung war vollständig, aber der Pfeil war zu tief in mein Herz gedrungen, als daß man die Wunde wieder hätte heilen können. Ich hatte die Bedeutung aller dieser Vorfälle zu wohl verstanden; ich war hinfort im offenen Krieg mit der Welt, in der ich erzogen worden war, und es handelte sich nicht länger mehr um ein persönliches Gefühl, sondern um die Freiheit meiner Überzeugungen. Ich hatte den Kampf der Freiheit gegen die absolute Autorität begonnen.

Den Sommer 1847 verbrachte die Familie Meysenbug in Bad Homburg, den Winter in Frankfurt, wo Malwidas Vater am 28. Dezember starb.

1848

Am Neujahrstage lasen wir im kleinen Kreis der anwesenden Familie das Testament meines Vaters. Glücklicherweise herrschte zwischen uns zu viel Liebe und edler Sinn, um diesen Akt anders als mit all der Ehrfurcht zu begehen, die wir dem Geschiedenen schuldig waren. Nicht ein störendes Wort wurde laut, und wir hatten nicht das häßliche Schauspiel zu erleben, das leider so häufig in der Welt vorkommt, die Feier des Todes durch Erbschaftsstreitigkeiten entstellt zu sehen. Mich rührten und ergriffen besonders die einfachen und würdigen Worte, mit denen das Testament anfing und mit denen mein Vater seinen Glauben an die persönliche Unsterblichkeit ausdrückte. In ihnen fand ich seine einfache, gute, wahre Natur wieder. Das übrige, der materielle Teil, ließ mich gleichgültig. Doch fand es sich, daß das Vermögen meines Vaters viel geringer gewesen war, als wir vermutet hatten, und daß, da es in viele Teile ging, ein jeder Anteil nur klein sein würde. Dazu war es noch ungewiß, ob meine Mutter eine Pension, die ihr von seiten des verstorbenen Fürsten zugesichert war, erhalten würde; in diesem Fall hätten wir natürlich mit ihr geteilt, aber dann hätten wir eben nur ein sehr bescheidenes Leben führen können, bei weitem beschränkter als das, an das wir gewöhnt waren. Zum erstenmal stieß bei meiner Schwester und mir der Gedanke auf, daß eine von uns gehen und selbst ihr Brot erwerben müsse. Einige der Brüder waren wohl in guten Stellungen, aber es fiel uns nicht ein, von ihnen abhängig werden zu wollen. Wir besprachen schon diesen Punkt, und eine jede von uns war bereit zu dem Opfer. Ich war fest entschlossen, nicht nachzugeben und, wenn es sein müßte, meinen Erbanteil ganz der Mutter zu überlassen und zu gehen. Ich fing ohnehin an zu fühlen, daß ich nicht lange mehr mit denen würde leben können, die meine heiligsten Überzeugungen für falsch hielten. Aber zu gleicher Zeit stand ich betroffen vor der Frage: »Was tun, um mir mein Brot selbst zu erwerben?«

Ich hatte viel gedacht, mehr als die Mehrzahl der Mädchen in meinem Alter; ich hatte viel gelesen. Aber wußte ich eine Sache so gründlich, um darauf meine Unabhängigkeit zu stützen? Hatte ich eine Fachkenntnis irgendeiner Art? Ich fühlte das Ungenügende meiner Erziehung mit tiefer Pein. Seit ich die Malerei hatte aufgeben müssen, hatte ich angefangen zu hoffen, daß ich eines Tages etwas würde schreiben können. Ich hatte einige schüchterne Versuche gemacht, kleine Novellen und Aufsätze an Verleger zu schicken, ohne irgend jemand davon zu sprechen. Mehreres wurde gedruckt, aber nicht bezahlt. Ich wußte nicht, wie man dabei verfahren müsse, ich wagte nicht, bei meinen Familienmitgliedern um Rat zu fragen wegen Sachen, die ihnen mißfielen, und so sah ich keine Hoffnung in dieser Richtung.

Während so der Horizont meines Lebens düster und verschleiert war, fing derjenige der Völker an, sich aufzuhellen.

Eines Tages, als ich von einem einsamen Spaziergang heimkam, fand ich alles im Hause in größter Aufregung. Die Nachrichten von der Pariser Revolution am 24. Februar waren angekommen! Mein Herz klopfte vor Freude. Die Monarchie gestürzt, die Republik erklärt, ein provisorisches Gouvernement, das einen berühmten Dichter und einen einfachen Arbeiter zu Mitgliedern zählte[30] – es schien ein himmlischer

Traum und war doch Wirklichkeit. Nur wenig Blut war für so hohen Preis vergossen worden, und die großen Losungsworte: Freiheit, Gleichheit, Brüderlichkeit! standen wieder auf der Fahne der Bewegung.

Welche Todesqual, mein Glück nicht zeigen zu dürfen, meine Erregung in mein Herz verschließen zu müssen, es zu sehen, daß man um mich her da, wo ich nur Hoffnungen sah, großes Unglück erwartete! Welcher Schmerz, an Blicken und Bemerkungen zu begreifen, daß die Freude, die ich unwillkürlich zeigte, mir als ein schwerer Fehler angerechnet wurde!

Ich schwieg, soviel ich konnte, und gab meinen Gefühlen nur in Briefen an Theodor und die »Kleine« Ausdruck.

Der elektrische Strom verbreitete sich bald in allen Richtungen. Deutschland, das so fest eingeschlafen schien, erbebte wie von einem unterirdischen Feuer. Die Nachrichten von Wien und Berlin folgten sich rasch. Der Fürst der politischen Finsternis, Metternich, war entflohen! Die Grundlagen des Despotismus schienen überall zu wanken. Die Stütze des Absolutismus, die Militärmacht, schien unvermögend vor der Begeisterung der Völker, die für ihre Rechte aufstanden. Die drei glorreichen Märztage in Berlin bewiesen es. Ein jeder Tag fast wurde durch ein neues, wichtiges Ereignis bezeichnet. Aber wie verschieden war die Auffassung dieser Ereignisse je nach den verschiedenen Anschauungen! Eines Tages z. B. fand ich beim Eintreten in das Wohnzimmer meine Mutter mit der Zeitung in der Hand, und sie rief mir entgegen: »Nun wirst du zufrieden sein: der König von Preußen ist mit der schwarz-rot-goldnen Fahne in der Hand durch die Straßen von Berlin geritten. Was kannst du mehr wünschen?«

Ich erwiderte, daß mir das gar keine Freude machte, und ich war auch eher traurig über die Maskerade; denn nur der Druck des Augenblicks hatte sie gewaltsam hervorgebracht; sie konnte nicht der Ausdruck der Gesinnung eines Monarchen sein, der, wie allbekannt war, den romantischen Traum der Wiederherstellung feudaler Zustände geträumt hatte. Was ich ersehnte, das waren nicht Gnadengeschenke und königliche Zugeständnisse an das Volk, das war vielmehr das ernste selfgovernment des Volkes selbst, vor dem die Fürsten sich beugen oder verschwinden mußten.

Die Nachricht, daß ein deutsches Vorparlament sich in Frankfurt versammeln werde, erfüllte mich mit namenloser Freude. Die Stadt war in einer grenzenlosen Aufregung. In der Versammlung der freien Gemeinde, die ich schon während des ganzen Winters statt der protestantischen Kirche besucht hatte, stieg der Redner nicht auf die Kanzel, um irgendeiner Betrachtung regelrecht zu folgen, sondern er sprach am Altar feurige Worte der Begeisterung, indem er die Gemeinde aufforderte, bereit zu sein, einen freudigen Kampf zu kämpfen um die heiligsten Rechte der Menschheit. Draußen hörte man Waffengeklirr, denn die Bürger eilten in das nahe Zeughaus, um sich zu bewaffnen. Mir war todesfreudig zumute. Ich hätte gewünscht, daß der Feind draußen vor dem Tore der kleinen Kirche gestanden hätte und daß wir alle hinausgezogen wären, Luthers Choral singend, um für die Freiheit zu kämpfen oder zu sterben. – Das Volk kam aus seinen Höhlen hervor mit dem neugierigen Blick und dem naiven Erstaunen eines Menschen, den man lange Zeit im Dunkeln gehalten und der den Tag wiedersieht. Ich mischte mich unter die Volkshaufen, die fortwährend die Straßen füllten. Ich teilte ihre Freude, als man die dreifarbige Fahne auf dem Palais in der Eschenheimer Gasse aufpflanzte, wo der deutsche Bund so lange nicht zum Heile, sondern zum Unheile Deutschlands getagt hatte. Oft stand ich bei den Gruppen der Arbeiter, die sich vor den Schaufenstern der Bilderläden versammelten, an denen die Porträts der Männer der provisorischen Regierung in Paris, der ersten Liberalen Deutschlands, der Häupter der großen französischen Revolution usw. ausgestellt waren. Ich suchte ihnen alles zu erklären, ihnen die Männer zu bezeichnen, in die sie Vertrauen haben könnten, ihnen die Bedeutung der kommenden Tage klar zu machen. Ein neues Leben sprang überall auf. Auch im Theater erschienen die Schillerschen Dramen wieder, die lange von den deutschen Bühnen verbannt gewesen waren. Ich wohnte der ersten Aufführung von Don Carlos bei. Es war, als finge man jetzt erst an, den edelsten der deutschen Dichter zu begreifen, als spräche seine große Seele jetzt zum erstenmal zu dem erwachenden Vaterland. In der Szene, wo Posa für die unterdrückten Niederlande Freiheit erbittet und mit dem Zauber seiner schönen Seele sogar des Despoten Herz bewegt, brach der Jubel in unbändiger Weise aus. Zu gleicher Zeit tönte Freudengeschrei von der Straße her. Alles fragte nach der Ursache; die Antwort wurde laut von jemand aus dem Parterre verkündet; es zogen eben einige Männer des Vorparlaments in die Stadt ein, die jahrelang Märtyrer ihrer freien Ansichten gewesen waren. Das Volk hatte ihnen die Pferde abgespannt und zog sie im Triumph durch die Straßen. Ein Rausch des Entzückens war in aller Herzen.

Die Natur selbst feierte dies Fest der Wiedergeburt. Der Frühling war außerordentlich früh und schön. Ende März war schon alles grün und in Blüte, so daß es möglich gewesen war, die ganze Stadt in einen

Garten zu verwandeln. Die Häuser waren mit Blumen und dreifarbigen Fahnen geschmückt. Man wandelte in den Straßen wie in grünen Laubgängen. Die Eisenbahnen, die Dampfschiffe, mit Fahnen und Blumen geschmückt, brachten unaufhörlich Scharen fröhlicher Pilger, die zum Jubiläum der Freiheit herbeieilten. Niemals vielleicht, selbst in den Tagen des Ruhmes bei den Kaiserwahlen, hatte die alte Reichsstadt so viel Menschen versammelt gesehen.

Der letzte März kam. Eine glorreiche Sonne glänzte am wolkenlosen Himmel über der blumengeschmückten Stadt und den Massen geschmückter Menschen. Eine junge Bekannte, die einzige Person in meinen Umgebungen, die meine Gesinnungen teilte, kam ganz früh am Morgen, um mich abzuholen und mit mir nach der Möglichkeit zu spähen, den Ereignissen des Tages in etwas beizuwohnen. Wir nahmen unseren Weg nach dem Römerplatz, wo das ehrwürdige Gebäude steht, in dem einst die deutschen Kaiser des heiligen römischen Reichs gewählt wurden. Der Platz war ringsum von den Reihen der Frankfurter Nationalgarde und der Turner umgeben, denn auch Vater Jahns Turnvereine, so lange als staatsgefährlich verboten, waren wieder aufgelebt. Es war ein heiterer Anblick, diese frische, fröhliche Jugend zu sehen in einem nicht unmalerischen Anzug, leinenem Kittel, spitzem Hut mit breitem Rand und Feder, die Waffen in der Hand und das Gesicht von Begeisterung leuchtend. Es war das Versprechen einer Zukunft, wo man keine stehenden Heere mehr brauchen würde, sondern wo jeder freie Mann, wohl in den Waffen geübt, bereit sein würde, das Vaterland und den eigenen Herd, wenn es sein müßte, mit aller Kraft zu verteidigen.

Wir drangen glücklich durch die Reihen durch und traten in eines der dem Römer zunächstgelegenen Häuser aufs Geratewohl ein, um die Einwohner zu bitten, uns ein Plätzchen an einem Fenster zu gönnen. Die einfachen Bürgersleute fanden unsre Bitte ganz natürlich und führten uns in ein Schlafzimmer, wo ein kleines Kind in der Wiege schlummerte, unbekümmert um das, was draußen vorging.

Der Platz war dichtgedrängt voll Menschen und schien wie mit einem Mosaik von Köpfen bedeckt. Kaum daß eine Straße offen erhalten werden konnte, um die Abgeordneten des Volks zum Römer hineinzuführen. In dem alten Kaisersaale sollte das Vorparlament sich konstituieren, seinen Präsidenten wählen und von da sich in die Paulskirche, die in Eile für die Sitzungen zubereitet war, begeben. Endlich nahte der Zug der Abgeordneten, die, je zwei und zwei, auf dem offengehaltenen Pfad entblößten Hauptes und nach allen Seiten die jubelnde Menge grüßend zum Römer gingen. Vor allem wurden die Männer aus Baden mit freudigem Zuruf begrüßt, die schon lange als Vorkämpfer einer freieren Zukunft bekannt waren. Während nun im Römer beraten wurde, wogte ein reges Leben unter den Tausenden auf dem Platze; Hoffnung, Erwartung, Staunen über das so plötzlich Errungene machten sich in den lebhaftesten Äußerungen Luft. Wohl mochte auch die Furcht manches Herz bewegen, aber sie schwieg vor der Freudenfülle des Tages, und die Bosheit stand im stillen lauernd, um ihr geheimes und gefährliches Spinnennetz zu weben, in dem die sorglos Freudigen und die übereilt Sicheren zur bestimmten Stunde wieder gefangen werden sollten.

Endlich kündeten Kanonenschüsse und Glockenläuten an, daß das erste deutsche Parlament sich konstituiert habe. Plötzlich wurde alles still und am großen Fenster des Römers, von wo einst der erwählte Kaiser dem Volk verkündet wurde, rief nun einer der Deputierten den Namen des Präsidenten des Vorparlaments aus. Es war ein Name[31], der allen, welche die Freiheit liebten, bekannt und lieb war.

Welches Auge wäre wohl trocken geblieben in diesem Moment! Welches Herz hätte nicht in seliger Zuversicht geschlagen! Wer hätte nicht gehofft, daß das deutsche Volk, das Volk ernster Denker, so unterrichtet, so ruhig besonnen, mündig sei und die Verantwortlichkeit für seine Zukunft selbst in die Hand nehmen könne? Wer hätte gezweifelt, daß die von der Liebe und dem Vertrauen des Volks erwählten Männer fähig seien, die Träume ihres ganzen Lebens endlich zu verwirklichen?

Ich zweifelte nicht, ich sah nur, »unverhofft ein ewig Glück auf goldnen Strahlen glänzend niedersteigen«. Meine persönlichen Kämpfe traten in den Hintergrund vor dem Glück des Vaterlands. Niemals hatte ich Deutschland so heiß geliebt. Noch vor einigen Wochen hatte ich gewünscht, in dem sich erhebenden Italien zu sein. Jetzt hätte ich um keinen Preis von Deutschland weggemocht; ich fühlte mich mit allmächtigen Liebesbanden daran geknüpft und war überzeugt, daß nirgends die Entwicklung so vollständig und schön sein würde.

Als ich nach Hause zurückkehrte und erzählte, wo ich gewesen sei, wunderte man sich über meine Kühnheit, aber man tadelte sie nicht, denn sie war gelungen, und der Erfolg meiner Ansichten hielt die Kritik etwas zurück. Meine einzige bittere Enttäuschung in diesen Tagen war, nicht in die Paulskirche zu können, die, weil zu wenig Raum war, nur dem männlichen Publikum geöffnet war. Was mich aber ein wenig tröstete, das war der Anblick des öffentlichen Lebens. Man sah da Szenen, von denen man bisher keine Ahnung gehabt hatte. Tribünen wurden in den Straßen, auf den öffentlichen Spaziergängen improvisiert, von denen herab die hervorragendsten Volksmänner, wie Hecker, Struve, Blum u. a., zu dem Volke sprachen. Die Jugend besonders drängte sich um diese Tribünen und gab, zumal durch die malerische Tracht der Turner, diesem Schauspiel auch einen äußeren Reiz. Die radikale, republikanische Partei wollte entscheidende Maßregeln: die Erklärung der Grundrechte des deutschen Volks, die unmittelbare Bewaffnung aller waffenfähigen Männer und die Permanenz des Vorparlaments, bis ein definitives Parlament vom Volke erwählt sei. Dies war ein revolutionäres Programm, die Erklärung der Souveränität des Volks. Die Gemäßigten, die Ängstlichen erschraken davor. Die geheimen Feinde, die politischen und religiösen Jesuiten unterminierten den Boden und wühlten im stillen. Die Majorität war noch zu erstaunt, zu überrascht von all dem Geschehenen, um ein klares Bewußtsein über die nötigsten Dinge des Augenblicks zu haben. Man unterhandelte mit der Vergangenheit; man nahm Vorsichtsmaßregeln; man wollte die Form retten; man wollte den Terrorismus verhüten; man verwarf die Vorschläge der republikanischen Minorität und ergriff halbe Maßregeln, die immer ein Zeichen der Schwäche sind. Es wurde ein Ausschuß erwählt, um sich mit dem alten Bund, in den man einige neue liberale Mitglieder hineinbrachte, zu verständigen. Man verschob die Nationalbewaffnung bis zur Entscheidung des wirklichen Parlaments und erklärte das Vorparlament für unberechtigt, über die Geschicke der Nation zu entscheiden.

Nach diesen Beschlüssen verließen die radikalen Republikaner die Kirche, um sich direkt an das Volk zu wenden. Es war der dritte Tag der Beratungen. Die Teilung in der Versammlung, die regenerieren sollte, lag am Tage. Die Bestürzung, die Aufregung, die Befürchtungen und der Zorn von ein und der andern Seite waren schrecklich. Kundgebungen aller Art, heftige Beratungen in den verschiedenen Sektionen dauerten die ganze Nacht durch. Am Abend des dritten Tages kam die oben erwähnte junge Dame voll Freude, um mir zu sagen, daß ein Herr ihrer Bekanntschaft ihr versprochen habe, uns zwei am folgenden Tag in die Paulskirche zu bringen, an einen Platz, wo wir alles sehen und hören würden, ohne bemerkt zu werden. Wer war glücklicher als ich? Am folgenden Morgen begaben wir uns früh zur Kirche und wurden von unserem Beschützer, der zu der die Kirche umgebenden Nationalgarde gehörte, auf die Kanzel geführt, die nach dem Innern der Kirche hin mit schwarz-rot-gelben Tüchern verhängt war, die sich aber ein wenig auseinanderschieben ließen, so daß wir die ganze Kirche übersehen und, da die Tribüne gerade unterhalb der Kanzel war, die Redner trefflich hören konnten. Mehrere Frauen von Deputierten kamen ebenfalls in

36 Einzug der Mitglieder des Frankfurter Vorparlaments in die Paulskirche am 30. März 1848

unser Versteck; sie hatten die Freundlichkeit, uns alle die bedeutendsten Männer zu zeigen, und sie belustigten uns durch den neckischen Streit, den die eine, eine Süddeutsche und feurige, radikale Republikanerin, mit einer andern, der schönen, etwas stolzen Frau eines gelehrten Doktrinärs, führte, die sie nur den »gemäßigten Fortschritt« nannte und der sie lachend prophezeite, daß man mit dem nicht zum Ziele kommen werde.

Die Mitglieder der Linken, die nicht ausgetreten waren, verlangten zunächst stürmisch die Aussöhnung mit den Radikalen, die tags zuvor die Versammlung verlassen hatten. Man sandte einen der badischen Abgeordneten an sie ab, um sie zurückzurufen. Es gelang ihm, und nach einiger Zeit kehrten die sechzig Mitglieder, Friedrich Hecker an der Spitze, in die Kirche zurück. Sie wurden jubelnd empfangen, und Hecker sprang auf die Tribüne, um das Opfer, das sie der Einheit brachten, zu erklären und zur Energie nochmals aufzufordern. Hecker war sehr schön, ein Christuskopf mit langem, blondem Haar und mit schwärmerisch begeistertem Ausdruck. Er war längst in Deutschland durch seine republikanischen Gesinnungen bekannt, und ich wußte durch Theodor, der ihn kannte, wie sehr er im Privatleben die Grundsätze verwirklichte, für die er in der badischen Kammer seit Jahren kämpfte. Er sprach mit einem Feuer und einer Beredsamkeit, die unwiderstehlich fortrissen. Ich bewunderte in diesem Augenblick das Opfer, das er der Einheit brachte, und das Publikum belohnte es mit lautem Jubel. Dennoch war es ein gefährliches Opfer, und die geheimen Feinde, deren gar manche mit auf den Bänken der Abgeordneten saßen, mochten wohl kaum ein Lächeln zurückhalten können, als sie die wiederholten Fehler derjenigen sahen, die die Freiheit retten sollten.

37 Friedrich Hecker

Nach dieser Erklärung folgten nun noch Verhandlungen und Reden über das eigentliche Resultat dieser Versammlung, das darin bestand, daß für den ersten Mai ein definitives Parlament, aus allgemeinem Stimmrecht hervorgegangen, sich in Frankfurt versammeln solle, um über die Zukunft Deutschlands zu entscheiden. Ein Freudenschrei inner- und außerhalb der Paulskirche begrüßte diesen Beschluß, der augenblicklich draußen den die Kirche umgebenden Volksmassen bekannt gemacht wurde. Ich war wie von einem Schwindel des Glücks erfaßt; ich sah meine Träume Wahrheit werden, eine reiche, freie, lebensvolle Zukunft sich für Deutschland öffnen. Um sechs Uhr abends wurde das Vorparlament geschlossen. Die Abgeordneten verließen die Kirche wieder in Prozession, während das jubelnde Volk ihnen Blumen auf den Weg streute. Ich hatte es nicht bemerkt, daß ich den ganzen Tag nichts gegessen hatte, ich dachte nur an Deutschland und an den ersten Mai. Ach, ich überlegte in meiner Freude nicht, daß jeder Verzug, in einem Augenblick der Entscheidung, verderblich ist und daß, um zu siegen, man dem Feind nie die Zeit lassen muß, sich zu sammeln.

Einige Zeit nach den oben erzählten Begebenheiten wurde beschlossen, daß meine Mutter mit uns Töchtern in unsere kleine nordische Residenz zurückkehren sollte, um sich daselbst für immer niederzulassen, denn das Vermögen, das uns blieb, erlaubte uns nicht mehr wie früher zu reisen oder mit dem Aufenthaltsort zu wechseln. Die Notwendigkeit, Frankfurt zu verlassen, war mir wie ein Todesurteil. In einigen Wochen sollte diese Stadt das Zentrum der nationalen Entwicklung werden, alle großen Entscheidungen sollten da getroffen werden, die besten deutschen Männer sollten sich da versammeln – und ich sollte in einen kleinen Winkel zurückkehren, den der große Lebensstrom nicht einmal berühren würde! Ich fühlte einen grenzenlosen, vernichtenden Schmerz. Ich wußte, daß ich eine große Kraft der Entsagung besaß für alles, was die Menschen gewöhnlich Glück nennen. Aber dem entsagen, was das geistige Leben fördert – sich ausschließen müssen von den großen Ereignissen des Lebens der Menschheit, von den Eindrücken, die uns über uns selbst und die Kleinheit der Existenz erheben –, das war für mich stets der untragbarste Schmerz und schien mir die wahre Sünde gegen den heiligen Geist. Das große Recht der Individualität an alles, was ihr nötig ist, um alles zu werden, was sie werden kann, stellte sich mir in bitterer Klarheit dar. Daß es erlaubt sei, jede Autorität zu brechen, um dieses Recht zu erobern, war mir keinem Zweifel mehr unterworfen. Aber leider gehört zu der Erreichung dieser moralischen auch die ökonomische Unabhängigkeit. Bis dahin hatte man die Unabhängigkeit der Frau nur zugestanden, wenn sie Vermögen hatte. Aber die, die keins hatte, was sollte sie tun? Zum erstenmal stellte sich in meinen Gedanken die *Notwendigkeit* der ökonomischen Unabhängigkeit der Frau durch ihre eignen Anstrengungen fest. Für den Augenblick konnte ich jedoch nichts anderes tun, als mich in mein Schicksal fügen, denn ich hatte nicht den Mut, mich plötzlich von den Meinen zu trennen, und ich konnte es nicht, weil die Einkommensfrage meiner Mutter noch nicht entschieden war. Aber ich war fest entschlossen, im Fall sie das Ihre nicht bekäme, ihr meinen Teil der Erbschaft zu lassen und Erzieherin zu werden.

Wir verließen Frankfurt. Ich empfand das doppelte Weh, das Grab meines Vaters und die Geburtsstadt von Deutschlands Zukunft hinter mir zu lassen. Als wir schieden, war es, als wollte mein Herz brechen, und als wir in das grüne enge Tal einfuhren, in dem unsere nunmehrige Heimat lag, war es mir, als schlösse sich über mir das Grab und als gäbe es für mich hinfort weder Leben noch Zukunft mehr.

Während der Reise hatte ich noch ein paar frohe Augenblicke. Unser

Eisenbahnzug war außerordentlich lang. Es befanden sich darin eine Masse Freiwilliger, die nach Schleswig-Holstein gingen, um sich dort für die deutsche Nationalität zu schlagen. Die Waggons waren mit Fahnen und Blumen geschmückt. Auf jeder Station glitt ich aus dem Wagen, um diese frische, begeisterte Jugend zu betrachten. Ich beneidete sie um die Freiheit, ihren Teil Gefahr an dem allgemeinen Werk nehmen zu können, während ich nicht einmal von meinen Sympathien sprechen durfte und dahin gehen mußte, wo nichts zu tun war. Auf einer der Stationen sah ich einige Polen, die in ihre Heimat eilten, da sie dort auf eine Erhebung hofften. Die jungen Freiwilligen sprachen ihnen in heiteren Worten Mut ein und sagten: »Wenn wir da unten (in Schleswig-Holstein) fertig sind, kommen wir, euch zu helfen.« Die Jugend in ihrer großmütigen Begeisterung kannte den Zweifel nicht am Gelingen der Revolution und am Siege der Freiheit. Sie kannte noch die kleinlichen nationalen Eifersüchteleien nicht, die sich nur allzubald entwickelten und ebensowohl von den Demokraten als von den Reaktionären genährt wurden und die einen bekannten Demokraten sagen ließen: »Wenn der Haß zwischen Slaven und Deutschen noch nicht existierte, so müßte man ihn schaffen.« Traurige Worte, deren Resultate nur den Tyrannen zugute kamen!

In ihrem großmütigen Eifer fanden die jungen Leute es sehr natürlich, den Deutschen zu helfen, Deutsche zu sein, und den Polen zu helfen, Polen zu sein. Gewiß hätte keiner von ihnen angestanden, den Polen denjenigen Teil ihres Landes wieder herauszugeben, den Deutschland, nach jener grausamen Teilung, unrechtmäßig besaß. Wie mein Herz diesen großmütigen Worten Beifall zollte! Wie wenig es mir in den Sinn kam, daß diese frischen Lippen, die jetzt so hoffnungsreich Worte des Mutes und der Begeisterung sprachen, in wenigen Wochen für immer stumm, daß diese leuchtenden Augen geschlossen sein würden, um sich nicht mehr zu öffnen, daß dieses Blut umsonst vergossen sein würde.

Im April 1848 ließen sich die Meysenbugs wieder in Detmold nieder. Von der Mutter Theodor Althaus' erfuhr Malwida, daß dieser eine andere Frau liebe. Für Malwida begann eine schwierige und sehr traurige Zeit. Hinzu kam, daß sie wegen ihrer demokratischen Ansichten ständigen Anfeindungen seitens ihrer Familie ausgesetzt war. Daher folgte sie der Einladung ihrer Freundin Anna Koppe, sie in Berlin zu besuchen.

Ich hatte Berlin noch nie gesehen und war angenehm überrascht von so manchem Großartigen, was mir hier entgegentrat. Ich fühlte mich befreit von der drückenden Enge der kleinen Verhältnisse und begriff mehr als je, daß dem Menschen Raum nötig ist, Raum für den Gedanken, für die Tat, mit einem Wort: die Freiheit, nach seiner Überzeugung und dem innersten Bedürfen seiner Natur zu leben. Ich ging natürlich oft in die Kammersitzungen und wohnte Verhandlungen von höchstem Interesse bei, wo der entschiedenste Radikalismus stets den Sieg behielt. Die Abschaffung der Todesstrafe und des Adels wurde mit großer Majorität beschlossen.[32] Man ging viel gerader auf das Ziel los wie in Frankfurt.

Doch mischten sich in diese Erfolge schon die dunkelsten Befürchtungen. Die Reaktion erhob siegend ihr Haupt, und man sah einen schrecklichen Kampf nahen, einen Kampf auf Leben und Tod. Ein Freund meiner Wirtin, Abgeordneter der Linken, kam, sooft er einen Augenblick Zeit hatte, uns zu sehen und uns über die Lage der Dinge zu berichten. Schon war das Netz gesponnen und zum Zusammenziehen fertig, in dem die Revolution gefangen und erstickt werden sollte. Meine Freundin und ich waren in großer Aufregung. Wir gingen täglich aus und mischten uns unter die Volksgruppen, die in den Straßen zusammenstanden und leidenschaftlich diskutierten, ohne eigentlich klar zu wissen, was man zu fürchten habe und wie man handeln solle. Bei uns war alles bereit, um im Fall der Not jenen Freund, den Deputierten, aufzunehmen, zu verstecken und ihm fortzuhelfen, denn man fürchtete einen Gewaltstreich gegen die Abgeordneten. Daß man die Kammer auflösen und Berlin in Belagerungszustand erklären werde, schien abgemacht, nach den Truppenmassen zu urteilen, die zusammengezogen wurden. Die Aufregung unter den Arbeitern und den Studenten war ungeheuer. Wir hatten uns am Nachmittag auf den Platz begeben, wo die Kammer tagte, und standen mit einer Menge Arbeiter, alles ernste, entschlossene Menschen, zusammen, denen wir mitteilten, was wir durch den Deputierten wußten. Plötzlich ertönte militärischer Lärm, und zu gleicher Zeit rückte von mehreren Seiten her Kavallerie heran und fing an, den Platz zu besetzen. Den Abgeordneten wurde befohlen, auseinanderzugehen, und sie, nur der Gewalt weichend, zogen nun in geordneter Prozession zum Hause hinaus über den Platz, um sich dann zu verteilen. Es war ein trauriger Anblick, und uns allen, die wir dastanden, kochte das Blut vor Empörung und Schmerz. Die letzte Hoffnung der Revolution war vorbei. Der Belagerungszustand wurde wirklich erklärt. Man fürchtete Widerstand von seiten der Bevölkerung, es konnte zu einem Bombardement der Stadt kommen. Meine Freundin beschwor mich zu gehen, um meiner Mutter willen, da sie vor dieser nicht die Verantwortung des Unglücks, das mir hätte widerfahren können, übernehmen wollte. Ich hätte nun im Gegenteil bleiben mögen, um die Gefahr mit der Freundin und dem Volk zu teilen, die Kindesliebe siegte jedoch, und ich beschloß zu gehen, nur um meine Mutter nicht zu tödlich zu ängstigen, aber ich ging abermals mit schwerem Herzen und beneidete meine Freundin, die am Orte bleiben konnte, wo eine große Entscheidung eintreten mußte. Noch einmal erlitt ich die schreckliche Qual, das Zentrum des großen Lebensstromes, den Kampf, der den heiligsten Interessen galt, verlassen zu müssen.[33]

Meine Freundin begleitete mich an den Bahnhof. Wir fanden ihn ganz mit Militär besetzt, das die Abfahrenden überwachte. Die Wartesäle waren gedrängt voll von Menschen, die geradezu flohen, um dem Schicksal, das die Regierung über die Stadt verhängen zu wollen schien, zu entgehen. Es war völlig, als ob der Feind vor den Toren stände. Ganze Familien aus allen Schichten der Gesellschaft drängten sich da zusammen. Die Ärmeren führten ihr Hab und Gut mit sich, Vorräte, Betten, Kleidungsstücke. Die Kinder weinten, die Frauen waren außer sich, die Männer bestürzt. Ich schloß meine Freundin mit heißem Schmerz in die Arme und stieg in den enorm langen Zug. Im Waggon, wo ich saß, wurden die finstersten Möglichkeiten besprochen. Plötzlich hielt der Zug an. In einem Nu waren alle Köpfe heraus, um zu sehen, was es gäbe; man fragte, man schrie; ein großer Teil der Reisenden sprang heraus, obgleich zu beiden Seiten der Bahn tiefe Gräben waren. Endlich erfuhr man, daß das Volk in Potsdam die Schienen aufgerissen und man dem Zug das Signal gegeben habe, zu warten, bis es möglich sei, weiterzufahren. Die Gespräche, die sich nun entspannen, zeigten, wie sehr die Furcht sich schon wieder der Gemüter bemächtigt habe. Der Geist, der die Märztage hervorgerufen hatte, war im Erlöschen. Der Fall von Wien, der Belagerungszustand in Berlin hatten den Glauben an die Revolution erschüttert. Die Reaktion siegte.

Wir kamen in Potsdam erst in der Nacht an. Da war auch alles voll von Soldaten, und es war ein solches Gedränge, daß ich ratlos dastand und nicht wußte, wie ich zu meinem Gepäck kommen sollte. In meiner Verlegenheit war es mir eine angenehme Überraschung, als sich plötzlich ein junger Offizier mir nahte, sich verbeugte, seinen Namen nannte und seine Dienste anbot. Es war ein junger Mann, mit dem ich früher auf Bällen zusammengekommen war; er hatte mich erkannt. Ich nahm in diesem Augenblick seinen Schutz willig an, obgleich er zu den Feinden des Volkes gehörte und jeden Augenblick berufen werden konnte, es zu bekämpfen. Er begleitete mich bis zu dem Gartenhause des Großvaters der »Kleinen«[34], das außerhalb der Stadt lag und woselbst dieser in Zurückgezogenheit vom öffentlichen Leben die Tage des Alters verbrachte. Ich wollte dort für die Nacht um Gastfreundschaft bitten. Ich mußte lange und wiederholt an der Glocke ziehen, bevor man öffnete. Endlich fragte eine Stimme schüchtern, wer da sei. Sobald ich meinen Namen genannt hatte, wurde ich eingelassen. Ich fand den ehrwürdigen Greis mit seinen beiden Töchtern, von denen die eine die geistvolle Tante Theodors war, noch im Salon vereinigt, obwohl es schon spät war. Sie empfingen mich auf die liebenswürdigste Weise und entschuldigten sich, nicht früher haben öffnen zu lassen. Sie hatten aber Furcht gehabt, es könne ein unwillkommener Besuch sein, da man in diesen Tagen mehrere Exzesse gegen einige Würdenträger der Kirche begangen hatte. Sie baten mich freundlichst, einige Tage zu bleiben, und ich nahm es dankbar an, da ich nur zu froh war, noch etwas in der Nähe von Berlin bleiben und die Entscheidung abwarten zu können. Am folgenden Tage kam die erschütternde Nachricht, daß Robert Blum in der Brigittenau bei Wien erschossen worden sei.[35] Das erste Opfer der wütenden Reaktion war also gefallen. Danach konnte man sich nur auf die traurigsten Dinge gefaßt machen. Die Reaktion mußte sich schon sehr stark fühlen, da sie es gewagt hatte, den geliebten Volksmann, einen der besten Charaktere, eine der praktischsten Intelligenzen der ganzen revolutionären Partei, zu töten. Von nun an konnte sie alles wagen.

Mein Herz war schwer von düsteren Ahnungen, von Zorn und Schmerz. Ich zitterte noch für ein anderes Leben; für Julius Fröbel, der mit Blum zusammen nach Wien geschickt war und über dessen Schicksal noch nichts verlautete. Ich kannte ihn nicht persönlich, nur aus Theodors Schilderungen, der eng mit ihm befreundet war, und aus seinen Schriften. Ich war aber seit einiger Zeit mit ihm in Korrespondenz und nahm den innigsten Anteil an ihm. Der Gedanke, daß er Blums Schicksal wahrscheinlich werde teilen müssen, war mir entsetzlich. So verließ ich Potsdam in tiefen Seelenqualen am Abend, um heimzukehren. Außer mir waren im Waggon nur zwei Herren, die ich gleich für Mitglieder der äußersten Rechten des aufgelösten Parlaments erkannte. Ich hatte die Augen geschlossen, schlief aber die ganze Nacht nicht. Die Herren, die sich mit einer Schlafenden allein glaubten, sprachen ohne Rückhalt zusammen. Sie kehrten nach Hause zurück, freuten sich, daß »die Geschichte« vorüber sei, daß die Tage der Ordnung wiederkehren würden und daß der Pöbel nun endlich haben werde, was er verdiene. Der eine, der ganz eingeweiht schien in das geheime Getriebe der »höhern Politik«, erzählte mit Wohlbehagen, wie die Auflösung der Kammer und der Belagerungszustand längst vorbereitete Maßregeln gewesen seien und wie man nur die Rückkehr der Truppen aus Schleswig-Holstein und »das Ende dieser Geschichte« abgewartet habe, um gegen die Revolution in der Hauptstadt selbst vorzugehen. Der Erzählende ahnte es nicht, daß ein Ohr ihn hörte, das den Sinn seiner Worte anders erfaßte als er. Ich erkannte in dem allem, wie stark die Reaktion sei und wie sie systematisch die Netze ausgestellt habe, um die Revolutionäre zu fangen. Ach, es war deren eigne Schuld! Sie hatten die günstigsten Augenblicke versäumt und hatten nicht das Rechte zu treffen gewußt.

Mein Leben zu Hause wurde traurig, wie zuvor. Alles, was ich von meiner Reise erzählen konnte, brachte bei den Meinigen einen entgegengesetzten Eindruck hervor wie bei mir; jedes Ereignis, von dem die Zeitungen Nachrichten brachten, wurde total anders beurteilt, als wie ich es beurteilte.

Das Schicksal überhäufte mich mit Prüfungen aller Art. Zuerst wurde ich sehr krank und war kaum, gegen Weihnachten, etwas hergestellt, als die Mutter der »Kleinen« plötzlich starb. Dies Ereignis erschütterte mich tief, nicht nur, weil sie wie eine zweite Mutter für mich gewesen war, sondern auch weil ich wußte, *wie* Theodor sie liebte und welcher Schlag dies für ihn sein würde. Mein erster Ausgang war nun natürlich zu der »Kleinen«. Wir weinten miteinander vor der geliebten Leiche. Der Vater bat mich, am folgenden Tage wiederzukommen und während des Begräbnisses bei der Tochter zu bleiben, denn in jenen Gegenden Deutschlands war es nicht Sitte, daß Frauen mit zum Begräbnis gehen. Ich wußte, daß man Theodor dazu erwartete. Die Erregung, ihn wiederzusehen, sollte zu den anderen Erregungen hinzukommen, aber ich schwankte nicht und ging am andern Tag hin. Der Flur des Hauses war mit Blumen bestreut, in der Mitte stand der Sarg. Mein lieber Lehrer von einst war in seinem priesterlichen Talar, dem langen, faltenreichen, schwarzen Mantel, den die protestantischen Prediger in Deutschland tragen und der etwas Ehrwürdiges hat. Ich trat in das Zimmer, wo die »Kleine« mit allen ihren Brüdern war. Theodor reichte mir die Hand, wir sprachen kein Wort, aber er wußte, daß ich mit ihm litt. Draußen füllte sich der Vorsaal mit Menschen, die der Verstorbenen das Geleit geben wollten, und ein Männerchor stimmte einen feierlichen Choral an beim Sarg. Wir im Zimmer lauschten regungslos den Trauerklängen. Ein gewaltiger Schmerz lag dumpf auf mir, ich wußte, daß er mir ge-

genüberstand an die Mauer gelehnt, und fühlte, daß sein Blick auf mir ruhte, obgleich ich nicht aufsah. Dem schönen, ernsten Gesang entstieg aber plötzlich eine Macht, die mich über mich selbst erhob. Ich zerbrach die Fessel des Schmerzes voll Stolz und Energie, ich erhob das Haupt und die Augen nach oben, denn Flügel trugen mich weit über Schicksal und Tod, in die Reihen freier Geister, würdig zu verstehen und verstanden zu werden und bereit, vorwärts zu dringen, wäre es auch gegen die ganze Welt. Diese Bewegung war ganz spontan, ganz unbemerkt für die andern, nur einer hatte sie gesehen und verstanden. Er kam im selben Augenblick auf mich zu, reichte mir die Hand und drückte die meine mit Innigkeit. Dann ging er, um seinen Platz hinter dem Sarge einzunehmen.

Ich blieb mit der »Kleinen« allein während der zwei Stunden, die das Begräbnis dauerte. Dann kamen der Vater und die Söhne zurück. Ersterer schloß mich gerührt in seine Arme. Ich nahm Abschied, um sie sich selbst zu lassen, aber im Augenblick, als ich das Zimmer verließ, kam Theodor mir nach und sagte, er werde mich begleiten. Wir sprachen von ihr, die wir beide verloren. An meiner Haustür reichte er mir die Hand und sagte mit bewegter Stimme: »Leben Sie wohl, liebe Freundin.« Den folgenden Tag reiste er zu seiner Arbeit zurück.

Das war der letzte Tag des Jahres 1848!

Reaktion und Gefängnis

Die Jahrestage der Revolution von Paris, Berlin, Wien kehrten wieder. Es war ein Jahr, daß die fortgeschrittensten Völker Europas sich wie von einer gemeinsamen Inspiration bewegt erhoben hatten, um mit lauter Stimme jene Grundsätze zur Geltung zu rufen, die seit der großen französischen Revolution – der Traum aller edlen Herzen und der Schrecken aller Tyrannen gewesen waren. Welches Jahr! Welche plötzliche Blüte und üppige Fülle! Freiheit, Selbstregierung der Völker, Abschaffung der Klassenunterschiede, der Arme zu allen materiellen und geistigen Rechten der Menschen gerufen! Und dies alles verhältnismäßig ohne zu große Opfer errungen! Zwölf Monate waren nun herum, und der Fall war vollständig. Das deutsche Parlament war nicht mehr. In seinem eigenen Netz gefangen durch die Wahl des Österreichers an die Spitze der Reichsgewalt, fiel es durch seine Ohnmacht, und die letzten Trümmer, die nach Stuttgart gingen, retteten nichts als ihre persönliche Ehre. Die Wahl eines radikalen Reichsverwesers kam, als kein

Reich mehr da war. Die Revolution hatte sich selbst widersprochen; sie hatte nicht mehr die Macht, Gesetze zu diktieren.

38 Friedrich Wilhelm IV., preußischer König, besiegte die Revolution und drückte Preußen seinen reaktionären Stempel auf

Die Insurrektion in Dresden, im Monat Mai[36], war das letzte Zucken der sterbenden Revolution. Mit welcher tödlichen Angst las ich die Berichte über jenen Kampf! Noch einmal flakkerte die Hoffnung auf, daß man aus andern Teilen Deutschlands den Insurgenten zu Hilfe ziehen und dann die wahre Revolution noch daraus entspringen werde, nachdem man eingesehen, was halbe Maßregeln taugten.

Während dieser Tage der Erwartung ging ich eines Morgens in das Haus meines verheirateten Bruders. Ich fand niemanden von der Familie im Hause, außer dem kleinsten Kinde, das in der Wiege lag und schlief. Ich beugte mich über das unschuldige Geschöpf, und indem ich es ansah, faßte mich ein vernichtender Schmerz. Wie schrecklich war der Kontrast! Auf der einen Seite dieses schlafende Kind, das nichts wußte von dem furchtbaren Kampf, der auch vielleicht *seine* Zukunft bestimmte: dem Kampf zwischen dem erwachten Bewußtsein, das nach Freiheit schreit, und der brutalen Gewalt, die sie vernichtet. Auf der andern Seite das Volk, das mit seinem Blute diesen Schrei bezahlte. Und ich dabei, ohnmächtig, ohne mithelfen, ohne wenigstens mitsterben zu können! Da stieg aus der Tiefe meines Herzens ein hehres, flammendes Verlangen: das Verlangen zu leben, um der gemordeten Freiheit in den Frauen Rächer zu erziehen dadurch, daß sie fähig würden, eine Generation freier Menschen zu bilden. Es war mehr wie je meine Gewohnheit geworden, jeder tiefen innern Erregung schriftlich Worte zu verleihen. Mein Herz blutete aus zu vielen Wunden, um noch, wie früher, im Rhythmus den geheimen Balsam der Poesie zu finden. Aber ich schrieb zur Erinnerung an diese Stunde bei der Wiege eines Kindes, ehe mir der Ausgang des Dresdener Kampfes noch bekannt war, einen Aufsatz mit dem Titel: »Der Schwur einer Frau« und schickte ihn dem »Demokraten«[42], der mir darauf schrieb: »Ihr Schwur wird manchen Kämpfer den seinen erneuern lassen.« Dann ließ er ihn in einem demokratischen Blatte drucken.

Das Schicksal des Dresdener Aufstands entschied sich nur zu bald. Die Entmutigung hatte schon die Oberhand gewonnen; man fürchtete, den Aufständigen zu Hilfe zu kommen, man hatte keinen Glauben mehr an den Erfolg der Revolution. Die Masse der Gesellschaft wollte wieder Ordnung um jeden Preis. Die preußischen Truppen kamen, um die sächsische Monarchie zu retten; Dresden wurde bombardiert, und grausame Dinge wurden verübt. Es wurde erschossen, eingekerkert, verbannt. Dann wurde wieder alles still; unten die Gräber und das erstickte Seufzen; oben die neu befestigten Throne und die erhöhte Glorie des Soldatentums. Die Grundrechte des deutschen Volks wurden den Blikken der Sterblichen wieder entrückt in die Tiefe eines verzauberten Berges, bis zu der Zeit, wo einmal wieder ein begnadigter Mensch das: »Sesam, Sesam, tu dich auf!« sprechen würde.

Ich war fortwährend krank, den ganzen Frühling durch; ein Leiden folgte dem andern, aber ich litt noch mehr moralisch als physisch. Immer unter dem Anathem meiner Familie und der Gesellschaft, fand ich nur Trost und Erholung in meinen Studien; in der Korrespondenz mit einigen der bedeutendsten Männer der Revolution, die ich nie gesehen hatte, von denen ich aber Briefe bekam; bei meinen Armen, die ich noch eifriger besuchte als zuvor und bei denen ich, die Trösterin, getröstet wurde; endlich in meinem Umgang mit der »Kleinen«. Die letztere verließ ihren Vater nie abends, um ihn nicht zu sehr den Verlust der Gattin empfinden zu lassen, aber bei ihr versammelte sich jetzt oft ein kleiner Kreis, in dem ich mich wohlfühlte. Ein gelehrter Astronom, der in der kleinen Stadt lebte, kam regelmäßig zweimal wöchentlich, um der »Kleinen« und mir Vorlesungen über Astronomie zu halten, und indem sich mir das Universum erschloß, kam es mir zuweilen vor, als seien die ephemeren Leiden dieser Erde nicht der vielen Tränen wert, die um sie fließen. Dennoch waren auch jetzt unsere Herzen voll Besorgnis. Theodor hatte, gleich nach Aufhebung des Frankfurter Parlaments, einen Artikel geschrieben, worin er offen dazu aufforderte, die Waffen zu ergreifen und eine neue radikalere Revolution zu machen als die erste. Er war unmittelbar darauf des Hochverrats angeklagt und von der Redaktion suspendiert worden, und wir erwarteten angstvoll den Ausgang seines Prozesses. Eines Abends, als unser kleiner Kreis beisammen war, erhielt die »Kleine« einen Brief von ihm. Als sie einige Zeilen gelesen hatte, füllten sich ihre Augen mit Tränen und sie warf sich in meine Arme. »Er ist zu drei Jahren Festungshaft verurteilt«, sagte sie; sie wußte, daß es mein Herz so schwer traf wie das ihre. Sein Brief war mit großer Ruhe geschrieben; er suchte die Seinigen zu trösten und sagte, er hätte gewußt, was ihm bevorstände, als er den Artikel schrieb; es erschrecke ihn auch nicht, um so mehr, da er nichts mehr zu sagen hätte, nachdem sein Aufruf vergeblich geblieben sei.

Zusammen mit Theodor Althaus' jüngster Schwester und der Berliner Freundin Anna Koppe machte Malwida von Meysenbug – trotz heftiger Proteste der Familie – im Juni/Juli 1849 eine Badekur in Ostende. Im Oktober 1850 verließ die Vierunddreißigjährige ihr Elternhaus für immer und trat in die Hamburger Frauenhochschule ein.

Der Professor und seine Frau[37] empfingen mich mit solcher Herzlichkeit, daß ich mich gleich wie zu Hause fühlte. Es wurden mir fünf oder sechs junge Damen vorgestellt, alle längst der Schule entwachsen, die von auswärts gekommen waren, um hier ihre Bildung zu vollenden, und die im Hause wohnten. Am Abend machte ich auch die Bekanntschaft der eigentlichen Begründerin der Anstalt, von der ich schon so viel gehört hatte. Emilie Wüstenfeld war eine von den mächtigen Persönlichkeiten, die, zu scharf ausgeprägt, zunächst durch einige eckige und gleichsam absolute Seiten ihres Wesens auffallen, die aber durch nähere Bekanntschaft immer mehr Achtung und Liebe einflößen und wahrhaft mit ihren höher steigenden Zwecken wachsen. – Sie empfing mich auf das herzlichste, und indem sie mir ihre Pläne auseinandersetzte, ersah ich, daß meine Träume hier eine Form gewinnen würden. Die ökonomische Unabhängigkeit der Frau möglich zu machen durch ihre Entwicklung zu einem Wesen, das zunächst sich selbst Zweck ist und sich frei nach den Bedürfnissen und Fähigkeiten seiner Natur entwikkeln kann – das war das Prinzip, auf das die Anstalt gegründet war. Man muß sagen, daß hier, wie auch in anderen deutschen Städten, der Gedanke der Emanzipation der Frau sich infolge der freien Bewegung in der Kirche entwickelt hatte. Die freien Gemeinden[38], die sich zuerst von der katholischen, dann auch von der protestantischen Kirche unter dem Namen Deutsch-Katholiken, Lichtfreunde usw. trennten, hatten seit der Revolution von achtundvierzig einen mächtigen Aufschwung genommen. Alle großen und viele kleine Städte Deutschlands besaßen solche. Die Reformatoren, die an der Spitze dieser Gemeinden standen, waren mehr oder weniger bedeutende Männer, aber sie handelten alle so ziemlich in gleichem Sinne. Die Unabhängigkeit des Gemeindelebens vom Staat, die eigene Verwaltung in den religiösen Angelegenheiten und denen des Unterrichts, die freie Wahl der Prediger und Schullehrer durch die Gemeinde selbst, die Gleichheit der bürgerlichen Rechte für Männer und Frauen – das waren so ziemlich überall die Grundlagen. In einigen Gemeinden strebte man sogar auch in den äußeren Formen nach der Einfachheit der ersten christlichen Zeit; man redete sich allgemein mit Du an und feierte die Kommunion wie Liebesmahle der Brüderlichkeit. Andere hatten Abendmahl, Taufe und andere Zeremonien des Kultus ganz abgeschafft, da sie ihnen keine Ideen mehr vorstellten. Sie tauften nur noch aus ziviler Notwendigkeit, um den Kindern ihre bürgerlichen Rechte zu sichern. In Hamburg hatte die freie Gemeinde, durch Johannes Ronge in das Leben gerufen, zahlreiche warme Anhänger gefunden. Die Frauen, die die Hochschule begründeten, hatten aber eingesehen, daß es nicht genug wäre, den Frauen gleiche Rechte mit den Männern in der Gemeinde zuzugestehen, sondern daß man ihnen auch die Mittel reichen müßte, würdig von diesen Rechten Gebrauch zu machen. Nun gab es eben für die Frauen, wie für das Volk, nur ein Mittel, die Freiheit zum Segen zu gestalten: Bildung. Die gewöhnliche, bis dahin allgemein angenommene Ansicht, daß die Erziehung des jungen Mädchens aufhört, wenn sie die Schule verläßt, daß sie dann nichts zu tun hat, als in die Gesellschaft einzutreten, sich zu verheiraten und, im besten Fall, das häusliche Leben durch ihre Talente zu verschönern – diese Ansicht bedurfte einer gründlichen Reform. In der Hochschule wollte man also den Mädchen, die die Schule verlassen hatten, oder solchen, die, schon im reiferen Alter, noch das Bedürfnis fühlten, die Lücken in ihrer Bildung auszufüllen, die Gelegenheit geben, höhere Studien aller Art zu verfolgen, entweder zu dem Zweck, eine Spezialität zu ergreifen, oder nur aus sich selbst ein vollendeteres Wesen zu machen. Die Anstalt wurde von einer Anzahl Aktienbesitzer erhalten, deren größere Zahl verheiratete Frauen und Familienmütter waren, die in ihrer eigenen Erfahrung die Überzeugung geschöpft hatten, daß das Leben noch eine andere Grundlage haben muß als die bloße Hingebung an ein anderes Wesen. Die Aktienbesitzer bildeten den großen Verwaltungsrat des Instituts; daneben bestand aber noch ein anderes Komitee, das über die inneren Fragen der Anstalt entschied, gebildet aus den Frauen, die den Grund zu der Anstalt gelegt hatten, und den Professoren, die darin Vorlesungen hielten. Die Überwachung des häuslichen Lebens war dem erwähnten Professor und seiner Frau anvertraut. Für die Vorlesungen waren die ersten

Gelehrten der Stadt gewonnen worden. Im Anfang hatten diese Herren wenig Vertrauen in die Sache gehabt, weil sie an der Ausdauer und Energie der Frauen bei ernsten Studien zweifelten. Sie hatten den Versuch nur aus Achtung und Freundschaft für die edlen Unternehmerinnen, besonders für Emilie, gewagt. Aber schon als ich ankam, fand ich ihr Interesse sehr lebendig, und es steigerte sich immer mehr, je mehr sie den Eifer ihres Auditoriums und die Fähigkeiten, die sich überraschend kundtaten, sahen. Als ich mich am ersten Abend in das mir bestimmte Zimmer zurückzog, fühlte ich, daß ich den wahren Übergang zu einem neuen Leben gefunden hatte.

Ich machte die Bekanntschaft der Professoren, die die Vorlesungen hielten. Zunächst wohnte ich allen Vorlesungen bei, um mir die auszusuchen, die mich am meisten interessieren würden. Ich war hocherfreut über den Ton, der dort herrschte. Die Lehrer bestanden darauf, daß man sie durch Fragen und Bemerkungen unterbreche, um das Studium desto anregender zu machen und ihnen die Gewißheit zu geben, daß es nicht bloß totes Hören bleibe. Unter den Zuhörerinnen waren viele Freischülerinnen, denn es war ein Hauptzweck der Anstalt, dieselbe Wohltat der Bildung ohne Unterschied Reichen wie Armen zu gewähren. Diese Mädchen brauchten nur ein Examen zu bestehen und zu beweisen, daß sie genug elementare Kenntnisse besäßen, um den Vorlesungen folgen zu können. Die Vorlesungen wurden außerdem von vielen Damen der Stadt besucht, und es fand sich mitunter, daß Großmutter, Tochter und Enkelin zu gleicher Zeit am Lehrtisch saßen. Es wurde dem Wunsche der Professoren Folge geleistet, und oft entspannen sich lebhafte Verhandlungen, so daß die Vorlesungen nie monoton oder ermüdend wurden.

Bei dem Institut befand sich ein Kindergarten und eine Elementarklasse, wo die jungen Mädchen, die Kindergärtnerinnen und Lehrerinnen werden wollten, praktische Übung fanden. Auch das System des Kindergartens, von dem genialen Friedrich Fröbel erfunden, hatte sich in Deutschland zugleich mit der politischen und religiösen Bewegung rasch entwickelt. Ich hatte davon reden hören, sah es aber hier zuerst in der Praxis und war entzückt davon. Mit der Grundidee Fröbels, daß die Erziehung beinah vom ersten Lebenstage an beginnen muß, stimmte ich ganz überein. Jede Mutter soll daher mit diesen Ideen bekannt sein, um schon von Anfang an das Kind dafür vorzubereiten. Vom dritten bis zum sechsten Jahr nimmt der Kindergarten die Kleinen auf und setzt das Werk der Mutter fort, bis die Elementarklasse beginnt. Daß den Kindergärten nur Mädchen und Frauen vorstehen sollten, daß Fröbel überhaupt die erste Erziehung der Kinder nur weiblichen Händen anvertraut wissen wollte, war wieder für mich ein beglückender Gedanke. An unserer Hochschule war auch ein spezieller Kursus für Kindergärtnerinnen, und diese reizende Bestimmung schien mir ganz besonders anziehend für junge weibliche Wesen zu sein. Psychologisch tief und geistvoll fand ich alle die Grundsätze, die Fröbels System zugrunde liegen und worin sein eigentlicher Wert besteht, den oberflächliche Beurteiler nur in den kleinen Beschäftigungen und Äußerlichkeiten enthalten glauben: so vor allem die Tendenz, die Selbsttätigkeit und den Schöpfertrieb im Kinde zu wecken, indem man ihm nur Material in die Hände gibt, um selbst zu gestalten und zu schaffen, nicht aber Fertiges, das den Zerstörungstrieb reizt, der ja in den meisten Kindern im Keim vorhanden und oft nur allzu mächtig ist. Ebenso bedeutend fand ich die Wichtigkeit, die er den Bewegungsspielen, durch Rhythmus und Musik geleitet, beilegt, überhaupt alles, was er angeordnet hat mit der Absicht, von klein auf das künstlerische Element im Menschen wachzurufen und zu nähren, da das allein der Boden wahrer Bildung sein sollte, in dem der Same des Wissens erst die rechten Früchte hervorbringen kann. Meine erste Bekanntschaft mit diesem System war eine wahrhaft beglückende. Später sah ich es oft entstellt in den Händen der Unwissenheit oder des bösen Willens, der den Angriffen gegen dasselbe den Vorwand gab. Wo immer ich es aber in den rechten Händen und im rechten Geist geleitet sah, da fand ich stets die schönsten Erfolge, und mehr als *ein* Lehrer von Elementarklassen hat mir versichert, daß der Unterschied in der geistigen Empfänglichkeit und Schnelligkeit der Auffassung zwischen den Kindern, die nicht im Kindergarten waren, und solchen, die dort waren, durchaus zum Vorteil der letzteren wäre.

Eine andere beglückende Überraschung wurde mir zuteil, als man mich am Sonntag in die Versammlung der freien Gemeinde führte, die von allen Mitgliedern der Hochschule besucht wurde. Ein großer Saal war einfach und würdig für diese Versammlung eingerichtet; ein zahlreiches Auditorium füllte ihn und folgte mit gespannter Aufmerksamkeit der Rede eines jungen, einfach und bescheiden aussehenden Mannes[39], der von einer Tribüne herab zu ihm sprach. Die Rede gehörte einer bereits vor meiner Ankunft begonnenen Reihe von Betrachtungen an, in denen der Redner mit der systematischen, wissenschaftlichen Kritik der alten Dogmen die Entwicklung neuer Ideen auf allen Gebieten des menschlichen Lebens, im Staat, in der Gesellschaft, in der Familie verband. Jedes Wort, das er sprach, fand ein freudiges Echo in meiner Brust. Das war das Anbeten im Geist und in der Wahrheit, nach dem ich mich gesehnt hatte; die Religion, aus den Schranken der Kirche befreit, wurde lebendiges, blühendes Dasein, Wesen, Inhalt, und nicht leere, starre Form. Mit Entzücken sah ich den Anteil, mit dem nicht bloß Leute der gebildeten Stände, sondern Menschen aus dem Volk, schlichte Arbeiter, der Rede folgten und sich so mit jenen zu der wahren Gemeinde der geistigen Gleichheit vereinigten. Die Gleichheit im Reiche Gottes war ja bis dahin immer noch eine Lüge gewesen. Das Recht der Bildung und dessen, was den Menschen adelt: der Freiheit des Gedankens, gehörte nur auf die eine Seite; so wie sogar in der Kirche, wo man den Vater *aller* Menschen verehrte, die begünstigten Kinder in reichem Putz auf vornehmeren Sitzen saßen, während die Aschenbrödel sich in ihren Lumpen in die Ecken drängten und mit Angst das so oft unerhörte Gebet murmelten: »Unser täglich Brot gib uns heute.« Hier in dieser Gemeinde war die Religion zu der wahren *Soziologie* geworden, wo auf dem Grunde allgemeiner humaner Lebensanschauungen die bitteren Unterschiede des Ranges, Reichtums und der vielseitigen Kenntnisse sich milderten und versöhnten.

Nach einiger Zeit ließ ich mich als Mitglied in die freie Gemeinde aufnehmen. Es war dies einfach genug: Man wendete sich an den Verwaltungsrat und wurde dann der Gemeinde vorgeschlagen, die durch allgemeine Abstimmung über die Zulässigkeit der Aufnahme entschied. Danach wurde man in die Register der Gemeinde eingeschrieben und bezahlte einen äußerst geringen jährlichen Beitrag zu den gemeinsamen Ausgaben.

Für mich war dieser Schritt jedoch bedeutungsvoll genug. Er schied mich auf immer von meiner Vergangenheit; ich sagte mich dadurch öffentlich von der protestantischen Kirche los und verband mich einer völlig demokratisch-konstituierten Gemeinschaft. Bald mußte ich die ersten Folgen davon erfahren. Ich war noch ein ganz kleines Kind, als der Fürst meines Geburtslandes einmal kam, meinen Vater zu besuchen, und mich bei ihm fand. Ich weiß nicht, ob ich ihm gefallen hatte oder aus welch anderem Grunde, kurz, er schenkte mir an dem Tage die Anwartschaft auf eine Stelle in dem ersten und reichsten adeligen Fräuleinstifte des Landes, welche Stellen unverheirateten Damen eine angenehme Unabhängigkeit gewähren. Die Prätendentinnen rücken nach der Reihe vor, sobald eine Stelle frei wird. Sonderbarerweise erhielt ich kurze Zeit nach der Aufnahme in die Gemeinde die Anzeige, daß die Reihe an mich gekommen sei, Besitz von meiner Stelle zu nehmen. Meine Mutter bat mich brieflich, nicht eine angenehme Unabhängigkeit durch meine Schuld zu verlieren. Ökonomische Unabhängigkeit war mein heißer Wunsch; ich bedachte ernstlich, ob ich dann nicht eine Schule für das Volk gründen und nach meinen Ansichten organisieren könne. Aber zunächst hätte ich den Schritt rückgängig machen müssen, den ich eben getan hatte, denn als Stiftsdame mußte ich auf das Evangelium schwören, daß ich der christlichen Kirche angehöre. Hätte ich mich aber auch selbst von der Gemeinde wieder trennen wollen, so hätte ich doch nie wieder einer dogmatischen, orthodoxen Kirche angehören können, und es verstand sich von selbst, daß ich die Vorteile jener Stellung nicht mit einer Lüge erkaufen wollte. Ich erwiderte also auf die Aufforderung, mich in Besitz meiner Stelle zu setzen, daß ich aus Überzeugung der freien Gemeinde angehörte, daß ich aber, wenn man mich von jener Formalität entbinden könne, kommen würde, meine Stelle einzunehmen. Man würdigte mich nicht einmal einer Antwort.

Ich blieb bei meinem Vorsatz, nach Amerika zu gehen, und teilte ihn Emilien, dem Professor und seiner Frau mit. Sie hätten mich gern davon abgebracht wegen der Zuneigung, die sich schnell gegenseitig zwischen uns entwickelt hatte, aber sie verstanden meine Gründe sehr wohl und sie waren zu frei, um einem Entschluß, den sie natürlich fanden, entgegenzuwirken. Das Schicksal schien meinen Wünschen zu Hilfe zu kommen. Einige Zeit nach meiner Ankunft bei ihnen kam der Prediger einer freien Gemeinde mit seiner Familie und einigen Freunden dort an, in der Absicht, sich nach Amerika einzuschiffen und drüben eine freie Gemeinde zu gründen. Die Familie war sehr liebenswürdig, und ich beschloß, mich ihnen anzuschließen. Es schien mir, als habe ich zu gleicher Zeit Freunde, Heimat und Zweck gefunden, denn es mußte da viel zu tun geben, und vor allem würde man einer Schule bedürfen. Die Auswanderer erschienen in einer Abendversammlung unserer Gemeinde. Man sprach von der Zukunft der Menschheit, von der Verbreitung der freien Gemeinden diesseits und jenseits des Ozeans, vom Sieg des freien Gedankens und freier Institutionen. Man sagte sich, daß der Ozean jetzt keine Scheidelinie, sondern ein Verbindungsweg sein würde zwischen Brüdern, die in gleicher Weise an der großen Aufgabe arbeiten wollten, den menschlichen Geist immer mehr vom Joch der Unwissenheit und des Aberglaubens zu befreien und die Menschheit durch Arbeit, Wissenschaft und Sittlichkeit zu vereinen. Wie schön waren diese Stunden! Welche großmütigen Empfindungen beherrschten alle Herzen! Ich war voll Freude: meine Träume wurden Wahrheit. In dieser Vereinigung von Menschen aller Stände schätzte man sich nicht mehr nach der zufälligen Stellung, die man in der Welt einnahm, sondern nach dem persönlichen Wert eines jeden. Dies erschien mir die wahre, beglückende Frucht der Revolution, und ich freute mich an dem Gedanken, mit von den ersten dieser wirklich edlen Demokratie zu sein, die sich auf beiden Hemisphären bilden sollte.

Ich mußte mich doch entschließen, meine Mutter mit meinem Vorsatz bekannt zu machen, denn ich wollte nicht heimlich gehen. Ich schrieb ihr also, indem ich ihr meinen Plan auf die einfachste und beruhigendste Weise auseinandersetzte. Ich sprach ihr von dem unbekannten Freund[40], der mich in Amerika erwartete und an dem ich eine Stütze und einen Beschützer fände, sagte, daß sie mich außerdem aber auch zu gut kenne, um nicht zu wissen, daß ich meinen Weg auch allein ruhig und würdevoll gehen werde. Ich flehte sie an zu glauben, daß ich einer tiefen, aufrichtigen Überzeugung folgte, daß meine ganze innere Entwicklung zu diesem Ziele hingedrängt hätte, daß ich nichts täte, als mein Schicksal erfüllen und daß ich sie bäte, mich zu lieben, so wie ich sie bis zum letzten Augenblick meines Lebens lieben würde. Kurz, meine ganze Seele war in diesem Brief, und ich erwartete die Antwort mit tiefer Bewegung, denn meine Freunde wollten bald fort, und alles mußte sich rasch entscheiden.

Die Antwort kam, traf mich vernichtend und erfüllte mich mit Staunen und Schmerz. Meine Mutter fand meinen Plan nicht nur tollkühn, sondern schuldig. Sie fand es unweiblich, daß ich einem unbekannten Mann mit so viel Vertrauen entgegengehen, und unglaublich, daß ich mich so weit von der Familie entfernen wolle. Ihr Brief war so bitter ungerecht, ich fühlte mich so rein ihren Vorwürfen gegenüber, daß eine gewaltige Empörung mein Herz ergriff. Ich kämpfte einen furchtbaren Kampf mit mir selbst durch und sah mit Haß in jenen Abgrund, in den religiöse und soziale Vorurteile die edelsten Naturen hinabziehen. Ich erkannte mir vollkommen das Recht zu, diese Ketten zu brechen und meinen eigenen Weg zu gehen, sollte ich auch keine andere Billigung finden als die meines Gewissens und keinen andern Erfolg als den, meine persönliche Verantwortlichkeit behauptet zu haben. Aber – es war meine Mutter, von der mir dieser Schlag kam; von ihr, die mich so geliebt hatte, ehe der Konflikt der Ansichten uns trennte, und die mich noch liebte trotz allem. Das entschied!

Ich antwortete ihr, daß ich stets fähig sei, meine *Wünsche* ihrer Ruhe zu opfern, daß ich daher meinen Auswanderungsplan aufgebe, daß ich mir aber für ewig die Freiheit meiner *Überzeugungen* vorbehalte, daß keine Macht der Erde mich *darin* hindern können würde und daß ich gerade deshalb geglaubt hätte, es würde ihr weniger peinlich sein, mich in der Ferne nach ihnen lebend zu wissen, als in der Nähe unter ihren Augen.

Der Professor schrieb zu gleicher Zeit meiner Schwester: »Ihre Schwester ist eine Idealistin und will nach ihrem Ideale leben. Man kann ihr von diesem oder jenem Schritt abraten, wenn man ihn unvorsichtig findet, aber man darf die Unabhängigkeit ihrer Handlungen nicht angreifen, und noch weniger die Reinheit ihrer Absichten bezweifeln.« Er zeigte mir den Brief und sprach mir, ebenso wie seine Frau und Emilie, die lebhafteste Sympathie aus. Die letztere machte mir den Vorschlag, im Institut zu bleiben, ihm zusammen mit der Frau des Professors vorzustehen und ganz besonders meinen Einfluß auf die jungen Mädchen, die die Vorlesungen besuchten, geltend zu machen. Sie versicherte mir, daß die Damen des Verwaltungsrats sowie die Professoren fänden, daß ich ein gutes Element in das Leben des Instituts gebracht hätte, daß die Pensionärinnen mir sehr zugetan wären, endlich daß sie selbst fühle, in mir die Freundin gefunden zu haben, die sie für ihr Leben und ihre Tätigkeit brauche. Ich hörte das alles voll Rührung. Zum erstenmal kam mir das Bewußtsein, daß ich eine Individualität geworden war, die eine gewisse Macht ausübte, und dieses tröstende Bewußtsein kam mir gerade in dem Augenblick, in dem ich so tief verletzt worden war, in dem mein Leben wieder dem Zufall anheimgegeben schien, da ich wirklich nicht wußte, was beginnen, weil die Rückkehr in meine Familie mir nun ganz unmöglich war. Ich nahm daher Emiliens Vorschlag mit Dankbarkeit an. Eine Tätigkeit in Übereinstimmung mit meinen Anschauungen – das war es ja, was ich gesucht hatte. Ich hatte sie mir freilich anders suchen wollen, auf einer freien Erde, fern von den schmerzlichen Erinnerungen der Heimat, und ich sah meine auswandernden Freunde nicht ohne tiefe Wehmut ziehen. Aber ich nahm das Opfer an als Sühne für den Schmerz, den ich, ohne es zu wollen, meiner Mutter bereitet hatte.

Ich trat meine neue Aufgabe mit Eifer an und hatte bald die Freude, die jungen Mädchen sich mit Liebe um mich scharen zu sehen. Eine der ersten Maßregeln, die ich einzuführen versuchte, war die Teilung der Arbeit, indem ich das Beispiel gab. Um der Anstalt, die nicht reich war, die Ausgabe, viele Dienstboten halten zu müssen, zu ersparen, brachte ich jeden Morgen mein Zimmer selbst in Ordnung, und bald taten die übrigen Bewohner dasselbe. Nicht nur befand sich die Ordnung des Hauses dabei besser, sondern ein jeder fühlte für sich die gesunde Wirkung einer körperlichen Bewegung und Tätigkeit am Anfang des Tages, die nachher die Sammlung bei der geistigen Arbeit doppelt genießen ließ. Außerdem beschlossen wir Einwohnerinnen des Instituts, unsere feine Wäsche selbst zu waschen, um so wieder eine Ausgabe zu ersparen. Einmal die Woche standen wir dann im Garten fröhlich um einen Waschtrog, und während die Hände Wäsche rieben, besprachen wir Gegenstände aus den Vorlesungen oder sonst irgendwelche wichtigen Fragen, die durch letztere angeregt waren. Die schönste Folge überhaupt dieses Zusammenlebens war das totale Verschwinden aller kleinlichen Interessen, aller Klatschereien und Eitelkeiten, die sonst nur zu oft das Zusammensein von Frauen bezeichnen und ihnen mit Recht vorgeworfen werden.

Die Lehrer, die anfangs so ungläubig gewesen waren, wurden immer begeisterter für ihre Aufgabe. Sie fanden eine viel regere Aufmerksamkeit und Empfänglichkeit unter dem weiblichen Auditorium, als sie je unter dem männlichen gefunden hatten, und die Fragen, mit denen man sie meist noch nach den Stunden bestürmte, zeigten ihnen, daß sie nicht ins Leere gesprochen hatten.

Das Leben des Instituts beschränkte sich indes nicht bloß auf die Vorlesungen und das häusliche Zusammensein. Einmal in der Woche war auch eine gesellige abendliche Vereinigung. Auch hier herrschte ein neuer, belebter Ton: Freiheit ohne Ausgelassenheit, Geist ohne Affektation. Die Jugend umgab das Alter, um zu lernen durch Fragen und Hören. Die Bedeutenden gaben sich willig den Gesprächen hin, in denen man von ihnen mit Ehrfurcht das Beste verlangte, was sie zu geben hatten. Ausgezeichnete Fremde, die durch Hamburg kamen, ließen sich an diesen Abenden einführen, und es kam mehr als einmal vor, daß Literaten und Dichter ihre geistigen Produkte da vorlasen, ehe sie noch dem größeren Publikum übergeben wurden. Besonders schön waren die allgemeinen Besprechungen, die von Zeit zu Zeit über wichtige soziale Fragen stattfanden. Jemand aus der Gesellschaft stellte die Frage von seinem Gesichtspunkt aus hin, und nun entspann sich die Diskussion, an der sich alle beteiligen konnten, und bei der sich die Frauen und Mädchen, auch die schüchternsten, endlich gewöhnten, ihre Ansicht auszusprechen und sich so von der falschen Scham zu befreien, durch die so manches gute Wort oft ungesagt oder mancher noch unklare Gedanke unentwickelt bleibt.

Obwohl mein Leben im Institut schon erfüllt genug war, so besuchte ich doch auch regelmäßig die Vereinigungen der Gemeinde am Sonntagmorgen und einmal die Woche abends. Diese letzteren waren der Geselligkeit und der Besprechung der Gemeindeangelegenheiten gewidmet. Die Arbeiter und ärmeren Gemeindemitglieder kamen dahin mit ihren Frauen und Kindern und saßen an denselben Tischen mit den Begüterten und sozial Höhergestellten. Man sprach zusammen wie unter Gleichgestellten über politische, religiöse, wissenschaftliche Dinge, und die Frauen nahmen lebhaften Anteil an allem. Derjenige Gegenstand, der die Gemeinde damals am meisten beschäftigte, war die Gründung einer konfessionslosen Gemeindeschule. Es sollte eine Kommission, aus drei Männern und drei Frauen bestehend, ernannt werden, um die Schule zu organisieren. Die Wahl wurde durch allgemeines Stimmrecht der Männer wie der Frauen bestimmt. Als die Zettel aus der Urne gezogen und die Namen verlesen wurden, kam der meine so oft vor, daß ich ganz beschämt war, denn obgleich ich bereit war, alles zu tun, um nützlich zu sein, hatte ich doch noch immer eine große Schüchternheit, sobald es galt, irgendwie öffentlich aufzutreten. Als unser lieber Prediger mir anzeigte, daß ich gewählt war, hätte ich es fast lieber abgelehnt, da ich mir auch noch nicht genug praktische Kenntnisse zutraute für die Organisation eines solchen Werks. Aber das freundliche Zureden von allen Seiten bestimmte mich, ein Vertrauen anzunehmen, das ich bis jetzt noch durch nichts zu verdienen Gelegenheit gehabt hatte. Meine beiden weiblichen Kollegen waren Frauen von großem Verdienst und vieler Erfahrung. Der Prediger, ein anderes Gemeindemitglied und unser Professor vom Institut bildeten die andere Hälfte des Komitees. Diese neue Aufgabe ward mir sehr lieb, denn ich konnte dabei viele praktische Kenntnisse erwerben und noch andere Ansichten verwirklichen helfen als in der Hochschule. Die Schule sollte selbsterhaltend werden, aber es wurde einstimmig beschlossen, das Schulgeld nach den Mitteln der Eltern zu bestimmen, denn es schien uns gerecht, daß der Reiche mehr für die Erziehung seines Kindes zahle als der Arme, daß diesem aber dieselben Vorteile der Bildung zugute kämen wie jenem. Man überließ es der Unparteilichkeit der Kommission und der Ehrlichkeit der Eltern, über diesen Punkt bei der Annahme von Schülern zu bestimmen. Ein zweites wichtiges Prinzip, das uns zu langen Erörterungen und ernstlichen Erwägungen führte, war das des gemeinsamen Unterrichts für Knaben und Mädchen. Es wurde endlich entschieden, es nur in den Elementarklassen durchzuführen, die höheren Klassen aber zu trennen, den Mädchen jedoch genau denselben Unterricht zu erteilen wie den Knaben. Die Religion wurde völlig aus den Unterrichtsgegenständen ausgeschlossen, indem man es den Familien überließ, hierfür im Hause je nach persönlichen Ansichten zu sorgen. Die Schule sollte nur unterrichten und das sittliche Gefühl wecken durch wahre Bildung, durch humane Anschauungen und Vorführung edler Beispiele und durch die Hinweisung auf die Pflichten des Individuums in Familie, Gesellschaft und Staat.

Ich beteiligte mich endlich auch an dem großen Armenverein, der ebenfalls von den unermüdlichen Stifterinnen der Hochschule gegründet war und außerordentlich viel Gutes tat, indem er nicht bloß Almosen austeilte, sondern durch reichlich belohnte Arbeit das moralische Gefühl der Armen belebte und durch persönliche Teilnahme an ihren Schicksalen sie aus der Isolierung des Elends heraushob. Ich bekam auch meine Anzahl armer Familien zu besuchen. Welches namenlose Elend sah ich da in der reichen, üppigen Stadt – welche tiefe moralische Versunkenheit! Eines Tages kam ich, ohne es vorher zu wissen, durch eine Straße, die fast nur von Prostituierten bewohnt ist. Ich sah deren mehrere an den offenen Fenstern oder vor der Tür, in der entsetzlichsten Wahrheit des Tageslichts, wenn die Schminke und der verhüllende Flitter abgestreift sind. Es war das erstemal, daß ich solche traurigen Geschöpfe sah, und ein unnennbares Mitleid mit den Unglücklichen, die durch Armut und die Sitten der Gesellschaft in den Abgrund stürzen, überflutete mein Herz. Wie empört aber wurde ich, als ich hörte, daß diese Unseligen eine Taxe an die Stadt bezahlen müssen, um ihre scheußliche Bestimmung ausüben zu können. Also profitiert der Staat von der Erniedrigung der Frau, von diesem schwarzen Flekken der Gesellschaft, von dieser Todsünde des öffentlichen Lebens! Mich ergriff ein glühender Wunsch, meine Anstrengungen nach dieser Seite hinzuwenden und jenen Armen die neue Moral: daß die Arbeit den Menschen ehrt, statt ihn zu erniedrigen, zu predigen. Aber ich sah ein, daß auch für diese Reform der Boden erst bereitet werden mußte durch die Verwirklichung des Prinzips der ökonomischen Unabhängigkeit der Frau mittelst einer bessern Erziehung. Die Lösung der Frage konnte auch hier nur, wie überall, aus dem Grunde der Dinge selbst hervorgehen. Wie sollte man sonst eine moralische Revolution, die so tief in das Innerste des menschlichen Lebens eingriff, in Staaten hervorbringen, die die Unsittlichkeit beschützen und alle Infamie auf die Opfer des Elends und der Sklaverei zurückwerfen, während die wahren Missetäter vielleicht mit unter denen sitzen, die den Staat regieren und die Gesetze machen helfen.

So ausgefüllt, wie nun mein Leben war, blieb mir keine Zeit mehr zu vergeblichem Trauern und bitteren Betrachtungen. Ich lebte ein Leben in Übereinstimmung mit meinen Grundsätzen, und meine praktischen Fähigkeiten wuchsen mit deren freier Ausübung. Ein tiefer Friede war in meinem Herzen, und eines Abends, als ich, wie es meine Gewohnheit war, vor dem Schlafengehen am Fenster stand und, in die stille Nacht hinaussehend, mein Tagewerk und überhaupt mein vergangenes Leben prüfte, sagte ich mir selbst: Ich bin wieder glücklich.

Jedoch kamen schwere Sorgen auf uns zu wegen des materiellen Bestands der Hochschule. Es war klar, daß man uns durch allerlei Machenschaften die Subsidien von außen abschnitt. Ein Teil der Geber in der Stadt wurde nach und nach kälter gegen das Institut; das waren die schwachen Charaktere, die vor Drohungen erschraken oder Einflüsterungen Gehör gaben. Die intime Verbindung der Hochschule mit der freien Gemeinde gab den Pfaffen (die wütend waren, weil ihre Kirchen leer blieben, während der Gemeindesaal die Zahl der Zuhörer nicht fassen konnte) einen Vorwand, um die Anstalt anzugreifen und ihr die Sympathien derer, die nicht offen mit Gott brechen wollten, abwendig zu machen. Emilie und ich hatten lange, traurige Beratungen miteinander. Man warf uns vor, zu radikal gewesen zu sein, unsere Grundsätze zu offen bekannt zu haben; aber wir bedauerten es nicht, klar ausgesprochen zu haben, was wir wollten. Wenn die Zeit noch nicht reif war für die Verwirklichung unserer Ideen, so war es besser, ihre Erfüllung der Zukunft zu überlassen, als einen Kompromiß mit der alten Welt zu machen. Es gibt Naturen, die am Fortschritt der Gesellschaft arbeiten können, indem sie alle Vorurteile schonen, die Sachen nur halb beim Namen nennen und ein wenig nachgeben, um ein wenig zu erlangen. Diese übrigens ganz ehrlichen Naturen tun ihre Arbeit, und sie hat ihren Nutzen. Aber es gibt andere, die, von der unwiderstehlichen Logik der Grundsätze vorwärts getrieben, sich bestimmt aussprechen müssen. Wenn es ihnen auch nicht gelingt, ihr Ideal zu verwirklichen, so erringen sie doch für dieses die energischen Sympathien, und zum wenigsten sind sie selbst ein lebender Protest gegen die versteinerten Formen, die den lebendigen Geist nicht mehr enthalten. Unsere ausgezeichnetsten Lehrer stimmten mit uns überein, obgleich auch sie mit unendlicher Trauer an die Notwendigkeit dachten, das Institut schließen zu müssen.

Eines Abends ging ich allein am Rand des großen seeähnlichen Bassins spazieren, das der Fluß bei Hamburg bildet. Es war in den ersten Tagen des April; der Frühling war kaum erschienen; die Luft hatte jenes Gemisch von sanfter Lieblichkeit und erfrischender Schärfe, die das Charakteristische nordischer Frühlinge ist; das erste Grün war kaum heraus und man atmete den Geruch der feuchten, frischen Erde, die sich erst vom letzten Schnee befreit hatte. Die Sonne war untergegangen und der Himmel von einem blassen, durchsichtigen Blau bedeckte sich mit zarten, rosa Wolkenstreifen, ferner Abglanz eines großen, verschwundenen Lichts. Mein Herz, von jeher den Einflüssen der Natur unterworfen, war es an dem Abend mehr als gewöhnlich. Alles, was auf meinem Leben lastete, alle traurigen Enttäuschungen, die meiner noch warten mochten, zogen an meinem Geist vorüber. Der Gedanke an den Sterbenden[41] lag besonders schwer auf mir. Ich wußte, daß jetzt auch keine Hoffnung mehr war, daß er wenigstens das Hospital werde verlassen können, und er wußte es selbst. In einem seiner Briefe hatte er mir geschrieben, daß er abermals einige schwere Leidenstage durchgemacht habe, und hatte hinzugefügt: »Einziger Trost, daß niemand von denen, die mich lieben, dabei war, um mit mir zu leiden.« Ich hatte ihm darauf einen Vorwurf gemacht über diese Art, die Sache anzusehen, und hatte ihn sogar gebeten, seine reiche Freundin zu sich zu rufen, die unabhängig war zu tun, was sie wollte, und keine Pflicht zu versäumen hatte. Ihr Name war nie zwischen uns genannt worden, obgleich ich sehr wohl wußte, welche nahen Beziehungen zwischen ihnen bestanden. Jetzt, wo das Mitleid auch die letzte Spur von Egoismus in mir getötet hatte, wünschte ich selbst sehnlich, daß sie zu ihm gehen möge, damit ein liebendes Wesen ihm nahe sei. Ich schrieb ihm nun auch offen von der Möglichkeit des Todes und erinnerte ihn an alles, was er für sich und andere gewesen, an den Reichtum von innerem Leben, den die Natur ihm gegönnt, das Doppelte von dem, was sie anderen gewährt. Er dankte mir in seiner Antwort dafür, daß ich ihn daran erinnert hätte, was er anderen einst gewesen, »denn«, fügte er hinzu, »ich bin nur noch ein Schatten davon, und bald werde ich auch aufhören, das zu sein.«

Auf jenem Spaziergang nun, von dem ich sprach, nahm ich mir vor, daß, wenn die Hochschule geschlossen werden müßte, ich nach Gotha übersiedeln und da entweder eine kleine Schule eröffnen oder Privatstunden geben wolle, um, solange Theodor lebe, in seiner Nähe zu sein und ihm nützlich sein zu können.

Am folgenden Morgen war Prüfung in der Gemeindeschule. Ich fand mich zu rechter Zeit dazu ein, und alle dazu Gehörigen waren versammelt, nur der erste Lehrer, der »Demokrat«[42], fehlte, er, der sonst die Pünktlichkeit selbst war. Endlich kam er, aber ich sah an seinem gewöhnlich ruhigen, ernsten Gesicht, daß ihn etwas Besonderes betroffen haben müsse. Das Interesse, das ich an der Schule nahm, zog jedoch meine Aufmerksamkeit nach dieser Seite hin ab, und ich war voll Freude über die schönen Erfolge, die die Prüfung uns sehen ließ.

In einer Pause bat der »Demokrat« mich, mit ihm in sein Arbeitszimmer zu kommen, da er mir etwas mitzuteilen habe. Als wir allein waren, wandte er sich zu mir mit sichtlicher Bewegung und sagte zögernd: »Ich habe heute morgen einen Brief von meinem Bruder erhalten« – – (ich wußte, daß sein Bruder seit einiger Zeit in Gotha war und Theodor zuweilen besuchte). – »Tot?« unterbrach ich ihn, da ich sogleich die Wahrheit erriet. Er bejahte stumm. Wir schwiegen beide. Er hatte Tränen in den Augen. Ich weinte nicht. Das Nichts war um mich her; das absolute Schweigen, die Öde ohne Ende. Dann wollte er mir Einzelheiten berichten. »Heute abend!« sagte ich und reichte ihm die Hand. Ich nahm gewohnheitsmäßig den Weg nach Hause; bei der Hochschule begegnete ich Emilien und sagte ihr leise: »Theodor ist tot.« Sie war bestürzt, sie hatte ihn sehr liebgehabt. Ich konnte aber auch mit ihr nicht sprechen; ich ging in mein Zimmer, um zu warten, bis das Gefühl des Lebens und der Pflicht mir zurückkehren würde. Am Abend erfuhr ich durch den »Demokraten«, daß bis zum Tag des Todes kein besonderes Anzeichen eines nahen Endes dagewesen sei, daß aber am Morgen dieses Tages Theodor gesagt hätte: »Wenn der Arzt mir heute nicht hilft, so ist dies mein letzter Tag.« Der Arzt war gekommen, hatte aber gar keinen Grund zu unmittelbarer Besorgnis gefunden. Zur Zeit des Sonnenuntergangs hatte er die alte Wärterin gebeten, ihm zu helfen, sich in den Lehnstuhl zu setzen, den ich ihm geschenkt hatte, und ihn dem Fenster zuzuwenden. Er hatte unverwandt in das sterbende Tageslicht geschaut und war mit ihm dahingegangen, sanft ohne Kampf. Die gute Alte hatte ihm die Augen zugedrückt und ihn wie einen Sohn beweint. »Er ist ein so gerechter Mensch«, hatte sie mir von ihm gesagt, als ich in Gotha war. Am folgenden Tag erhielt ich vom Inspektor des Hospitals, dem ich meine Adresse gelassen hatte, die Anzeige. Äußerlich ertrug ich den Schlag mit Fassung, aber im Innern war mir alles verändert, obwohl ich so vollständig vorbereitet gewesen war. Jetzt erst stand ich der vollendeten Tatsache gegenüber. Die schöne Individualität, begabt mit allem, was Menschen unwiderstehlich anziehend macht, fähig, das Größte, das Schönste zu vollbringen, war dahin; die Augen, deren Licht mir einst die Welt verklärt hatte, waren geschlossen für ewig. Der brennendste Schmerz war der, nicht bei ihm gewesen zu sein in der letzten Stunde; ihn nicht begleitet zu haben bis an die geheimnisvolle Schwelle, nicht seinen letzten Gedanken, seinen letzten Seufzer als ewiges Vermächtnis empfangen zu haben. Ich warf es mir vor, nicht wieder hingegangen zu sein, wie das erstemal, denn er, der niemand Zeuge seiner Leiden sein lassen wollte, hatte niemand gerufen. Nun war es zu spät; es war vorbei, vorbei!

Ich war wie tot für jeden persönlichen Anspruch. Ich lebte nur noch für die Arbeit. Noch mehr als früher verband ich mich mit der arbeitenden Klasse. Es schien mir immer klarer, daß die Zukunft in ihr ruhe; die bloß *politische* Revolution war mir gleichgültig geworden. Ich hatte mich überzeugt, daß sie stets mißglücken werde, solange das Volk Sklave des Kapitals und der Unwissenheit bleibe. Ich versammelte öfter eine Anzahl der gebildetsten Arbeiter, dem Tischler ähnlich, von dem ich früher gesprochen habe, bei mir. Wir besprachen die eben angedeuteten Ideen und waren darüber ganz einverstanden. Die Handwerkervereine, die sich seit dem Jahre achtundvierzig rasch in Deutschland entwickelt hatten, lieferten einen Beweis, wie viel sich mit geringen Mitteln durch freie Assoziation geistig und moralisch Gutes schaffen ließe. Der Verein in Hamburg hatte nicht nur ein schönes Lokal, eine bedeutende Bibliothek, eine Hilfskasse, wo auch der reisende Handwerker im Notfall eine Unterstützung fand, sondern es wurde daselbst, durch wissenschaftlichen und künstlerischen Unterricht, ein solcher Grad der Bildung angebahnt, daß man sich mit Freude bei den Festen fand, die zuweilen dort gegeben und zu denen Gesinnungsgenossen eingeladen wurden. Die Statistik dieser Vereine bewies, wie sehr die Moralität durch die Bildung befördert worden. Die Kneipen blieben leer, und die Arbeiter zogen es vor, ihre Abende für ihre Belehrung zu verwenden, anstatt ihren Lohn zu vertrinken. Wer hätte es glauben sollen? – gegen diese wohltätigen Vereine, aus dem Bedürfnis des Volks selbst hervorgegangen, die vom Staat keine Hilfe verlangten, die ihn nicht anderswie berührten, als daß sie ihm gebildetere und sittlichere Untertanen gaben – gegen diese gerade wandte sich die Reaktion mit bitterer Verfolgung. Der erste Minister des ersten deutschen Staats[43] hatte von ihnen gesagt, daß sie »die Eiterbeulen« der Gesellschaft seien. Man fing an, sie überall aufzulösen. In Hamburg unter der »mütterlichen« Regierung[44] existierte der Verein noch, aber er durfte sich auch der baldigen Auflösung gewärtigen. Wir beschlossen also in unseren Verhandlungen mit den Arbeitern, im geheimen an dem Bund der Arbeit und des gemeinsamen Interesses fortzuarbeiten, wenn man es öffentlich nicht mehr könne. Es war dabei keine Rede von politischer Revolution. Es handelte sich nur darum, das Volk durch die Gemeinsamkeit der Interessen, durch gegenseitige Hilfe usw. so zu verbinden, daß es gegen das Elend geschützt und vorbereitet sein würde, besseren Tagen würdig entgegenzugehen.

Inzwischen machten sich auch die Wirkungen der geheimen Umtriebe gegen die Hochschule immer fühlbarer. Wir sahen ein, daß es unmöglich werden würde, sie zu erhalten. Wir wollten keine Konzessionen machen, nicht um Hilfe betteln, denn wir hätten lügen müssen, um sie zu bekommen. Wir beschlossen also, freiwillig zu enden, in der höchsten Blüte unserer moralischen Erfolge – um zu beweisen, daß die Schließung der Schule nicht die Folge eines falschen Prinzips, sondern der ungenügenden materiellen Mittel sei.

Die Erfahrung war jedenfalls gemacht, das Resultat war vollkommen. Jetzt bedurfte es der Zeit, um den Samen zu reifen. Der Gedanke, die Frau zur völligen Freiheit der geistigen Entwicklung, zur ökonomischen Unabhängigkeit und zum Besitz aller bürgerlichen Rechte zu führen, war in die Bahn zur Verwirklichung getreten; dieser Gedanke konnte nicht wieder sterben. Wir zweifelten nicht, daß viele von denen, die seine erste Inkarnation in unserer Hochschule gesehen hatten, noch seinen völligen Triumph sehen würden, wenn nicht in Europa, so doch in der neuen Welt.

Ungefähr dieselben Ideen wurden in den Reden ausgesprochen, die unsere Professoren bei der großen feierlichen Abendversammlung hielten, die wir zum Abschied veranstaltet hatten, um als Sieger, nicht als Besiegte zu scheiden. Die Redner waren so gerührt, daß sie kaum ihre Tränen zurückhalten konnten; ich fühlte die meinen fließen, während sie sprachen. In Theodors Grab, in das der Hochschule, begrub auch ich die Jugend, die Hoffnung, den freudigen Mut, der noch an eine Erfüllung in der Zukunft glaubt. Die Illusionen des Lebens erloschen für immer. Ich nahm das Leben noch auf mich als eine Aufgabe, aber ich war tief müde. Die Frage stieg wieder vor mir auf: Was tun? In meine Familie zurückkehren war unmöglich, um derselben Ursachen willen, um derentwillen ich sie verlassen hatte. Wenn noch ein Wunsch in mir war, so war es der, nach England zu gehen, wo eine große Anzahl politischer Flüchtlinge lebte, unter denen ich Freunde hatte, die mich dorthin riefen. Aber bei der geringsten Andeutung eines solchen Wunsches in meinen Briefen war meine Mutter aufs neue so unglücklich, daß ich sogleich darauf verzichtete, und diesmal ohne großen Kampf. Ich fühlte mich so gebrochen, geistig wie körperlich, daß ich glaubte, nicht mehr lange leben zu können, und ich war zufrieden, mich mit in das große Grab zu versenken, in das man alle großmütigen Bestrebungen, die Freiheit der Individuen und des Vaterlandes, erbarmungslos hinabwarf. Ich konnte auch nicht in Hamburg bleiben, obgleich meine jungen Freundinnen aus der Hochschule mich beschworen, dazubleiben und sie auch ferner zu leiten. Aber da ich nicht genug Vermögen hatte, um unabhängig zu leben, so hätte ich hart arbeiten müssen, und ich fühlte in dem Augenblick, daß mir dazu die Kräfte fehlten. Anna bot mir an, mit ihr nach Berlin zu gehen, mich einstweilen für ein kleines Kostgeld bei ihr auszuruhen und dann über die Zukunft zu entscheiden. Ich nahm dies an; denn trotz der Verschiedenheit unserer Naturen war sie mir doch unendlich lieb, und nach Theodors Tod hatte sie sich so liebevoll gegen mich gezeigt, daß die Vergangenheit jetzt ein Band mehr zwischen uns war. Bei ihr, das wußte ich, würde keine schmerzende Saite berührt werden, und ich beschloß, nur für ernste Studien und in tiefster Zurückgezogenheit zu leben.

Der Abschied von Hamburg war unaussprechlich traurig. Am Morgen unserer Abreise fanden sich Emilie, der »Demokrat«, der Prediger, viele unserer Schülerinnen auf der Station ein, um uns Lebewohl zu sagen, und heiße Herzenstränen flossen von allen Seiten, nicht bloß dem persönlichen Trennungsleid, auch den gemeinsam zerstörten Hoffnungen, dem wieder geknechteten Vaterland.

In Berlin angekommen, richtete ich mich in einem stillen Zimmer bei Anna ein, und da, von einer vortrefflichen Bibliothek umgeben, wollte ich warten, bis mir die Kraft zur Arbeit zurückkäme. Um mich zu erholen, fing ich an, die griechischen Tragödien wieder zu lesen. Besonders die Antigone las ich mit immer neuem Entzücken. Ich fand in ihr das unleugbare Zeugnis, daß, wenn die Griechen im täglichen Leben der Frau eine untergeordnete Stellung anwiesen, die Dichter wenigstens das allerhöchste Ideal von ihr hatten. Welch edleres Wesen kann man sich vorstellen als Antigone, die allen Gefahren Trotz bietet, um die ideale Pflicht zu erfüllen; die Pflicht, die die innere Stimme den auserwählten Naturen gebietet und die nur zu oft mit dem absoluten Gesetz im Widerspruch steht! Der Unterschied zwischen dem idealen Menschen, der illegal handelt, ist nirgends erhabener dargestellt als in Antigone und Kreon. Das ist eine der ewigen Schöpfungen, die einen Konflikt darstellen, der sich so lange wiederholen wird, als die Geschichte der Menschen dauert. In den Antworten Antigones liegt alles, was den Menschen adelt und ihn unter die Sterne versetzt. Was könnte der moderne Mensch, der für sein Prinzip stirbt, Höheres der Tyrannei, die sich hinter das Gesetz versteckt, erwidern? Daß der Dichter eine Frauengestalt wählte, um diesen Kontrast hinzustellen, ist doch gewiß ein Beweis, daß in den kunstgeweihten Seelen der Griechen das schönste Ideal der Frau leben mußte. Außerdem braucht man übrigens nur an die Minerva zu denken, in deren Antlitz sich die höchste Majestät des Gedankens und des Charakters mit der edeln Schönheit der Form verbindet, um zu begreifen, daß nicht nur die Dichter, sondern auch die

Künstler Griechenlands die Frau darstellten, wenn sie der höchsten Vereinigung menschlicher Eigenschaften Ausdruck geben wollten.

Ich schrieb darüber einen Aufsatz und schickte ihn an ein demokratisches Blatt. Der Redakteur des Blattes kam, mich zu besuchen, mit ihm zwei andere Demokraten, für die ich Briefe aus Hamburg mitgebracht hatte. Wir sprachen über Prinzipien und über die Notwendigkeit, die Solidarität der arbeitenden Klassen durch Bildung und den Begriff der Gemeinsamkeit der Interessen aufrechtzuerhalten und zu befestigen. Dies waren die einzigen Personen, die ich außer meinen Hausgenossen sah, und auch das nur äußerst selten. Außerdem hatte ich meine Korrespondenzen mit den Freunden in Hamburg, in England und Amerika. In den Unterredungen jedoch wie in den Briefen war es nur noch ein Austausch von Gedanken und Ansichten ohne den mindesten Hintergedanken einer revolutionären Tat. Was hätte man auch beginnen können in einem Zustand der Dinge, wo man sogar gegen die Kindergärten einzuschreiten für nötig hielt, unter dem Vorwand, daß man im Ministerium Dokumente besitze, die deutlich darlegten, wie die Pädagogen schon in die kleinen Kinder den Keim der Freiheit und der Unabhängigkeit legen wollten! Dies wurde in meiner Gegenwart wörtlich von einem im Ministerium beschäftigten Herrn, mit dem ich zufällig einmal zusammenkam, gesagt.

Eines Tages erhielt ich einen Besuch, der mich schmerzlich aufregte. Der jüngste meiner Brüder war als Gesandter der deutschen Regierung, in deren Diensten er sich befand, nach Berlin gekommen. Er war, wie schon früher gesagt, ein Mensch von großem Verstand, von großen Talenten, aber zugleich absoluter Aristokrat und Monarchist sowie strenger Protestant. Wir waren einst sehr intim gewesen, und doch hatte sein Wesen mir stets einen gewissen Zwang eingeflößt; ich hatte mich nie ganz frei ihm gegenüber gefühlt, und seit unseren letzten Gesprächen über Religion während der Krankheit meines Vaters hatte jede Verbindung zwischen uns aufgehört. Ich wußte durch meine Schwestern, daß er mir schwer zürnte seit meinem Aufenthalt in Hamburg und meinem Anschluß an die freie Gemeinde. Dennoch kam er nach seiner Ankunft in Berlin, mich zu besuchen. Ich wußte ihm Dank dafür, daß seine Liebe über seine Vorurteile gesiegt hatte, und empfing ihn voll Zärtlichkeit. Er fing das Gespräch damit an, daß er gekommen wäre, um mir zu sagen, wie tief es ihn schmerze und kränke, eine Schwester, die er einst sehr geliebt, nicht nur in einer falschen, sondern in einer verderblichen und schuldvollen Richtung zu sehen. Er sprach von einem Brief unserer Mutter, worin diese ihm ihren tiefen Kummer mitgeteilt habe über meine Idee, nach England zu gehen, zu Menschen, die des Hochverrats angeklagt wären. Er beschwor mich, dies nicht zu tun, da es den geehrten Namen unseres Vaters noch im Grab beschimpfen würde. Ich sagte ihm, daß ich diesem Wunsch schon aus Liebe zur Mutter, der ich meine Wünsche stets zu opfern bereit sei, wenn sie unabhängig von meinen Überzeugungen wären, entsagt hätte. Darauf fing er an, mir zu beweisen, wie dies gerade mein Grundirrtum sei, mir Überzeugungen auf einem Gebiet anmaßen zu wollen, wo die Frau nicht hingehöre.

»Die wahre Bestimmung der Frau«, sagte er, »ist die, an dem Platze zu bleiben, den ihr Gott angewiesen hat; deine Pflicht findet sich bei deiner Mutter, bei den Deinen. Was haben die, zu deren Gefährtin du dich gemacht hast, der Menschheit Gutes getan? Sie haben alle Fragen der Gerechtigkeit und der Moral gefälscht, weil sie die einzige wahre Basis verlassen haben: die Gesetze Gottes, die er uns durch seinen Sohn offenbart hat. Nur auf der granitnen Unterlage der Vergangenheit ruhen die Monumente der Gegenwart, erheben sich die der Zukunft. Die Männer, denen Gott die Führung der andern Menschen anvertraut hat, arbeiten seit langem an dem schweren Werk und halten die Fäden in der Hand, die das Gewebe der Geschicke der Völker bilden. Die nur können dies Werk verstehen und es leiten. Es ist eine unnütze und verderbliche Eitelkeit von seiten der Frauen, sich darein mischen zu wollen; sie treten damit aus dem Gebiet heraus, das ihnen Gott und die weibliche Demut anweisen. Glaube mir, meine Schwester«, fuhr er mit vieler Bewegung fort, »es gibt nur *ein* Mittel für dich, den rechten Weg wiederzufinden: wirf dich auf deine Knie und flehe deinen Heiland an; er, der für dich gestorben ist, wird sich deiner erbarmen. Ich versichere dir, daß auch ich jeden Tag für dich bete, wenn ich, allein in meinem Zimmer, mich im Gebet mit der vereine, die jetzt bei ihm für dich und mich fleht.«

Er meinte seine verstorbene Frau, die er heiß geliebt hatte und deren Andenken er einen solchen Kultus weihte, daß er sich nicht wieder verheiraten wollte.

Er fuhr noch lange in diesem Ton fort. Ich wollte anfangs eingehend mit ihm reden, ihn ruhig widerlegen, aber ich sah bald, daß es unnütz war. Seine Überzeugungen waren ebenso unerschütterlich wie die meinen, und keine Vernunftgründe konnten sie wankend machen. Er war auch einst durch den Kampf des freien Gedankens mit der Tradition gegangen, war aber zum Glauben an die Offenbarung zurückgekehrt und nun, mit einem stolzen und festen Charakter wie der seine, war nichts mehr zu machen. In dem, was er sagte, war einiges, was mich empörte, denn ich sah hinter den demütigen Worten die stolze Anmaßung des Absolutisten. Aber er sprach bei alledem mit tiefer Bewegung, und es kam aus seinem Herzen. Um ihn erhoben sich vor meiner Seele der Schatten meines Vaters, das Bild der Mutter, das Leben der Familie, alle teuren Erinnerungen der Jugend, der Schmerz um diese Vergangenheit, die nie zurückkehren konnte, um die jüngst erlebten Verluste, um diese Verkehrtheit der Menschen, die sich befeinden wegen verschiedener Ansichten, während die Herzen sich lieben möchten – alles erfaßte mich mit solcher Gewalt, daß ich in heiße Tränen ausbrach. Mein Bruder war beinah erschrocken und sagte: »Du bist krank, und das erklärt vielleicht deine Verirrungen.«

»Nein«, sagte ich ihm endlich, »ich bin nicht krank; aber ich weine, weil ich euch alle innig liebe und weil ich sehe, daß ihr unfähig seid, die Toleranz zu üben, die allein uns in der alten Liebe über dem Abgrund vereinen könnte, den unsere Ansichten zwischen uns gegraben haben. Denn wisse es: mein Glück kann ich euch opfern und meine persönlichen Wünsche, aber nichts wird meine Überzeugungen ändern. Ich erkenne mir das Recht zu, solche zu haben, und selbst wenn ich sie ändern wollte, würde ich es nicht können, denn ich kann meine Vernunft nicht zwingen, falsch zu finden, was sie für recht erkennt.« Ich erneuerte ihm jedoch meine Versicherung, nicht nach England gehen zu wollen – der Umstand, den er am meisten zu fürchten schien –, und dankte ihm schließlich, daß er gekommen wäre, da ich doch darin trotz aller harten Dinge, die er gesagt, einen Beweis seiner Liebe zu mir fände.

Er war gerührt und erzürnt zugleich. Im Fortgehen sagte er mir, daß, wenn ich seiner bedürfe, ich nun wisse, wo er zu finden sei, und daß, wenn mir etwas mangele, ich mich stets an ihn wenden solle. Ich antwortete nichts auf diese Anerbietungen, aber ich gelobte mir im Herzen, nie zu dieser Hilfe meine Zuflucht zu nehmen und lieber von meiner Hände Arbeit zu leben. Ich wollte ihm wenigstens Achtung vor diesen Prinzipien, die er verdammte, abzwingen und ihm zeigen, daß, wenn die Religion das Betteln und auf anderer Kosten leben kanonisiert hatte, die Demokratie im Gegenteil als ersten Grundsatz aufstellte, daß der Mensch arbeiten soll und daß seine Würde es erheischt, daß er sich seine Unabhängigkeit durch eigne Anstrengung erwerbe.

Anna, die uns nicht hatte stören wollen, die aber lebhaftes Gespräch und Weinen gehört hatte, trat ein, sobald mein Bruder fort war. Sie nahm liebevollsten Teil an meiner Trauer und suchte mich zu trösten. Ich griff abermals zu meinem alten Mittel, zu einem einsamen Spaziergang. Aus den geräuschvollen Straßen der großen Hauptstadt fort eilte ich einem Ort außerhalb der Tore zu, den ich allen anderen Spaziergängen der Stadt vorzog. Es war ein kleiner Hügel, auf dem sich eine gartenähnliche Anlage befand, die die Gräber der 1848 im Kampfe gegen die Soldaten gefallenen Kämpfer für die Freiheit enthielt. Die Demokratie hatte ihnen zur Zeit ihrer Macht gleich nach dem Kampf dieses Asyl geweiht, wo sie allein, unter wohlgepflegten Blumen und einfachen Denkmälern schlummerten. Ich setzte mich an einem Grabe nieder, das von Fabrikarbeitern den gefallenen Brüdern errichtet war und dessen Inschrift lautete:

»Im Kampfe für des Volkes Freiheit sterben,
Das ist das Testament, nach dem wir erben.«

Zu meinen Füßen breitete sich die stolze Hauptstadt mit ihren Palästen, ihrem Luxus, ihrem geistigen Leben und ihren triumphierenden Soldaten in der weiten Ebene aus. Alles war übergossen von den Strahlen der untergehenden Sonne, die in den Nebeln und Dünsten, die der nordischen Atmosphäre eigen sind, mannigfaltige glänzende Farbenspiele hervorrief. Fernher tönte das Geräusch der volkreichen Stadt, wie das Rauschen des Meeres. Um mich her aber, im stillen Garten des Todes, war ein tiefer Friede. Der Gesang der Nachtigall, das Wehen des Abendwinds, der mit den Düften der Gräberblumen spielte, unterbrachen allein die Stille. Ich glaubte mich ganz allein unter diesen Gräbern und betrachtete das Bild vor mir, indem ich die schmerzlichen Betrachtungen weiter verfolgte, die die soeben erlebte Szene hervorgerufen hatte. Diese Toten, die da um mich ruhten, hatten sie den Preis des vergossenen Blutes erhalten? Hatten sie die Rechtfertigung des Erfolgs gehabt? Und ich, hatte ich die großmütigen Bestrebungen, für die mein Herz glühte, verwirklichen können? Hatte ich durch Vernunft und Liebe über den Widerstand, den ich antraf, gesiegt? – Sie lagen da unter der Erde, stumm und unmächtig, und ihre überlebenden Brüder waren mehr wie je unter dem Joch und mußten ihr Lasttierleben weiterführen. – Ich war allein, geschieden von den Meinen, meine höchsten Neigungen galten Toten, meine Arbeit war vernichtet. – Hatten sie denn Unvernünftiges verlangt? Wollten sie sich durch den Ruin anderer erheben? Nein, sie hatten nur die Arbeit von dem Fluch befreien wollen, den die Tradition auf ihr ruhen läßt, seit er an der Pforte des verlorenen Paradieses ausgesprochen war. Sie hatten freie Institutionen verlangt, um ein freies, starkes, glückliches Volk zu werden. – Und ich, hatte ich jemals gesagt, daß die Familienbande nicht heilig sind, daß die Frau sich emanzipieren soll, indem sie die besonderen Pflichten ihres Geschlechts von sich wirft und von dem Manne annimmt, was auch bei ihm sehr oft häßlich ist? Ich hatte ja im Gegenteil die Frauen würdiger machen wollen, Frauen und Mütter zu sein, durch die Entwicklung ihrer geistigen Fähigkeiten, durch die sie nicht nur die leiblichen Erzeugerinnen, sondern auch die wahren Erzieherinnen und geistigen Bildnerinnen der Jugend werden könnten. Ich hatte gewollt, daß die Frau, anstatt des Mannes Brutalität nachzuahmen, so sehr ihm ebenbürtig werden sollte für die Kulturaufgabe der Menschheit, daß sie auch ihm helfen sollte, sich von allem Schlechten zu befreien.

Weshalb waren wir denn also scheinbar im Unrecht, die Toten und ich? Die Schuld war gewiß nicht unser, sondern unseres gemeinsamen Feindes, des Despotismus im Staate und in der Familie. Ich sah klarer denn je, daß die beiden Despotinnen ein und dieselbe Sache sind und aus derselben Quelle fließen. Es ist die ewige Bevormundung der Individuen wie der Völker: verordneter Glaube, verordnete Pflichten, verordnete Liebe. Statt dessen sollte man dem Individuum sagen: »Wähle dir nach deiner Einsicht deinen Glauben, deine Verpflichtungen, deine Neigung; wir ehren deine Freiheit; ist deine Wahl unwürdig, trage die Folgen; bleibst du ein sittliches Wesen, so werden wir dich lieben trotz der Verschiedenheit unserer Ansichten.« – Und den Völkern: »Sprecht frei über eure Klagen, eure Bedürfnisse; beraten wir uns, ihnen abzuhelfen! wir sind nur da, um allen gerecht zu werden, um den vernünftigen Willen aller zu verwirklichen.« – Ist es denn so schwer zu begreifen, daß die Freiheit das stärkste Gesetz ist? Die Kinder dazu erziehen, die Völker daran gewöhnen, dies zu begreifen – damit wäre eigentlich die ganze Aufgabe der Zivilisation erfüllt. Die Familie und der Staat würden dadurch ihre wahre beglückende Form finden, während die gewaltsame Autorität ewig die Empörung an ihrer Türe finden wird.

Während ich diesen Gedanken nachhing, war die Sonne untergegangen und tiefe Abendschatten bedeckten die Stadt, auf dem Hügel der Toten aber herrschte noch eine leuchtende Klarheit. »Das Licht unserer Ansichten wird einst noch leuchten, wenn aller Despotismus mit den Schatten ewiger Vergangenheit bedeckt sein wird«, sagte ich mir, indem ich meine Blicke zu den Gräbern wandte, wie um auch die zu trösten, die darin schlummerten. Da bemerkte ich, daß ich nicht allein war. In einer kleinen Entfernung standen ein junger Arbeiter und ein junges blondes Mädchen, das sich auf seinen Arm stützte. Beide betrachteten mich mit dem Audruck tiefer Aufmerksamkeit und Ehrfurcht. Ich stand auf, sie wollten sich entfernen, aber ich ging zu ihnen hin.

Der junge Mann sagte: »Entschuldigen Sie, wenn wir Ihre Betrachtungen gestört haben; wir haben Sie lange angesehen; als Sie da so traurig und gedankenvoll saßen, sagte ich meiner Braut: Das ist sicher eine der Unseren.«

Ich versicherte ihnen, daß ich allerdings eine der Ihrigen wäre, und ließ mich in ein Gespräch mit ihnen ein. Sie erzählten mir, daß sie noch zu arm wären, um zu heiraten, daß sie fern voneinander wohnten, sich nur selten sehen könnten, da er in einer Fabrik, sie als Dienstmädchen sehr beschäftigt wären, daß sie aber, wenn sie einmal eine Stunde Zeit hätten, sich meist an diesem Ort zusammenfänden, wo so viele ihrer Freunde ruhten und wo sie sich die heiligen Hoffnungen in das Gedächtnis riefen, für die jene gestorben wären.

Ich erzählte ihnen dagegen, welche Gedanken mich eben beschäftigt hätten und wie, trotz allem, was die Gegenwart Trauriges hätte, wir überzeugt sein dürften, daß dieses Blut nicht umsonst geflossen wäre; daß die großmütigen Opfer niemals unfruchtbar wären und daß die Zeit wiederkehren würde, wo der Samen der Freiheit aufgehen und Früchte bringen müßte; daß sie, noch so jung, diese Zeit vielleicht noch sehen würden. Dann sprachen wir von dem Handwerkerverein, der eben von der Regierung aufgelöst worden war, und der junge Mann sprach über den veredelnden Einfluß, den dieser ausgeübt hätte. »Indem man uns verbietet, unsere Erholung in der Belehrung und im Lesen zu suchen, zwingt man uns förmlich, sie wieder in der Schenke zu suchen; und das nennt man die wirklichen Interessen des Volks wahren und die Revolution ersticken«, setzte er mit bitterem Lächeln hinzu.

Ich verließ sie endlich mit einem herzlichen Händedruck. Diese Stunde der Betrachtung und das Gespräch mit den armen jungen Leuten, die während der kurzen Augenblicke, wo sie sich ihrer Liebe freuen konnten, das Asyl der Toten suchten, um sich in ihren Grundsätzen zu befestigen, hatten mir wohlgetan und mir wieder Ruhe gegeben.

Die Reaktion wurde immer finsterer, immer mißtrauischer, und wir hielten es nicht für unmöglich, daß man einmal eine Haussuchung bei mir vornehmen könne, um so mehr, da das Dienstmädchen uns erzählt hatte, daß schon mehreremal Männer in bürgerlicher Kleidung, die sie für Polizeidiener erkannt hätte, sie angeredet und gefragt hätten, was ich in dem Hause mache, welche Besuche ich empfinge usw. – Mehrere Damen, demokratischer Gesinnung verdächtig, waren schon in dieser Weise heimgesucht worden. Dieselbe Sache konnte mir auch begegnen, obgleich es mir zu absurd erschien, um daran zu glauben.

Eines Tages hatte ich mich in Annas kleinen Salon gesetzt und schrieb einen Brief an meinen Freund in Amerika[45], als das Mädchen eintrat und einen Herrn meldete, der mich zu sprechen wünsche. Ich dachte, es wäre einer der demokratischen Herren, die, wie ich gesagt habe, zuweilen kamen, und ließ ihn eintreten, war aber sehr erstaunt, einen mir völlig fremden Menschen zu sehen. Er verbeugte sich sehr höflich, und auf meine Frage, was ihn zu mir führe, erklärte er mir nicht ohne große Verlegenheit, daß es ein sehr unangenehmer Auftrag sei, indem ihn der Chef der Polizeibehörde beauftragt habe, meine Papiere zu durchsuchen und mich vor das Polizeiamt zu laden. Ich blieb äußerlich so ruhig als möglich und fragte kalt nach der Ursache einer solchen Maßregel. Er entschuldigte sich, indem er sagte, er führe eben nur erhaltene Befehle aus, aber er glaube, gehört zu haben, daß ich mit einem gewissen Weigelt in Briefwechsel stehe – dies war, wie ich schon früher erwähnte, der Name unseres Predigers in Hamburg. – Ich lächelte und sagte, da müsse man viel zu tun haben, wenn man die Papiere all der Menschen untersuchen wollte, die mit diesem liebenswürdigen, sanften Manne, der sich gar nicht um Politik bekümmere, korrespondierten. Er fragte, ob das Zimmer, in dem wir uns befänden, das meinige sei. Ich verneinte es. »Aber Sie schrieben doch, als ich eintrat?« sagte er und ging auf den Tisch zu, auf dem meine Schreibmappe mit dem angefangenen Brief lag. Er bemächtigte sich dieser Dinge, indem er sich, wie zur Entschuldigung, gegen mich verbeugte. Der Zorn wallte heftig in mir auf, als ich diese gemeine Hand die Blätter ergreifen sah, auf denen ich Gedanken und Gefühlen Ausdruck gegeben hatte, die man nur der Freundschaft anvertraut. Welche Zivilisation war das, wo solche Barbarei verübt werden konnte! Ich würde die orientalische Sitte vorziehen, wo man dem Menschen, gegen den man Verdacht hegt, freimütig den Strick zuschickt, ohne das Heiligste, was der Mensch hat: die Intimität seiner Gedanken und Gefühle, im Namen der Gerechtigkeit und des Gesetzes zu verletzen.

Der Beamte verlangte, mein Zimmer zu sehen. Der äußere Eingang zu diesem war von innen verriegelt, und so konnte man nur durch Annas Schlafzimmer hinein. Da der Beamte mir andeutete, ich dürfe mich nicht aus seiner Gegenwart entfernen, so mußte ich Charlotte rufen, um sie zu bitten, meine Tür von innen zu entriegeln. Sie war natürlich bestürzt über den unerwarteten Besuch, und hatte deshalb wohl leider nicht die Geistesgegenwart, rasch aus meinem Zimmer wenigstens Theodors Briefe zu entfernen und diese teuren Andenken vor der Entweihung, die ihrer wartete, zu retten, während ich mit dem Beamten den Umweg über den Gang machte, um zum äußeren Eingang meines

Zimmers zu gelangen. Ich sah mit Empörung und Ironie, daß ein bewaffneter Soldat im Vorzimmer stand, dem der Beamte meine Schreibmappe übergab. Hatte man denn geglaubt, daß ich die friedlichen Boten der öffentlichen Ordnung mit dem Revolver in der Hand empfangen würde? War das die Art, wie die Polizei die Emanzipation der Frau verstand? Es war wohl dieses Irrtums wegen, daß der Polizeibeamte so beschämt, so verlegen war. In meinem Zimmer ging er gerade auf meinen Schreibtisch los und nahm alle darin befindlichen Papiere zusammen, indem er flüchtige Blicke hineinwarf. Unter diesen Papieren befand sich ein Päckchen einzelner Blätter, die Notizen enthielten, die ich während der Vorlesungen in Hamburg zu schreiben pflegte. Ich wußte, daß dabei ein einziges Blatt lag, das einer argwöhnischen Polizei als *Corpus delicti* hätte dienen können, obgleich es nichts enthielt, was die Sicherheit des Staats gefährden konnte. Es war einfach eine Liste der mit den Freunden in Hamburg verabredeten Ausdrücke und Benennungen, durch die wir uns ungenierter Mitteilungen machen konnten, da es bekannt war, daß in den Zeiten, in denen wir lebten, die Wahrung des Briefgeheimnisses für die Beamten ein großes Vergehen gewesen wäre. Ich nahm das Päckchen loser Blätter in die Hand, blätterte sie vor den Augen des Beamten durch und sagte: »Sie sehen, das sind wissenschaftliche Notizen, die mit der Politik nichts zu tun haben.« Er warf einen flüchtigen Blick hin und fuhr fort, die Tischschublade zu leeren. In dem Augenblick schob ich, von ihm unbemerkt, das bewußte Papier in meine Tasche und reichte ihm dann das Päckchen, das er zu den übrigen Sachen tat. Ich war selbst mit meiner Geistesgegenwart in diesen peinlichen Augenblicken zufrieden. Ich glaube auch, der mutigste Mensch kann seiner selbst nicht sicher sein, ehe er sich nicht in irgendeiner Gefahr bewährt hat. Nur die Prahler sind unfehlbar vor der Prüfung.

Trotz dieser Befriedigung sah ich aber doch mit tiefem Schmerz alle diese Blätter und Briefe zusammenpacken, die teuren Andenken glücklicher und unglücklicher, aber gleich heiliger Stunden. Es gelang mir aber, äußerlich ruhig zu bleiben. Nachdem alles zusammengepackt war, verlangte der Beamte ein besonderes Gespräch mit Charlotte zu haben, währenddessen ich in meinem Zimmer bleiben mußte. Dann mußte man ihn sogar in das Schlafzimmer der armen Anna führen, deren Kopfweh durch die Aufregung natürlich verdoppelt war. Als er sah, daß sie wirklich krank zu Bette lag, stammelte er eine Entschuldigung und zog sich zurück. Ehe er ging, wiederholte er mir den Befehl, binnen einer Stunde auf dem Polizeiamte zu erscheinen, verbeugte sich tief und sagte mit einiger Bewegung: »Ich bitte Sie als Mensch um Verzeihung für das, was ich als Beamter habe tun müssen.«

»Ich habe Ihnen nichts zu verzeihen«, erwiderte ich, »im Gegenteil: ich bedaure Sie. Es muß traurig sein, wenn die Pflichten des Beamten und die des Menschen unter sich in so großem Widerspruch stehen.«

Als er fort war, fand ich Anna in Tränen, die Verwandten, mit denen sie zusammenlebte, in tiefster Bestürzung. Ich war die ruhigste von allen, denn ich hatte meine Geistesgegenwart nötig für das, was mir noch bevorstand. Alle zitterten für mich, dachten an Gefängnis und alle möglichen Schrecken; doch mußte ich gehen.

Ich ging allein und zu Fuß; ich wollte niemand kompromittieren und so einfach als möglich in dieser ganzen Sache bleiben. Am Polizeiamt angekommen, fragte ich nach dem Beamten, der mir als derjenige genannt worden war, mit dem ich zu verhandeln haben würde. Man sah mich mißtrauisch an und öffnete mir in ziemlich grober Weise eine Tür. Ich befand mich nun in einem Saal, wo eine Menge Beamte an Schreibtischen arbeiteten. Alle sahen mich an, lächelten und flüsterten. Ich fragte noch einmal stolz und verachtungsvoll nach dem bezeichneten Namen. Man wies auf eine andere Tür. In dieser Weise mußte ich noch mehrere Gemächer durchschreiten, bis ich mich endlich im Kabinett des bezeichneten Polizeichefs befand. Er empfing mich höflich, bat mich, auf dem Sofa Platz zu nehmen, und setzte sich daneben auf einen Stuhl, so daß das volle Licht auf mein Gesicht fiel, wenn ich mich zu ihm wandte, während er im Schatten saß – wahrscheinlich eine schlaue polizeiliche Maßregel, um die Anzeichen der Schuld besser im Gesichte der Beschuldigten lesen zu können. Er fing damit an, mir zu sagen, wie unangenehm es für die Regierung sei, eine solche Maßregel gegen eine Dame nehmen zu müssen, die einer allgemein geachteten Familie angehöre und deren eigner Bruder sich in einer hervorragenden Stellung in Berlin selbst befände. Er fragte mich, wie es nur habe kommen können, daß ich mich so von den Ansichten meiner Familie entfernt hätte und daß ich einen Weg verfolgte, der mich auf ewig von der Gesellschaft, in der ich geboren und erzogen worden wäre, trennte. Ich fragte ihn dagegen, ob er nicht glaube, daß Frauen auch Überzeugungen und die Energie haben könnten, ihnen zu folgen. Anstatt der Antwort zuckte er die Schultern und begann dann ein förmliches Verhör. Die schlaue und doch dumme Art, mit der er sich benahm, flößte mir eine außerordentliche Geringschätzung ein. Ich gab ihm nur ganz kurze Antworten. Die einfachen und aufrichtigen Zugeständnisse, die ich ihm machte, schienen ihn zu beschämen und zu verwirren. Er fragte, ob ich mit der Emigration in London in Verbindung stehe; ich bejahte ruhig und sagte, ich hätte da Freunde, mit denen ich in Briefwechsel wäre. Besonders schien er wissen zu wollen, wen ich in Berlin selbst kannte und sähe und nannte mir den oben erwähnten Redakteur. Ich sagte, daß ich ihn kennengelernt hätte auf Veranlassung eines ihm zugesandten Artikels. Dann sprach er von »gewissen anderen Leuten«, die auch gekommen sein müßten, mich zu sehen. Hier verneinte ich. Die Gespräche mit jenen Herren hatten keinen andern Zweck gehabt, als für die Arbeiter unter der damaligen Reaktion möglich zu machen, was sie nun glücklicherweise am Licht des Tages tun dürfen: sich verbinden zu Zwecken der Bildung, der gegenseitigen Unterstützung, der wahren Solidarität – nicht als eine Klasse der Opposition um jeden Preis, sondern als eine wohlberechtigte Klasse der Gesellschaft, ja zum Teil als deren wahre Grundlage, die ihre Rechte haben muß, damit sie ihre Pflichten üben kann. Ich wollte diesen Plan, der einen Keim der Zukunft für die Arbeiter enthielt, nicht den Mißverständnissen der Polizei ausliefern und beschloß deshalb, die Bekanntschaft mit jenen Herren zu verleugnen, um sie nicht in die Unannehmlichkeiten zu verwickeln, die mir vielleicht bevorständen.

Als der Beamte sah, daß er kein Geständnis irgendeiner Schuld erhielt, daß ich ruhig und fest blieb und nicht das kleinste Zugeständnis machte, änderte er plötzlich den Ton, wurde zutraulich und freundschaftlich und bat mich zu glauben, daß dies alles zu meinem Besten geschähe, daß man einer hochstehenden Familie einen Dienst leisten und mich auf den Weg zurückführen wolle, den ich meiner Erziehung und meinem Rang nach gehen müsse. Ich dankte ihm ironisch für diese Vorsorge, bedauerte aber, ihm sagen zu müssen, daß ich keinen andern Weg gehen könne als den, den mein Gewissen mir vorschreibe. Als er sah, daß auch diese Saite nicht anschlug, versuchte er noch etwas anderes und deutete an, daß ich vielleicht unrecht habe, mich auf die zu verlassen, die ich meine Freunde nannte; daß Charlotte in dem Gespräch, das der Unterbeamte mit ihr gehabt, sich nicht allzu zärtlich für mich gezeigt hätte. Das war der erste Streich, mit dem er wirklich mein Herz traf. Alle Verluste und Gefahren, die mir vielleicht bevorstanden, hatten mich noch nicht erschüttern können, aber daß eine von denen, die meine Einsamkeit teilten und meinen Charakter und meine Schicksale kannten, mich hätte verraten können, das traf. Dennoch antwortete ich ihm kurz, daß ich es nicht glaube.

Endlich, als er sah, daß auch dies nichts half, sagte er: »Ich sehe, daß ich nichts mit Ihnen machen kann. Ich muß mir zuvor neue Instruktionen holen und Ihre Papiere lesen. Übermorgen um dieselbe Stunde müssen Sie sich wieder hier einfinden. Übrigens«, fügte er mit schlauem Lächeln hinzu, »habe ich wohl nicht nötig, Ihnen anzudeuten, daß Sie den Verlauf Ihrer Aufenthaltskarte hier nicht abzuwarten brauchen.«

(Ich hatte gleich nach meiner Ankunft eine Aufenthaltskarte auf der Polizei geholt.)

Sollte das ein Wink sein, den man mir gab, um mich zu entfernen, damit man der Unannehmlichkeit überhoben sei, ferner gegen mich vorzugehen?

Ich antwortete ihm: »Sie wollen sagen, daß ich Berlin verlassen soll? Das tue ich gern, denn der Aufenthalt hier gefällt mir wenig.«

»Ja, nicht wahr, die dicke, bureaukratische Luft hier ist erstickend?« fragte er mit schlauem Lächeln und rieb sich die Hände vor Vergnügen.

Ich sah ihm fest in die Augen und erwiderte: »Das ist ein Ausdruck, den ich vor kurzem in einem wohlversiegelten Brief an einen Freund in Hamburg gebraucht habe.«

Er blieb etwas verwirrt stehen, denn er hatte mir klar bewiesen, daß meine Briefe erbrochen und gelesen würden. Ich grüßte ihn kalt und ging. Als ich das Polizeigebäude verließ, fühlte ich meine Kräfte schwinden. Ich warf mich in einen Wagen und fuhr nach Haus, wo ich alle in unaussprechlicher Aufregung fand. Anna umarmte mich mit Tränen; sie hatte geglaubt, sie würde mich nicht wiedersehen, man würde mich in das Gefängnis führen. In meiner Seele war nur ein schmerzender Punkt, der Zweifel wegen Charlotte, den jener Mensch hineingeworfen. Das war im Augenblick die Empfindung, die alles andere beherrschte. Ich begriff es da, daß der schmerzlichste Moment im Leiden Christi *der* sein mußte, von einem Freund verraten worden zu sein. Ich nahm Charlotte beiseite und sagte ihr offen, was jener gegen sie vorgebracht. Es wurde ihr nicht schwer, mich zu überzeugen, daß der Beamte frech gelogen hatte. Alle im Hause waren der Ansicht, daß ich sogleich fort müsse, ohne das zweite Verhör abzuwarten und ehe der Weg der Freiheit mir vielleicht versperrt würde. Ich war auf diesen Entschluß noch nicht vorbereitet: ich wollte noch bleiben, um meine Unschuld zu beweisen und meine Papiere, deren Verlust mir unerträglich wehtat, wiederzuerlangen. Aber Anna beschwor mich, meine Freiheit nicht auf das Spiel zu setzen. Sie bewies mir mit Recht, daß man aus meinen Papieren hundert Vorwände nehmen könnte, um mich wenigstens einer Untersuchungshaft zu unterwerfen, die nicht nur für meine schwache Gesundheit vernichtend, sondern auch für meine Familie tausendmal schmerzlicher sein würde als eine völlige Entfernung. Ich hielt noch an dem meinem Bruder gegebenen Versprechen fest, aber sie wies mich darauf hin, daß dies Versprechen, für ein freiwilliges Scheiden gegeben, nicht für ein gezwungenes gültig sei. »Die Zeit des freiwilligen, unvermeidlichen Märtyrertums, so wie sie damals war, als Theodor den Artikel schrieb, der zu seiner Verurteilung führte, ist vorüber. Jetzt gilt es, sich gehässigen Verfolgungen zu entziehen und die edeln Kräfte für eine bessere Zukunft zu retten. Das Schicksal, das sich diesmal in die Polizei der Reaktion inkarniert hat, kommt dir selbst zur Hilfe. Benutze den Wink, den es dir gibt: Geh, um frei in einem freien Lande nach deinen Grundsätzen zu leben. Kehr wieder, wenn der Tag der Auferstehung kommt; wenn nicht – du kannst arbeiten und du willst es, du wirst dir deine Stellung schaffen. Sehen wir uns nicht wieder – nun, so sind wir doch eine der andern sicher, und wir leben gemeinsam in den Ideen der Zukunft.«

Ich gab ihr recht und beschloß zu gehen. Anna und Charlotte baten mich, ein wenig zu ruhen, nach der furchtbaren Aufregung des Morgens, während sie die Vorbereitungen für mich trafen. Ich warf mich auf das Bett und wollte schlafen, aber es war mir unmöglich. Mein Herz schlug mit solcher Heftigkeit wie in der Nacht, nachdem ich erfahren hatte, daß Theodor eine andere Frau liebe. Das waren in der Tat die zwei entscheidenden Momente meines Lebens. Es war die lange wundersame Kette von Ursachen und Wirkungen, die in diesen Momenten am schlagendsten hervortrat und obgleich aus meinem Charakter selbst hervorgegangen, zum Schicksal wurde, das meinen Weg bestimmte. Ich erhob mich endlich; ich fühlte, daß ich nicht überlegen, sondern handeln müsse. Zum Glück besaß ich durch mein äußerst sparsames Leben eine kleine Summe, die für die Reise nach England auszureichen versprach. Ich nahm zunächst nur einen Reisesack mit den unentbehrlichsten Dingen mit; Anna übernahm es, mir meine übrigen Sachen nachzuschicken. Als die Dämmerung kam, brach ich auf. Alle umarmten mich weinend und gaben mir heiße Segenswünsche mit. Annas Vetter, ein junger Mensch von achtzehn Jahren, gab mir den Arm, und wir gingen ruhig zum Hause hinaus, wie um einen Spaziergang zu machen, denn wir wußten, daß das Haus bewacht wurde. Auf der beliebtesten Promenade der Stadt mischten wir uns in die dichtesten Haufen der Spaziergänger, um, wenn uns etwa gefolgt würde, die Beobachtung irre zu leiten. Endlich, in ziemlicher Entfernung, bogen wir in eine menschenleere Seitenstraße ein, wo wir uns überzeugten, daß wir nicht verfolgt würden. Wir wandten uns dann einem neuen, noch unbelebten

Stadtteil zu, wo ein junges Ehepaar wohnte, das ich in Ostende gekannt und seit meiner Anwesenheit in Berlin einige Male besucht hatte. Es waren liebenswürdige, gebildete, demokratisch gesinnte Menschen, aber durchaus nicht kompromittiert. Bei ihnen wollte ich die Nacht zubringen, um am frühen Morgen wegzufahren, was bei Anna nicht unbemerkt hätte geschehen können. Die jungen Leute waren glücklicherweise allein zu Hause und nicht wenig betrübt, als sie die Ursache meines Besuches erfuhren. Sie boten mir in der liebenswürdigsten Art ihre Hilfe an. Mein junger Begleiter verließ mich, um mich am folgenden Morgen, in erster Frühe, mit dem Wagen abzuholen. Meine lieben Wirte taten alles Mögliche, um mich zu trösten und zu ermutigen. Der junge Mann ging in später Nachtstunde, um einen seiner Freunde (einen bewährten Demokraten, der im Jahre achtundvierzig für das Volk gekämpft hatte) zu bitten, mich am Morgen zu begleiten, da er es für ratsamer hielt, mir einen erfahrenen männlichen Begleiter mitzugeben. Während seiner mehrstündigen Abwesenheit blieben die junge Frau und ich zusammen sitzen, in Gespräche über die höchsten Probleme des Lebens vertieft, denn keine von uns hatte Lust zu schlafen. Meine ganze Energie war mir zurückgekehrt, und ich fühlte mich wieder stark, mit dem Schicksal zu ringen. Gegen Morgen kamen die zwei Herren. Ich dankte dem mir Unbekannten voll Rührung, daß er eine immerhin mißliche Begleitung der Art übernehmen wolle. Er versicherte mir, das sei nur eine einfache Pflicht der Solidarität der Ansichten, und ich erkannte, daß dies ein edlerer Ritterorden wäre als alle früheren.

Als der Tag anbrach, kam Annas Vetter mit einem offenen Wagen wie zu einer Spazierfahrt. Wir hatten gedacht, es sei besser, bis zu der nächsten Station im Wagen zu fahren, da man mich möglicherweise an den Stationen in Berlin am Fortgehen hätte verhindern können. Ich umarmte meine lieben Wirte mit innigstem Dankgefühl und stieg dann mit meinen zwei Begleitern in den Wagen. Es war gegen Ende Mai und ein ungewöhnlich warmer Frühling. Selbst um diese frühe Stunde war es schon drückend warm, und am Himmel stand ein Gewitter. Die Fahrt wurde angenehm verkürzt durch die interessanten Mitteilungen meines großmütigen Begleiters. An der Station angelangt, frühstückten wir zusammen in einer Laube, während das Gewitter anfing, sich zu entladen. Wir waren beinahe lustig und ich sagte scherzend: »Wem gelten diese Donnerschläge – mir oder meinen Feinden?« Als ich im Eisenbahnwagen saß und das Zeichen zur Abfahrt ertönte, da reichte ich meinen Begleitern zum letztenmal die Hand und sagte: »Es galt jenen; ich gehe in die Freiheit.«

Während der Fahrt nach Hamburg empfand ich vollständig das abscheuliche Gefühl der Furcht, das despotische, unreine, argwöhnische Regierungen einflößen, denen gegenüber die Unschuld kein Schutz ist. Ich dachte mit Grauen an alle die edlen Opfer, die in ihre Hände gefallen und durch die Martern durchgegangen waren, die sie zu verhängen wissen; an alle, die ich in den Gefängnissen meines Vaterlands, in dem mörderischen Klima von Cayenne und den anderen traurigen Orten zurückließ, in denen die brutale Gewalt die Intelligenz, die Tugend und den Patriotismus gefangenhielt. Ich sah mißtrauisch auf jeden neu in den Wagen Eintretenden und drückte mich auf den Stationen in die Ecke, um nicht gesehen zu werden.

Endlich kam ich ohne Hindernis an, ging sogleich zu Emilien, die anfangs bestürzt, dann aber über die Wendung meines Schicksals erfreut war. Auch der »Demokrat«, den wir rufen ließen, war Emiliens Ansicht. Die Freunde besorgten schnell alles zur Abreise. Ein englisches Schiff fuhr am folgenden Morgen ab, mein Platz wurde darauf genommen. Meine letzte Sorge war, meiner Schwester zu schreiben, um ihr zu sagen, daß, wenn das Gerücht meiner Abreise sich verbreiten würde, ich schon auf den Wogen des Meeres in Sicherheit sei; ich bat sie, meine Mutter zu trösten und ihr zu sagen, daß ich nicht freiwillig meinem Versprechen untreu geworden wäre.

Das Exil

So schwamm ich denn auf den Meereswogen, allein, flüchtig und tiefbetrübt. Ich dachte daran, wie oft der Mensch in seinem Wahn das Schicksal aufhält, um es nachher sich in bitterer, beleidigenderer Weise erfüllen zu sehen. Hätte mich damals nicht die Rücksicht auf meine Mutter zurückgehalten, nach Amerika zu gehen, auf jene freie Erde, wo ich meinen Überzeugungen gemäß hätte leben können, ohne mit der Gesellschaft, in der ich geboren war, in Widerspruch zu geraten, ohne die Sympathien meiner Familie zu verletzen, so hätte ich mir wahrscheinlich zu *der* Zeit schon irgendeine friedliche Existenz jenseits des Ozeans zu gründen vermocht, und die Meinigen hätten meiner mit Bedauern, ja mit Schmerz gedacht, aber ohne jede Bitterkeit, die ihnen die Art meiner Abreise notwendig zurücklassen mußte. Und doch war ich dabei schuldlos, es war ja alles nur die Folge des Zusammenstoßes des Charakters mit den äußeren Verhältnissen, der mit unerbittlicher Logik niemals weder in der einen noch der anderen Richtung führt, sondern zwischen beiden in einer Diagonale, zu einem Punkt, an den wir selbst niemals gedacht hatten. Eines Tages hatte ich freiwillig das Vaterland verlassen wollen, in dem das Ideal, das ich geträumt hatte, sich nicht verwirklichte; aber jetzt, als ich die deutsche Küste hinter mir versinken sah und nur die grüne Welle und der bleigraue Himmel sich noch meinen Blicken darboten, da fühlte ich, daß es hart ist, aus der Heimat in das Exil fliehen zu *müssen.*

Nach zwei Tagen hielt unser Schiff in den großen Sankt-Katharinen-Docks, und ich verließ es gleich den anderen Passagieren, um mich auf das daselbst befindliche Zollamt zu begeben. Die Durchsicht des einzigen Reisesacks, den ich bei mir hatte, war bald gemacht. Es überkam mich aber ein angenehmes Gefühl der Freiheit, als man mir keinen Paß abforderte. Sich auf einer gastreichen Erde zu fühlen, ohne das beleidigende Verhör von *»wer? woher? wohin?«* durchmachen zu müssen, das war wohltuend und ein Sachverhältnis, würdig eines großen Volkes, das sich sicher fühlt unter dem Schutz seiner Gesetze und den Fremdling daher von vornherein mit Vertrauen aufnimmt. Zeigt er sich dessen unwert – nun, so wird er die Folgen derselben Gesetze fühlen, die da sind, um die Gesellschaft zu beschützen, nicht um sie zu bedrücken. Ich konnte also gehen, wohin ich wollte, und bat einen der Beamten, mir die Weise anzuzeigen, wie ich Sankt-Johns-Wood, einen Teil Londons, wo die Flüchtlingsfreunde[46] wohnten, an die ich mich zu wenden dachte, erreichen könne. Er zeigte mir ziemlich bereitwillig einen großen Omnibus, der mich dorthin bringen würde. Ich vertraute dem Führer meinen Reisesack, nannte ihm die Adresse, die ich suchte, und übergab mich meinem Schicksal. Ich hatte geglaubt, glücklich eine Reise vollendet zu haben, merkte aber bald, daß ich eine neue angetreten hatte, denn wir fuhren durch Straßen und über Plätze, über Plätze und durch Straßen ohne Zahl und ohne Ende. Die dunklen, hohen Häuser, der graue Himmel, der Lärm der sich unaufhörlich folgenden Wagen, die Massen der Fußgänger, die sich auf den Trottoirs in fieberhafter Hast drängten, als ob das Leben davon abhinge, einer dem andern zuvorzukommen – alles das verwirrte und betäubte mich. Mein Nachbar im Omnibus erklärte mir, daß dies die »City« sei, der Mittelpunkt des Handels- und Arbeitslebens von London.

Danach kamen wir in schönere, breitere Straßen mit palastähnlichen Häusern, mit dem unverkennbaren Charakter eines Daseins voll Pracht und Macht, aber immer ebenso von dem Schleier des grauen, bleifarbenen Himmels umzogen; das war das »Westend«, der Aufenthalt der Aristokratie.

39 Der Hamburger Hafen, von dem aus Malwida von Meysenbug 1852 Deutschland verließ

Endlich, nach einer Fahrt, die mir eine Ewigkeit schien, erreichten wir einen Teil der Riesenstadt, wo alles einen freundlicheren, vertrauteren Anstrich annahm. Hübsche, kleine, neue Häuser, in buntestem Baustil durcheinander gebaut, von zierlichen Gärten umgeben, machten einen versöhnenden Eindruck nach den dunklen Steinmassen, die wir bis jetzt durchfahren; ebenso die breiten, ungepflasterten Straßen, auf denen das Wagengerassel weniger empfindlich war, und die Fußgänger, die still auf den Trottoirs einherschritten, statt sich in ängstlicher Hast zu jagen. Man fühlte hier, daß man auch irgendwo in diesem Ungeheuer von Stadt ruhig leben und atmen könne, und ich ward angenehm überrascht, als unser Omnibus anhielt und der Kondukteur mir erklärte, daß wir am Ziel seien und ich nun bloß zu Fuß die Straße, an deren Ecke wir hielten, weiter zu verfolgen habe, um an das bezeichnete Haus zu gelangen. Er reichte mir meinen Reisesack, ich hielt ihm eine Hand voll kleiner, englischer Münze hin und ließ ihn, was er wollte, nehmen, da ich sie noch nicht gut kannte. Dann verfolgte er seinen Weg nach einer anderen Seite und ließ mich an der Straßenecke allein. Ich faßte meinen Sack und schritt, nicht ohne eine tiefe innere Erregung, dem Hause zu, in dem ich die bekannten und doch unbekannten Freunde finden sollte, die mein einziger Anhaltspunkt waren.

An dem kleinen »cottage«, das, wie fast alle Häuser jenes Teils von London, an der Tür des sie umgebenden, mehr oder minder großen Gartens einen besondern Namen, außer der Hausnummer, angeschrieben hatte, stand ich einen Augenblick still, um das gewaltige Pochen meines Herzens zu beschwichtigen. Endlich entschloß ich mich, die Klingel zu ziehen und das darauf erscheinende Mädchen zu fragen, ob Frau Kinkel zu Hause sei. Sie ließ mich in ein Zimmer ebener Erde eintreten und verließ mich, kehrte aber bald darauf mit einem Blättchen Papier und einem Bleistift in der Hand zurück und bat mich, meinen Namen aufzuschreiben. Ich schrieb bloß meinen Vornamen, und sie verließ mich abermals, um den Zettel in die obere Etage zu bringen. Gleich darauf hörte ich ein freudiges Aufschreien mehrerer Stimmen, eilige Schritte flogen die Treppe herunter, die Tür ward aufgestoßen, und ehe ich irgend etwas unterscheiden konnte, fand ich mich von großen und kleinen Armen umfangen und mit Jubel begrüßt.

Nachdem der erste Sturm des Fragens und Antwortens sich gelegt, nachdem sich ihr Erstaunen und ihre Entrüstung über das mir Widerfahrene, das die Ursache meiner Flucht geworden war, ausgesprochen hatte, kam ich dazu, mir den ersten Eindruck klarzumachen, den ich von meinen neuen Freunden empfing. Johanna Kinkel hatte nichts in ihrem Äußern von dem, was man gewöhnlich bei Frauen schön oder anmutig nennt; ihre Züge waren stark, fast männlich, ihr Teint auffallend dunkel, ihre Gestalt massiv, aber über dem allen thronten ein paar wunderbare dunkle Augen, die von einer Welt von Geist und Empfindung zeugten, und in den reichen Modulationen ihrer tiefen, vollen Stimme tönte eine Fülle des Gefühls, so daß man unmöglich beim ersten Eindruck sagen konnte: »Wie häßlich ist diese Frau!«, sondern sagen mußte: »Welch eine bedeutende Frau! und welches Glück wird es sein, sie näher kennenzulernen!« – Kinkel dagegen war, trotz aller überstandenen Leiden, in der vollen Kraft seiner männlichen Schönheit; sein Benehmen hatte etwas Sanftes, Feines, ja Zierliches, das man Johannens schrofferem Wesen gegenüber weiblich nennen konnte; er war höflich bis zur Galanterie, äußerst angeregt in der Unterhaltung und voller Witz, dem er zuweilen absichtlich den Anschein der Frivolität geben wollte, weshalb ich ihm später, als wir herzlich gute Freunde waren, einmal lachend sagte: »Ach, geben Sie sich doch nicht so viel Mühe frivol zu scheinen, es gelingt Ihnen ja doch nicht.« Er kam mir mit der freundlichsten Offenheit entgegen, dennoch fühlte ich bestimmt vom ersten Eindruck an, daß er, trotz so vieler glänzender Vorzüge, mir nie so viel werden würde wie Johanna, wohl aber, daß ein festes Vertrauen in seinen Charakter, der durch die mannigfach schillernden Äußerlichkeiten und einen Anflug von selbstgefälligem Wesen, in echt deutscher Treue, Redlichkeit und Männlichkeit durchschaute, in mir die Grundlage zu einer dauernden Freundschaft werden könnte, die sich denn auch durch die Jahre und den Wechsel der Geschicke hindurch bewährt hat. Die vier Kinder waren noch zu klein, um etwas anderes von ihnen zu sagen, als daß ihr munteres, zutrauliches Wesen und ihre geistige Lebendigkeit den wohltuendsten Eindruck machten.

Beide Gatten gingen sogleich mit wahrhaft rührender Sorglichkeit zur Beratung der praktischen Lebensfragen für mich über. Ihre angebotene Gastfreundschaft wollte ich unter keiner Bedingung länger als für den ersten Tag in Anspruch nehmen. Ich wußte, wie beschränkt ihre Mittel waren und wie hart sie kämpfen mußten, um sich in diesem Land, wo die Arbeit besser bezahlt wird als irgendwo, wo aber auch das Leben im Verhältnis teurer ist, mit der Familie eine Existenz zu gründen. Johanna, die zum Glück an diesem Tage keine dringende Arbeit hatte, ging mit mir, und der Zufall fügte es so gut, daß wir ganz nahe bei ihnen eine kleine Wohnung fanden. Nachdem ich bei ihnen gegessen und den Abend traulich wie unter den Meinigen verbracht hatte, geleitete Kinkel mich in dieses neue Asyl und verließ mich mit ermunternden Worten und Wünschen.

Kaum fand ich mich aber in meinem engen unschönen Zimmerchen, in dem ein kolossales Bett, wie sie in England üblich, fast den ganzen Raum einnahm, allein, als das volle Gefühl meiner Lage mit Allgewalt über mich kam. Zum erstenmal im Leben war ich ganz allein, ferne von allen, die ich bis dahin geliebt hatte, auf einer fremden Erde, mit dürftigen Mitteln, vor einer Zukunft, die stumm, düster und verheißungslos vor mir aufstieg. Die Aufnahme, die ich bei Kinkels gefunden hatte, war so liebevoll als möglich gewesen und hatte mir innig wohlgetan, aber rechnen durfte ich doch nicht auf sie, denn sie mußten, wie gesagt, selbst den schweren Kampf um das Dasein in diesem stürmischen Ozean von Leben, der London heißt, kämpfen, und sie hatten bei aller Freundschaft nicht einmal *Zeit* für mich, da die Zeit in London alles ist, das große Kapital, das ein jeder so hoch als möglich zu verzinsen strebt. Die Aussicht, die sich vor mir auftat, war, Stunden zu geben und so auch in die peinliche Lage zu kommen, den Freunden, den Bekannten Konkurrenz machen zu müssen. Noch stärker als die Sorge um die Zukunft quälten mich aber die Gedanken an die Vergangenheit; die

Furcht, wie meine Mutter die Nachricht meiner Flucht aufgenommen haben würde, was meine Freunde in Berlin vielleicht noch zu leiden gehabt haben würden nach meiner Abreise, das Weh über das, was auf ewig versunken und verloren war – alle diese Sorgen und Schmerzen umstanden wie bleiche Gespenster mein Lager, als ich mich endlich, bis zum Tode erschöpft, niederlegte, und verscheuchten für lange Zeit die Ruhe, deren ich so dringend bedurfte.

Als ich am Morgen erwachte, kehrte mit dem Tageslicht auch mir etwas Mut zum Leben zurück, und ich begann damit, mich in meiner neuen Häuslichkeit umzusehen. Ich wohnte zu ebener Erde in einem Hause, das zwei Fenster in der Front und drei obere Stockwerke hatte, während die Küche und das Schlafzimmer der Hauswirtin sich im Souterrain befanden. Jedes Stockwerk hatte zwei Zimmer, eins nach vorn und ein Schlafzimmer dahinter; die zu ebner Erde waren kleiner, weil die Haustüre und der Gang davon abgeschnitten waren. Das vordere Zimmer ebner Erde heißt in England immer »the parlour« (das Sprechzimmer) und dient meist, wenn nur *eine* Familie das Haus bewohnt, als Eßzimmer. Wenn mehrere Mietsleute im Hause sind, so ist es öfter die Hauswirtin, die sich dieses Zimmer vorbehält und das Nutzungsrecht davon dem Mieter, der das hintere Schlafzimmer bewohnt, überläßt. Diese Einrichtung hatte auch ich getroffen: Ich hatte nur die kleine hintere Schlafstube gemietet, durfte mich aber am Tage mit meiner Arbeit in dem »parlour« aufhalten, indem ich dabei freilich jeden Augenblick einer Unterbrechung durch die Hauswirtin, die auch ihre Besuche hierher führen konnte, gewärtig sein mußte. Aber es blieb mir keine Wahl, denn das Schlafzimmer enthielt außer einem, wie schon gesagt, enorm großen Bett, einer Kommode, dem Waschtisch und zwei Stühlen nur gerade noch so viel Raum, um meinen zu erwartenden Koffer hinzustellen; zudem ging es in einen düstern kleinen Hof und hatte also weder Raum noch Licht zur Arbeit; eines der oberen Stockwerke zu mieten hatte ich aber keine Mittel. Vor dem Hause befand sich ein kleiner viereckiger Raum mit ein paar dürftigen, von Straßenstaub bedeckten Sträuchern und einem winzig kleinen Rasenplätzchen, das gegen die Straße mit einem Gitter und einer Tür abgeschlossen war, durch die man zu dem Hause einging. Diese Beschreibung paßte auf sämtliche Häuser der Straße, die sich so durchaus ähnlich sahen, daß man sein Haus nur an der Nummer erkennen konnte, und sie paßte nicht allein auf die Häuser dieser Straße, sondern auf die meisten Londoner Häuser, nur daß in den reicheren, vornehmeren die Dimensionen andere waren und ein Haus alsdann nur von *einer* Familie bewohnt wurde.

Meine Hauswirtin war nicht die Eigentümerin des Hauses, sie hatte es nur auf eine Reihe von Jahren gemietet, es möbliert, und vermietete es nun wieder. Es ist auch dieses etwas sehr Allgemeines in England und bildet die Erwerbsquelle einer ganzen Klasse von Menschen, freilich auch zuweilen ihren Ruin.

Ich suchte mich zunächst mit meiner Hauswirtin bekannt zu machen. Sie war Witwe und hatte kürzlich ihren einzigen Sohn verloren. Bei unserer ersten Unterredung erzählte sie mir gleich alle diese Umstände und schilderte ihren sehr natürlichen Schmerz mit einem so komischen, prahlerischen Pathos, daß mein Mitgefühl dadurch etwas beeinträchtigt wurde. Auch hatte der Kummer offenbar ihrer Gesundheit nicht geschadet, denn sie war rund und fett und kupferrot im Gesicht, welche blühende Farbe, wie ich bald merkte, die Folge des häufigen Genusses von »gin« und »brandy« war, denen sie, wie viele Engländerinnen ihres Standes, einen allzu eifrigen Kultus widmete. Diese anderen Götter, die sie neben dem Gotte ihrer anglikanischen Kirche verehrte, hätten sie mir sicher sehr antipathisch gemacht, wenn sie nicht dabei eine sehr komische Seite gehabt hätte und ein so volkstümlicher Typus gewesen wäre, daß es mich unterhielt, sie zu studieren. Sie war die leibhaftige Mrs. Quickly aus Shakespeares Heinrich V., es fehlte nur Falstaff, um die Szene zu vervollständigen. Dabei trug sie sich auch ganz abenteuerlich; ich sah sie nie anders, als im Haus, als mit einem kurzen, schäbigen, alten Sammetmäntelchen und auf dem Kopf einen ebenfalls alten, verbogenen, schwarzen Hut mit vergilbten Trauerblumen. Ich merkte bald, daß dies ihr gewöhnlicher Anzug war, und als ich mehr von London gesehen hatte, begriff ich den Grund. In London macht nämlich keine Frau aus dem Volke, keine Magd einen Schritt aus dem Hause ohne einen Hut auf dem Kopf, und es ist das eines der häßlichsten englischen Vorurteile. Während das reinliche weiße Häubchen der französischen Dienstmagd hübsch und anständig aussieht, ist dieser meist schmutzige, verbogene, mit verblichenen Blumen oder Bändern geschmückte Hut der Engländerin, der sie »respectable« macht, abscheulich. Zur Aufwartung im Hause hatte Mrs. Quickly nur ein einziges vierzehnjähriges Mädchen, ein kleines, mageres, schwärzliches, schmutziges Geschöpf, dessen Glück sie zu machen behauptete, indem sie ihm eine tüchtige praktische Erziehung gäbe. Diese Erziehung bestand darin, daß ihr alle grobe Arbeit des Hauses aufgebürdet wurde, daß sie laufen und arbeiten mußte, vom Morgen bis zum Abend, so daß sie oft vor Müdigkeit umfiel, und daß sie tüchtige Ohrfeigen und Püffe bekam, wenn sie nach Mrs. Quicklys Ansicht nicht genug gearbeitet hatte oder wenn der Gin Mrs. Quicklys Sinne derart umnebelt hatte, daß ihr kein Schatten von Vernunft mehr blieb. Oft hielt sie aber auch noch in solchen Momenten dem Mädchen lange Reden voll hochtönender Phrasen, die aber nie über einen gewissen Anfang hinauskamen. Kurz, Mrs. Quickly war mir eine der ersten typischen Erscheinungen des englischen Lebens, wie sie in Charles Dickens Romanen mit photographischer Treue geschildert sind. Ich wollte jedoch durchaus mit ihr in gutem Einvernehmen bleiben und hörte im Anfang mit unerschütterlicher Geduld den Erzählungen zu, die sich alle um das einzige Thema, ihren verstorbenen Sohn, drehten und mit bombastischen Reden seine unvergleichlichen Tugenden priesen. Doch wollte ich auch dem armen, dienenden Wesen nicht so viel Mühe machen und, schon seit langem gewöhnt, jeder Dienstleistung anderer für meine Person zu entbehren, nahm ich die Kleine in dieser Beziehung gar nicht in Anspruch. Einen der ersten Tage stieg ich, ein Musselinkleid auf dem Arm, zur Küche hinab, um mir ein Eisen zu erbitten und das Kleid dort zu bügeln. Die Küche war das wahre Königreich von Mrs. Quickly; hier herrschte sie allein am Herd, und das Mädchen durfte den Kasserollen auch nicht von ferne nahen. Mrs. Quickly sah mich mit unverhohlenem Erstaunen an, als ich eintrat, aber als ich meine Bitte vortrug, verwandelte sich ihr Erstaunen in Zorn: »Wie?« schrie sie. »Eine ›lady‹ will in der Küche bügeln? Das ist unmöglich!« Und mit der Miene beleidigter Majestät entriß sie mir das Kleid, befahl der Kleinen, einen Stahl ins Feuer zu legen und das Kleid zu besorgen; dann wandte sie sich wieder zu mir und sagte mit tragischem Ausdruck: »Sie sind eine Fremde, Sie kennen unsere englischen Gewohnheiten nicht; wir halten es aber für sehr unladylike, wenn eine Dame in die Küche kommt, und nun gar, wenn sie ihr Kleid selbst ausbügeln will. No Ma'am, please to ring the bell, wenn Sie etwas nötig haben, Sie verderben mir sonst meine Diener!« Sehr beschämt über meine Unwissenheit in Beziehung auf diese hohe Moral englischer Sitten, schlich ich mich in mein »parlour« zurück und mußte herzlich lachen, indem ich dies ziemlich schmutzige, erbärmlich möblierte Zimmerchen ansah und dachte, welchen Abgrund die Beschränktheit des Vorurteils zwischen dieser Stube zu ebener Erde und der Küche im Souterrain gegraben hat. Dann aber wurde ich traurig, denn ich sah, daß ich, die ich durch so viele schmerzensvolle Kämpfe gegangen war, um mich von Vorurteilen unabhängig zu machen, in diesem Lande noch dümmeren Vorurteilen zu begegnen haben würde, ohne die Möglichkeit, ihnen entgegenzutreten, weil ich, um mir eine Existenz zu gründen, von einer Gesellschaft abhängig werden mußte, die so eifersüchtig auf ihr »savoir vivre« ist, daß sie jede Abweichung davon wie eine Todsünde ansieht. Ich fand mich angesichts eines der greulichsten sozialen Probleme, die es gibt, nämlich: Heuchler sein und sich erniedrigen zu müssen, um des täglichen Brotes willen. Bittere Betrachtungen belagerten meine Seele und erhöhten die Melancholie, die ohnehin von mir Besitz genommen hatte. Ich hatte die Elastizität der ersten Jugend nicht mehr, nicht mehr den ungemessenen Glauben an die Zukunft, der über die Abgründe hinwegträgt; meine Wunden waren noch zu frisch und öffneten sich alle wieder vor einer Gegenwart, die auch nicht *einen* heilenden Balsam hatte. In den ersten Tagen ging ich nicht aus; ich erwartete Briefe von Anna, von meiner Familie; ich fühlte mich unfähig, die neue Welt, die mich umgab, in Augenschein zu nehmen. Meine neuen Freunde kamen ein paar flüchtige Augenblicke, mich zu sehen, aber sie hatten nicht lange Zeit. So kam der Pfingstsonntag heran. Früh am Morgen erschienen die lieblichen kleinen Kinkelschen Mädchen und brachten mir ein Billet vom Vater, welcher schrieb:

»Werte Freundin!

Wollen Sie heute mit uns nach Hampton-Court, um Woolsey-Palast, den von Wild belebten Park, Raffaels Kartons, Holbeins Bilder, Mantegnas Triumph Cäsars und den baumgrünsten Fluß Europas, die obere Themse, zu sehen? Schütteln Sie Krankheit und Heimweh von sich, auch jeden tieferen Schmerz, und rasten Sie in großer verschönter Waldnatur einmal aus.

Um neun Uhr müssen wir in den Omnibus, sonst haben wir längst nicht Zeit genug, da man dort ohnehin nicht fertig wird. Ich hole Sie zu dieser Stunde ab. Wir gehen entweder per Eisenbahn oder Dampfboot.

Geben Sie den Kleinen zwei Zeilen Antwort. Herzlich
Ihr Freund *Kinkel.*«

Ich nahm die freundliche Einladung an, und nachdem uns ein Omnibus an das Ufer der Themse gebracht hatte, bestiegen wir eines der unzähligen Dampfboote, die besonders an Festtagen den Fluß hinauffahren, um Richmond, dem reizenden, stromaufwärts an der Themse gelegenen Städtchen, dem Sommeraufenthalt der Geld- und Ahnen-Aristokratie zuzueilen. Kinkel hatte recht: Die Themse ist der grünufrigste Fluß in Europa. Bäume von einer Schönheit und Fülle, wie man sie selten trifft, neigen ihre gewaltigen Äste bis zur Erde und oft bis ins Wasser hinab und bilden undurchdringliche Laubdächer, deren frisches Grün sich im

Flusse spiegelt; Landhäuser, halb von hinüberrankendem Efeu versteckt, schauen freundlich von herrlichen Rasenplätzen herab, die den Fremden überraschen, der noch nicht weiß, daß der Rasen in England durch besondere Pflege eine frische und sammetartige Schönheit erhält wie nirgends anderswo. Der ungewöhnlich helle, sonnige Tag, das fröhliche Leben der großen und kleinen Schiffe auf dem Strom, die Scharen festlich geputzter Menschen am Ufer, die liebenswürdige Unterhaltung meiner Freunde endlich, die mir mit begeisterten Worten das Land der Freiheit, das ihre neue Heimat geworden war, priesen – alles das zog mich von meinen trüben Gedanken ab, und ich überließ mich den Eindrücken der neuen Welt, die sich um mich ausbreitete. Nach eingenommenem Mittagsmahl in Richmond bestiegen wir eine jener »hackney-coaches« (Art von Postwagen), wie sie früher in England üblich waren, ehe Eisenbahnen das Land in allen Richtungen durchzogen und die in den englischen Romanen oft eine Rolle spielen. Ich sah mit Vergnügen, daß meine Freunde sich unabhängig von englischen Vorurteilen erhielten, sobald es außerhalb der Verpflichtungen, die ihnen ihr Beruf auferlegte, möglich war, denn sie luden mich ein, mit ihnen die »Impériale« des Postwagens zu besteigen, um das schöne Land besser zu sehen. So fuhren wir fröhlich nach Hamptoncourt, einem königlichen Schlosse, einstens Residenz des Kardinals Woolsey. Man kommt dahin durch eine lange Kastanienallee, die in voller Blüte war und einen prächtigen Anblick bot. In dem großen Park zu beiden Seiten weideten friedlich Rudel von Rehen und Hirschen. Ich war ganz überrascht von der Pracht, mit der die Kunst hier die Natur unterstützt und eine Landschaft herstellt, die zugleich zivilisiert und wild ist und ihresgleichen in andern Ländern sucht. Wir besuchten das Schloß, seiner Bildergalerie und besonders den Kartons von Raffael zuliebe. Hier sah ich zum ersten Mal Originalwerke dieses Meisters, dessen Name schon in meine Kindheit herübergetönt hatte und der in meiner Vorstellung mit einer wahren Verklärung der Erscheinung umgeben war. Als wir am Abend heimkehrten, war der Zweck meiner Freunde erfüllt worden. Ich hatte für einen Tag mein tiefes Weh vergessen und mich beinah zu Hause gefühlt in dieser neuen Welt, in der die Freundschaft mir von vornherein ihren Trost entgegenbrachte. Freilich, als ich mich wieder allein fand in meinem häßlichen kleinen Schlafzimmer, da fiel die alte Zentnerlast mir wieder auf die Brust; aber eins war doch gewonnen: ich hatte beschlossen, in England zu bleiben, daselbst zu arbeiten wie die anderen, um mir eine Existenz zu gründen, und nicht noch weiter auf das Ungewisse hin nach Amerika zu gehen. Dies war das Resultat dieses

Tages und der verständigen Vorstellung meiner Freunde, und die Gewißheit, gefunden zu haben, wie man handeln soll, gibt immer eine gewisse Ruhe im tiefsten Schmerz.

Bekanntschaft mit dem englischen Leben

Ich wohnte nahe bei dem großen Regents-Platz, einer jener grünen Tröstungen, die man zwischen die ungeheuren Steinmassen dieses Komplexes von Plätzen und Straßen, der London heißt, eingeschoben hat. Dorthin richtete ich täglich meinen einsamen Spaziergang und bewunderte die Kunst, die durch grüne Wiesen, schöne Baumgruppen, frische Wasserpartien, durch Herden von Schafen und alle Arten von Wasservögeln ein wohltätiges Abbild des Landlebens geschaffen hat für die Tausende von Kindern, die in den dunklen, geschwärzten Häusern, den engen Straßen, der dicken mit Kohlendampf geschwängerten Atmosphäre leben – für die Bürgerfamilien, deren Vermögen nicht hinreicht, um im Sommer die Stadt zu verlassen –, ja selbst für die Proletarier, von denen mehr als einer unter den Bäumen dieses Parks sogar sein Nachtlager findet. Aber wenn ich dann den beinah immergrauen Himmel ansah, der all diese grünen Bilder wie mit einem bleiernen Dach überwölbt, dann fühlte ich doppelt, daß, so wie ihnen das belebende freundliche Sonnenlicht und das heitere Himmelsblau fehlten, auch in meinem Leben schwere undurchdringliche Nebel die klaren Gestirne verdeckten, die allein Mut und Ausdauer geben für die Arbeit des Tages. Dabei drängte sich mir täglich mehr das Bedürfnis auf zu arbeiten, um Geld zu verdienen, denn die geringe Barschaft, die ich mitgebracht hatte und die ich noch dazu zum größten Teil der Güte eines, freilich sehr vermögenden, Freundes aus Hamburg verdankte, ohne dessen Hilfe ich die Reise nach England gar nicht hätte machen können, schmolz bedeutend zusammen, und trotz meiner sparsamen Lebensweise sah ich ihr Ende mit raschen Schritten herannahen. Von meinen kleinen Revenuen hatte ich noch gar nichts in nächster Zeit zu erwarten, und sie waren wie Null im Vergleich zu den selbst bescheidensten Ansprüchen an eine Existenz in London. Von den Meinigen aber niemals Unterstützung zu erbitten hatte ich mir heilig gelobt, nicht weil ich an ihrer Bereitwilligkeit mir zu helfen gezweifelt hätte, sondern weil ich es als eine ernste Pflicht ansah, den selbstgewählten Weg auch selbständig zu gehen und seine Mühen und Sorgen für mich zu tragen, ohne sie denen aufzubürden, die nicht mit ihm übereinstimmten. Es hat mir immer so geschienen, als dürfe man materielle Opfer nur von denen annehmen, mit denen man sich in vollständiger Übereinstimmung des Denkens und Handelns befindet, doch niemals von der Liebe derer, denen wir, um unserer Überzeugung willen, bitteres Leid zufügen mußten. Ich fing demzufolge an, mich nach allen Seiten hin um Arbeit umzusehen, besonders auch nach Stellen als Erzieherin, da ich sah, daß schon gar zu viele Personen mit bloßem Stundengeben beschäftigt waren. Es ist wahr, daß der Gedanke, in einem englischen Haus Erzieherin zu werden, für mich etwas Entsetzliches hatte. Ich wußte, daß die Erzieherinnen in England Wesen sind, die eine besondere Klasse der menschlichen Gesellschaft bilden, ein Etwas zwischen Herrschaft und Dienstboten, das einen streng begrenzten Anteil an gesellschaftlichen Rücksichten, einen engsten Horizont von Freuden und Erholungen und eine unmäßig lange Liste von Verpflichtungen und Aufgaben zugemessen bekommt. Aber das war bei weitem nicht alles, was mich erschreckte. Zunächst hatte ich starke Zweifel, ob meine Gesundheit die Anstrengungen eines solchen Lebens, nur nach den Bedürfnissen anderer und nie nach den eigenen eingerichtet, würde ertragen können; ferner, und dies war die Hauptsache, hatte ich ein Grauen vor der Heuchelei, die ich notwendig würde ausüben müssen. Gleich in den ersten Tagen nach meiner Ankunft in London hatte mich ein junges Mädchen besucht, die in unserer Hochschule als Schülerin gewesen war und nun in England eine Stelle als Erzieherin bekleidete. Sie erzählte mir von ihren Erfahrungen und daß es eine der ersten Verpflichtungen einer solchen Stellung sei, die Schülerinnen sonntags zur Kirche zu begleiten – in liberalen Häusern, wie das, in dem sie sich befand, einmal, in orthodoxeren zweimal. Schon wenn man eine Erzieherin engagiere, sei die erste Frage nach der Religion. Manchmal kämen Einwände vor gegen die eine oder die andere Kirche; die eine Familie wolle keine Katholikin, die andere keine Protestantin, aber eine Person, die gar keiner Kirche angehöre, wolle niemand, und es würde völlig unmöglich für eine solche sein, überhaupt eine Stellung zu finden. Meine junge Bekannte, die in Hamburg jeden Sonntag die Vorträge unserer freien Gemeinde besuchte, hatte sich als Protestantin angegeben und mußte regelmäßig mit ihrer Schülerin zur Kirche; da sie aber eine lustige, praktische Natur war, so kam sie auf allerlei Hilfsmittel, um der Langeweile des einförmigen, endlos langen Rituells der anglikanischen Kirche auszuweichen und nahm statt des Gebetbuchs *(the prayerbook),* das in den englischen Familien und den englischen Buchhandlungen eine so große Rolle spielt, irgendein anderes Buch mit, das jenem äußerlich ähnlich sah, »Emilia Galotti« z. B. oder sonst ein klassisches Werk, um es während der Litanei zu lesen.

Die Predigt benutzte sie wie eine Stunde in der englischen Sprache, da die Prediger das reinste und beste Englisch sprechen. Der Gedanke, eine solche Komödie spielen zu müssen, widerte mich aber aufs höchste an, und ich war fast erfreut, als mir durch Vermittlung einer deutschen, in England wohnhaften Dame[47], die ich in Hamburg bei einem Besuch in der Hochschule kennengelernt und an die ich mich schriftlich gewendet hatte, eine Stelle als Erzieherin in einer jüdischen Familie angeboten wurde. Es war eine von den jüdischen Familien, die durch ihren kolossalen Reichtum den Widerstand der christlichen Gesellschaft besiegt und ihre verfolgte Rasse gerächt haben, indem sie die Verfolger zwingen, sich vor der Allmacht des Geldes zu beugen. Sie war jedoch auch durch persönliche, wahre Verdienste bekannt. Mehrere ihrer männlichen Mitglieder waren zu öffentlichen Ehrenämtern zugelassen, die Frauen waren ausgezeichnet durch Liebenswürdigkeit und Bildung, und die ganze Familie wurde mit Recht, wegen ihrer großmütigen, unermüdlichen Anstrengungen zum Besten ihres Volkes, gepriesen. Eine dieser Damen bedurfte nun einer Erzieherin für ihre Töchter, und zu ihr begab ich mich. Ich wurde in das »parlour« geführt, denn nur da empfängt man in England die geschäftlichen Besuche; in den »drawing-room« kommen nur die ebenbürtigen Visiten. Sie empfing mich in einer viel wohlwollenderen und weniger stolz-zurückhaltenden Weise als die andern englischen Damen, die ich bisher gesehen hatte. Die erste Frage war jedoch wieder selbstverständlich: »Welcher Religion gehören Sie an? Sind Sie Katholikin?« – »Nein.« – »Ach, das ist gut, dann sind Sie Protestantin – übrigens kommt die Religion bei der Erziehung meiner Töchter nicht in Betracht, die Religionsstunden gibt der Rabbi, aber ich habe andere Einwendungen gegen die Katholiken.« (Ich verstand später, warum sie recht hatte.) Sie verweilte nicht länger bei diesem Gegenstand und ersparte mir somit die peinliche Antwort. Darauf fragte sie mich, ob ich schon die Erziehung eines oder mehrerer Kinder geleitet hätte. Ich sagte ganz ehrlich: »Nein!«, fügte aber hinzu, daß mich seit mehreren Jahren die Gedanken über Erziehung ausschließlich beschäftigt hätten und daß ich es mir zutraue, ein Werk der Erziehung übernehmen zu können. Sie wurde nachdenklich, fragte noch verschiedenes und entließ mich dann, indem sie mir versprach, mich ihren Entschluß am folgenden Tage wissen zu lassen. Ich erhielt auch am folgenden Tage wirklich ein Billet, indem sie sehr höflich ihr Bedauern aussprach, mich, trotz des persönlichen vorteilhaften

Eindrucks, nicht engagieren zu können, da mir die »Routine« abgehe. Ich fühlte mich innerlich erleichtert, daß das Joch noch einmal an mir vorübergegangen war, und machte es wie der Vogel Strauß, der seinen Kopf in den Sand vergräbt, als ob der ungesehene Tod ihm nicht doch ebenso sicher nahe. Dann schrieb ich an die deutsche Dame, die mich empfohlen, teilte ihr den Erfolg ihrer Bemühungen mit und ließ mich unwillkürlich in eine längere Auseinandersetzung meiner Erziehungstheorien ein, die ich für vorzüglicher halten zu müssen glaubte als die »Routine« der *»gouvernantes de métier«*. Sie antwortete mir ganz entzückt, sagte, daß alles, was ich geschrieben, mit ihren Ansichten übereinstimme, daß sie sich längst nach einem Wesen gesehnt habe, das diese Ansichten teile, und lud mich ein, zwei oder drei Wochen bei ihr auf ihrem Landsitz zu verbringen, wo sie sich augenblicklich mit ihrer Familie befinde, damit wir uns näher kennenlernen und unsere Gedanken austauschen könnten. Sie fügte mit vieler Zartheit hinzu, daß sie sich denke, die Ausgabe für die Reise könnte mir im Augenblick beschwerlich fallen, und daß sie das nicht auf ihr Gewissen nehmen könnte, um sich eine Freude zu bereiten, daß sie daher ihrem Geschäftsführer in London aufgetragen habe, zu mir zu gehen, und alles Nötige zu besorgen.

Der Geschäftsführer, ein freundlicher, englischer Gentleman, erschien auch, führte mich zur Eisenbahn in einen Waggon erster Klasse, ohne daß ich mich um das *Wie* zu bekümmern hatte, wünschte mir glückliche Reise und – fort brauste der Zug. Ich hatte einen großen Teil von Alt-England zu durchfahren, denn das Ziel meiner Reise lag im Norden von Wales. Der einförmige Charakter der Landschaft im mittleren England, die nur aus großen Wiesenflächen, schönen Baumgruppen, üppig grünen Hecken und Feldern besteht, wechselte, als wir uns Wales näherten, und wurde von immer malerischerer Schönheit, als die Eisenbahn zwischen dem Meeresufer und den kühn und kühner sich erhebenden Felsen und Bergen der Gebirgskette sich hinzog. Wir hielten endlich in Bangor, einer kleinen freundlichen Stadt an den sogenannten Menay Straits, der Meerenge, die die Insel Anglesey von dem Festlande von Wales trennt und über die der Unternehmungsgeist der Engländer außer einer sehr schönen Hängebrücke für Wagen und Fußgänger auch die berühmte, einen doppelten eisernen Tunnel enthaltende Eisenbahnbrücke *(Tubular Bridge)* gebaut hat, die die große Verbindungsstraße mit Irland ist, indem nun die Eisenbahn nach Anglesey hinüberfährt, wo sich die Schiffe anschließen, die nach Irland gehen. In Bangor wurde ich von einer englischen Dame angeredet, die sich mir als eine Abgesandte von Madame Schwabe zu erkennen gab und mit deren Wagen auf mich wartete, um mich nach Anglesey, wo das Landgut der Familie lag, hinüberzuführen. Am Portal des schönen Landhauses empfing mich meine Wirtin mit ausnehmender Herzlichkeit. Ich hatte sie nur einmal flüchtig in der Hochschule gesehen, aber es strahlte solch aufrichtiges Wohlwollen, eine so unmittelbare Herzensgüte von ihr aus, daß man sich sogleich voll Vertrauen zu ihr hingezogen fühlte. Ich befand mich nun zum erstenmal ganz inmitten eines englischen Haushalts, obwohl meine Wirte deutscher Abkunft waren. Niemand unterwirft sich so leicht den Gewohnheiten eines fremden Landes, nimmt so leicht fremde Sitten und eine fremde Sprache an und identifiziert sich so stark und vollständig mit den Eingeborenen als wie die Deutschen. Fast alle deutschen Familien, besonders die reicheren, die in England sind, haben sich ihr Leben ganz nach englischer Weise eingerichtet, und zwar bis zu solch einem Grade, daß ihre Kinder die Muttersprache vergessen und sich mit Stolz Engländer nennen. Auch das Haus von Madame Schwabe war völlig nach englischer Sitte eingerichtet. Der Reichtum trat an die Stelle adeliger Herkunft, um den ganzen Kontingent eines aristokratischen Haushalts zu liefern. Der *»buttler«,* eine Art Hausmeister, Haupt der Dienerschaft, in schwarzem Frack und weißer Halsbinde, die übrigen Diener, Kutscher usw. in Livreen, die *»housekeeper«* oder Haushälterin, die Kammerjungfern und die *»housemaids«* oder Stubenmädchen, die *»grooms«* oder Stalljungen, diese ganze Hierarchie des englischen Bedienungswesens mit ihren Rangunterschieden, die ebenso heilig gehalten werden wie die in der hochgeborenen Gesellschaft, fand ich auch im Hause von Madame Schwabe vor. Für die zahlreichen Kinder war ein deutscher Hauslehrer, eine französische Erzieherin und die gehörige Anzahl *»upper and under nurses«* da, und das architektonische Ganze gipfelte in einer englischen Dame, Miß B..., derselben, die mich in Bangor empfangen hatte, die die genaueste Kenntnis des englischen Kodex vom »savoir-vivre« hatte. Sie herrschte beim Mittagstisch und kannte keine Gnade für den kleinsten Verstoß gegen die Sitten, die von der öffentlichen Meinung als einzig *gentleman-* und *ladylike* anerkannt sind. Ihr wachsames Auge entdeckte z. B. gleich, ob am andern Ende des langen Tisches Master James oder Master Henry das erforderliche Stück Brot in der linken Hand hätten, das beim Essen des Fisches unumgänglich nötig ist und das Messer ersetzt, das den Fisch niemals berühren darf. Sah sie solch einen Verstoß gegen die Sitte, so rief ein Zeichen des Kopfes einen der Diener an ihre Seite, sie legte ihm ein kleines, zierlich geschnittenes Stückchen Brot auf den silbernen Präsentierteller, indem sie sagte: Master James oder Master Henry!, worauf dann die so Zurechtgewiesenen auf den Pfad der Sittlichkeit zurückkehrten.

Aber auch in weiteren Verhältnissen war Miß B... eine organisierende und praktische Natur. So schrieb sie unter anderem für Madame Schwabe die unzähligen Billets und Briefe, die den Vormittag englischer Damen allgemein in Anspruch nehmen und die in den großen Städten der ungeheuren Entfernungen und der dadurch bedingten Zeitverschwendung wegen allerdings notwendig geworden sind. Außerdem hatte Madame Schwabe aber eben auch eine ganz besondere Leidenschaft für das Briefschreiben und eine unglaubliche Menge von Korrespondenzen, denen sie allein gar nicht genügen konnte. Ihre bekannte Güte zog ihr eine Unzahl von Bittstellern und Anliegen aller Art zu, die Gastfreundschaft und die zahlreichen Verbindungen des Hauses erforderten, unaufhörlich Einladungen zu geben und zu empfangen; dann kamen die Briefe an Kaufleute, Lieferanten, Schneiderinnen, Verwalter der Häuser in der Stadt oder der Güter auf dem Lande usw., endlich die vielfachen Beziehungen, die Madame Schwabe in den meisten Ländern Europas mit zum Teil bedeutenden und hervorragenden Persönlichkeiten aller Klassen der Gesellschaft unterhielt. Das Arbeitskabinett dieser Dame glich dem Bureau eines Ministers, wo sie an dem mit Papieren aller Art bedeckten Schreibtisch anordnete, diktierte, und Miß B... mit der Geschicklichkeit und Gewandtheit eines Kabinettsrats ausführte, schrieb und expedierte, indem sie mit weiser Mäßigung die zu ausführlichen Ergießungen ihres Chefs beschnitt und abkürzte. Mit allen Einzelheiten des Lebens dieser Familie vertraut, weihte Miß B... sich ihr mit einer unvergleichlichen Treue und Hingebung und lebte für deren Interessen, als wären es ihre eigenen. Natürlich hielt sie dabei ihren Standpunkt fest; denn sie hatte zwei Ideale, zu denen sie wenigstens die junge Generation der Familie hätte hinführen mögen: die Aristokratie und die englische Hochkirche. Sie träumte aristokratische Verbindungen für die jungen Leute und Rückkehr in den Schoß der für sie allein seligmachenden Kirche, denn die Eltern Schwabe gehörten zu den Unitariern und erzogen ihre Kinder in ihren Ansichten.

Am Morgen nach meiner Ankunft erschreckte mich der dröhnende Schall eines Instruments, das ich bis jetzt nur im Theater, und zwar in der Oper Norma, gehört hatte, wenn die Priesterin mit einer Keule an ein ehernes Schild schlägt, um das Volk zusammenzurufen. Ich glaubte, dies sei das Signal zum Frühstück, und beeilte mich, dem erschütternden Rufe zu folgen. Ein Diener öffnete mir eine Tür, und ich befand mich in einem Bibliothekszimmer, in dessen Mitte ein Pult stand, auf dem eine große Bibel aufgeschlagen lag und vor dem Herr Schwabe saß. Alle Bewohner des Hauses, bis auf den letzten Dienstboten, saßen in feierlichem Schweigen im Halbkreis umher; man bot mir schweigend einen Sitz, und Herr Schwabe begann alsbald nach einem einleitenden Gebet, ein Kapitel aus der Bibel und dann eine Predigt von Channing, dem Haupt und Ideal der Unitarier, vorzulesen. Zum Schluß wurde das Vaterunser gebetet und dann kniete ein jeder auf die Erde, das Gesicht seinem Stuhle zugewendet und in beide Hände vergraben, um still für sich zu beten. Hiermit war die Hausandacht beendet, und alle kehrten zu ihren Tagesaufgaben zurück, die Herrschaft zum Befehlen, die Diener zum Bedienen, und so war die irdische Ordnung wieder hergestellt, die einen Augenblick lang von der unsichtbaren Gegenwart Gottes unterbrochen worden war. Ich war bei alledem sehr angenehm berührt durch diese Art, den Tag zu beginnen, die in den meisten englischen Familien, besonders auf dem Lande, dieselbe ist. Diese Stunde gemeinschaftlicher Sammlung und ernster Stimmung beim Beginn des Tages hätte sicher immer eine sittliche Wirkung, sobald man damit keinerlei Zwang verbände, wodurch man Heuchler macht, weshalb diejenigen, die in den religiösen Formen ihre Befriedigung nicht mehr finden, einen anderen Gegenstand gemeinschaftlicher Betrachtung wählen sollten. In England aber, dem Lande der hochmütigen Rangunterschiede *par excellence,* hatte diese Sitte etwas doppelt Patriarchalisches und Rührendes, weil da wenigstens für eine Stunde jene Unterschiede in einem gemeinsamen Gefühle schwanden. Ich hielt es jedoch für meine Pflicht, Madame Schwabe zu sagen, daß ich nicht mehr bei diesen Morgenandachten erscheinen würde, da die religiösen Formen keine Bedeutung mehr für mich hätten. Sie hatte in ihrer großen, menschlichen Güte den wahren Geist der Toleranz gefunden, bat mich, ganz zu tun, wie ich für gut fände, und ließ auch die Freundlichkeit und Teilnahme, die sie mir gezeigt hatte, nicht einen Augenblick darunter leiden. Dagegen bemerkte ich wohl, daß die übrigen Mitglieder des Hauses, besonders Miß B..., mich seitdem nicht mehr mit so günstigen Augen ansahen, wenn auch namentlich letztere es nie an der streng konventionellen Höflichkeit fehlen ließ. Außer Madame Schwabe hatte ich aber noch ein Mitglied des Hauses, und zwar dessen Haupt, für mich, Herrn Schwabe nämlich, einen Mann, der mir große Achtung einflößte. Er gehörte jenem Teil der Bourgeoisie an, die, durch eigene Anstrengung zu kolossalem Reichtum gelangt, in England mehr wie irgendwo anders eine mächtige, kompakte, tätige Partei des aufgeklärten

Liberalismus, des praktischen Fortschritts und der großartigsten Freigebigkeit bildet. Die Namen von Richard Cobden, John Bright und anderen haben sie verherrlicht, und Schwabe war ein Freund aller dieser Männer und stets bereit zu helfen, wo es ein großes öffentliches Unternehmen zu fördern oder persönliches Elend zu mildern galt. Für die Arbeiter seiner Fabriken hatte er ein wahrhaft väterliches Interesse und sorgte für ihr materielles und geistiges Wohl; daneben hatte er aber auch die kleine Eitelkeit des *parvenu* und fühlte sich geschmeichelt durch den Umgang mit dem Adel. Ein sehr praktischer Geschäftsmann, liebte er gleichwohl auch die schönen Künste und war ihr eifriger Beschützer. Besonders liebte er die Musik, spielte selbst recht gut Klavier, und hier war es, wo wir uns begegneten. Er begleitete mich jeden Abend zum Gesang, wo wir dann die Liederschätze deutscher Musik durchnahmen, was mich sehr bei ihm in Gunst setzte.

Das große und prächtige Haus war fast fortwährend voll von Besuchern, die sich mehr oder minder lange aufhielten. Hier lernte ich die schönste Seite des englischen Lebens kennen, das Landleben nämlich auf den großen Besitzungen des begüterten Teils der englischen Gesellschaft. Es ist wahr, es ist gerade hier, wo der auf die Spitze getriebene, genußsüchtige Egoismus sich am breitesten entwickelt hat. Der ungeheure Grundbesitz der einzelnen, die unabsehbaren Parks mit ihren Waldesschatten, die nur für den Genuß des Besitzenden da sind, scheinen eine Sünde gegen die Nationalökonomie wie gegen die Humanität, wenn man daneben die Hunderttausende bedenkt, die in den Fabriken, an der Maschine, in elenden, von Dampf geschwärzten Häusern, oder noch schlimmer ohne Obdach, unter dem vom Kohlenrauch geschwängerten, bleigrauen Himmel der großen Städte Englands leben und von dem Despotismus des Kapitals abhängig sind, während der Boden, der allen Brot zusammen mit gesünderer Arbeit geben könnte, brach liegt, damit eine begünstigte Gesellschaft in elegantem Müßiggang dort ihre Tage verschwelgen kann, oder junge, reiche *»Dandies«* die Untätigkeit ihres Daseins mit dem Lärm und der scheinbaren Geschäftigkeit der Jagdpartien bemänteln. Wenn man aber diesen schwarzen Hintergrund des Gemäldes etwas aus den Augen verliert – und man kann es eben dort am ehesten, weil auf dem Lande auch das Leben der unteren Klassen eine freundlichere, das menschliche Gefühl weniger verletzende Gestalt hat –, so muß man gestehen, daß die großartige Gastfreundschaft, die völlige Zwanglosigkeit und edle Freiheit des Verkehrs, die mit allen Mitteln zu genußreichem Dasein ausgestatteten Lokalitäten, die einem hier geboten werden, etwas dem ästhetischen Bedürfnis hoch

Zusagendes haben und daß sich wohl kaum in irgendeinem andern Lande etwas dem zu Vergleichendes findet.

Unter den zahlreichen Besuchern, die sich während meines Aufenthaltes dort einfanden, kamen mehrere Persönlichkeiten vor, die ganz und gar zu jenen scharf ausgeprägten Typen gehörten, die man vorzugsweise in England antrifft. Es sind dies Typen, die so stark in ihrer Einseitigkeit sind, daß sie in ihr beinahe die Vollkommenheit erreichen, während sie nach anderen Seiten sich als beschränkt und mittelmäßig zeigen. Zu diesen gehörte unter andern ein alter Mann aus Manchester, der mich ungemein interessierte. Er war früher selbst Arbeiter gewesen, hatte sich dann eine bescheidene Unabhängigkeit gemacht und lebte nun für die Verbesserung des Loses der Arbeiter und namentlich für die Verbesserung des Strafkodex und der Einrichtung der Gefängnisse. Er war besonders in letzterer Angelegenheit schon mehrere Male vor dem Parlament mit Reformplänen erschienen, und diese waren nicht unberücksichtigt geblieben. Man hatte ihm das Recht gegeben, alle Gefängnisse Großbritanniens frei besuchen zu können und sich von den dort herrschenden Zuständen zu überzeugen. Er war der Freund, Tröster, Ermahner und Sittenprediger der Gefangenen geworden und hatte mehr als einen Verurteilten zu der Richtstätte begleitet und seinen Mut bis zum letzten Augenblick aufrechterhalten. Ich betrachtete den einfachen schlichten Greis, mit dem Antlitz voll Güte Milde und Energie, mit dem schneeweißen Haar, dem stets untadelhaften, schwarzen Anzug und der weißen Halsbinde, voll Ehrfurcht und Sympathie und suchte seine Unterhaltung, wo ich nur konnte. Da er mein lebhaftes Interesse für die Fragen, die ihn beschäftigten, gewahrte, schlug er mir eines Tages vor, ihn in ein Gefängnis zu begleiten. Ich nahm das mit Freuden an, und so wanderten wir eines Morgens inmitten der herrlichen Landgüter voll lachender, frischer, üppiger Vegetation, die die Straße in ununterbrochener Reihe begrenzen, unserem Ziele zu. Mein ehrwürdiger Gefährte war wirklich religiös, gehörte ebenfalls der Unitarierkirche an, war aber durchaus, wie ich es später in England noch öfter und besonders bei Geistlichen fand, für die Notwendigkeit der Todesstrafe, die er sogar mit noch mehr düsterer Majestät umkleidet wünschte, als dies in England der Fall ist, weil er glaubte, der dadurch erregte Schrecken und das unwillkürlich eintretende Grauen vor dem Tode könnten erfolgreich für die Verminderung der Verbrechen werden. Vergeblich bestritt ich ihm die Moralität eines solchen Mittels und suchte vergebens zu beweisen, daß es unmöglich logisch sein könne, wenn die Gesellschaft auf legalem Wege dasselbe tue, wofür sie strafe, nämlich: morde. Seine einseitige Vortrefflichkeit war diesen Argumenten unzugänglich, und er berief sich auf die himmlische Gerechtigkeit, um die irdische Ungerechtigkeit versöhnend zu erklären.

Die Pforten des Gefängnisses taten sich bei Nennung seines Namens auf, und wir traten bei den zwei einzigen Gefangenen, die sich augenblicklich, zum Ruhme der Moralität des kleinen Ortes, dort befanden, ein. Das Gefängnis bestand aus einem reinlichen, weiß getünchten, ziemlich geräumigen Zimmer mit vergitterten Fenstern, hölzerner Bank und eben solchem Tisch und zwei hölzernen Betten mit Matratze. Der eine der Gefangenen war ein sanfter, still aussehender Mensch, der mit Rührung den guten Worten zuhörte, welche mein Begleiter an ihn richtete, und von einer tröstenden Hoffnung belebt schien, als jener dem wahrhaft Reuigen nach vollbrachter irdischer Gerechtigkeit die Vergebung jenseits des Grabes verhieß. Der andere, ein wüst aussehender Irländer, hörte ihm in finsterem Schweigen zu, und als der Greis geendet hatte, schüttelte er den Kopf und sagte trotzig: »Wozu dient mir das, dermaleinst auf ein gutes Leben zu hoffen, wenn ich hier Elend und Hunger habe tragen müssen? Nein, das sagt mir gar nichts. Führt mich aus dem Gefängnis, gebt mir genug zu essen und zu trinken; denn wenn ich draußen bin, fange ich doch wieder an zu trinken, um mein Elend zu vergessen, und dann schlage ich meine Frau wieder und schlage sie vielleicht tot und komme an den Galgen. Übrigens ist auch das noch besser, als so wie ein Hund leben.«

Mein frommer Gefährte wollte ihm antworten, der Gefangene aber zuckte verächtlich die Achseln, drehte ihm mit einem Ausruf der Ungeduld den Rücken, stützte die beiden Ellenbogen auf den Tisch, verbarg sein Gesicht in den Händen und gab kein weiteres Zeichen der Teilnahme mehr bei allem, was der alte Mann ihm noch sagte, grüßte auch nicht, als wir Abschied nahmen und gingen. Mein Gefährte war betrübt über den Mißerfolg seiner liebevollen Ermahnungen, aber so sehr ich seine Absicht und sein wahrhaft humanes Handeln ehrte, so konnte ich doch nicht umhin, im stillen dem Gefangenen recht zu geben. Kann den, der trotz saurer Lasttierarbeit Weib und Kind in Hunger und Elend verkommen sieht, der aus Mangel an Erziehung und edlerer Gewöhnung immer in sich die brutalen Triebe siegen fühlt, kann den, sage ich, die unbestimmte Aussicht auf ein fernes, ersatzvolles Jenseits versöhnen und lehren, die wilde Empörung der ewig gereizten angebornen Rohheit zu dämpfen?

Außer den täglichen Spaziergängen in der herrlichen Besitzung selbst machte ich auch mehrere größere Landpartien mit. Man zog gewöhnlich in mehreren Wagen aus, während ein Teil der Gesellschaft, Herren sowohl wie Damen, zu Pferd folgten. An irgendeinem besonders schönen Punkt der Umgegend, am Fuße des Snowdon, des höchsten Gipfels der Walliser Berge, oder im Schatten hundertjähriger Eichen in den herrlichen Parks fanden wir von geschäftigen Dienern ein köstliches Frühstück serviert, oder es wurde an einem bestimmten Punkte Halt gemacht, um zu Fuß in die wilderen, den Wagen unzugänglichen Gebirgsgegenden vorzudringen, unter anderen einmal in die ungeheuren Schieferbrüche, die zu der, Anglesey gegenüberliegenden, wundervollen Besitzung Pennant-Castle gehören und ihrem Besitzer allein über hunderttausend Pfund Sterling jährlich einbringen. Mir fiel bei diesen malerischen, in wilden Zacken aufsteigenden, dunkelbläulichen Massen die Gebirgsszene aus dem zweiten Teil des Faust ein, und ich wiederholte mir leise: »Gebirgesmasse bleibt mir edel stumm.« Der Eindruck, den die großen geologischen Urformen, die gewaltigen Konturen der primitiven Zustände unserer Erdrinde auf uns machen, beschäftigt unser Auge, unsere Einbildungskraft, unser wissenschaftliches Interesse; sie treten uns aber niemals so nahe, reden nicht so lebendig und vertraut zu uns, wie die Erscheinungen der organischen Welt, und wir fühlen uns kaum versucht, ihnen das geheimnisvolle Wort der alten vedischen Weisheit: *»Das bist du«,* zuzuflüstern.

Die Naturschönheiten des herrlichen Landes übten mehr als die Gesellschaft einen wohltätigen, versöhnenden Einfluß auf mein Gemüt, und ich sah mit Angst der Rückkehr nach London und in die schwüle Atmosphäre des Flüchtlingslebens entgegen, von dem ich zwar noch nicht viel gesehen, desto mehr Unerquickliches aber gehört hatte. Mir kam aufs neue die Lust, nach Amerika zu gehen, in frische, noch vom Kampf der Zivilisation nicht berührte Zustände, und in dieser Stimmung schrieb ich an Kinkels. Ich erhielt bald darauf von beiden Gatten die freundlichsten Antworten, in welchen sie mich aber entschieden wegen meiner Furcht vor der Rückkehr in das Londoner Leben bekämpften. Er schrieb: »Ich danke Ihnen herzlich für den freundlichen Brief und den Hauch von Naturglück, der aus ihm mir herüberweht. Ich teile aber Ihre Ansicht über Emigration und Erfrischung der Menschheit durch Natur nicht. Wie friedlich sieht Ihr Anglesey Sie an! Und doch grünen seine Bäume von eingesognem Blut. Dort versammelte ein christlicher König Englands die Druiden wie zu einer Ratsversammlung und ermordete sie alle, alle. Es wäre aus ihrem Naturleben und Naturkultus keine moderne Menschheit, keine Geschichte, kein

England und Wales von heute geworden. Die sogenannte Natur verbessert den Menschen nicht ... Fallen Sie nicht auf Rousseaus Standpunkt zurück!«

Noch entschiedner schrieb Johanna: »Daß Du aus Verdruß über die Londoner Umgebungen nach Amerika flüchten willst, ist unpraktisch und gleicht Deiner verständigen Weise nicht. Eine Atmosphäre des Klatsches und der Intrige wird es in Amerika so gut geben wie an jedem Ort der Welt. Wer den Willen hat, einem solchen Kreise sich in London zu entziehen, der kann es ja in jedem Augenblick.«

Ich fühlte, daß sie recht hatten, und beschloß, nach London zurückzukehren, da ich doch auch nicht länger von der Gastfreundschaft der mir noch so wenig bekannten Familie Schwabe Gebrauch machen wollte. Madame Schwabe gab mir beim Abschied die Versicherung ihres wärmsten Interesses und sprach von Plänen für die Zukunft. Ich schied von ihr mit inniger Dankbarkeit und Freundschaft im Herzen. Herr Schwabe fuhr mich selbst nach Bangor hinüber zur Eisenbahnstation. Als er mir mein Billet genommen hatte, frug er mich, ob es mir Freude machen würde, mit Lord und Lady Palmerston zu fahren. Ich bejahte, und er führte mich zu einem Waggon, in dem, außer den Genannten, weiter niemand saß, Herr Schwabe nahm in deutscher Sprache von mir Abschied und reichte mir ein Körbchen mit herrlichen Weintrauben aus seinen Treibhäusern zur Erquickung auf der Reise. Es war mir nicht schwer, Lord Palmerston zu erkennen, dessen Äußeres mir durch die vortrefflichen Karrikaturen in dem englischen Witzblatt »Punch« genügend bekannt war. Er las ein englisches Journal, und als er es beendet hatte, bot er es mir mit ein paar höflichen, in gebrochenem Deutsch gesprochenen Worten an und entschuldigte sich dabei, daß er so schlecht Deutsch spreche. Ich antwortete ihm auf englisch; er setzte die Unterhaltung sogleich in dieser Sprache fort und machte mich sogleich auf zwei Artikel in dem Journal aufmerksam, die er als die wichtigsten bezeichnete. Der eine beschrieb die Rückkehr des jungen österreichischen Kaisers[48] von seiner offiziellen Rundreise durch seine Staaten, auch durch das von russischen Waffen unterworfene und vom Henker beruhigte Ungarn, sowie die Freudenbezeugungen, das Glockenläuten, Blumenstreuen und Vivatrufen, womit er in Wien empfangen worden war. Der zweite gab einen Bericht von der Abfahrt des ersten großen Dampfschiffs, das den regelmäßigen Dienst zwischen England und Australien machen und die Reise in drei Monaten zurücklegen sollte, und beschrieb den freudigen Enthuiasmus, mit dem die freiwillig herbeigeeilten Tausende von Zuschauern diese Abfahrt begrüßt hatten. Nachdem ich beide Artikel gelesen hatte, gab ich Lord Palmerston das Journal zurück und sagte ihm, daß der Enthusiasmus, von dem man im zweiten Artikel spräche, eine weit größere Bedeutung habe als der im ersten beschriebene, da er einem Ereignis gälte, das einen neuen Fortschritt der Zivilisation und der die Erde erobernden Kultur bezeichne und von einem freien Volke, ungeheuchelt, einer Tat des Friedens dargebracht worden sei, während der Enthusiasmus der Wiener mir als eine schamvolle Tat über den frischen Gräbern ihrer gemordeten Brüder und ihrer zertretenen Freiheit erscheine, daß ich aber auch an diesen letzteren nicht glaube und ihn für einen polizeilich befohlenen und bezahlten halte. Er schien erstaunt, daß eine sehr einfach aussehende Reisende ihm solche Ansichten vortrug und dabei die Kühnheit hatte, ihm und *»her ladyship«* Weintrauben aus ihrem Körbchen anzubieten, die die letztere stolz und kalt ablehnte, die er hingegen freundlich dankend annahm. Das Gespräch schien ihn aber zu interessieren, und er fragte mich, ob, was ich eben gesagt, sich auf eigne Beobachtungen gründe und ob ich die Stimmung in Deutschland kenne. Ich bejahte, fing an, ihm von den Zuständen, die ich erst seit so kurzem verlassen hatte, zu erzählen, und sprach meine Überzeugung aus, daß die Reaktion, die jetzt mit all ihren Schrecken hereingebrochen sei, nicht allzu lange dauern könne und daß, obwohl der Schein dagegen sei, die Zeit unaufhaltsam zur Bekämpfung jedes Despotismus vorwärtsschreite. Er hörte mir höflich und aufmerksam zu. Vielleicht regte sich etwas wie ein Vorwurf in seinem Gewissen, als ich, mit absichtlicher Wärme, von dem heldenmütigen Ungarn sprach, das Englands Intervention von der Unterjochung durch russische Waffen hätte retten können. Freilich war er gerade einer jener Staatsmänner, deren Gewissen den Figuren aus Kautschuk gleicht, die nach dem jeweiligen Druck irgendeine beliebige Form annehmen und, nachdem der Druck aufhört, in ihre frühere Form zurückspringen; denn sonst hätte er nicht immer wieder, in den verschiedenartigsten politischen Kombinationen, Minister werden, hätte nicht der Freund des Kaisers Nikolaus (im geheimen sogar von ihm besoldet, wie das Gerücht sagte) sein und zugleich mit jedem Liberalismus kokettieren können. Sehr zu meinem Leidwesen stiegen, gerade im lebhaftesten Gang unserer Unterhaltung, andere Personen in den Waggon ein, besetzten die Plätze zwischen uns und machten so dem Gespräch ein Ende. In London angelangt, wartete er, der zuerst ausstieg, auf mich, die ich die letzte war, und während seine Frau mit dem Bedienten, der sie an der Station erwartet hatte, dem ihrer harrenden Wagen zuschritt, bot er mir die Hand zum Aussteigen und nahm einen höflichen Abschied. So war ich denn wieder in diesem Riesenstrom des Londoner Lebens, kehrte in mein kleines Stübchen bei Mrs. Quickly zurück und fragte mich nun: »What next?«

Meine Freunde Kinkel entschieden die Frage, indem sie mir ankündigten, daß sie deutsche Sprachstunden für mich gefunden hätten. Freilich waren es nur zwei Stunden die Woche, und die Stunde trug nur zwei und einen halben Schilling ein; aber es war doch ein Anfang, und diese fünf Schillinge jede Woche füllten schon einen Teil der Öde aus, die sich in meiner Kasse zu zeigen anfing. Und dann – Stundengeben war wenigstens individuelle Freiheit und Unabhängigkeit nach der Arbeit. Die Gewißheit, mich nach den Stunden in einer eigenen, wenn noch so bescheidenen Häuslichkeit zu finden, zog ich tausendmal dem Luxus vor, der mich vielleicht als Gouvernante in einem reichen Hause umgeben hätte, den ich aber mit fortwährender Unterwerfung unter einen fremden Willen und mit der Heuchelei eines Glaubens, den ich nicht mehr hatte, hätte erkaufen müssen. Ich war also hocherfreut über diesen bescheidenen Anfang und betrat, doch nicht ohne seltsame Empfindung, die Laufbahn derjenigen, die ihr Brot verdienen. Zum Glück war diese erste Erfahrung keine harte. Meine zwei kleinen Schülerinnen waren allerliebste Mädchen, Töchter eines Arztes, dessen Frau mich gleich bei der ersten Zusammenkunft durch ihr freundliches Entgegenkommen und ihre sympathische Schönheit einnahm. Sie war durch Kinkels, mit denen sie befreundet war, vorteilhaft für mich gestimmt und behandelte mich eher wie eine Freundin als wie eine Lehrerin, und das in immer höherem Grade, je mehr sie sah, daß ihre Kinder mich von Stunde zu Stunde lieber gewannen und die Stunden wie ein Fest ansahen. Bald verschaffte mir die Mutter neue Stunden, für die ich etwas mehr fordern konnte, da die Familie reicher war als die ihre, und so sah ich mich auf meiner neuen Laufbahn vorwärtsschreiten. Persönliche Empfehlungen, von Familie zu Familie, sind die besten Mittel, um zu etwas zu kommen; es gibt auch noch den Weg zur Anzeige im Journal, aber das erste ist besser, mehr »respectable«! – Ich kann nicht sagen, mit welcher Rührung ich nach einem Monat das erste selbstverdiente Geld empfing. Weit davon entfernt, mich dadurch gedemütigt zu fühlen, kann ich im Gegenteil sagen, daß mir niemals Geld mehr Freude gemacht hat. Ich hatte ja Wort gehalten: ich verdiente mir mein täglich Brot, ich war eine Arbeiterin wie die Töchter des Volks, und ich fand wieder, daß nur so das Geld einen sittlichen Wert hat, indem es Austauschmittel wird zwischen dem, der Dienste verlangt, und dem, der sie leistet. Ich kam durch die Praxis auf meine alten Theorien von der Abschaffung des Erbrechts zurück, und es schien mir von neuem, als ob die Sittlichkeit und die menschliche Würde nur dabei gewinnen könnten. Jedes menschliche Wesen hat Anspruch auf eine Erziehung, die es fähig macht, auf sich selbst zu ruhen; dieses Recht müßte die Gesellschaft ihm sichern, indem sie die Eltern im Fall der Not zwänge, es ihm zu gewähren, oder, bei absolutem Mangel an Mitteln von deren Seite, selber helfend einträte. Man könnte einwenden, daß dies eine so kostspielige Erziehung, so ungeheure Mannigfaltigkeit der Mittel, eine solche verwickelte Organisation der Lehrkräfte erfordern würde, daß es die Kräfte der Gesellschaft überstiege. Darauf braucht man nur einfach zu erwidern: wenn die Gesellschaft die Mittel findet, den Luxus der Höfe und das ungeheure Budget der stehenden Heere zu bestreiten, so wird es ihr auch wohl möglich sein, die Mittel aufzufinden, durch die sie sich selbst vervollkommnen und aus sich selbst das vernünftig und organisch sich entwickelnde Wesen machen kann, für das zuletzt jene kolossalen Ausgaben von selbst wegfallen, weil für Völker, die sich selbst zu regieren und zu erziehen verstehen, sowohl die Pracht monarchischer Höfe als wie der Hemmschuh des bürgerlichen Lebens, die stehenden Heere, überflüssig werden.

Die politischen Flüchtlinge

Der Aufenthalt bei Mrs. Quickly wurde mir denn doch allmählich unerträglich; meine Stunden mehrten sich, und ich bedurfte einer etwas bessern Wohnung, in der ich Besuche empfangen konnte und die durch eine zentralere Lage mir die weiten Wege zu den fernabliegenden Stunden erleichtern würde. Eine junge Hamburgerin, ältere Schwester einer unserer Hochschülerinnen, die Klavier- und Singstunden gab, machte mir den Vorschlag, mit ihr zusammen ein Logis zu nehmen, auf diese Weise billiger und angenehmer zu leben und zugleich einer an der andern einen Trost zu verschaffen. Da sie mir sympathisch war und mir als eine ernste, strebsame Natur erschien, so ging ich auf den Vorschlag ein, um so mehr, da unsere Interessen nicht miteinander in Kollision kamen, wir uns im Gegenteil auch in betreff der Stunden, eine die andere empfehlend, sehr nützlich sein konnten, und da mir die Gesellschaft der jüngern, heitern Gefährtin, besonders an den traurig langen Abenden eines Londoner Winters, tröstlich erschien. Ich verließ also Mrs. Quickly und St.-Johns-Wood, und wir zogen in eine hübsche, ziemlich stille Straße, nahe einem der sogenannten Squares, der mit

Rasen, Blumen und Bäumen versehenen Plätze, die die Steinwüste Londons freundlich beleben und für die daran Wohnenden, namentlich die Kinder, eine Wohltat sind. Wir hatten ein doppeltes Zimmer zu ebener Erde als gemeinschaftlichen Salon und zwei Schlafzimmer im zweiten Stock, da auch dies Haus, wie mein früheres, nur je zwei Zimmer per Stock enthielt, doch von etwas größeren Proportionen.

So hatte mein Leben denn, wenngleich noch immer eine sehr bescheidene, doch eine etwas freundlichere Gestalt gewonnen. In unseren Zimmern waren wir doch nun die Herren, und die Wirtin konnte nicht beliebig eindringen; wir konnten uns mit unseren Büchern und Papieren umgeben, und wenn wir ermüdet von den Stunden heimkehrten, so fanden wir ein Zimmer mit einem guten Kaminfeuer, ein Mittagessen mit gesunder, wenn auch höchst einfacher Kost und das Heimatgefühl, das gegenseitiges Wohlwollen in unser Zusammenleben brachte. Aber es mußte tüchtig gearbeitet werden, um dies dürftige Wohlbehagen zustande zu bringen, denn unter zwei Pfund Sterling die Woche ließ sich dies Notwendigste nicht bestreiten; dazu kamen noch die Ausgaben für die Kleidung, die nicht vernachlässigt werden durfte, da der Erfolg der Lehrer zum Teil auch davon abhing; endlich die notwendigen Fahrgelder der Omnibusse, mitunter auch der Droschken, wenn die Zeit drängte, denn die ungeheuren Entfernungen Londons machen das Gehen von einer Stunde zur andern unmöglich, und selbst das Fahren nimmt soviel Zeit weg, daß es eine anerkannte Sache ist, daß zehn Minuten oder eine Viertelstunde an der Stunde abgerechnet werden müssen. Was es aber heißen will, besonders in der Regen- und Nebelzeit, wenn man kaum einen Schritt weit sehen kann und überall von einer dichten, gelblichen, feuchten, übelriechenden Atmosphäre umgeben ist, durch die die Sonne nur wie eine in Öl getränkte Papierlaterne hindurchscheint und wobei es oft so düster in den Häusern ist, daß man um Mittagszeit Licht anstecken muß, um arbeiten zu können – was es heißen will, an solchen Tagen von einer Stunde in die andere zu gehen, aus warmen Stuben wieder hinaus in die feuchte Kälte, an den Straßenecken auf die Omnibusse zu warten, in ihnen naß und triefend mit anderen nassen und triefenden Wesen zusammengepackt zu sein und oft sich nur mit einem flüchtig zwischen zwei Stunden in einem Bäckerladen eingenommenen magern Frühstück bis zum späten Nachmittag zu begnügen – das kann nur der wissen, der das selbst mit durchgemacht hat. Und doch mußte man sich freuen, wenn man recht viele Stunden hatte und vom Morgen bis zum Abend beschäftigt war, denn das war die Möglichkeit, am Abend die müden Glieder im eignen kleinen Zimmer nach Belieben ausstrecken zu können; das war das Mittel, etwas beiseite zu legen, um im Sommer, wenn die Stunden nach vollendeter »season« aufhörten, sich an der Meeresküste zu erfrischen; das war endlich die Aussicht für jene Tage, in denen Alter und Krankheit das Arbeiten nicht mehr gestatten, einen Notpfennig übrig zu haben, der es erlauben würde, in die Heimat zurückzukehren, um daselbst zu sterben. Welche Aufregung war auch stets die Aussicht auf eine neue Stunde! Wie suchte man sich mit Zeit und Entfernung einzurichten, um sie annehmen zu können! Wie unterwarf man sich notgedrungen, obgleich fast vor sich selbst errötend, auch jenen Dingen um den Preis, die gerade in den wohlhabenden Klassen die Engländer sich nicht entblöden, den armen Lehrern gegenüber auszuüben, sowie sie sich auch nicht scheuen, sie lange, ja manchmal von einer *season* zur andern, auf das mühsam verdiente Stundengeld warten zu lassen, während sie Hunderte und Tausende für die Toiletten- und Fest-Ausgaben der Saison verschwenderisch hinwerfen. Glücklich der Lehrer, den sein Stern in dieser Beziehung zu den besseren, redlichen Ausnahmen führt, und noch glücklicher der, der bei seinen Schülern Fähigkeit, guten Willen und Sympathie findet und so das sterile Lehren der deutschen Sprache in ein etwas ergiebigeres Feld edleren Unterrichts verwandeln kann. Die deutsche Stunde gehörte ganz unbestritten zu jeder fashionablen Erziehung, seitdem ein deutscher Prinz der Gemahl der Königin[49] und die deutsche Sprache am Hofe gleichbedeutend mit der englischen geworden war. Aber der Mehrzahl der Lernenden lag es eben nur daran, dem Erfordernis der fashionabeln Erziehung nachzukommen, und gering war nur die Anzahl derer, denen die deutsche Sprache ein Mittel war, um zum Verständnis deutschen Geistes und deutscher Literatur zu gelangen. Ich kann sagen, daß ich wenigstens insofern zu den vom Schicksal begünstigten Lehrern gehörte, als ich mehrere unendlich liebliche, schöne und talentvolle Wesen unter meinen Schülerinnen hatte, zu denen ich nicht nur in dem Verhältnis der bezahlten Lehrerin stand, sondern mit denen sich freundlichere Beziehungen gestalteten, die mich einweihten in ihr Leben, ihre Freuden und Sorgen und die manches Mal ihre deutsche Arbeit vergaßen, um sich Rat bei mir zu holen, Meinungen mit mir zu diskutieren, neue, ihrem Lebenskreise fremde Tatsachen von mir zu hören.

Unvergeßlich werden mir drei Schwestern bleiben von sechzehn, fünfzehn und vierzehn Jahren, die man wirklich die drei Grazien nennen konnte, denn alles, was die Natur an Liebreiz auf menschliche Geschöpfe ausgießen kann, war ihnen zugeteilt. Die Älteste schlank, stolz, eine junonische Schönheit, geistvoll und hochstrebend; die zweite blond, rührend und anmutig, fast unwiderstehlich lieblich; die dritte eine neckische Sylphide, mit so viel Schelmerei in den braunen Augen, daß man es den Schwestern gern glaubte, wenn sie fast in jeder Stunde mir Beispiele von den Neckereien des unerschöpflich heitern, witzigen Mädchens erzählten. Alle drei hatten bald eine glühende Freundschaft für mich gefaßt, und es gab zu Anfang jeder Stunde einen heftigen Kampf um den Platz neben mir, so daß ich eine Abwechslung in bestimmter Reihenfolge anzuordnen genötigt war und ebenso auf das bestimmteste befehlen mußte, ihre an mich gerichteten Liebesbeteuerungen in deutscher Sprache vorzubringen, damit der Zweck der Stunden einigermaßen erreicht werde, wobei denn freilich oft die seltsamsten und komischsten Redensarten zustande kamen. Diese reizenden Wesen hatten zum Glück eine sehr verständige Mutter, die an das Naturwüchsige ihrer Kinder nicht mehr Fesseln legte, als eine wirklich gute Erziehung es verlangt.

Solche schöne Ausnahmen sind glücklicherweise nicht selten in England, und ihnen verdankt man dann die herrlichen, wahrhaft vollendeten Frauen, deren England mehr als jedes andere Land sich zu rühmen hat.

Aber eben nicht alle Erfahrungen, die ich während meiner mich tief in das häusliche englische Leben blicken lassenden Lehrerinnenlaufbahn machte, waren so liebenswürdiger Natur. Andere zeigten mir im Gegenteil die trostlosen Abgründe, die Mode, Egoismus, beschränkte und verkehrte Lebensansichten und alle Kehrseiten der Gesellschaft, die man »die gute« nennt, in den bevorzugten Klassen gegraben haben, so daß man mit Recht sagen kann, daß hier Reformen ebenso nötig sind wie in den unteren Schichten oder vielmehr einzig nötig, denn in jenen ist noch das Chaos. Wie manches feurige, jugendliche Sehnen wird in diesen erdrückenden Regeln der fashionablen Erziehung erstickt, wie manches Talent hoffnungslos geknickt, wie manche Blüte der Menschlichkeit zur steifen Gliederpuppe des *»gentleman«* und *»ladylike«* ausgetrocknet, wie manches entwicklungsfähige Gehirn vom trüben, poesielosen Lernen der notwendig zur Kategorie »gute Erziehung« gehörigen Fächer, zur dumpfen Gleichgültigkeit gegen alles wahre Erkennen getrieben. Hiervon erhielt ich ein Beispiel in den Stunden, die ich in einer der ersten Familien der hohen englischen Aristokratie gab. Das Studierzimmer war ein großer Saal, dessen eine Wand ein Flügel einnahm, an dem einer der Klavierlehrer, die augenblicklich in Mode waren, der ältesten Tochter, einem Mädchen von achtzehn Jahren, *fi-*

nishing lessons (Fertigmachestunden) gab. Solche Stunden kosteten eine Guinee und werden daher nur zum letzten Firnis genommen, weil für den Anfang, nach der gewöhnlichen, grundfalschen Annahme, jeder Lehrer gut genug ist. In der Mitte des Saales stand ein runder Tisch, an dem ein alter englischer Lehrer eins der jüngeren Kinder beschäftigte; an der Wand, zunächst dem einen Fenster, befand sich ein Sofa, auf dem eine Untergouvernante saß und eines der anderen Kleinen lesen lernte; gegenüber am andern Fenster war ein Tisch, an dem die deutschen Stunden gegeben wurden. Zwischen den beiden Fenstern auf einem Sofa nahm die Obergouvernante Platz und las, nachdem sie die Runde an den Tischen gemacht und sich überzeugt hatte, daß der von ihr dirigierte Mechanismus des Stundenuhrwerks im gehörigen Gange sei. War keine Klavierstunde, so kam ein Violinlehrer zu einem der Knaben, und alle diese verschiedenen Stunden gingen zu gleicher Zeit vor sich. Zuweilen öffnete sich die Tür, und die Dame des Hauses, eine der stolzesten Aristokratinnen der drei vereinigten Königreiche von Großbritannien, schleppte ihr schwer seidenes Kleid herein, machte ebenfalls die Runde an den Tischen, grüßte jedoch die Lehrer und Lehrerinnen nicht, sondern richtete nur einige Worte an die Kinder, indem sie fragte: wie die Stunde ginge, ob es sich heute gut lerne usw. Nur den vornehmen Klavierlehrer, den *»homme à la mode«,* würdigte sie eines auszeichnenden Grußes und einiger freundlicher Worte, danach rauschte sie im Bewußtsein erfüllter Mutterpflichten wieder zur Türe hinaus. Der vornehme und verwöhnte Klavierlehrer aber stand auf, wenn ihm das unaufhörliche Wiederholen eines Bravourstückes, das für eine Salonaufführung eingeübt werden mußte, zu langweilig wurde, wärmte sich am Kamin, ja, streckte sich sogar wohl auf dem Sofa aus und blätterte in dem Buch, wenn die Gouvernante gerade Sofa, Buch und Studierzimmer verlassen hatte. War die Dreiviertelstunde, die er nur zu geben verpflichtet war, um, so verließ der gewissenhafte Lehrer eilig diesen Höllenpfuhl guter Erziehung, in der frohen Gewißheit, wieder eine Guinee gewonnen zu haben.

In der deutschen Zimmerecke saß ich während alledem mit meinen Schülern, die aber nie zusammen ihre Stunde nahmen, sondern einer nach dem andern. Unter ihnen war ein Knabe von neun Jahren, der mir auch wieder ein ganz besonderes Vertrauen schenkte und mir, wenn die Obergouvernante nicht nahe war und niemand uns hörte, sein kleines Herz aufschloß. Er klagte über die tödliche Langeweile der meisten seiner Stunden, namentlich der Geschichtsstunden. »Ah«, sagte er, »es interessiert mich gar nicht, immer nur Namen und Zahlen auswendig zu lernen, wann der und der König geboren ist, wann er auf den Thron stieg, wann er starb; weiter sagt man mir nichts in der Geschichtsstunde. Ich möchte viel lieber Zeitungen lesen, da erfahre ich doch, was die Leute denken und tun. Ich möchte gern etwas über Kossuth wissen, den die Ungarn so lieben; mir sagt man, er sei kein guter Mann, weil er sein Volk gegen den Kaiser aufgewiegelt habe. Ist das wahr?« – Ich sagte ihm, daß das durchaus nicht wahr sei; daß Kossuth nur gewollt habe, daß sein Volk keine ungerechte Unterdrückung leide, sondern daß es sich frei, seinen Anlagen gemäß entwickeln und sich selbst regieren könne, ungefähr wie es das englische Volk tue; ich erklärte ihm auch, daß das Studium der Geschichte einen ganz andern Zweck habe, als bloß Namen und Daten auswendig zu erlernen; daß er ganz recht habe, sich bei dieser Auffassung der Geschichte zu langweilen, daß sie ihm aber ganz anders erscheinen würde, wenn er darin den Anfang der Entwicklung des menschlichen Geistes, den unzerreißbaren Zusammenhang von Vergangenheit und Gegenwart kennenlernen oder die Heroen der Menschheit mit begeistertem Gemüt anschauen würde, um sich an ihrem Beispiel zu stärken zu hohem, menschenwürdigem Handeln. Zum Glück sprach der kluge Knabe schon ziemlich geläufig Deutsch und ich konnte ihm also all meinen gesetzwidrigen Unterricht in deutscher Sprache geben, die den Spürohren der französischen Obergouvernante, deren dürrem französischen Konvenienzverstand diese Unterhaltungen als gänzlich außer dem *»reglement«* erschienen sein würden, ein verschlossenes Buch war. Mich interessierte der arme, wißbegierige Knabe, dessen kindlicher Geist weit über die Sphäre der dürftigen, »guten Erziehung« hinausstrebte und ungeduldig mit den Flügeln gegen die Wände des engen Käfigs schlug, in den ihn das »konventionell Wissenswerte« zwängte. Ich fragte mich oft: Welches von beiden wird in ihm die Oberhand gewinnen? Wird er einst im *House of Commons* (denn er war nicht der älteste Sohn, folglich nicht für das Haus der Lords) sich erinnern, daß ein Volk keine Unterdrükkung dulden und daß die Geschichte nicht bloß eine Aufzählung von Daten sein sollte, sondern vielmehr die Darstellung jenes riesigen Kampfes der Gewalten, die in der einzelnen Menschenbrust wie im Völkerleben miteinander um die Herrschaft streiten, und daß es die Aufgabe jedes einzelnen ist, sei es auch in der bescheidensten Sphäre, das Seine beizutragen, um der idealen Gewalt den Sieg zu verschaffen?

Leider verlor ich ihn zu bald aus den Augen, als daß ich mir ein bestimmteres Prognostikon für seine Zukunft hätte stellen können. Die Obergouvernante kündigte mir nach einiger Zeit mit erzwungenem, höflichem Bedauern die Stunden unter irgendeinem nichtigen Vorwand auf. Ich vermutete, daß sie einesteils gegen die staatsgefährlichen Unterhaltungen in der deutschen Ecke Verdacht geschöpft, andernteils aber jedenfalls einen entschiedenen Grund zur Entfernung einer so bedenklichen Lehrerin in folgendem Umstand gefunden habe: Die eine der Töchter, die bei mir Stunden hatte, ein sehr hübsches und ebenfalls begabtes Mädchen, erzählte mir in der deutschen Konversation von ihrem Leben im Sommer auf dem Lande, von ihren Beschäftigungen, von den verschiedenen Mitgliedern ihrer Familie und unter anderem auch von ihrem Onkel, der Deutschland sehr liebe und einen Teil des Jahres immer in Deutschland zubringe. Ich erkundigte mich nach seinem Familiennamen und konnte, als ich ihn hörte, nicht zweifeln, daß dieser Onkel ein und dieselbe Person wäre mit einem jungen Engländer, den ich vor vielen Jahren in jenem deutschen Badeort getroffen hatte, wo ich mit meiner Mutter und Schwester war, und die russische Fürstin kannte, deren Abenteuer ich anfangs erzählt habe. Er war dort einer unserer liebsten Bekannten und eifrigsten Tänzer gewesen, und ich besaß noch ein Albumblatt, das er mir damals geschenkt hatte. Auch nach dem Badeaufenthalt, bei einem Zusammentreffen in einer größeren Stadt Deutschlands, hatte er uns häufig besucht. Es fiel mir nun nach dieser Entdeckung auch ein, an wen mich das junge Mädchen erinnerte – eine Ähnlichkeit, die ich bisher vergebens in meinem Gedächtnis gesucht hatte: sie glich ganz ihrem Onkel, so wie er damals, in frischer Jugend, gewesen war. Ich teilte ihr diese Bemerkung mit, indem ich sagte, daß ich ihren Onkel in Deutschland gekannt habe, ohne jedoch zu erzählen, daß wir daselbst auf dem Fuße gesellschaftlicher Gleichheit gestanden hätten und daß er bei uns aus- und eingegangen sei. Sie schien sehr verwundert und hatte wahrscheinlich der Obergouvernante ihr Erstaunen darüber mitgeteilt; diese aber hatte es für vorsichtiger gehalten, die arme deutsche Lehrerin zu entfernen, die zu bekennen wagte, daß sie den stolzen Pair von England, den Erben eines der ältesten Geschlechter und eines kolossalen Vermögens, kenne und daß Kossuth kein schlechter Mann sei. Ich verließ das Haus mit dem aufrichtigen Bedauern, meinem kleinen freiheitsdurstigen Schüler nicht ferner etwas Stillung für sein sehnendes Herz zuführen zu können, aber auch mit einem Lächeln über die Ironie des Schicksals, das mich gerade in dieses Haus geführt hatte, unter die Augen dieser hochmütigen Lady, die sich für berechtigt hielt, die Lehrerin ihrer Kinder nicht einmal eines Grußes zu würdigen, während dieselbe Lehrerin, die um ihrer Überzeugungen willen jetzt als ein untergeordnetes Wesen vor ihr stand, einst eine ihr ebenbürtige, von ihrem Bruder ausgezeichnete Dame gewesen war und jetzt ihren im Geiste darbenden Kindern das Manna zu geben vermocht hätte, nach dem sie sich in der Wüste ihres hocharistokratischen Lebens sehnten.

Noch ein solches Studierzimmer aus einem Hause der Geldaristokratie will ich erwähnen, von dessen innerem Leben und Treiben ich lange Zeit eine vertraute Zeugin war und durch das mir auch die früher erwähnte Abneigung einer jüdischen Dame gegen katholische Gouvernanten erklärt wurde. Es war das Haus einer jener jüdischen Familien, die in London eine wahre Macht bilden und, durch Heiraten und verwandtschaftliche Bande untereinander verbunden, durch ihren kolossalen Reichtum unabhängig gemacht, die sie verachtende christliche Welt allmählich zwangen, sie anzuerkennen und ihren siegenden Einzug in das englische Parlament nicht länger zu verhindern. Das Haus, in einer der stillen, vornehmen Straßen gelegen, die sogar durch ein Gitter am Eingang gegen die lärmenden, großen Handels- und Verbindungsstraßen zwischen City und Westend abgeschlossen sind, wurde, nachdem man, wie an allen englischen Häusern, mit dem Klopfer an die Tür geschlagen hatte, durch gepuderte Bediente in reicher Livree geöffnet. Stand gerade unten die Tür des Eßzimmers offen, so sah man im Vorübergehen die Pracht des Silbergeschirres, das die Tafel zierte; über reiche Teppiche, die die Treppen deckten, stieg man an den prachtvollen Wohnzimmern des ersten Stocks vorüber zum zweiten Stock empor, wo sich die Studierstube befand, ein düsteres, nach dem Hof gelegenes, unschön möbliertes, großes Zimmer, in dem sich die Kindheit und erste Jugend der vier Töchter des Hauses abspann. Die Mädchen waren weder hübsch noch sehr begabt, aber es waren gutmütige, fleißige und nicht gerade dumme Wesen, die vielleicht sogar einer weiteren Entwicklung fähig gewesen wären, hätte ihre fashionable Erziehung ihnen dazu die Möglichkeit gegeben. So aber saßen sie Tag für Tag unter der Aufsicht einer französischen Gouvernante in der freudlosen, einförmigen Ordnung ihres Lebens, ohne jede andere Verbindung mit der Außenwelt als einen regelmäßig jeden Tag zu derselben Zeit sich vollziehenden Spaziergang in dem nahe gelegenen Park und die Ankunft der Lehrer, die nach dem Schlag der Uhr aus- und eingingen. Sie kannten nichts von den Merkwürdigkeiten und Kunstschätzen Londons, waren weder in dem Britischen Museum noch in der Nationalgalerie gewesen und hatten keine Ahnung von Musik, außer den Modestücken, die sie bei ihrem Musiklehrer heruntertrommelten. Aber sie erhielten die erforderliche standes- oder vielmehr geldgemäße Erziehung! ... Es wäre auch unmöglich gewesen, den kindlichen Sinn zuweilen auf den goldnen Flügeln der Phantasie in Wald und Flur mit Vögeln und Schmetterlingen umherschweifen zu lassen oder ihm einen Einblick zu gewähren in das erhabene Gebiet der Kunst, so daß ihm eine Ahnung von anderen Reichen als denen der Mode und des Geldes aufgegangen wäre, denn – die Zeit drängte.

Mit sechzehn oder siebzehn Jahren mußte die ganze Erziehung beendigt sein, damit die jungen Mädchen als *»finished young ladies«* hinausgeführt werden konnten in die Gesellschaft *(»come-out«,* wie der technische Ausdruck dafür lautet); und oh! zu diesem glücklichen Zeitpunkt sah die freudlos durchlebte Kindheit aus dem engen Studierzimmer mit gespanntem, sehnsuchtsvollem Verlangen hin. Die Gouvernante dieser Mädchen war ein borniertes Geschöpf, die außer ihren *participes présents* und *passés,* die sie, nach *Noël et Chapsal,* ihren Schülerinnen gewissenhaft einstudierte, nichts besaß als einen glühenden Fanatismus für die katholische Kirche und eine verbissene Verachtung für die jüdischen Herren ihres Schicksals, die, die auf ewig Unseligen, dennoch durch schnödes Geld die Macht in Händen hatten, sie zu der freudlosen Existenz zu zwingen, die sie in dem düstern Studierzimmer führte. Aber sie rächte sich an ihnen. Erstens ging sie jeden Morgen um sechs Uhr, ehe ihre Amtspflichten begannen, Sommer und Winter, trotz Schnee, Kälte und Regen, in die Messe, um als getreue Tochter der Kirche sich einen Ehrenplatz zu verdienen im Paradiese des allein seligmachenden Gottes, aus dem dessen unechter Rival Jehovah und seine Anhänger, trotz ihrer goldenen Macht auf Erden, in Ewigkeit ausgeschlossen sind. Dann aber arbeitete sie auch eifrig und mit großer Schlauheit daran, aus ihren Zöglingen Proselyten zu machen. Sie stickte fast den ganzen Tag, während sie den Stunden der Mädchen bei andern Lehrern beiwohnte, an Meßgewändern, Stolen und Altardecken für ihre Kirche, für ihren französischen Abbé usw.; sie war geradezu Künstlerin in diesen Arbeiten, und indem sie die einzige Leidenschaft ihres Wesens darauf richtete, schuf sie wirklich Bewundernswertes, auf dessen prachtvolle Ausstattung gewiß ein großer Teil des den Juden in der Schmach der Dienstbarkeit abgewonnenen Geldes hinging. Die Mädchen schauten aus ihrer nüchternen Existenz heraus auf diese Prachtwerke mit einer Art Begeisterung, und dabei schilderte ihnen die Gouvernante die Wunderwelt der katholischen Kirche mit so glühenden, verführerischen Farben, daß sie ganz verwirrt wurden und daß sich besonders in der Ältesten, die am meisten Phantasie hatte, entschieden ein Verlangen regte, zu jenem Glauben überzutreten, der mit seinen kerzenerhellten, weihrauchdurchdufteten Tempeln, mit seinen liebenswürdigen Abbés und geschmückten Priestern allzu verlockend abstach gegen das öde Studierzimmer und den alten Rabbiner, der sie Hebräisch lehrte. Ich durchschaute dieses ganze Treiben sehr wohl, da ich dreimal wöchentlich am Nachmittag für zwei Stunden hinging und mich auch hier wieder des allgemeinen Vertrauens erfreute, so daß die Kinder es sich wenigstens einmal die Woche als größte Gunst von der Mama erbaten, mich zum Abendbrot einladen zu dürfen, das gleich nach Beendigung unserer Stunde eingenommen wurde. Dies bestand gewöhnlich nur aus Tee, Brot und Butter. Wenn ich aber da war, so machten die Gouvernante und die ältesten Mädchen eine Verschwörung und schickten eine der Kleinen ab, um den diensttuenden Bedienten (der den Tee hinaufzubringen hatte, denn auch der wurde im Studierzimmer genommen) mit Bitten zu bestechen, damit er uns noch ein Stück Käse oder etwas Brunnenkresse oder eine derartige kostbare Zutat zur Verherrlichung des Tees gebe. Während wir nun bei diesem mehr als einfachen Abendmahl saßen, rauschte gewöhnlich die Mutter, eine noch jugendlich hübsche Frau, herein in glänzender Toilette, Blumen im Haar und Brillantschmuck auf dem bloßen Hals und den Armen, küßte ein jedes der Mädchen, indem sie dabei, ohne die Antwort abzuwarten, sagte: *»How are you, dear?«* richtete ein paar freundliche Worte an »Fräulein« – und *mademoiselle,* die mit der unterwürfigsten Miene von der Welt antwortete, hinter der ich, die ich sie besser kannte, aber den ganzen tiefen Haß der dienenden Katholikin gegen die herrschende Jüdin sah – und rauschte dann wieder hinaus, die Treppe hinab in den Wagen, neben dem der betreßte und gepuderte Bediente harrte, um der Dame, da die Hand der Geldaristokratin so wenig wie die der Geburtsaristokratin die gemeine Hand des Dieners berühren durfte, den schönen Stock vorzuhalten, auf den sie beim Einsteigen die mit dem Glacéhandschuh bedeckte Hand legte. Die Gouvernante und die Kinder aber begleiteten das Weggehen der Mutter mit einem vielsagenden Lächeln, und wenn ich sie fragte, ob sie nicht zuweilen die Abende mit der Mutter zubrächten, so erwiderten sie spottend, daß ich doch so etwas nicht denken möge; Mama könne keinen Abend zu Hause bleiben, außer wenn Diner und Gesellschaft im Hause sei. Das fürchteten die armen Wesen aber noch mehr als die Einsamkeit, denn dann mußten sie wenigstens eine Stunde lang unter der Hand des Friseurs und der Kammerjungfer bleiben, um endlich, steif und aufgeputzt, unter Führung der Gouvernante, für zehn Minuten beim Nachtisch im Eßzimmer oder im *drawingroom* zu erscheinen und mit den gewöhnlichen Redensarten über Wachstum, Alter usw. behelligt zu werden. Dann zogen sie sich wieder in ihr Erziehungslaboratorium zurück, wo sie mit chemischen Lernexperimenten präpariert wurden, um aus natürlichen, einfachen, heiteren Wesen eben solche vergnügungssüchtige, zerstreute, äußerliche Geschöpfe zu werden, wie ihre Mutter und die meisten Frauen ihrer Welt es waren.

Doch genug dieser Beispiele aus der Privaterziehung, die, die schlechten bei weitem mehr noch als die guten, nicht etwa vereinzelt dastanden, sondern für ganze Gesellschaftsschichten als charakteristisch angesehen werden konnten. Nur eines Mitglieds dieser Erziehung will ich noch eingehender erwähnen: der Gouvernante nämlich, deren Stellung ich bei diesem häufigen Verkehr so recht gründlich kennenlernte, wobei ich einsah, wie recht ich gehabt hatte, vor diesem Beruf zurückzuschaudern.

Die Stellung der Gouvernante ist eine trostlose. Sie ist eine Art Polyp, ein Übergangsgeschöpf zwischen Tier und Pflanze, d. h. zwischen Herrschaft und Dienerschaft. Sie wird von oben herab schlecht behandelt, mit einer empörenden Herablassung, und sie wird ebensowohl von unten herauf schlecht behandelt, denn die Diener gehorchen ihr unwillig, und das Oberhaupt der Dienerschaft, eine furchtbar absolute Majestät in ihrem Gebiet, die *»upper nurse«* (oberste Kinderwärterin), die meist alt ist, oft schon zweien Generationen in der Familie gedient hat und in der *»nursery«* (der Kinderstube) allmächtig herrscht, tut alles, was in ihren Kräften steht, um die Gouvernante, die die Kinder aus ihren Händen empfängt, zu ärgern. Das unglückliche Wesen ist auf das Studierzimmer angewiesen, wo sie mit ihren Zöglingen ihr Leben verbringt. Meistenteils verlangt man von ihr alle möglichen Kenntnisse, d. h. allen möglichen Unterricht in den Dingen, die zur Erziehung gehören, nämlich: moderne Sprachen, Musik, Zeichnen, Geschichte (in der oben erwähnten Weise), Geographie, Handarbeiten usw. Wie sie diesen gibt, ist Nebensache. Wenn aber auch noch Lehrer für die verschiedenen Zweige des Unterrichts genommen werden, so darf sie doch mit keinem Schritt aus dem Studierzimmer weichen, da es gegen den Anstand wäre, die jungen Mädchen mit Lehrern allein zu lassen. Ein regelmäßiger Spaziergang unterbricht die Einförmigkeit des Tages. Um ein Uhr ist das Mittagessen der Kinder und das ihre, dem die Mutter meist beiwohnt, für die es das zweite Frühstück ist. Dann hat sie weiter nichts mehr von Nahrung zu erwarten als den Tee mit Brot und Butter um sechs Uhr. In die Zimmer der Herrschaft kommt die Gouvernante nie, außer zehn Minuten abends, nach dem Essen, wo sie den Eltern die Kinder vorzuführen hat, oder auf ausdrückliche Einladung, wenn sie aufgefordert wird, den Abend im *drawingroom* zu verbringen, wozu sie dann Toilette machen, d. h. in ausgeschnittenem seidenen Kleid erscheinen muß. Kann sie Klavier spielen und singen, so wird sie als willkommenes Werkzeug benutzt, die Langeweile des Abends zu verscheuchen, und steigt besonders auf dem Lande, wo weniger Zerstreuung ist, im Preise. Der späte Abend auf ihrem einsamen, oft sehr unschönen, im Winter meist kalten Zimmer ist die einzige freie Zeit, die ihr bleibt; aber dann ist sie gewöhnlich zu abgestumpft von dem ermüdenden Tag, um noch viel für sich tun zu können. Auch der Sonntag gehört ihr nicht, denn sie muß mit ihren Zöglingen ein- oder zweimal in die Kirche und muß überhaupt die Sonntagsprozedur der frommen Langeweile mitmachen. Nur wenn zufällig die Kinder einmal für einige Stunden mit den Eltern sind, hat sie Zeit, etwas für sich zu tun oder, wenn sie Freunde hat, diese zu besuchen.

Zwischen den verschiedenartigen Erscheinungen dieser Welt verfloß nun mein Leben. Ich war befriedigt, wie der Taglöhner befriedigt ist, wenn er die Lastarbeit des Tages vollbracht hat, die ihm Brot gewährt. Aber in meinem Innern war tiefe Grabesstille; kein Wunsch, kein Hoffen, keine Begeisterung mehr.

Gegenüber der großen politischen Freiheit stand eben überall die soziale Beschränkung und die konventionelle Torheit. Tausendfache Gelegenheit hatte ich, zu bemerken, wie z. B. das religiöse Leben nicht ein tiefer, das Leben heiligender Glaube, sondern einfach eine jener Formeln war, die zum Begriff *respectable* sowohl in der Gesellschaft wie im Familienleben gehören. Nichts beweist dies besser als die wahrhaft empörende Art der Heilighaltung des Sonntags, die gerade eine Nichtheilighaltung ist, indem man der gröbsten Langeweile, der nüchternsten Stimmung Tür und Tore öffnet. Ich befand mich am Sonntag in englischen Häusern, wo die Herren sich aus einem Lehnstuhl in den andern warfen und mit entsetzlichem Gähnen den öden Zustand ihres Innern kundgaben; wo die Kinder in trostloser Freudlosigkeit umherschlichen, weil sie weder spielen noch irgendein Unterhaltungsbuch, nicht einmal Grimms Märchen lesen durften; wo der ganze geistige Genuß des Hauses in sogenannter *»sacred music«* bestand, die eine junge »Miß« auf dem Klavier ableierte, oder noch schlimmer, absang. Ein junges Mädchen sprach sich einmal gegen mich in harten Worten über die Deutschen aus, die am Sonntag Theater und Konzerte besuchten. Ich fragte, ob sie, wenn sie ihr Gewissen streng untersuchte, in Wahrheit sagen könnte, daß sie in der Stille ihres Sonntags heiligere Gefühle, erhebendere Gedanken finde, kurz, daß sie sich als ein besserer

Mensch fühle wie bei Anhörung einer Beethovenschen Symphonie oder eines Shakespeareschen Dramas oder sonst einer edlen Kunstschöpfung. Sie gestand verlegen ein, daß sie dies nicht sagen könne, fügte aber doch den logischen Schluß hinzu: daß es demungeachtet von den Deutschen sehr schlecht sei, die Sonntagsfeier so wenig zu beachten. Eine andere Dame, eine gebildete und freisinnige Person, forderte mich einmal auf, mit ihr nach »Temple-Church« zu gehen, einer der ältesten und schönsten Kirchen Londons in der City, zu dem großen Häuserkomplex von Templebar gehörig, wo die englische Justiz ihren Sitz hat. Die Musik von Temple-Church ist berühmt, und ich hatte den Wunsch geäußert, sie zu hören. Ich ging also mit meiner Hausgenossin und jener Dame hin und saß zwischen den beiden. Während der Predigt hatte ich alle Mühe, mich des Schlafs zu erwehren, kämpfte aber doch, um der Schicklichkeit willen, mit Anstrengung dagegen an. Wie erstaunt war ich aber, als ich einen Seitenblick auf meine Nachbarin rechts warf und sah, daß sie fest schlief, dann links blickte und dort dasselbe wahrnahm. Ich schaute nach den anderen Menschen und sah mehr als eine Person in das Nirwana der Andacht entrückt. Als wir die Kirche verließen, fragte ich die Engländerin, die sehr humoristisch war, ob sie gut geschlafen habe. »Ja«, sagte sie lachend, »es hat mir so gut getan.« – »Warum gehen Sie denn aber hin?« fragte ich. – »Ach, meine Liebe, was wollen Sie? Es muß nun mal so sein am Sonntag.« –

Noch schlimmer als für die gebildeten Klassen ist diese stumpfe Sonntagsbeschränkung für das Volk. Es fing eben damals der große Streit an, ob man dem Volke den Zutritt zu den Museen, dem Kristallpalast und ähnlichen Anstalten am Sonntag gestatten solle. Die Frage wurde im Parlament verhandelt und abschlägig entschieden. Man fürchtete, die Kirchen würden dann leer bleiben und die Moralität würde leiden, wenn das Volk anfangen würde, heidnische Götterbilder, Kunstwerke und Naturmerkwürdigkeiten dem Besuch der Kirchen vorzuziehen. Wenigstens konnte man nur so allein sich diese Entscheidung erklären. Die Kirchen und die Wirtshäuser blieben die einzigen öffentlichen Lokale, die am Sonntag offen waren. Die Kirche war gut für die Morgenstunden, aber den Nachmittag und Abend? Da blieb eben nur das Bierhaus als Zuflucht für den von der Last der groben Arbeit zusammengedrückten Arbeiter und Proletarier, dem keine Bildung und Gewohnheit geistiger Beschäftigungen die Mußestunden des Sonntags verschönen konnte und keine anlockende, freundliche Häuslichkeit die Ruhe am eigenen Herd zur besten Erholung nach den anstrengenden Wochentagen machte.

Die – wie Malwida von Meysenbug schrieb – »Einförmigkeit« ihres damaligen Lebens wurde aber belebt durch die Zusammenkünfte mit immer neuen und auch mit ihr bereits bekannten Emigranten aus den verschiedensten Ländern. So traf sie in London Therese Pulszky wieder, der sie auf ihrer Reise nach Ostende im Jahre 1849 zum erstenmal begegnet war (vgl. Anm. 24 der Einleitung).

Therese Pulszky war neben Johanna Kinkel die bedeutendste Frau der Emigration. Aber beider Jugend hatte sich in so verschiedenen Verhältnissen bewegt, daß dadurch die Verschiedenheit der Naturen zum völligsten Kontrast, den man sehen kann, geworden war. Nur in einem glichen sie sich: in der Energie, mit der sie den Schlägen des Schicksals trotzten, und in der unermüdlichen Tatkraft, durch die sie sich über die Ungunst der Verhältnisse erhoben und diesen den Stempel ihres Wesens aufdrückten. Während aber in Johanna frühe Not und dunkler Kampf eine Festigkeit entwickelt hatten, die zuweilen an Härte streifte, während ihr angeborner köstlicher Humor, durch das Leben gereizt, oft den Charakter beißender Ironie annahm und die Häufung bitterer Täuschungen einen Hang zum Argwohn in ihr genährt hatte, war in Therese Pulszkys liebenswürdiger Natur durch eine ungetrübte, auf das anmutigste verlebte Jugend eine solche Harmonie von Ernst und Heiterkeit, von Festigkeit und Milde, von ungewöhnlicher intellektueller und künstlerischer Bildung entstanden, daß man die feine zierliche Erscheinung wohl zu den seltensten ihres Geschlechts rechnen konnte. Sie war die einzige Tochter eines reichen Wiener Bankiers, hatte unter der Leitung ihrer geistreichen Mutter eine äußerst sorgfältige Erziehung erhalten und ihre Jugend in den höchsten ästhetischen Genüssen, wie nur Bildung und Reichtum zusammen sie gewähren können, verlebt. Nach Neigung vermählt, hatte sie ihrem neuen Vaterland, Ungarn, ein warmes Herz entgegengetragen, und als die politischen Stürme über dieses hereinbrausten, hatte sie sich mutig auf die Seite der Patrioten gestellt, bis sie, beim Falle Ungarns, ihrem Gemahl nach England folgte. Die österreichische Regierung konfiszierte nicht nur das Vermögen Pulszkys, sondern auch das seiner Gattin, wozu sie auch nicht einmal den Schein des Rechts hatte, und die an Luxus und Überfluß Gewöhnten fanden sich nun im Exil – mit sehr beschränkten Mitteln, mit einer jungen Familie und mit unendlichen Ansprüchen, die von allen Seiten an sie gemacht wurden. Mutig und energisch ordnete Therese sofort ihr Leben, gab sich literarischen Arbeiten hin, übernahm fast allein den Unterricht ihrer Kinder, kultivierte, namentlich im Interesse ihres Vaterlandes, die höhere englische Gesellschaft, beteiligte sich fortwährend an der politischen Agitation, die in den ersten Jahren noch eifrig betrieben wurde, war die Raterin und Helferin der emigrierten Ungarn und versammelte bei alledem häufig im eigenen Hause einen durch vielfache Interessen belebten Kreis. Dort sah ich zum erstenmal Kossuth, den bei seiner Ankunft in England so hoch Gefeierten. Er nahm im Kreise der ungarischen Emigration damals noch fast die Stelle eines Herrschers ein, und man umgab ihn mit einer Art von Hofzeremoniell. Das erstemal, als ich einer Einladung zu einer Abendgesellschaft bei Pulszkys folgte, fand ich einen zahlreichen Kreis, der zum größten Teil aus Ungarn bestand. Plötzlich, nachdem alles versammelt war, erscholl der Ruf: »The governor«, worauf sich die Gesellschaft alsbald auseinanderteilte und zu beiden Seiten des Zimmers aufstellte. Nun öffnete sich die Türe, und herein schritt Kossuth mit einer gewissen Feierlichkeit, neben ihm seine Gattin, hinter ihm seine kleinen Söhne und ein paar Herren gleich diensttuenden Adjutanten. Er trug den ungarischen Schnürenrock und sein bedeutendes Gesicht, von dem schon etwas ergrauenden Vollbart umrahmt, hatte den Ausdruck des Ernstes und der Würde. Er grüßte nach beiden Seiten mit Herablassung und ließ sich dann mit den Bevorzugten in ein Gespräch ein. Mir erweckte er zunächst kein anderes Interesse als das, das sich an seine so rasch begonnene und beendete Laufbahn knüpfte. Seine Persönlichkeit erregte mir keinen Wunsch, ihn näher kennenzulernen. Ebensowenig fühlte ich mich von seiner Frau angezogen, der ich vorgestellt wurde und deren unruhiges, leidenschaftliches Wesen, beherrscht von einer hervortretenden Eitelkeit auf die Stellung des Mannes und die Zukunft der Söhne, ihr ohnehin wenig anmutiges Äußeres noch unsympathischer machte. Ein Mitglied dieser Familie sollte ich später freilich kennenlernen, das mir unaussprechlich sympathisch wurde: die Tochter Kossuths nämlich, die aber damals noch zu klein war, um in Betracht zu kommen. Ich sah sie dann, als sie eben in erster Jugendblüte einer weißen Rose glich, deren zarter, wie aus Duft gewobener Blätterkelch nicht für die Dauer gemacht scheint. Leider war es so mit ihr. Reich mit Talenten begabt, studierte sie bei schnellem Wachstum so eifrig, daß sie vielleicht dadurch beitrug, den Keim des frühen Todes zu entwikkeln. Sie schwand dahin, kaum an der Schwelle des jungfräulichen Lebens angelangt, wie ein holder Morgentraum und ließ einen leisen, wehmütig zitternden Ton, wie von Äolsharfen, in der Erinnerung zurück.

Übrigens fand ich bei den ungarischen Emigrierten einen mir neuen, sehr eigentümlich nationalen Charakter, der entschieden abstach gegen den deutschen. Ihr Patriotismus hatte eine weniger reflektive, aber viel unmittelbarere Intensität; es genügte, eine solche Versammlung beisammen zu haben, wie ich sie an jenem Abend bei Pulszkys fand, um eine feurige demonstrative Stimmung hervorzurufen, die immer wie zur unmittelbaren Aktion bereit erschien. An dem erwähnten Abend war ein talentvoller Künstler da, ein Violinspieler, der auf allgemeines Bitten sein Instrument ergriff und ungarische Weisen vortrug, die die ganze Gesellschaft wie mit einem leidenschaftlichen Weh nach der fernen Heimat und der wilden Freiheit der Pußta ergriff, bis er, selbst bis zur äußersten Exaltation erregt, endlich in den Rakoczy-Marsch überging, worauf alle, von einem überwältigenden Rausch fortgerissen, mitsangen, mit den Füßen stampften, Eljen riefen und sicher bereit gewesen wären, hätte der Erbfeind ihnen gegenübergestanden, sich in todesmutiger Freude ihm entgegenzuwerfen, um zu siegen oder zu sterben. Diesem naturwüchsig ritterlichen Wesen entsprach auch die romantische, knappenhafte Treue, mit der einzelne sich den Größen ihres Vaterlandes in persönlicher Ergebenheit und zu persönlichem Dienst angeschlossen hatten. Ein solcher Treuer hatte sich der Pulszkyschen Familie zugesellt, der er die Kinder aus dem von den Siegern scharf bewachten Lande zugeführt hatte, und bei der er nun wie ein guter Hausgeist helfend, lehrend, schützend verblieb, die Heimat und ihre Vorzüge aufgebend, die ihm, dem nicht schwer Kompromittierten, sonst offengestanden hätte. In gleicher Weise war Kossuth von einem ritterlichen Schutzmann begleitet, der es sich zur Aufgabe gemacht hatte, über dieses damals Ungarn so teure Leben zu wachen und es vor den etwaigen Gefahren, die auch übers Meer hinaus weitgreifende Hände ihm bereiten konnten, zu schützen. Aber nicht nur das, auch die zartesten Aufmerksamkeiten, die das tägliche Leben verschönern und den herben Kelch des Exils für die zu so plötzlicher Höhe gestiegene und so jäh gestürzte Familie mildern konnten, hatte sich dieser Kurwenal zur Aufgabe gestellt, und es war rührend, mit welcher Zartheit er, der Begütertere, die Lücken ausfüllte, die in dem beschränkten Haushalt der gar nicht vermögenden Kossuthschen Familie entstanden.

Neben diesen schönen ritterlichen Eigenschaften sah dann aber mitunter ein recht rohes Element hindurch und ein großer Mangel an wirklicher Bildung. Gerade auch in dieser letzteren Beziehung, wie in allen anderen, ragte Franz Pulszky bedeutend unter seinen Landsleuten hervor. Er war nicht nur ein gebildeter Mann, er war ein Gelehrter, und die edle Mäßigung, die wahre Bildung gibt, sowie die Zuverlässigkeit seines Charakters machten es begreiflich, daß ihn eine Therese verehrend liebte.

Bei Kinkels lernte Malwida von Meysenbug Alexander Herzen kennen, der sie sogleich sehr beeindruckte. Sie charakterisierte ihn als »eine gedrungene, kräftige Gestalt mit schwarzem Haar und Bart, etwas breiten, slavischen Zügen und wunderbar leuchtenden Augen, die mehr als alle anderen Augen, die ich je gesehen, im lebendigen Wechsel der Empfindungen das Innere wiederstrahlten«.

Noch in Hamburg hatte sie Herzens Buch »Vom anderen Ufer« gelesen.

Da es mir einer der am weitesten in sozialistische Theorien vertieften Arbeiter gegeben hatte, so erwartete ich darin ein neues sozialistisches System zu finden. Kaum aber hatte ich angefangen zu lesen, so fühlte ich, daß mir hier etwas ganz anderes entgegentrat als eine bloße Theorie. Ein Feuerstrom lebendiger Empfindungen, leidenschaftliche Schmerzen, brennende Liebe, unerbittliche Logik, beißende Satire, kalte Verachtung, unter der sich ein getäuschter Glaube barg, stoische Entsagung und verzweifelnder Skeptizismus – das alles brauste mir aus diesem Buch entgegen, rief ein tausendstimmiges Echo in meiner Seele wach und beleuchtete mir mit dem erbarmungslosen Lichte der Wahrheit und der zersetzenden Kritik das kürzlich Erlebte in allen Phasen, von der Frühlingshoffnung im Februar und März achtundvierzig an bis zu den Ereignissen in Wien in der Brigittenau und bis zu dem zweiten Dezember zweiundfünfzig und seinem Gefolge von Gemetzel, Kerker und Cayenne. Wie erstaunte ich über diese Spiegelung unserer eigenen zerstörten Ideale und Wünsche, unserer eigenen Hoffnungslosigkeit und Resignation in der Seele eines Russen, der, wie er selbst sagt, mit leuchtenden Hoffnungen und seligen Erwartungen nach Europa gekommen war und nun ebendaselbst nichts anderes gefunden hatte, als was er zu Hause geflohen. Wie noch viel mehr erstaunte ich über die Kraft und Kühnheit dieses Denkers, der, anstatt in den Illusionen der Revolution nach so bitteren Enttäuschungen zu verharren, wie die Mehrzahl es tat, sich nicht scheute, mit scharfem Schnitt das Messer in die Wunde zu senken, die herben Wahrheiten der geschichtlichen Entwicklung prüfend als Maß auch an unsere fehlgeschlagenen Hoffnungen zu legen, um den Grund des Mißlingens ganz ohne Rückhalt, ohne Phrase zu erkennen.

Eine Stelle wie die folgende zeigt in frappanter Klarheit die erbarmungslose Kritik des philosophischen Geistes, der vor dem verwundendsten Erkennen nicht zurückbebt. Sie ist ein Schrei des Schmerzes über die Junitage von 1848 in Paris:

»Drei Monate lang hatten die durch das allgemeine Stimmrecht von ganz Frankreich gewählten Menschen nichts getan. Auf einmal standen sie in ihrer eigenen Größe auf, um der Welt ein Schauspiel zu geben, das man niemals gesehen hatte: das Schauspiel von achthundert Menschen, die wie *ein* Missetäter und Wüterich handelten. Das Blut floß in Strömen, und sie fanden kein Wort der Liebe und des Mitleids. Alles Hochherzige, alles Menschliche wurde von ihnen mit einem wilden Schrei der Rache und der Indignation überdeckt, sogar die Stimme des sterbenden Affre[50] konnte diesen polycephalen Caligula, diesen in kupferne Scheidemünzen gewechselten Bourbon nicht rühren. Sie drückten die Nationalgardisten, die wehrlose Menschen ohne Gericht totgeschossen hatten, an ihr Herz. Sinard segnete von der Tribüne herab den blutigen Cavaignac[51] – und Cavaignac weinte still verschämt ob dieses Segens, nachdem er die greulichsten Missetaten vollbracht hatte, um das Vertrauen dieser Advokatenseelen zu rechtfertigen. – Aber das ist ja alles die Majorität! – Und wo war denn die Minorität? – Der Berg machte sich unsichtbar, die kräftigeren Volkstribunen schwiegen still, im Innern ihrer Seele zufrieden und dankbar darüber, daß man sie nicht erschossen und in feuchte Keller geworfen hatte. Sie sahen allem zu, ohne nur den Mund zu öffnen, sahen, wie man die Bürger entwaffnete, wie man die Deportationen dekretierte, wie man Menschen ins Gefängnis schleppte für alles mögliche, unter anderem dafür: daß sie nicht auf ihre Brüder schießen wollten (denn man muß wissen, daß der Mord an jenen Tagen zur heiligen Pflicht wurde und daß derjenige, dessen Hände nicht vom Proletarierblut troffen, dem Bourgeois verdächtig erschien). Die Majorität hatte wenigstens den Mut, sich offen als Missetäter zu zeigen – aber diese armseligen verächtlichen Freunde des Volkes, diese Rhetoren, diese hohlen Herzen! – Nur ein männlicher Schrei des Unwillens, nur eine große Indignation hatte den Mut, sich Luft zu machen, aber das war außerhalb der Mauern der Kammer. Der schwarze Fluch des Greises Lamennais[52] wird als Brandmal auf der Stirn jener entsetzlichen Kannibalen haften bleiben und noch schwerer auf jenen Schwächlingen, die so frech waren, das Wort Republik auszusprechen, während sie doch vor dessen Sinn kleinlich erbeben.

Paris! O wie lange glänzte dieser Name als ein leuchtender Stern für die Völker! Wer liebte es nicht, wer huldigte ihm nicht? Aber seine Zeit ist vorbei, man lasse es von der Bühne abtreten. In den Junitagen hat es einen Kampf angefangen, den es selbst nie lösen wird. Paris ist alt geworden, und die jungen Phantasien stehen ihm schlecht; entkräftet wie es ist, braucht es starke Erschütterungen, um wieder aufzuleben; es ist an die Bartholomäusnächte und die Septembertage gewöhnt. Leider aber haben selbst die Greuel des Juni es nicht wieder belebt. Wie wird denn der alte Vampyr noch das Blut der Gerechtigkeit finden, das bei der Illumination am 27. Juni die Lämpchen der siegestrunkenen Bourgeoisie widerstrahlten? Armes Paris! Alles, was dir teuer war, wendet sich gegen dich: du liebtest es, mit Soldaten zu spielen, du hattest dir einen glücklichen Soldaten zum Kaiser ernannt, du hast diesen Missetaten, die man Siege nennt, Beifall zugejauchzt, du hast Triumphbogen und Statuen errichtet, du hast die spießbürgerliche Figur des kleinen Korporals auf eine Säule gestellt, damit sie die ganze Welt bewundere, du hast fünfundzwanzig Jahre nach seinem Kasernendespotismus die Reliquien des Soldaten zu den Invaliden getragen, und jetzt hofftest du wieder, den Anker des Heiles der Freiheit und Gleichheit in dem Soldaten zu finden; du riefst die Horden der verwilderten Afrikaner gegen deine Brüder, um nicht dein Gut mit ihnen zu teilen, und ließest sie von der kalten Hand der Mörder *par métier* niedermetzeln. – Man lasse also Paris die Folgen seiner Taten büßen. Es füsiliert ohne Gericht. Das kann nicht ungerächt hingehen; Blut schreit nach Blut, und was wird aus diesem Blut? Wer kann es wissen? Aber möge kommen, was da wolle, es ist genug, daß in diesem Brande des Wahnsinns, des Hasses, der Rache, der Wiedervergeltung und des Haders die Welt untergehen wird, die den neuen Menschen niederdrückt, die ihn am Leben hindert, die die Verwirklichung der Zukunft nicht erlaubt. Ist denn das nicht genug?

Und deswegen lebe das Chaos und die Extermination! Vive la mort! Platz der Zukunft!«

Dies war geschrieben am 24. Juli 1848, nachdem der Verfasser die blutigen Greuel der Junitage mit eignen Augen gesehen und mit seinem scharfen Blick erkannt hatte, was von der französischen Republik zu hoffen war, noch ehe diese durch Besiegung der römischen Schwester sich das unauslöschliche Brandmal aufgedrückt und es bewiesen hatte, daß sie eben nichts anderes war als die alte despotische Ordnung der Dinge unter anderem Namen. Aber neben diesen mit dem eignen Herzblut geschriebenen Lava-Ausbrüchen einer feurigen Seele kamen auch Mitteilungen über jenes ferne Volk im Osten, das unter seinem, allen anderen Despotismen ähnlichen Despotismus ein eigentümliches, der europäischen Zivilisation fernabliegendes Dasein bewahrt hatte und in seiner »festen Burg«, der Kommune, stumm und unausgebildet, der Möglichkeit einer zukünftigen Entwicklung entgegenharrte. Es kamen Hindeutungen auf eine Literatur der Opposition gegen das düstertyrannische Regiment von Petersburg, die nicht unbedeutend sein konnte und deren Charakter folgendermaßen gezeichnet wurde: »Eine bittere Hoffnungslosigkeit und eine bittere Ironie des eignen Geschicks bricht überall durch, sowohl in den Versen Lermontoffs als in Gogols Hohngelächter, das, wie er sagt, die Tränen verdeckt.«

Als ich Hamburg verließ, hatte mir eine der mir liebsten Schülerinnen der Hochschule das Buch geschenkt, indem sie hineinschrieb: »Ich schenke Ihnen in diesem Buche mein liebstes Eigentum, weil ich gerne recht lebhaft in Ihrem Andenken leben möchte.« – Ich hatte es also mit mir nach England genommen und oft schon beim Wiederlesen dieser feurigen Ergüsse Trost gefunden.

Ende 1853 bat Alexander Herzen Malwida von Meysenbug, seine ältere Tochter Natalie zu unterrichten. Im Anschluß an diese Stunden las er ihr aus Übersetzungen von Puschkin, Lermontoff, Gogol usw. vor, und sie sprachen dann über das Gelesene.

Diese Stunden, in denen der geistvolle Russe mir die unbekannte Welt seiner großen, fernen, nebelverhüllten Heimat aufschloß, waren Oasen in dem trockenen Einerlei meines Lebens, und bald wurde dieses Haus mit den reizenden Kindern für mich eine Stätte der Erholung und Erquickung, an der ich wieder anfing, dem Leben einen sanften, wohltuenden Reiz abzugewinnen und die Arbeit nicht mehr als einen bloßen Frondienst anzusehen, sondern auch ihren milden Segen in beglückendem Erfolge zu empfinden.

Herzen lud mich eines Tages ein, den Abend in einem Kreise seiner näheren Bekannten bei ihm zuzubringen. Es war dies der Kreis einer mir noch unbekannten Größe der Emigration, nämlich der Kreis Mazzinis, der, ihn selbst und seinen Freund Aurelio Saffi ausgenommen, nur aus Engländern bestand. Lange schon hatte ich gewünscht, den großen Italiener, den Triumvir von Rom, den Feuergeist kennenzulernen, an dessen Flammen ein ganzes Volk seit zwanzig Jahren seinen patriotischen Enthusiasmus unter Priester- und Despotendruck aufrechterhalten hatte. Es hatte sich bisher noch nicht machen wollen, denn mit den anderen Flüchtlingskreisen verkehrte er nicht. So freute ich mich denn sehr, die langersehnte Gelegenheit gefunden zu haben, und ging mit der Erwartung hin, die man dem Ungewöhnlichen entgegenträgt. Wenn mich im ungarischen Kreise das fast höfische Zeremoniell, mit dem man Kossuth umgab, und seine einem Monarchen zugehörige, vornehm herablassende Haltung unangenehm berührt hatten, so war ich nun überrascht von der gänzlichen Einfachheit und Bescheidenheit in Haltung und Auftreten des Mannes, den mir Herzen als Joseph Mazzini vorstellte; des Mannes, dessen Gedanken eine ganze Nation inspirierten und lenkten, und vor dessen politischer Bedeutung mächtige Fürsten zitterten. Mazzini war von mittlerer Größe fein und schlank gebaut, eher mager als stark, keine imponierende Gestalt – sein Kopf allein entsprach der Vorstellung, die man sich von ihm machte, und wenn man die edlen Züge ansah, die Stirn, auf der der Gedanke thronte, die dunklen Augen, aus denen zugleich das Feuer des Fanatikers und die Milde des Gemütsmenschen sprachen, so fühlte man sich gleich wie gebannt in den Zauberkreis dieses Menschen und begriff von vornherein, daß es eine der Persönlichkeiten war, an denen man nicht gleichgültig vorübergehen kann, bei denen man für oder wider sie Partei ergreifen muß. Allein sprach ich nur wenig mit ihm an jenem Abend, mit tiefstem Interesse aber folgte ich einer Diskussion, die er mit Herzen und Saffi hatte und worin er gegen diese beiden das *Dogma* der revolutionären Aufgabe, die Pflicht und Mission der »heiligen Tat«, verteidigte und mit Heftigkeit gegen den bloßen Skeptizismus, die bloße Negation des Bestehenden, eiferte. Herzen mit seiner scharfen Dialektik führte ihm die unzähligen Niederlagen der absichtlich ins Werk gesetzten Revolutionen und insbesondere die noch kürzlich überall so gänzlich zutage gekommene Unfähigkeit der demokratischen Partei zu organisieren vor, und Saffi stimmte diesem bei. Es schien Mazzini sehr empfindlich zu sein, daß dieser junge Mann, sein Kollege im Triumvirat von Rom, sein Freund und vordem sein Jünger, jetzt ihn zu bekämpfen wagte und sich der Meinung Herzens anschloß, daß für den Augenblick gar nichts anderes zu tun sei, als gegen das Bestehende zu protestieren und die alte Welt in ihren politischen, religiösen und sozialen Formen zu negieren. Mazzini war im Gegenteil gläubig überzeugt, daß die bloße Negation ein demoralisierendes Prinzip und daß nur das Bewußtsein einer zu erfüllenden Pflicht, die man den Völkern beizubringen hätte, die Aufgabe wahrer Revolutionäre sei. Er versicherte mehrere Male, daß ihm nichts an Italien liege, wenn es nichts anderes wolle als materielle Größe und materielles Wohlergehen; was ihm einzig des Kampfes wert scheine, sei dieses: daß Italien eine große

Mission des Fortschritts für die Menschheit erfülle, indem es selbst edler, moralischer, pflichtgetreuer werde. Er kam dabei auf seinen fast mystischen Glauben an die Bedeutung Roms zu sprechen, dessen Name selbst schon eine wunderbare Andeutung seiner endlichen Bestimmung erhalte, indem der Name Roma, umgekehrt Amor, gleichsam vorzeichne, daß Rom zum drittenmale die Welt beherrschen werde, aber diesmal durch die Macht der Liebe, der wahren Brüderlichkeit, die von da ausgehen und mit leuchtendem Beispiel die anderen Völker nach sich ziehen werde.

Vor dem überwiegenden Interesse, diesen wunderbaren Mann zu sehen und sprechen zu hören, verschwand mir der übrige Teil der Gesellschaft völlig, und dieser Abend blieb bedeutungsvoll in meiner Erinnerung, obgleich nun lange Zeit vergehen sollte, ehe ich den italienischen Flüchtling wiedersah.

Die Londoner Saison war vorüber; der Sommer war da und begann die heißen, von der Dunstatmosphäre Londons bedrückten Straßen unerträglich zu machen. Die Gesellschaften und Bälle hatten aufgehört, die musikalischen Genüsse, die, in die kurze Zeit von drei bis vier Monaten zusammengedrängt, mit ihrem bunten Durcheinander einem beinah Ekel an der Musik beibringen könnten, waren verstummt; der Adel und die reiche Bourgeoisie entflohen auf das Land oder auf den Kontinent, und die Stunden hörten auf. Zum Glück war wenigstens in materieller Beziehung das Resultat der schweren Arbeit so gewesen, daß ich mir nun die Erquickung eines Aufenthaltes am Meeresufer mit Seebädern gönnen konnte, und das beschloß ich zu tun, da meine Gesundheit dieser Stärkung dringend bedurfte. Ich suchte mir einen Ort aus, wohin die Reise äußerst billig war, da man sie zu Wasser machen konnte, indem der Ort am Ausfluß der Themse in das Meer liegt und die Dampfschiffe dort anhalten. Meine Hausgenossin war durch Geschäfte in der Stadt zurückgehalten, und so ging ich allein, was mir auch bei weitem lieber war, da ich mich nach der bienenartigen Geschäftigkeit und dem jedes inneren Zusammenhanges entbehrenden Geräusch des verlebten Winters und Frühjahres nach Einsamkeit, Sammlung und Einkehr in mich selbst sehnte. Leid tat es mir nur, von meinen reizenden kleinen Freundinnen im Herzenschen Hause zu scheiden und den Unterricht der Ältesten zu unterbrechen. Aber Herzen versprach halb und halb, die Kinder mit der Bonne nachzuschicken, ja vielleicht sie selbst zu bringen. So reiste ich ab, mir froh der zeitweilig wiedererlangten Unabhängigkeit vom Frondienst bewußt und die Freiheit mit wahrem Genuß empfindend. Die Fahrt die Themse hinab war schön, schöner als ich sie mir von meiner ersten Einfahrt her erinnerte, und das kleine Örtchen *Broadstairs,* mein Ziel, grüßte mich gar einladend von hohen weißen Klippen herunter. Am Ufer fand ich gleich bereitwillige Führer, um mich zu Wohnungen zu geleiten. Die meisten englischen Orte an den Küsten sind auf Besuch von Gästen eingerichtet, die die Zeit des Seebades da zubringen, und eine Menge Wohnungen sind eben nur während der kurzen Sommerzeit bewohnt. Broadstairs gehörte damals noch zu den kleinen bescheidenen Orten dieser Art, obwohl es sich nun im Lauf der Jahre, wie so manche andere, sehr vergrößert haben soll. Es bietet auch eigentlich keine großen Schönheiten außer den hohen Klippen, der besonders wilden Brandung der Nordsee an diesen und der Aussicht auf das Meer. Zu der Zeit war nur *ein* bemerkenswertes Haus dort, das einsam auf hoher Klippe stand: es war das Haus, in dem Charles Dickens öfters den Sommer zuzubringen pflegte und in dem er mehrere seiner Romane geschrieben hat. Man führte mich in einigen verhältnismäßig teuren und unendlich banalen Wohnungen umher, die alle in der unschönen Hauptstraße des Städtchens lagen und keine Aussicht hatten. Sie gefielen mir alle nicht, überstiegen mein Budget und versprachen mir keine Stimmung, wie ich sie mir wünschte, denn sie atmeten dieselbe Banalität wie die Londoner *lodgings,* nur in verkleinertem, beschränktem Maßstabe. »Aber gibt es denn keine Wohnung mit der Aussicht auf das Meer?« fragte ich endlich verzweiflungsvoll. »Ja, es gibt da wohl ein Zimmer bei Schifferleuten, aber das ist keine Wohnung für eine Lady«, war die Antwort. »Einerlei, ich will sie sehen«, erwiderte ich; man zeigte mir den Weg und überließ mich dann meinem Schicksal, da es nicht der Mühe wert schien, ein Wesen, das so plebejischen Neigungen folgte, länger zu geleiten. Ich fand auf einem Klippenvorsprung, den ein wenig Rasen bedeckte und den dürftige Sträucher, von der Salzflut zu oft gebadet, einfaßten, ein kleines Häuschen, das sich mit der Rückwand an die höher aufsteigende Klippe lehnte. Eine gutmütig aussehende Frau empfing mich fast beschämt, als ich sie nach einer Wohnung fragte, und meinte, ihr Zimmer würde wohl nicht genug für mich sein. Als ich dennoch darauf bestand, es zu sehen, führte sie mich durch den untern Raum des Hauses, der Küche und Aufenthaltsort der Familie zugleich war, eine enge Stiege hinauf in das einzige Zimmerchen des ersten Stocks, das ein großes Bett, eine Kommode, einen Tisch und zwei Stühle enthielt, dessen einziges Fenster aber die Aussicht auf das weiße Klippenplätzchen hatte, zu dessen Füßen sich die Welle schäumend brach und zuweilen ein Sturzbad weißen Schaumes hinaufsandte, und dann darüber hinaus auf das weite Meer. Ich hatte gefunden, was ich suchte, und war entzückt; die Aussicht ließ an wildem Reiz der Einsamkeit nichts zu wünschen übrig; das Stübchen war bei seiner Schmucklosigkeit äußerst reinlich und nicht banal wie die anderen, ich fragte nach dem Preis, und die Frau verlangte zögernd fünf Schilling die Woche, indem sie mich besorgt ansah, ob es mir auch nicht zu viel dünke. Ich sagte ihr den geringen Preis mit Freuden zu; sie versprach mir das Essen, das ich bestellen würde, zu kochen und unten im Küchen-Wohnzimmer zu servieren. Über meinem Zimmer war nur noch das Schlafzimmer der Familie, die aus dem Mann, der Lotse war, der Frau und zwei kleinen Kindern, von denen das jüngste noch an der Brust lag, bestand. Ich war nun installiert nach meines Herzens Wunsch und sah mit tiefem Behagen den kommenden Wochen entgegen.

Mein einziger Umgang waren meine Schifferleute und eine Menge kleiner Kinder der hier herum wohnenden Fischerfamilien. Wenn ich vom Lesen oder Schreiben müde war, dann setzte ich mich mit diesen Kleinen auf mein wildes Plätzchen vor dem Haus und erzählte ihnen Geschichten oder ließ mir von ihnen ihre Lieder vorsingen oder kroch mit ihnen zwischen dem Felsgeblöck am Meer umher, um Muscheln zu suchen. Oft ging ich mit meinem Buch an den Klippen entlang, lagerte mich auf einer der höchsten Spitzen, wo die Felswand jäh ins Meer hinabsank und die weite Wasserflut sich vor mir ausbreitete, und las.

Eine gehoffte Freude nur blieb mir während dieses Aufenthaltes versagt, die nämlich, meine kleinen Freundinnen, die Töchter Herzens, dort zu sehen. Ich wünschte mir die Kinder herbei, die mir so lieb geworden waren, und ich wußte, daß sie es auch wünschten. Ich schrieb endlich an Herzen, um zu fragen, was denn der Grund ihres Nichtkommens sei, und sagte halb im Scherz, er könne sich wohl von London, den vielfachen Beziehungen, die er dort habe, und den Anregungen des dortigen Lebens nicht trennen; daß freilich das Leben in Broadstairs für ihn auch kein Interesse biete, weil außer den Klippen und den Wellen nichts da sei. Einige Tage darauf erhielt ich von ihm folgende Antwort:

»Sie haben es mit einem Menschen zu tun, der von einer Fatalität selbst in den einfachsten Dingen verfolgt wird.

Ich weiß nicht, wann wir kommen können. Mein Sohn ist krank: Ich hätte Ihnen die Kleinen mit der Bonne schicken können, aber die letztere ist eben jetzt unentbehrlich. Ich werde Ihnen das Ultimatum in einigen Tagen schreiben.

Inzwischen habe ich Ihren Brief erhalten – also Brutus, auch du? Es schien mir, Sie kennten mich besser als irgend jemand in London, und auch Sie denken, daß mir – ja was denn? – daß mir das Café von Very, das Restaurant von Piccadilly, die Regentstreet, die Volksmenge, die Diskussionen nötig sind? Denn im Grunde habe ich doch nichts anderes hier. Sie kennen jetzt unser Leben, es ist zerrissen, wüst, es gleicht einem jener alten verödeten Paläste aus der Vorzeit, in denen nur noch ein kleines bewohnbares Eckchen ist. Was sollte der Reiz sein, der mich an ein solches Leben bände? Es gibt eine Seite in meinem Leben, die ich fanatisch liebe, das ist die Unabhängigkeit – aber dort am Meeresufer würden Sie mich nicht tyrannisieren, denke ich; die andere sind die Kinder, und die wären dort. Nein, Sie durften mich nicht so beurteilen!

Ich habe ein Leben in die Breite gehabt, ein Leben des *entraînement* und des Glücks – *tempi passati!* Eine Sache, die mir noch bleibt, ist die Energie des Kampfes – und ich werde kämpfen. Der Kampf ist meine Poesie. Alles übrige ist mir beinahe gleichgültig. Und Sie glauben, daß mir etwas daran liegt, ob ich in London oder in Broadstairs, bei Newroad oder bei Ramsgate bin? – Als wir vor einiger Zeit einmal zusammen sprachen, sagte ich, daß Sie die einzige Person sind, mit der ich nicht nur freimütig über all die allgemeinen Dinge spreche (denn das tue ich mit allen Menschen, die ich achte), sondern auch über die intimeren Angelegenheiten. Diese Wohltat wiegt, denke ich, die kleineren Unannehmlichkeiten mit solchem Reichtum auf, daß sie nicht mehr der Erwähnung wert sind.«

Ich antwortete Herzen, fragte nach des Sohnes Gesundheit, erzählte ihm von meinen einsamen Freuden und bat ihn, mir mehrere wissenschaftliche Bücher, die er, wie ich wußte, besaß, zu schicken, unter anderen Moleschotts Kreislauf des Lebens. Einige Tage nachher erhielt ich wieder einen Brief, in dem er sagte, daß die Krankheit noch nicht gehoben sei, und dann fortfuhr: »Als ich Ihren Brief las, habe ich unwillkürlich gesagt: Mein Gott, was sind Sie noch jung in Sein und Gefühl! Alles, was Sie sagen, weiß ich auch – aus der Erinnerung –, auch ich war in Arkadien geboren! Aber ich habe diese Frische, diese *sonorité* nicht mehr. Sie gehen noch vorwärts, ich gehe zurück. Der Trost, der mir bleibt, ist meine Liebe zur Arbeit. Nur da bin ich noch jung, da besitze ich mich wieder selbst, wie früher. Moleschott ist sehr Spezialist in dem Buche: Kreislauf des Lebens. Kennen Sie das vortreffliche Buch: ›*Earth and Man*‹ von Gugot? Dann die Pflanzenkunde von Schleiden? Ich kann Ihnen das alles schicken.«

Er schickte sie mir auch wirklich.

Ich mußte mich endlich doch entschließen, meiner geliebten Meereseinsamkeit zu entsagen und zu der schweren Arbeit meines Londoner Lebens zurückzukehren. Ich fühlte mich aber gestärkt und ermutigt, denn ich hatte einmal wieder mit mir selbst gelebt, hatte mich in jene objektive Beschaulichkeit versenkt, in der allein uns das Mysterium des Lebens verständlich wird und aus der, als aus dem Gefühl der großen Einheit aller Dinge, uns die Kraft erwächst, die Zerrissenheit des alltäglichen Lebens zu ertragen. Am letzten Abend, da der Vollmond gerade mit silbernem Glanze die Meeresfläche erleuchtete, ließ ich mich noch einmal von meinem Hausherrn im Kahne hinausfahren aufs Meer. Ich kenne kaum einen schönern Naturgenuß, als bei ruhiger See hinauszufahren in die laue Nachtluft, die auf dem Wasser milder ist als auf dem Land und, bald in dem glitzernden Silber, bald auf der dunklen Flut, dahinzugleiten in die unbegrenzte Weite, still, traumhaft, als ginge es hinaus aus dem Reich der Erscheinung in das ewige Wesen der Dinge. Lange verloren in ein der Musik verwandtes Empfinden, hatte ich im Kahn gesessen und hatte beinahe vergessen, daß die gleichmäßigen Ruderschläge von einem menschlichen Geschöpf herrührten, als mein Fährmann plötzlich das Schweigen brach und anfing, mir zu erzählen, wie er als junger Knabe schon zur See gewesen sei, weite Weltfahrten mitgemacht und viele Nächte unter den Tropen auf dem Meer verbracht habe. Er schilderte mit glühenden Farben die Pracht des südlichen Sternenhimmels, der duftberauschten Luft, die ganzen wollüstig seligen Wunder jener phantastischen Zone. »Aber«, fügte er hinzu, »sobald wir ans Land stiegen, war es mein Erstes, schnell hinzulaufen und irgendwo Zeitungen zu lesen, denn nichts hat mich im Leben so interessiert wie die Politik; Sie müssen wissen, daß ich ein Republikaner bin, und zwar bin ich es nur aus eignem Nachdenken geworden, indem ich die verschiedenen Zustände der Länder, die ich bereiste, miteinander verglich und ausfand, daß die Republik die einzige, freier Menschen würdige Staatsform sei. Ich nehme auch heißen Anteil an all den verbannten Republikanern, die jetzt auf unserer Insel weilen.«

Ich sagte ihm, daß ich auch zu deren Zahl gehöre; da rief er lebhaft, das habe er schon lange bei sich gedacht und schon zu seiner Frau gesagt, ich müsse gewiß eine Republikanerin sein, weil ich so einfach menschlich mit ihnen verkehre. Dann fragte er mich, ob ich Ledru-Rollin kenne. Ich sagte: nicht persönlich, wohl aber von Ansehen, und daß ich leicht mit ihm bekannt werden könnte, wenn ich wollte. »Nun wohl«, versetzte er nach einigem Zögern, »so sagen Sie ihm: wenn er je eines zuverlässigen Seemanns bedarf, um im sichern Kahn einen mutigen Mann, der dort das gesegnete Werk vollbringen will, das französische Volk von seinem Tyrannen zu befreien, hinüberzuführen zur französischen Küste und ihn nach vollbrachter Tat ungefährdet zurückzuführen, so solle er meiner gedenken und mich rufen. Ich sei alle Zeit dazu bereit!«

Aus dem Traumland der schweigenden Meernacht rief mich diese seltsame Eröffnung zurück in die leidenschaftlich bewegte Welt der sogenannten Wirklichkeit, in der die finstern Mächte der fleischgewordenen wütenden Triebe herrschen, die die Tyrannei und in ihrem Gefolge den Mord wecken, zwischen deren finsteren Umarmungen das Ideal nur wie ein flüchtiger Meteor eine Welt erleuchtet, um dann, sich in unbekannte Fernen rettend, zu entfliehen.

Die Familie der freien Wahl

Als ich mich wieder dem Dunstkreis näherte, der über der ungeheuren Weltstadt wie ein dunkler Raubvogel über der zu verschlingenden Beute lauert, fiel mir unwillkürlich der Chor aus Fidelio ein, als die Gefangenen zurück müssen in den Kerker und mit schmerzlicher Wehmut singen »Leb wohl, du schönes Sonnenlicht, nun schwindest du uns wieder.«

Ich fand nur wenige meiner Schülerinnen vor, da es noch weit vom Anfang der Saison war und die meisten Familien noch auf dem Lande waren. Aber im Herzenschen Hause fing ich alsbald meine Stunden wieder an und freute mich der holden Kinder, die mir wahre Blumen in der Wüste waren. Eines Abends führte mich mein Weg am Hause vorbei, und da ich am Morgen nicht dagewesen war, so ging ich hinein, um zu sehen, wie es den Kindern gehe. Ich traf Herzen mit ihnen unten im Eßzimmer und sah, daß er verstört und traurig aussah. Als ich wegging, begleitete er mich hinaus und brach plötzlich in Tränen aus, indem er mir sagte, daß das häusliche Leben sich nicht organisieren wolle, daß er sich Sorgen mache um die Kinder, daß sein Haus eine Ruine sei und wiederholte mehreremal: »Ich habe es nicht verdient, ich habe es nicht verdient!« – Es erschütterte mich tief, ihn so zu sehen. Es hat immer etwas Ergreifendes, einen Mann weinen zu sehen, um wieviel mehr einen, der äußerst sparsam ist mit Gefühlsäußerungen und im Weltgetriebe so absorbiert scheint, daß man ihn der Empfindlichkeit engeren Verhältnissen des Lebens gegenüber kaum für fähig hält. Zugleich rührte mich aber auch sein Zutrauen zu mir, und als er sagte: »Geben Sie mir Rat!«, versprach ich ihm, darüber nachzudenken, was zu tun sei. Zu Hause überlegte ich lange, was ich raten solle. Schon oft hatten die Kinder und die Bonne gesagt, ich solle doch ganz zu ihnen kommen, und hatten Pläne gemacht, wie schön wir dann leben wollten. Von einer Seite war mir der Gedanke lockend gewesen, wenn ich an ein Zusammenleben mit den Kindern in so freien Verhältnissen und an ein Werk der Erziehung, das edle Früchte bringen konnte, statt des traurigen Stundengebens dachte. Dennoch war ich immer wieder davor zurückgeschreckt, denn ich hatte Angst vor jeder neuen, tieferen Anhänglichkeit an Menschen. Die öde Ruhe meines Alleinstehens schien mir jetzt den Leiden, die Liebe bringen kann, vorzuziehen. Ich hatte diese ja in jeder Form und in ihrer ärgsten Bitterkeit kennengelernt und ihre zerstörende Macht sattsam erfahren. Mein dermaliger Zustand war wenigstens Ruhe und Geistesfreiheit, wenn auch kein Glück. Er glich dem schmerzlichen Wohlgefühl, das der Schiffer empfinden mag, wenn er nach dem Sturm auf hoher See mit zersplittertem Mast, mit zerrissnen Segeln, mit verlorner Habe sich in der Ruhe des Hafens findet. Sollte ich mich noch einmal den Schicksalen, die das Gefühl über uns heraufbeschwört, aussetzen? – da ich mich kannte, da ich wußte, wie tief und ausschließlich mein Herz sich jeder wahren Neigung hingab, so daß, wenn sie zerrissen wurde, auch ein Teil meiner selbst mit abgerissen und mein Leben gefährdet wurde? Hier konnte ja von keinem Gouvernantenverhältnis die Rede sein, sondern es war der Eintritt in die Familie der freien Wahl, es war die Schwester, die zu dem Bruder ging, um ihm die der Mutter beraubten, verwaisten Kinder zu erziehen. So nur wollte ich wenigstens den Schritt tun, so nur oder gar nicht. Die holden Kinderaugen lockten mich wie Sterne, indem sie mir bei der Arbeit auch der Arbeit Segen verhießen. Das geistige Element, das durch Herzens Umgang wieder in mein Leben treten würde, der Austausch, ja auch vielleicht der Kampf der Ansichten, in den sich aber nichts von der Heuchelei zu mischen brauchte, die man mehr oder minder im englischen Leben üben muß, alles das zog mich an. Dazu kam die Rücksicht, daß meine Gesundheit voraussichtlich einen zweiten Winter so angestrengten Stundengebens nicht würde ertragen können. Ich setzte mich also hin, schrieb an Herzen und sagte ihm, daß mich sein Schmerz sehr gerührt habe und daß der Wunsch, ihm zu helfen, viele andere Bedenken in mir überwöge; ich bot ihm an, die Erziehung der Kinder ganz in die Hand zu nehmen, fügte hinzu, daß ich dazu natürlich ins Haus ziehen müsse, daß ich es aber durchaus als ein Werk der freien Wahl, als eine Pflicht der Freundschaft ansähe, und daß von dem Augenblick meines Lebens im Hause an jede pekuniäre Verpflichtung zwischen uns aufhöre. Zu dem Zwecke würde ich noch einige wenige Stunden außer dem Hause geben, deren Ertrag für meine bescheidenen Bedürfnisse hinreiche, damit ich dann ungestört eine ideale Arbeit übernehmen könne, deren Gelingen ihr einziger Lohn sei. Ich schloß damit, daß es sich von selbst verstände, daß wir beide diesen Vertrag als freie, gleichberechtigte Menschen eingingen, mit voller gegenseitiger Freiheit, ihn zu lösen, wenn es dem einen oder dem andern so besser scheinen würde.

Ich bekam bald eine Antwort. Er schrieb, daß ihm der Vorschlag schon hundertmal auf den Lippen geschwebt habe, daß aber ungefähr gleiche Skrupel wie die meinen ihn bis jetzt zurückgehalten hätten, nämlich die grenzenlose Liebe zur Freiheit und Unabhängigkeit – das Höchste, was nach dem Schiffbruch des Lebens übrigbliebe, und die Angst vor allen menschlichen Beziehungen, die so leicht die traurige Ruhe der einsamen Resignation, der von unzähligen Kugeln durchbohrten Trophäe, die wir aus dem heißen Streit mitbringen, gefährden. »Ich habe vor allen Angst, auch vor Ihnen«, sagte er, fügte dann aber hinzu, »ja probieren wir es: Sie tun das Höchste für mich, wenn sie mir die Kinder retten: ich habe kein Talent zur Erziehung, ich weiß es und täusche mich darüber nicht; aber ich bin bereit in allem zu helfen, alles zu tun, was Sie für nötig und gut halten.«

Nun die Scheu einmal überwunden war, nun drängte er selbst zur Eile, und nach wenigen Wochen zog ich in das Haus. Ich fand manches zu reformieren in Beziehung auf die Kinder, auf die Organisation des Hauses, ja sogar auf die geselligen Verhältnisse, die Herzen um sich hatte aufwachsen lassen, die ihn selbst drückten und oft gar verstimmten und die er doch nicht die Energie hatte zu regeln und seiner bessern Einsicht gemäß zu gestalten.

Die sehr originellen Naturen, die ich zu erziehen übernommen hatte, führten mein Nachdenken nun auf spezielle Fälle, und ich suchte ihnen die Theorie so weit es ging anzupassen. Zunächst war es freilich die älteste Tochter, mit der ich mich am meisten beschäftigte, deren Unterricht ich ganz allein übernahm und deren schon sehr ausgeprägte Natur ich mit Sorgfalt studierte. Aber mit grenzenloser Zärtlichkeit schloß ich auch das kleinste Mädchen in mein Herz, die noch zu klein war, um zu lernen, die sich aber auch mir mit einer in einem so kleinen Wesen wunderbaren, fast leidenschaftlichen Liebe anschloß.

Außer einem russischen Ehepaar, Engelsons, das mit Herzen von alters her befreundet war, kamen jetzt häufig Mitglieder der französischen Emigration, aber nicht des doktrinär-republikanischen Teils, an dessen Spitze Ledru-Rollin stand, sondern der sozialistischen Partei, als deren Haupt Louis Blanc damals angesehen wurde. Dieser gab uns oft Anlaß zum Lachen, indem die kleinste Herzen ihn wegen seiner knabenhaften Gestalt für einen Spielkameraden nahm und ihm deshalb ihre besondere Gunst zuwandte, er aber darüber so geschmeichelt war, daß er sich gleich nach dem Kind erkundigte, sobald er kam, und oft halbe Stunden lang mit ihr *au volant*[53] oder sonst ein Spiel spielte. Ja er war sogar so eingebildet auf diese Eroberung eines drei Jahre alten Mädchenherzens, daß er ernstlich böse wurde, als einer der andern Franzosen ihm einmal spottend sagte: »Mein Gott, Louis Blanc, sie werden sich doch nicht einbilden, das Kind sei in Sie verliebt? Das gilt ja nur Ihrem blauen Rock mit den schönen gelben Knöpfen.« Er trug nämlich immer einen blauen Frack mit großen gelben Knöpfen darauf. Die kleine Anekdote war sehr bezeichnend für ihn; er war unendlich eitel und glaubte sich einen großen Mann trotz seiner Körperkleinheit. Doch muß man, um gerecht zu sein, sagen, daß er wirklich liebenswürdig war und seine Bedeutung ganz sich selbst verdankte. Er besaß nicht nur ein großes Talent als Historiker, sondern auch eine tiefe, logisch entwickelte Überzeugung, die er zwar stets mit rhetorischem Schwung auch im intimen Gespräch, aber doch ohne jenen Schwall von revolutionären Phrasen vortrug, durch den die meisten seiner Landsleute sich auszeichneten. Auch er war ein Doktrinär, und sein System hatte sich bereits als unhaltbar erwiesen, aber er war geistvoll und verteidigte seine Theorie mit großer Gewandtheit und Hartnäckigkeit, wenn Herzen ihm auch oft auf das schärfste ihre Mängel nachwies. In allen diesen oft heißen Verhandlungen blieb er aber stets, trotz seiner doktrinären Rechthaberei, der vollkommene *gentleman,* und wenn er in der Diskussion heftig und halsstarrig war, so war er unmittelbar nachher liebenswürdig, freundlich und erzählte mitunter ganz reizend die allerkomischsten Anekdoten. In vertraulichen Gesprächen liebte er es sehr, von seinem Leben mit den französischen Arbeitern zu sprechen und Züge von der Liebe zu berichten, die sie ihm stets bewiesen hätten. So unter anderem erzählte er, wie er einmal mit einem Mitgliede der provisorischen Regierung vom Jahre achtundvierzig spazierengegangen sei und bemerkt habe, daß ein Mann in einer Bluse ihnen in einiger Entfernung hartnäckig folgte. Welche Wendung des Wegs sie auch einschlagen mochten, der Mann folgte ihr auch. Eine arme Frau trat heran und bat Louis Blanc um ein Almosen. Er suchte in der Tasche und fand, daß er keine Münze habe. Da trat der Mann in der Bluse rasch hinzu, legte ihm einige Sous in die Hand und sagte: »Es soll niemand sagen können, daß Louis Blanc einen Armen ohne Almosen von sich gelassen habe.« Es stellte sich nun heraus, daß immer einer der Arbeiter ihm folgte, wohin er auch ging, um über ihn zu wachen und stets zu seiner Hilfe bereit zu sein.

Einer der wenigen Franzosen, die Louis Blanc trotz aller Anerkennung in der Diskussion entgegenzutreten wagten, wurde bald ein täglicher Gast im Hause. Es war dies Joseph Domengé, ein noch ganz junger Mann, aus dem südlichen Frankreich gebürtig, der Sohn unbemittelter Eltern, der, von diesen in früher Jugend schon in das Chaos des Pariser Lebens entlassen, seinen Weg allein hatte suchen müssen und sich mit dem ganzen Ungestüm einer begeisterten Seele in die Revolution gestürzt hatte. Die Folge davon war auch für ihn das Exil und die Armut. Herzen hatte ihn eines Abends bei einem gemeinschaftlichen Bekannten getroffen und war von dort mit ihm weggegangen, so in Gespräche vertieft, daß sie die halbe Nacht in den Londoner Straßen umhergeirrt waren, ohne enden zu können. Am folgenden Tag erzählte mir Herzen von ihm und sagte: »Unter allen Franzosen, die ich kenne, habe ich noch keinen so freien Menschen und so denkenden philosophischen Kopf gefunden wie diesen.« Ich lernte ihn auch bald darauf kennen, und er machte mir einen so gewinnenden Eindruck, daß ich Herzen vorschlug, ihn für seinen Sohn als Lehrer zu nehmen. Seinem edel schönen Äußeren entsprach auch die hohe Intelligenz, sein mutiger, freier Blick, der ihn über alles konventionelle Denken hinweghob und vorurteilsfrei die Natur der Dinge betrachten ließ. Er hatte kein philosophisches System *a priori* angenommen, aber seine ganze Art zu sehen war philosophisch, und mit unerschrockener Kritik begegnete er den Theoremen, mit denen seine Landsleute, jeder in seiner Weise, die Welt von oben herab beglücken wollten. Er hatte studiert und schien mir in jeder Weise geeignet, den heranwachsenden Jüngling zu leiten. Herzen war derselben Ansicht und Domengé kam von nun an täglich mehrere Stunden in das Haus zum Unterricht. Er blieb dann meist auch zum Essen, wodurch die Unterhaltung immer mannigfaltiger und angeregter wurde.

Ein anderesmal sagte mir Herzen: »Nun bereiten Sie sich vor, einen sehr merkwürdigen Menschen kennenzulernen, der mich eben besucht hat, ich habe ihn auf den Abend eingeladen.« Den Namen dieses Menschen hatte ich schon gehört; es war vielfach von ihm die Rede gewesen wegen eines Duells, das er mit einem Anhänger Ledru-Rollins gehabt und in dem er seinen Gegner erschossen hatte. Infolgedessen hatte er vor dem englischen Schwurgericht gestanden, und es hatten sich bei der Verhandlung sonderbare Unredlichkeiten ergeben, die seine politischen Gegner gegen ihn verübt hatten. Sein Name war Barthélemy; er war ein einfacher Arbeiter aus dem heißblütigen Marseille, hatte schon in früher Jugend zu der geheimen Gesellschaft der Marianne[54] gehört, die damals in Frankreich revolutionäre Zwecke verfolgte, war in dieser durch das Los bestimmt worden, Rache an einem Polizeisergeanten zu nehmen, der sich an einem Mitglied der Gesellschaft vergangen hatte, hatte ihn, wie ihm befohlen, getötet, war gefangengenommen und zum Bagno verurteilt worden. Bald darauf brach die Revolution von Achtundvierzig aus. Er wurde aus dem Bagno befreit, kämpfte in den Juni-Tagen mit Löwenmut auf seiten der Arbeiter und entkam nur mit Mühe und unzähligen Gefahren neuer Gefangenschaft und dem Exil in Cayenne, gegen das denn doch das Exil im freien England, trotz Armut und Entbehrung, eine beglückende Rettung war. Ich war wohl begierig, diesen Menschen zu sehen, dem schon in der Jugend so wilde abnorme Schicksale begegnet waren, doch hatte ich auch ein geheimes Grauen vor ihm, dessen Hand schon mehr als einmal den Tod gegeben hatte. Wie war ich erstaunt, als Herzen mir am Abend einen Menschen von feiner, ruhiger Haltung vorstellte, der sich äußerlich in nichts von jedem andern Herrn der Gesellschaft unterschied, und als er mich mit einer Stimme anredete, deren tiefer, musikalischer Wohllaut eine unwiderstehlich sympathische Wirkung ausübte. Dieser Wilde war zurückhaltend, bescheiden, ja fast schüchtern, durchaus edel in Bewegung und Benehmen. Nur in dem dunklen Auge, das in dem melancholischen Gesicht unter der gedankenvollen Stirn hervorleuchtete, blitzte es zuweilen wie das ferne Wetterleuchten eines drohenden Sturmes, der mit vernichtender Gewalt im gegebenen Moment losbrechen wird. Er wurde in der Diskussion nie heftig, schrie nicht wie die anderen Franzosen, deklamierte nicht wie sie, hatte keine akademische Rhetorik des Vortrages, sprach überhaupt nicht viel. Aber wenn er sprach, dann verstummten nach und nach die andern. Die tiefe, wohllautende Stimme tönte allein klar und bestimmt über dem verhallenden Chaos und sprach Meinungen aus, die wie aus Stein gemeißelt schienen, so unerschütterlich schienen sie fest zu stehen. Nur selten zitterte ein ferner Klang der Leidenschaft in dieser Stimme, der es verriet, daß seine Gesinnung nicht nur überhaupt zur Tat werden könnte, sondern auch zu solch rascher Tat, daß sie ihn vielleicht selbst gereuen würde. Ich war so ergriffen von der Bekanntschaft dieses Menschen, daß Herzen, obgleich er ihn selbst sehr bedeutend und anziehend fand, über meinen

Enthusiasmus lachte. Noch in Deutschland war ich daran gewöhnt gewesen, mit sehr unterrichteten Arbeitern zu verkehren, die die sozialen Fragen mit Ernst und Nachdenken behandelten; aber eine so harmonische Durchbildung wie bei Barthélemy, ein so völliges Heraustreten aus seiner Sphäre durch Anstand und Benehmen, wie bei ihm, hatte ich noch nirgends gefunden. Er flößte mir eine Achtung vor dem französischen Arbeiterstand ein, die mich berechtigte anzunehmen, daß alles Heil der Zukunft in jenem Lande lediglich in diesem Stande ruhe. Ich ahnte damals noch nicht, daß es möglich sein würde, daß das Kaiserreich zwanzig Jahre dauern, mit seinem demoralisierenden Einfluß auch diesen Stand gründlich verderben und zu den traurigsten Konsequenzen seiner damaligen Theorie führen könnte.

Auch aus der italienischen Emigration wurden mir in Herzens Haus einzelne Persönlichkeiten näher bekannt und lieb. Mazzini sah ich damals nicht, denn er ging abends nie aus, außer in seinen nächsten englischen Freundeskreis, wo ich nicht bekannt war. Dagegen kam sein einstiger Kollege im römischen Triumvirat, zugleich sein Schüler und Freund, Aurelio Saffi, öfters zu uns. Herzen liebte ihn außerordentlich, und Saffi neigte sich immer mehr und mehr Herzens Anschauungen zu, die freilich wesentlich von denen Mazzinis abwichen. Mazzini hatte ein Dogma, allerdings ein schönes, reines, aber doch ein Dogma, zu dem er die Welt bekehren wollte und an dessen Unfehlbarkeit und endlich Verwirklichung er glaubte. Herzen hatte den Fanatismus der Freiheit, er wollte die unbegrenzte Entwicklung aller Möglichkeiten ,und haßte und negierte deshalb die bestehenden tyrannischen Gewalten, die versteinern wollen. Er würde auch die Republik negiert haben (und tat es schon damals mit der französischen Republik von achtundvierzig), wenn diese zum bindenden Dogma für den Gedanken hätte werden wollen. Saffi fing auch an einzusehen, daß es eine Unmöglichkeit sei, von der Emigration aus dem Vaterland Gesetze und den Gang seiner Entwicklung vorschreiben zu wollen. Anstatt zu konspirieren, wandte er sich einer bestimmten Tätigkeit im Lande des Exils zu, da ihm seine Vermögensverhältnisse keine Unabhängigkeit boten. Nach einiger Zeit erhielt er einen Ruf an die Universität in Oxford, dem er folgte. Er war ein literarisch hochgebildeter Mensch, eine poetische, träumerisch melancholische Natur. Stundenlang konnte er sitzen, ohne nur ein einziges Wort zu sprechen. Oft erwachte er, wenn man ihn anredete, wie aus einem fernen Traum. Einmal hatten wir ihn lange einem Franzosen gegenüber sitzen sehen, der ihm alte, von uns allen bis zum Überdruß gehörte Geschichten aus der Zeit der Revolution von achtundvierzig vortrug, ohne daß Saffi auch nur einmal den Mund zu einer Bemerkung geöffnet hätte. Endlich machte die Essenszeit diesem Monolog ein Ende, und Herzen fragte Saffi lachend, ob er nun gründlich über die Angelegenheiten der Mairie des dreizehnten Arrondissements unterrichtet sei? – Saffi sah ihn erstaunt an und sagte: »Ich habe nichts gehört«, was dann natürlich ein allgemeines herzliches Gelächter hervorrief. Trotz dieser Zerstreutheit und Versunkenheit war er aber eine der liebenswürdigsten Erscheinungen in der ganzen Emigration. Er war nicht zum politischen Menschen geboren, der Patriotismus war ihm eine Poesie, und die Erhebung Italiens hatte den Dichterjüngling ergriffen wie ein verkörpertes Ideal. Noch ganz jung mit dem älteren Freund an die Spitze der römischen Republik gerufen, war sein erstes Begegnen mit der Tat der entzückende Traum eines neu auferstandenen Roms gewesen. Der Traum war zerronnen, und als er erwachte, fand er sich einsam im nobelverhüllten Exil. Das tiefe Leid, das seine Seele füllte, zeigte sich, außer in seinem Schweigen, auch dann, wenn er zuweilen im engsten Kreise plötzlich anfing, Verse zu rezitieren; entweder die unsterblichen Terzinen seines großen Landsmanns, auch eines Verbannten und vom tiefen Schmerz des Exils Erfüllten, oder die am Born des Leidens selbst geschöpften Dichtungen des nach Dante größten und edelsten italienischen Dichters, Giacomo Leopardi. Dann war es, als spräche er aus seiner eigenen Seele, und sein ganzes Wesen erwachte aus der Versunkenheit, die ihm gewöhnlich war. Er liebte Herzen mit fast kindlicher Zärtlichkeit und hörte bewundernd zu, wenn bei diesem die Gedanken sprühten und der feurige Geist die Zuhörer mit fortriß in alle Gebiete des Denkens. Nur Herzens sprudelndem Witze war es gegeben, ihm manchmal ein herzliches Lachen abzugewinnen.

Ganz das Gegenteil von Saffi, und doch auch ein echt italienischer Typus, war Felice Orsini, der, mit Herzen auch schon von Italien her bekannt, ihn jetzt in London aufsuchte. Er war das Bild eines Condottiere des Mittelalters, wie ihn sich die Phantasie nicht besser träumen konnte, eine jener Gestalten, wie sie Machiavell vorschwebten, als er, in objektiver Anschauung seiner Zeit, den politischen Typus aufstellte, den man ihm so sehr verdacht und den man fälschlich für sein Ideal genommen hat. Orsini war schön, ganz anders schön wie der blasse träumerische Saffi. Er war der echte Römer mit der scharf gebogenen Nase, den festgeschlossenen Lippen, den dunklen blitzenden Augen und der hohen Stirn. Seine Gestalt war gedrungen, das Bild der Kraft. Er sprach auch wenig, wie Saffi, aber nicht, weil er träumte oder in andere poesieerfüllte Welten entrückt war, sondern weil er beobachtete, plante, sich nie und nimmer gehen ließ, nie erraten ließ, welches eigentlich der Grund seines Gedankens sei. Er war schon mehreremal im Gefängnis gewesen und erzählte mir, daß er im Gefängnis die »Neue Heloise« gelesen, dadurch zu einer höheren Auffassung des weiblichen Wesens gekommen sei, als er sie früher gehabt habe, und daß er sich nun ganz für die Gleichberechtigung der Frauen erkläre, da er sie in jeder Beziehung dem Manne ebenbürtig erachte. Er kam oft des Abends auf eine Stunde zu gemütlichem Gespräch, beschäftigte sich viel mit den Herzenschen Kindern und sprach mit Wehmut von den zwei kleinen Töchtern, die er in Italien zurückgelassen hatte. Diese gemütliche Seite überraschte sehr in ihm, es war mir die erste Offenbarung der tiefen Familienanhänglichkeit, die in den Italienern ein charakteristischer Zug ist und die man gewöhnlich nicht bei ihnen voraussetzt.

In lebhafte Aufregung wurde die italienische Emigration versetzt durch die Ankunft Garibaldis, der mit einem Genueser Schiff, das er als Kapitän befehligte, aus Südamerika zurückkam, wo er für die Unabhängigkeit der Republiken gefochten hatte. Auch ihn kannte ich bereits aus Herzens Schilderungen, der mit ihm in Italien zusammengetroffen war. Mit Rührung hatte mir Herzen oft erzählt, wie nach dem Tode seiner Frau eine unbekannte Dame mit zwei Kindern gekommen sei und ihm gesagt habe, sie wisse wohl, daß er nicht ihren Glauben teile, aber er werde ihr gewiß nicht versagen, mit den Kindern, die auch die Mutter verloren hätten, am Sarge der Geschiedenen zu beten. Die Kinder waren die Garibaldis, und die Dame war ihre Erzieherin. Zu jener Zeit kannte man Garibaldi nur als den Führer des Heeres der römischen Republik, der die französischen Republikaner (die durch die Expedition eine jener Schandtaten vollbrachten, durch die sich ihr Erscheinen in Italien so oft traurig ausgezeichnet hat) wahrscheinlich damals zurückgeschlagen und so vielleicht die Geschicke Italiens geändert haben würde, hätte nicht Mazzinis Vertrauen in die Reinheit der republikanischen Gesinnung Garibaldi am energischen Vorgehen gehindert. Es war dies ein Idealismus, den Mazzini und mit ihm Italien schwer büßen mußte. Mazzini selbst erzählte mir später mehreremal, daß es ihm unmöglich gewesen sei zu glauben, daß die französischen Republikaner etwas gegen die römische Republik unternehmen könnten. Es war eine der vielen Täuschungen der Revolution von achtundvierzig, denen die ganze revolutionäre Generation jener Zeit unterworfen war.

Wenn aber auch seine schönsten Lorbeeren ihm damals noch nicht zuteil geworden waren, so war Garibaldis Name schon neben dem Mazzinis der ersten Sterne einer für das freiheitliebende Italien. Seine neuesten Heldentaten in Südamerika hatten einen romantischen Schimmer hinzugefügt, der ihn wie einen Helden der Vorzeit erscheinen ließ, der auf ferne Ritterfahrten, zur Hilfe der Bedrängten, ausgezogen war. Herzen ging gleich, ihn zu sehen, und lud ihn zu Tische bei sich ein. Garibaldis Bild ist seit jener Zeit allen, auch denjenigen, die ihn nicht persönlich kennen, so vertraut geworden, daß man es nicht mehr zu beschreiben braucht. Aber wenn sein Äußeres schon, ohne schön zu sein, einnahm, so tat dies noch mehr der sanfte Ausdruck des guten Auges, das milde Lächeln, die ganze einfache und in ihrer Einfachheit doch so würdevolle Persönlichkeit. Seine Erscheinung war wie der stille Zauber eines schönen Tags, nichts Verborgenes, Geheimnisvolles, Aufregendes, kein stechender Witz, keine blitzende Leidenschaftlichkeit, kein hinreißender Schwung der Rede; er flößte aber eine stille freudige Erregung, eine Gewißheit ein, daß hier ein Mensch vor einem stehe, der in allem wahr sei, bei dem nie zwischen Rede und Tat ein Dualismus obwalten werde, der selbst in seinen Irrtümern noch kindlich liebenswürdig blieb. Seine Unterhaltung war frisch, bewegt, voll liebenswürdiger Einfachheit wie sein Wesen und durchweht von einem poetischen Hauch, mit dem er seine Erlebnisse in Südamerika erzählte, den Guerillakrieg, den er da geführt, wie er mit den Seinen unter dem Sternenhimmel geschlafen, wie sie wirklich noch im alten, edlen Waffenkampf dort von Mann zu Mann gekämpft. Man glaubte, einen Helden Homers zu hören, und wohl begriff man es, wie seine Anita[55], von unauslöschlicher Liebe ergriffen, ihm in heldenkühner Treue nachfolgen mußte bis in den Tod. Ganz zu ihm paßte der Lieblingsgedanke, den er uns mitteilte: es war sein Traum gewesen, daß die ganze Emigration von achtundvierzig sich auf einige Schiffe begeben sollte, um eine segelnde Republik zu bilden, immer bereit, da zu landen, wo es für die Freiheit zu kämpfen gelte. Er meinte, die Idee wäre durchaus nicht unausführbar gewesen; Genua, das ihm sein Schiff gegeben, würde noch mehrere gegeben haben, und so hätte man auf dem freien Meere ein Asyl der Freien gründen können, wie es auf dem Festlande nirgend möglich war.

Garibaldi lud uns vor seiner Abreise zum Frühstück auf seinem Schiffe ein. Am bestimmten Tage wurde Herzen durch heftiges Kopfweh verhindert mitzugehen, und ich ging demnach allein mit Herzens Sohn. Das Schiff lag weit hinaus in dem tieferen Fahrwasser der Themse, und wir mußten vom Ufer aus in einem kleinen Boot hinüberfahren. Beim Schiffe angelangt, wurde mir ein Lehnsessel, mit einem schönen Teppich belegt, vom Bord heruntergelassen, auf dem ich hinaufgezogen wurde. Oben empfing uns Garibaldi in malerischer Tracht; ein kurzes faltiges Oberkleid von grauer Farbe, ein goldgesticktes rotes Mützchen auf dem blonden Haar, Waffen im breiten Gürtel. Seine dunkelbraunen Matrosen, mit den Augen und der Hautfarbe einer anderen Sonne, waren, ebenfalls in malerischem Anzuge, auf dem Verdeck versammelt. Zwei englische Damen, die ich kannte, waren bereits vor mir angelangt. Garibaldi führte uns in die Kajüte, wo ein Frühstück, aus allerlei Seedelikatessen, Austern, Fischen usw. bestehend, serviert wurde. Die herzlichste und liebenswürdigste Unterhaltung herrschte dabei. Zuletzt stand er auf, ergriff ein Glas einfachen Weins aus seiner Heimat Nizza, den er immer bei sich führte, entschuldigte sich, daß er als guter Patriot uns keinen Champagner vorsetze, sagte, er sei ein einfacher Mann und habe nicht die Gabe der Rede, aber er wolle trinken auf das Wohl der Frauen, die mit reiner Hingabe den Männern beiständen, der wahren republikanischen Freiheit den Weg zu bahnen. – Nachher zeigte er uns das Schiff, seine Waffen, die einfachen Gegenstände, die ihn umgaben. Seine Matrosen schienen ihn alle zu vergöttern, und man konnte nicht umhin, den poetischen Zauber zu empfinden, der diese Persönlichkeit hier umgab: der schlichte, einfache, freie Held, durch Güte und Gerechtigkeit ein Herrscher über diese kleine schwimmende Republik, die Hilfe seines Arms und seines kriegerischen Talents in ferne Länder zur Erringung der Freiheit tragend, da er dem Vaterland im Augenblick nicht dienen konnte. Kaum hat wohl je ein Mann seit der antiken Zeit sich so mit dem Zauber der Situation zu umgeben gewußt wie er, aber nicht aus Affektation oder um Effekt zu machen, sondern aus der eingeborenen Poesie und Redlichkeit seines Wesens heraus, das allen äußeren Glanz und jede Auszeichnung, die nicht unmittelbare notwendige Folge des inneren Wertes sind, verschmäht, und sich, wie die wahrhaft Freien es tun, immer dahin begibt, wo seine eigenste Natur keine Fesseln zu tragen braucht, sondern im Einklang steht mit der Umgebung. So war er hier auf seinem Schiff, so war er in Südamerika gewesen, so war er später im Kriege und auf Caprera. In dieser Einfachheit und Treue gegen sich selbst liegt der unwiderstehliche Zauber, den er namentlich auf das Volk ausübt und der ihn bereits bei seinem Leben zu einem Helden der Legende gemacht hat. Das Volk in Neapel trägt jetzt schon sein Bild als Amulett, feiert seinen Namenstag nicht mehr um des heiligen Joseph, sondern um seinetwillen und glaubt fest, daß der erste Garibaldi schon lange gestorben ist, daß er aber immer wieder aufersteht und daß es stets einen Garibaldi geben wird.

Landleben. Ein Toter

Inzwischen war das Frühjahr herbeigekommen. Freudig begrüßte ich den Vorschlag Herzens, London zu verlassen und nach Richmond zu ziehen, das wegen seiner Nähe doch die Vorteile Londons mit genießen läßt, und zugleich in den Spaziergängen an der Themse, in seinem herrlichen Park und dem nahen Kew-Garten alle Vorzüge des ländlichen Aufenthalts bietet. – Von jeher war mir das Landleben als das wahre Leben erschienen. Die unbegrenzte Liebe zur Natur, die Ruhe und der Frieden, die sie allein zu geben vermag, die große Unschuld, die in ihr herrscht, in der die wilden Triebe noch nicht erwacht sind, die schon bei den Tieren Raub, Mord und Qual zur Folge haben – alles dies ließ mich mit Entzücken darauf hinsehen, nun endlich einmal dieses noch so selten genossenen Glücks teilhaftig zu werden. Dazu freute ich mich, aus dem noch immer zu regen Verkehr im Hause fortzukommen. Freunde und Besucher, von denen ein jeder glaubte, er müsse doch die Ausnahme sein, mit der man die Zeit verbringen könne, waren mir noch immer zu viele. Ich sehnte mich nach Ruhe und Stille, zumal ich alles im Hause hatte, dessen ich bedurfte: für mein Gefühl die Kinder, für meine Tätigkeit die Beschäftigung mit ihnen, Herzens Umgang für meinen Geist. Herzen ging nach Richmond, um ein Haus zu suchen, und als es gefunden war, zogen wir hinaus. Ich lebte nun mit den Kindern so ganz nach meinem Sinn und erfreute mich an ihrem Gedeihen. Bei der Ältesten verloren sich jene früher erwähnten Mißklänge immer mehr und wir kamen uns herzlich näher. Mit der Kleinen schloß sich das tiefe Liebesband, das uns von Anfang an vereint hatte, immer fester, und oft stand ich abends an dem Bettchen, wo sie schlummerte, und dachte mit wahrem Dankgefühl an die Mutter, die ich nicht gekannt und die mir dies teure Vermächtnis hinterlassen hatte. Ich fühlte all die heiße Liebe, all die Aufopferungsfähigkeit einer Mutter, all ihre brennende Sehnsucht, über solchem jungen Leben zu wachen und es zur schönsten Blüte zu erziehen. Die Grazie dieses Kindes entzückte mich mit den reinsten Hoffnungen für ihre Zukunft; ihre Fehler und kleinen Unarten wurden meine tiefste Sorge und mein Denken ging auf in den großen Problemen der Erziehung und ihrer Anwendung auf den einzelnen Fall. Viele Wochen verstrichen im reinsten Frieden.

Der Winter in dem herrlichen Hause fing auf das friedlichste an. Am Morgen blieb Herzen streng bei seiner Arbeit. Er liebte nicht, dabei gestört zu werden, und jeder Besuch blieb seinem Zimmer alsdann ferne. Domengé war mit dem Sohn, ich mit den Mädchen beschäftigt. Das

Haus und der Garten waren der Kinder und meine Welt; ich sehnte mich nicht über deren Grenze hinaus, denn ich war vollkommen glücklich. Bei den Mahlzeiten und am Abend vereinten uns erquickende Gespräche. Herzens ewig frischer, angeregter Geist war wie eine lebendige Quelle, die nie versiegt. Abends, wenn die Mädchen zu Bett gegangen waren, las er seinem Sohn und mir vor. Zunächst machte er den Jüngling mit Schiller bekannt und las ihm mit besonderem Entzükken den Wallenstein vor, den er vorzüglich liebte und für Schillers schönstes Werk hielt. Es war außerordentlich schön, wie Herzen sich in solchen Stunden dem Sohne hingab, und wenn er sagte, daß er kein Talent zur Erziehung habe, so hatte er doch gewiß die Gabe, aus der eignen, feurigen Seele Funken in das junge Gemüt zu werfen und Flammen der Begeisterung darin zu wecken, die die schönste Erziehung sind, wenn sie auf empfänglichen Boden fallen. In diesen Augenblikken, wo der Skeptiker und politische Polemiker in ihm schwiegen und nur der tief ästhetische und künstlerische Mensch aus ihm sprach, schien es mir immer, als könnte nichts befruchtender und bildender für ein junges Wesen sein als der Umgang mit ihm. Dazu gehörte auch eben ein solch friedvolles, im Äußeren fast ganz ungestörtes Leben, wie wir es damals führten.

Eine große persönliche Aufregung sollte es unterbrechen. Domengé kam eines Tages in äußerster Erregung und erzählte uns, daß Barthélemy, den wir seit langer Zeit nicht mehr gesehen hatten, der Held eines blutigen Dramas geworden sei und sich nun im Gefängnis, in den Händen der Justiz befinde. Er hatte sich schon seit längerer Zeit fast von allen seinen Freunden zurückgezogen. Man sagte, daß die Liebe zu einer Frau, mit der er lebte, die Schuld davon trage und daß diese Leidenschaft ihn ganz unzugänglich für andere mache. Dann hatte sich das Gerücht verbreitet, daß er London verlassen würde. Wohin er wollte, war unbekannt. Eines Nachmittags war er vollständig zur Reise gerüstet, mit dem Reisesack in der Hand und in Begleitung jener Frau, zu einem reichen Engländer gegangen, den er seit einiger Zeit öfter besuchte und der bloß mit einer Köchin in seinem eignen Hause lebte. Was sich bei diesem Besuch ereignet hatte, wußte niemand. Bekannt war nur, daß plötzlich eine Detonation im Hause gehört wurde, daß Barthélemy, nachdem er der Frau, die er liebte, durch eine einsame Seitenstraße hatte entkommen helfen, selbst, wahrscheinlich um deren Flucht zu sichern, von der schreienden Köchin verfolgt, die Hauptstraße hinablief, von einem Polizeidiener aufgehalten wurde und diesen im Handgemenge mit dem Revolver, den er in der Hand hielt, erschoß. Die herbeigeeilte Menge hatte ihn dann überwältigt und in Verwahrsam gebracht. Jener Engländer aber war von der Köchin, die nach der Detonation in sein Zimmer geeilt war, tot auf dem Boden in seinem Blute liegend gefunden worden. Bei einem ersten vorläufigen Verhör auf der Polizeistation, wo man den Mörder hingebracht hatte, hatte er ein hartnäckiges Schweigen beobachtet, nur behauptet, daß er den Polizeidiener nicht willentlich erschossen, sondern daß sich im Ringen der Revolver entladen habe. Es war natürlich, daß dies Ereignis bei uns allen die tiefste Bestürzung hervorrief. Einen Menschen, den wir gekannt und geschätzt hatten, der eine Zeitlang ein Mitglied unseres Kreises gewesen war, nun in solcher Lage zu wissen, war um so erschütternder, als bei uns allen feststand, daß er kein gemeiner Verbrecher war, zu welch schrecklicher Tat auch Leidenschaft und heißes südliches Blut ihn hatten hinreißen können. Er war eine edel angelegte Natur, die nun sicher in den tiefsten Seelenqualen das rasch Vollbrachte büßte.

Die französische Emigration war in der größten Aufregung. Die Partei Ledru-Rollin freute sich fast über den Fall des energischen Sozialisten, der ihr immer feindlich gegenübergestanden und ihren doktrinären Republikanismus gegeißelt hatte, bis ihn jenes vorhin erwähnte Duell vollends mit ihr entzweite.

Die anderen Mitglieder der Emigration, Domengé an der Spitze, nahmen nicht nur tiefen Herzensanteil an dem Vorgefallenen, sondern traten auch öffentlich als die Verteidiger von Barthélemys Charakter gegen die hämischen Angriffe seiner Feinde auf. Konnten sie auch das eben Vorgefallene nicht rechtfertigen, so wollten sie es keinesfalls nach gemeinem Maßstabe beurteilen und richten. Übrigens wollte in das Dunkel dieser Geschichte kein rechtes Licht dringen. Der einzige, der vollen Aufschluß darüber hätte geben können, Barthélemy selbst, schwieg fortwährend bei den Verhören. Er schien entschlossen, dem Gang der Gerechtigkeit nichts in den Weg zu legen und sein Schicksal zu erleiden, gewiß als Sühne für das eigne edlere Gefühl, das unter der Last eines unleugbaren doppelten Verbrechens seufzte. Was aber endlich doch als Gewißheit aus allen Gerüchten und Vermutungen hervorging, war dieses: daß Barthélemys Reise keinen andern Zweck gehabt hatte als den, Frankreich von seinem Tyrannen zu befreien. Es hieß, daß jener Engländer ihm Geld zur Ausführung des Unternehmens versprochen gehabt, es ihm aber, als Barthélemy im Augenblick der Abreise es holen wollte, verweigert hatte, daß dann ein Streit entstanden sei, der Barthélemy in die äußerste Aufregung versetzt und ihn zur unglückseligen Tat geführt habe. Inwieweit dies richtig war und weshalb der Engländer verweigerte, was er erst versprochen hatte, war nicht zu ermitteln, da die beiden einzigen männlichen Teilnehmer des blutigen Dramas, der Tote und der Lebende, stumm blieben und die weibliche Zeugin auf rätselhafte Weise verschwunden war. Welchen Anteil sie an der Sache gehabt, warum sie bei einem so gewagten Unternehmen an Barthélemys Seite hatte bleiben wollen, schien auch anfangs unerklärt bleiben zu sollen, bis sich nach und nach aus seltsamen Gerüchten über ihre Persönlichkeit feststellte, daß sie eine französische Spionin und abgesandt gewesen war, den energischsten Emigrierten in das Verderben zu locken. Dies war ihr denn auch nur zu gut gelungen. Daß sie gleich nach der Tat sich der wichtigsten Papiere Barthélemys, deren Versteck unter einer Diele des Fußbodens nur sie kannte, bemächtigt, sie in Frankreich an betreffender Stelle abgeliefert und sich selbst dort in Sicherheit gebracht hatte, war mehr als wahrscheinlich. Man hatte bei der Haussuchung die Diele ausgehoben, alles im Zimmer in Unordnung, aber keine Papiere mehr gefunden, und die für die Vorgänge so wichtige Zeugin wurde überall in England vergebens gesucht.

Daß dem Gefangenen über die schreckliche Verirrung seiner Leidenschaft, die vielleicht allein Schuld war, daß er in den Abgrund stürzte, die Augen aufgegangen wären, glaubte ich aus einem Brief schließen zu dürfen, den er aus dem Kerker an seinen Associé, der mit ihm verkehren durfte, schrieb und den dieser Herzen und mir zu lesen gab. Er enthielt unter anderem folgende Worte: »Ich bin so grenzenlos unglücklich, daß ich mich nicht retten will, auch wenn ich es könnte.«

Was mußte seine stolze, feurige Seele leiden, als ihm das abscheuliche Licht über die verratene Liebe aufging, deren Folgen nicht nur sein Gewissen mit doppeltem Morde befleckten, sondern auch sein Leben in vollster Jugendkraft abschnitten, während noch so viele Gedanken in ihm gärten, so viele edle Taten ihm zu tun übrig waren! O gewiß, wenn es eine Gerechtigkeit gäbe, wie sie sein sollte, die die Taten der Menschen nicht nach einem gemeinsamen Maßstabe, sondern nach der Natur des Täters, den innersten Motiven der Handlung und ihrer Wirkung auf ihn beurteilte, so hätte Barthélemy freigesprochen werden müssen um der Schmerzen willen, die ihn bestürmten, um der Buße willen, deren er fähig gewesen wäre! Aber in den Augen der weltlichen Justiz war er ein Mörder wie ein anderer, und wir zitterten für sein Schicksal. Seltsamerweise jedoch klagte man ihn nicht wegen des ersten Falles, wo entschiedener Mord vorlag, an. Man überging diesen vielmehr mit Stillschweigen und sprach bei den Verhandlungen nur von dem zweiten

Fall, der Tötung des Polizeimanns, der nach englischen Gesetzen bloß als *manslaughter,* d. h. Totschlag, aber nicht als Mord bestraft werden durfte. Diese Strafe besteht in der Deportation, und wir hofften, daß man die Todesstrafe vermeiden würde.

Wochen auf Wochen vergingen in der schrecklichsten Aufregung und Ungewißheit. Mir ließ das Schicksal des Unseligen keine Ruh. Tausend Pläne und Gedanken zu seiner Rettung kreuzten sich in meinem Kopf. Aber es war unmöglich, zu ihm zu gelangen. Er wurde mit äußerster Strenge bewacht. Nur sein Associé durfte ihn hinter doppeltem Gitter sehen, und nur der katholische Geistliche durfte ihn besuchen.

Inzwischen war der Schluß des Jahres herangekommen. Zum Neujahrsfest versammelte sich ein auserlesener Kreis von Gästen, um mehrere Tage in dem geräumigen Hause bei uns zu verweilen. Ich liebte es, von Zeit zu Zeit Feste zu bereiten, die den Kindern einen poetischen Eindruck, ein ausnahmsweise helles Lichtbild in der übrigens kindlich glücklichen Einförmigkeit ihres Daseins hinterlassen sollten. Den Weihnachtsbaum, der in seiner christlichen Bedeutung für sie keinen Sinn hatte, hatte ich schon im Jahr vorher am Silvesterabend in seiner antiken Bedeutung, als Symbol des wiederkehrenden Lichts der Sonne, eingeführt. Jetzt bereitete ich ihn abermals und schmückte ihn mit Gaben, die ich zum größten Teil selbst verfertigt hatte für all die kleinen und großen Gäste. Es war ein wahrhaft internationales Fest. Russen, Polen, Deutsche, Franzosen, Italiener, Engländer hatten sich zusammengefunden, und von jeder Nationalität waren es der Besten welche.

Es war eine jener schönen, klaren, sternhellen Nächte, wie sie in England so häufig sind, im Gegensatz zu den trüben, nebligen Tagen. Die Erde war fest gefroren, und dennoch war es nicht kalt. Wir gingen in den herrlichen Park hinaus, wo die jüngeren Leute im Mondlicht scherzten und spielten, während die älteren Personen in schönen Gesprächen lustwandelten. Drei Tage lang blieb der ganze Kreis versammelt. Herzen war in der heitersten Stimmung und der liebenswürdigste Wirt, den man sich denken konnte. Alle waren entzückt von dem Aufenthalt und versicherten, nie zuvor schöner erfahren zu haben, was wahre Geselligkeit sei. Als wir sie zum Bahnhof begleiteten, sagte mir eine der Damen voll Begeisterung: »Herzen ist ein Gott!« –

Mittlerweile war die Sache Barthélemys noch immer nicht entschieden und erhielt uns fortwährend in schmerzlicher Aufregung. Sein Prozeß zog sich auf seltsame Weise in die Länge, obgleich er selbst nicht den leisesten Versuch machte, sich zu rechtfertigen. Nur die Verleumdungen, die seine eigenen Landsleute in der ihm feindlichen republikanischen Partei über ihn ausstreuten, die hämische Genugtuung, mit der sie ganz in vorderster Reihe bei den Verhören unter den Zuschauern saßen, schienen ihn tief zu empören.

Endlich erfolgte das Urteil. Es lautete auf Tod am Galgen, obgleich, wie schon gesagt, der erste Fall ganz aus der Anklage weggelassen worden war und der zweite nur mit Deportation bestraft werden konnte. Wir alle und Barthélemy selbst hatten nur an diese Strafe gedacht. Der gutgesinnte Teil der französischen Emigration hatte sich mit einem Gesuch zugunsten des Angeklagten an Lord Palmerston gewendet, der damals Minister war, und dieser hatte sich nicht ungünstig ausgesprochen. Um so schwerer traf uns alle die Entscheidung. Mehrere Male waren Barthélemy Geld und Wäsche von seiten der Freunde zugestellt worden; jetzt nach der Entscheidung stellte man ihm auch, im Saum eines Hemdes verborgen, eine Portion Strychnin zu, um im Fall es zum Äußersten käme, dem schimpflichen Tod durch den Strang und all den qualvollen, ihm vorangehenden Förmlichkeiten durch ein freiwilliges Ende zu entgehen. Nachher aber hatte sein Associé mit einer gleichen Quantität Strychnin eine Probe an einem Hund gemacht und bei ihm nur entsetzliche Leiden, aber nicht den Tod hervorgerufen. Er hatte dies Barthélemy mitgeteilt, als er am Sonnabend, den 19. Januar, zum letztenmal zur Unterredung mit seinem Freund zugelassen wurde. Er bereitete auf diese Weise dem Unglücklichen die grausame Qual, das Mittel zur Befreiung vom schimpflichen Tod in Händen zu haben und ungewiß zu sein, ob es ihm das völlige Resultat gewähren oder ihn nur der Kräfte berauben würde, das Unvermeidliche mit Würde zu erleiden. Seine stolze Seele scheute zurück vor dem Gedanken, sich durch die Anwendung des Gifts vielleicht zu unmännlicher Schwäche zu verurteilen, und er entschied, sich seiner nicht zu bedienen.

Ich litt Unsagbares während dieser Tage. Ein grenzenloses Mitleid füllte mein Herz bis zum Zerspringen. Daß ich ihn nicht retten konnte, wußte ich genau, aber ich verlangte sehnlich danach, dem Verurteilten den Trost mitzugeben auf den letzten Weg, daß es Menschen gäbe, die anders dächten als die irdische Gerechtigkeit und seine Feinde. Zugleich wünschte ich aber auch, der Empörung Ausdruck geben zu können, die die Servilität der englischen Regierung in mir erregte, da es nunmehr außer allem Zweifel war, daß das Todesurteil nur auf ausdrückliches Verlangen der französischen Regierung bestätigt worden war. Die Geschworenen hatten auf mildernde Umstände erkannt und den Verurteilten der königlichen Gnade empfohlen. Ich schlug Herzen und Domengé vor, für uns drei um die Erlaubnis nachzusuchen, den Unglücklichen auf seinem letzten, schweren Wege begleiten zu dürfen. Ich fühlte, daß ich die Kraft haben würde, dies zu tun. Ich sehnte mich danach, weil ich überzeugt war, daß Barthélemy im tiefen Schmerz den blinden Willensakt gebüßt hatte und nun durch einen schweigend und edel zu erleidenden Tod die große Schuld sühnen wollte. Ihn in diesem erhabenen Augenblick der Buße allein zu lassen, bloß umgeben von einer widerwärtig gaffenden Menge, war mir wie ein tiefer Vorwurf. Mir schien es, als sei es unsere Pflicht, auf der Schwelle der Ewigkeit ihm gleichsam die Entsühnung anzukündigen durch diesen Beweis des heiligsten Mitgefühls, der erbarmenden Liebe. Zugleich erschien es mir recht, durch eine solche Handlung, im Namen einer zukünftigen gerechteren Ordnung der menschlichen Gesellschaft, zu protestieren gegen das Richten nach schematischen Begriffen, anstatt nach dem inneren Wesen der Tat und des Täters. Herzen und Domengé hatten nicht den gleichen, sehnsuchtsvoll ungestümen Wunsch wie ich, doch zogen sie Erkundigungen ein. Sie erfuhren aber, daß die Sache unmöglich sei, da man uns unter keiner Bedingung die Erlaubnis erteilen würde, weil ein solcher Schritt gegen alles Herkommen sei und die schauerlich gefühllose Routine des zum Geschäft, wie jedes andere, gewordenen Vorgangs stören würde. So blieb mir denn nichts übrig, als in der Tiefe meines Herzens mit ihm zu leiden und die furchtbar ernsten Stunden in Gedanken mit ihm durchzukämpfen. Den Sonntag, der sein letzter Tag war, verbrachte ich in einer Stimmung, die ich nicht anders bezeichnen kann als wie ein fortwährendes, heißes, inbrünstiges Gebet, und wenn es Seelenströmungen gibt, die sich aus der Ferne fühlbar machen, so mußte Barthélemy es fühlen, daß er in den schweren Prüfungsstunden nicht allein war.

In England müssen alle Hinrichtungen am Montagmorgen stattfinden, und zwar in der ersten Morgenfrühe. Ich erwachte lange vor Tagesanbruch, und meine Gedanken eilten in jene schauerliche Zelle im alten Newgate-Gefängnis, wo der aus seinem letzten irdischen Schlummer Erwachte jetzt die erniedrigenden Vorbereitungen zum letzten Gange durchmachen mußte. Als ich die Glockenschläge hörte, die die sechste Stunde verkündeten, verbarg ich mein Gesicht in das Kopfkissen und weinte bitterlich. Einige Stunden später ließ Herzen mich bitten, in sein Zimmer zu kommen. Er kam mir entgegen mit dem Ausdruck tiefster Erschütterung und reichte mir ein Zeitungsblatt. Es war die Times, die bereits einen Bericht über die letzten Stunden Barthélemys und die vollzogene Hinrichtung brachte. Ich konnte nicht lesen vor hervorbrechenden Tränen, Herzen las es mir und dem Sohne vor. Wie während des ganzen Verlaufs des Prozesses die Haltung des Gefangenen musterhaft edel, ruhig, bescheiden gewesen war, so hatte die Würde seines Benehmens in diesen letzten Stunden alle Zeugen mit Anteil und Bewunderung erfüllt. Sogar die Times gestand, daß dieser Mörder kein gemeiner Mensch gewesen sein könnte. Er hatte die Richter, die kamen, ihm zu verkünden, daß seine letzte Stunde gekommen sei, mit Ruhe und Anstand empfangen. Auf die Frage, ob er sich der Gnade Gottes empfohlen habe, hatte er gesagt, es könnte nur von *einer* Gnade hier die Rede sein: der der Königin, die ihm die Tür des Gefängnisses geöffnet hätte; das übrige sei seine Sache, die er mit sich selbst abzumachen habe: er sei bereit zu sterben. Den jungen katholischen Geistlichen, der ihn hatte besuchen dürfen, hatte er gebeten, ihn als Freund zum Richtplatze zu begleiten. Auf die Frage, ob er nicht noch einen Wunsch habe, dessen Gewährung ihm Trost sein könne, bat er, einen Brief, den er tags zuvor erhalten hatte, in der Hand behalten zu dürfen bis zuletzt. Es war dies ein Brief aus dem südlichen Frankreich, aus dem Geburtsort des Gefangenen, der, von den Behörden vorschriftsmäßig gelesen, ihm als unverfänglich zugestellt worden war: ein kurzer rührender Brief, nicht einmal ganz orthographisch geschrieben, mit einem weiblichen Taufnamen unterzeichnet. Er enthielt nichts weiter als die einfache Versicherung einer Liebe, die über Schuld und Tod hinaus ihre Treue bewahren werde. Den Gefangenen hatte dieser Brief tief ergriffen. Vielleicht war es der Nachklang einer ersten Jugendliebe, aus der Zeit, ehe noch wilde Leidenschaft und mißgeleitete Energie die hochbegabte Seele mit dunkler Schuld, die nun nur im Tode gesühnt werden konnte, befleckt hatten – und wie den armen Erdensohn, den im Leben Fluch- und Schuldbeladenen, zuletzt die reine, erste Liebe, das Ewig-Weibliche, hinanzieht und entsühnt, so blieb auch Barthélemy kein anderer Wunsch mehr, als mit diesem letzten Gruß der großen Erlöserin das Reich des Wahns und der Schuld zu verlassen.

Würdevoll, gefaßt und mutig hatte er sich den letzten Vorbereitungen unterworfen. Seinen Gefangenenwärter hatte er, mit herzlichem Dank für alle ihm bewiesene Liebe, umarmt und dann selbst die bewegten Richter aufgefordert, den letzten Gang anzutreten. Den Brief in die Hand gepreßt, war er an der Seite des jungen Geistlichen fest und ruhig dem Richtplatz zugeschritten. Als er die Stufen, die zum Galgen führten, betrat, hatte er einen Augenblick stillgestanden und gerufen: »In wenigen Augenblicken werde ich es also kennen, das große Geheimnis!« – Dann, oben angelangt, hatte er noch einmal ruhig und lange auf die den Richtplatz umgebende Menge geblickt, den Geistlichen umarmt und sich dem Henker übergeben.

Wir schwiegen lange, lange, und stille Tränen sagten mehr als Worte. Ich hatte viele Tage hindurch Mühe, meine Fassung wiederzuerlangen.

Fast ein Jahr wohnten Herzens mit Malwida von Meysenbug in verschiedenen kleineren Orten in ländlicher Umgebung: in Richmond, auf der Insel Wight, in Twickenham und noch einmal in Richmond.

1855 siedelten sie wieder nach London über, wo Herzens Sohn die Universität besuchen sollte.

Schicksal. Trennung

Wir waren nach London zurückgekehrt und hatten ein Haus am äußersten Ende des freundlichen St. Johns-Wood, der Vorstadt mit den vielen grünen Gärten bezogen, von wo aus mannigfaltige Wege in den verschiedensten Richtungen ins Freie führten nach den reizenden Dörfern Hampstead und Highgate hin, so daß wir uns noch beinahe auf dem Lande wähnen konnten. Der Unterricht der Kinder wurde auf das reichlichste organisiert, und ganz besonders gereichte es mir zur Beruhigung, seine musikalische Seite in die Hände Johanna Kinkels legen zu können, die, obgleich selbst Musikerin ersten Ranges, es sich doch ganz vorzüglich zur Aufgabe gemacht hatte, den ersten Musikunterricht von Kindern zu leiten.

Wenn das völlig glückliche und durch die günstige Entwicklung der Kinder sich immer reicher gestaltende Tagesleben mit ihnen vorüber war, so waren es des Abends die gemeinschaftlichen Lektüren mit Herzen, die meinem Geiste neue Spannkraft und Nahrung gaben. Seine leuchtende Intelligenz, sein unfehlbares Gedächtnis und seine universellen Kenntnisse begleiteten dieses Lesen stets mit so wertvollen Bemerkungen und Erörterungen, daß sie dem Vorgelesenen einen zweiten reichen Inhalt beimischten.

Herzens schriftstellerische Tätigkeit nahm nun einen beinahe ausschließlich politischen Charakter an. Ganz besonders war es die Emanzipation der Leibeigenen, die das Hauptthema seiner Besprechungen bildete und von ihm als die unerläßliche Bedingung einer neuern, bessern Zukunft für Rußland hingestellt wurde. Er hatte dabei jedoch immer die Beibehaltung des russischen Gemeindewesens mit Verteilung der Erde und ihrem gemeinschaftlichen Besitz im Auge. In der Erhaltung dieser primitiven Einrichtung sah er die einzig mögliche Abwehr gegen das Elend des europäischen Proletariats und zugleich ein gerechtes staatliches Prinzip, daß die Erde dem gehören solle, der sie bebaut. Es kamen ihm zu dieser Zeit auch schon immer häufigere Mitteilungen aus Rußland zu, und seine in London gedruckten Schriften gelangten mit immer größerer Leichtigkeit dorthin. Alles dieses brachte die zufriedenste Stimmung im Hause hervor, und ich glaubte wirklich nicht, daß der Ausdruck übertrieben war, mit dem Johanna Kinkel einmal ihre Empfindung nach einem Besuch bei uns schilderte; sie sagte: »Es war mir ganz, als träte ich in ein kleines Himmelreich.«

Anfang April war der Geburtstag Herzens, und ich hatte zur Feier ein kleines Examen vorbereitet, bei dem die Kinder ihm von ihrem Erlernten Rechenschaft ablegen sollten. Des Morgens auf dem Frühstückstisch fand er an seinem mit Blumen geschmückten Platz eine schriftliche Einladung dazu, und nach dem Frühstück begann die Prüfung, die das allerbefriedigendste Resultat lieferte. Eine festlich frohe Stimmung verbreitete sich davon über den ganzen Tag, der sich am Abend durch den Besuch einiger vertrauterer Freunde, die an der Anmut und dem Gedeihen der Kinder lebhaften Anteil nahmen, auf das heiterste abschloß. Als wir uns trennten, sagte ich lachend zu Herzen: »Nun, über das Antipodentum, die Zweifel und Stürme, sind wir nun glücklich hinaus und hoffentlich im Hafen angelangt für alle Zeit.«

Ist es Vermessenheit des Menschen, auf einen dauernden Zustand der Befriedigung zu hoffen, selbst wenn er das Ergebnis redlichster Bemühung, reinsten Strebens ist? Oder lauern tückische Dämonen, wenn irgendwo der Friede in eine Existenz einzog, neidvoll darauf, um die sicher werdende Seele gewaltsam aus der schönen Täuschung zu wekken? Ich weiß es nicht, gewiß aber ist, daß nur zu oft im Leben dem friedlichsten Zustande der jähe Wechsel folgt, gleichsam als wollte das Schicksal uns auf die Probe stellen, ob wir immer den Panzer unter dem Friedenskleide tragen und dessen stets eingedenk sind, daß unser Leben Kampf ist und nicht Ruhe. Wenige Tage nach dem eben erwähnten Geburtstagsfest saßen wir gerade beim Mittagessen, als ein mit Koffern bepackter Wagen vor dem Hause vorfuhr. Ich konnte ihn von meinem Platz am Tisch aus sehen, sprang auf und rief: »Das ist Ogareff!« – dies war der Name von Herzens Jugendfreund, den er über alles liebte und von dem er mir so oft und so ausführlich gesprochen hatte, daß es mir war, als kenne ich ihn bereits selbst. Er war es, der sich kürzlich mit jener Dame verheiratet hatte, die die Erziehung der Kinder hatte übernehmen sollen und die Herzen eine Zeitlang vergebens erwartet hatte. Es war auch nicht die leiseste Nachricht angelangt, daß Ogareff, der seiner bekannten politischen Gesinnung wegen immer unter einer Art von polizeilicher Aufsicht stand, Rußland würde verlassen können, aber eine bestimmte Ahnung sagte mir, daß er es sein müsse und kein anderer. Herzen, immer ängstlich, daß etwas Störendes in das Leben kommen könne, ging dem aussteigenden Fremden scheu entgegen, bis er wirklich den so viele Jahre lang nicht gesehenen Jugendfreund erkannte. Er führte ihn nebst seiner begleitenden Gattin zu mir und den Kindern in das Zimmer und machte uns miteinander bekannt. Wie es zuweilen zu gehen pflegt, daß eine innere Stimme fast mit unumstößlicher Sicherheit bei gewissen Ereignissen oder Begegnungen uns eine plötzliche Wendung unseres Schicksals voraussagt, so ging es auch mir hier. Es waren solche ahnungsvolle Momente, die bei den Alten zu den Stimmen warnender Gottheiten wurden, die den Menschen am Rande des Abgrunds zurückhielten, oder aber, wenn er sich über den Inhalt der Warnung täuschte, gerade in das Verhängnis, dem er entfliehen wollte, hineinrissen. Ich war auf das günstigste für die Freunde des mir so sehr befreundeten Hauses gestimmt, und doch fühlte ich jetzt, als sie vor mir standen, mich von der eisigen Hand jenes Schicksals berührt, das mitleidslos Bande knüpft und sie wieder löst, ohne zu fragen, ob Herzen dabei brechen oder nicht.

Es war natürlich, daß dieser Besuch von vornherein eine große Umwälzung in unserem geordneten täglichen Leben hervorbrachte. Mit diesem Freunde kam sozusagen Herzens Vergangenheit fast von der Kindheit her, es kam das Vaterland und die Heimat, es kamen die vergangenen Freuden und Leiden und alle gemeinsamen Hoffnungen zurück. Es war derselbe Freund, mit dem Herzen einst, als dreizehnjähriger Knabe, auf dem Hügel bei Moskau beim Schein der Abendsonne geschworen hatte, Pestel und die anderen Opfer des vierzehnten Dezember zu rächen. Mußte schon dies allein Herzen auf das tiefste erregen, so mußte es noch mehr der Umstand, daß dieser Freund schwer leidend ankam, so daß sein Zustand ernste Besorgnisse einflößte. Seine Frau war die intimste Freundin von Herzens Gattin gewesen. Sie hatte mit der damals noch glücklich vereinigten Familie die freudig bewegte erste Zeit, die diese im Ausland verlebte, in der glorreichen Erregung von achtundvierzig in Italien und Frankreich verbracht. Auch mit ihr kam daher eine Welt von glückseligen, aber auch ebenso tiefschmerzlichen Erinnerungen zurück, da sie Herzen seit dem Tode der von beiden leidenschaftlich geliebten Frau nicht wiedergesehen hatte. Ich ehrte die

Ausschließlichkeit, mit der alle diese Dinge im Anfang Besitz von Herzen nahmen und den Charakter unseres häuslichen Lebens völlig umwandelten. Ich erkannte an, daß bei einer so tief und wahr für alle wirklichen Bande der Neigung empfindenden Natur wie die Herzens ein solches Erlebnis vorerst völlig die Oberhand behalten und alle andern Rücksichten in den Hintergrund drängen mußte. Doch hoffte ich, daß nach und nach auch alles übrige wieder in sein Recht treten und der gewohnte Gang des Lebens, den ich der Kinder wegen als für den allein richtigen erkannte, keine dauernde Störung erleiden werde. Ich fühlte allerdings vom ersten Augenblick an, daß ich hier noch einmal, und zwar in unendlich verstärkter Weise, mit jenem Antipodentum des russischen Wesens würde zu kämpfen haben, das ich seit einiger Zeit so glücklich und vollständig, in Beziehung auf die Kinder, bei Herzen überwunden hatte. Es trat mir hier viel ausgeprägter und unmittelbarer entgegen, besonders in der russischen Dame, die alle die charakteristischen Eigenschaften ihrer Heimat, vereint mit einem fanatischen Patriotismus, in sich trug. Ich hoffte jedoch bestimmt, daß Herzen diesmal, durch frühere Beispiele gewarnt, die Initiative ergreifen, von vornherein den Verhältnissen ihre bestimmte Form geben und mir die Ausübung meiner Wirksamkeit ungeschmälert erhalten werde. So ließ ich denn die Dinge anfangs ruhig ihren Gang gehen, indem ich mich bemühte, meinerseits durch jede freundliche Aufmerksamkeit und tätige Teilnahme das Verhältnis auf das freundlichste zu gestalten. Es ward mir dies um so leichter, als mir Herzens Freund eine wahrhaftige, tiefe Sympathie und ein ganz unbegrenztes Mitleid einflößte. Ich wußte bereits durch Herzen, welch eine tiefe und edle Natur mir in diesem Manne entgegentrat. Ich kannte seine Lebensschicksale und wußte, daß ich in ihm eines jener Opfer sah, die die unglückliche Nikolaussche Periode sich gerade unter den besten und begabtesten Menschen in Rußland erwählt hatte. Wie viele Namen kannte ich nicht von reich ausgestatteten Persönlichkeiten, die in der dumpfen Atmosphäre jenes trostlosen, alle geistige Entwicklung hemmenden Despotismus untergegangen waren. Wo nun aber die Macht der Begabung trotz alledem sich Bahn gebrochen hatte, da hatte eben alles einen gewaltsamen Charakter angenommen und hatte oft in exzentrischen Lebensäußerungen eine Art von Betäubung für das versagte harmonische Schaffen und Wirken gesucht. Auch Ogareff hatte auf europäischen Reisen ein sturmbewegtes und dann wieder in russischen Wäldern und Steppen ein seltsam beschauliches, weltentrücktes Leben geführt. Er hatte eine seltene Organisation, hohe geistige Gaben und ein glänzendes Vermögen mit der Jugend zusammen dahinschwinden sehen müssen, ohne davon in der Welt eine äußere sichtbare Spur zu hinterlassen. Doch konnte man auch auf ihn mit vollem Recht das Schillersche Wort anwenden:

»Adel ist auch in der sittlichen Welt. Gemeine Naturen
Zahlen mit dem, was sie tun, edle mit dem, was sie sind.«

Nach dem einstimmigen Urteil seiner Freunde war die Wirkung nicht gering anzuschlagen, die seine Persönlichkeit ausgeübt hatte. Herzen hatte mir oft gesagt: »Wer weiß denn, was ich und andere, die gehandelt haben, der Rede und dem Einfluß dieses Mannes verdanken!« Von Natur viel mehr zum Dichter als Politiker angelegt, hatte sich sein inneres Leben nach außen hin auch nur in Gedichten kundgegeben, deren mehrere in russischer Sprache, auch durch Herzen in dessen Presse, veröffentlicht worden waren. Im Verkehr war er von jeher äußerst schweigsam gewesen; jetzt war er es doppelt, da leider seine Gesundheit ganz zerstört war und ein tiefes Versunkensein ihn oft stundenlang teilnahmslos am Gespräche dasitzen ließ. Blieb er auf diese Weise ziemlich unnahbar, so zogen mich doch die unverkennbare Güte seines Wesens und sein stilles Leiden auf das innigste an und erweckten meine tiefe Teilnahme.

Ganz anders war der Eindruck, den mir die russische Dame machte. Hatte mich schon bei ihrer Ankunft das Gefühl befallen, als wenn hier jemand in mein Leben träte, der keinen wohltuenden Einfluß darin ausüben würde, so blieb mir auch, trotz alles Bestrebens meinerseits, das beste Vernehmen einzuleiten, eine gewisse unbehagliche Ahnung, daß dies zu keinem Ziele führen werde und daß unsere zwei Naturen ganz und gar nicht zueinander paßten. Ich konnte nicht recht zur Klarheit in mir gelangen über diese seltsame Persönlichkeit. Ich fühlte mich niemals frei in ihrer Gegenwart und ihr eignes, sonderbar scheues Wesen machte mich auch befangen. Ich glaubte jedoch zu sehen, daß ihr meine Stellung im Hause eine unangenehme Überraschung gewesen war; sie hatte wohl gedacht, eine gewöhnliche Gouvernante vorzufinden und dabei den Wunsch sich erfüllen zu sehen, die Stellung bei den Kindern, die deren sterbende Mutter ihr zugedacht, nun einzunehmen. Statt dessen fand sie eine Freundin, die die Hausfrau im Haushalte und bei den Kindern die Mutter vertrat. Dazu kam, daß ihr das deutsche Wesen verhaßt war, und viele Einrichtungen, die ich im Interesse der Kinder gemacht hatte, ihren russischen Gewohnheiten gänzlich zuwider waren. Um davon nur eine Kleinigkeit anzuführen:

ich hatte mit vieler Mühe und Überredung Herzen davon abgebracht, fast täglich, bei jedem Ausgang, den er machte, den Kindern unnütze Spielereien und Gegenstände mitzubringen, die zu nichts anderem dienten, als sie abzustumpfen gegen die Freude an guten und nützlichen Gaben und die Zerstörungslust, die ohnehin in Kindern gewöhnlich ein vorherrschender Trieb ist, zu wecken. Nun hatte aber die russische Dame eine wahre Leidenschaft, die Kinder mit Geschenken zu überhäufen. Sie sagte mir einmal, sie könne an keinem der vielen schönen Läden mit Spielwaren in London vorübergehen, ohne den Wunsch zu empfinden, alles darin Befindliche kaufen und den Kindern mitbringen zu können. Es ist dies ein entschieden russischer Zug. Ich versuchte umsonst, Madame Ogareff meine Ansicht hierüber annehmbar zu machen. Sie fuhr fort, die Kinder in dieser Weise zu beschenken, und hörte erst damit auf, als ich Herzen in schonendster Weise auf das wieder einreißende Übel aufmerksam gemacht und dieser sein Veto dagegen eingelegt hatte. Ähnliche Verschiedenheiten der Ansichten und noch über wichtigere Dinge fanden sich in Menge vor. Dabei aber wünschte Herzen, wie dies bis zu einem gewissen Grade auch natürlich war, daß die Dame sich viel mit den Kindern beschäftigte, ihnen von der verstorbenen Mutter erzähle, russisch mit ihnen spreche und sie soviel wie möglich mit dem nie gesehenen Vaterland bekannt mache. Wäre dies alles einfach und natürlich geschehen, nur als ein schönes Mehr in dem schon Vorhandnen, so würde sich alles leicht und freundlich gestaltet haben. Allein, wie schon erwähnt, es war ein peinliches Etwas in den Persönlichkeiten und den Beziehungen, das ich mir wegzuleugnen suchte, das sich mir aber täglich mehr mit unheilvoller Ahnung aufdrängte. Nach der Tagesarbeit mit den Kindern, die zuweilen, trotz aller Liebe, mit der ich sie tat, doch erschöpfend war, fehlte dann auch die gewohnte frühere geistige Erfrischung durch Gespräch oder Lektüre mit Herzen. Die russische Sprache und russische Interessen beherrschten die Unterhaltung, und wenn ich erstere auch etwas kennengelernt und mit den letzteren mich ziemlich vertraut gemacht hatte, so waren mir doch beide immer noch zu fremd, um ganz ausschließlich darin zu leben und meine geistige Erholung zu finden. Zu meinem Leidwesen sah ich, daß Herzen, getreu seiner Natur, die Dinge abermals gehenließ, immer in der Hoffnung, daß sich das alles von selbst finden werde, und voller Furcht, nach der einen oder andern Seite hin vielleicht wehezutun und zu verletzen.

Es wäre unnütz, alle die Phasen anzuführen, durch die der innere Konflikt immer wachsend ging. Ich wußte durch andere Personen, wie sehr die russische Dame wünschte, die ihr einst im Haus bestimmt gewesene Stelle einzunehmen. Ich sah, wie Herzen täglich mehr dem Wunsch sich hingab, daß das russische Element bei den Kindern wieder das vorherrschende würde, und wie gleichgültig ihm alle nichtrussischen Beziehungen wurden, die er noch vor kurzem mit Teilnahme und Herzlichkeit gepflegt hatte. Ich litt unsäglich unter diesen Zuständen, denn der Gedanke drängte sich mir mit Macht auf, daß es zu einer Trennung kommen werde. Ich muß es Herzen nachsagen, daß er anfangs mit Entrüstung jede Andeutung auf Trennung zurückwies. Den inneren Zwiespalt zu klären, schlug er Unterredungen und Erörterungen bald mit Ogareff, bald mit dessen Frau vor. Dies wies ich jedoch zurück als etwas, was zu gar nichts führen konnte. Die bestehenden Verschiedenheiten der Naturen, Ansichten und Gewohnheiten konnten unmöglich ausgeglichen werden. Es kam ja überhaupt nur darauf an, daß er erklärt hätte, die Erziehung und die ganze Hausordnung solle fortbestehen wie bisher, ohne jede Einmischung und ohne das Übergreifen eines Elements, für das es im besten Falle noch zu früh war.

Es ist möglich, daß, wenn ich weniger ausschließlich an meinem damaligen Leben und den frei übernommenen Pflichten gehangen hätte, wenn ich sie mehr als eine geschäftliche Verpflichtung denn als eine innerste Herzenssache, in der ich mit der ganzen leidenschaftlichen Hingebung meiner Natur stand, behandelt hätte, es ist möglich, sage ich, daß ich dann die ganze veränderte Lage der Dinge ruhiger aufgenommen und beherrscht hätte. Aber es ging mir eben in der Freundschaft, wie es mir einstmals in der Liebe gegangen war: ich hatte alles gegeben und erkannte nun mit unmäßigem Schmerz, daß das nicht vollkommen gegenseitig war, daß im Gegenteil andere, stärkere Bande das Leben beeinflussen und ihm eine andere Richtung geben würden. Ich war allerdings auch zu selbständig und unabhängig in meiner bisherigen Wirksamkeit gewesen, als daß es mir leicht geworden wäre, darin eine Veränderung vorgehen zu sehen.

Herzen, gut und sympathisch wie immer, versicherte, daß er alles tun werde, die Sache harmonischer zu gestalten, und bat mich, nur Vertrauen zu ihm zu haben. Ich fing noch einmal an zu hoffen und versuchte von neuem eine freundschaftliche Annäherung und ein Verständnis für das, was ich einzig für recht und den Kindern in der Erziehung zuträglich hielt. Allein das Mißverständnis blieb dasselbe und ich sah, daß auch Herzen anfing, Bedenken zu finden, wo er früher keine gefunden hatte. Endlich, an einem Morgen, an dem er schon früh fortgegangen war aufs Land, um erst am Abend zurückzukehren, brachte man mir einen Brief, den er für mich zurückgelassen, da ich ihn vor seinem Weggehen nicht mehr gesehen hatte. Dieser Brief enthielt zum erstenmal auch seinerseits die Annahme der Notwendigkeit einer Trennung, die er bisher noch stets zurückgewiesen hatte. Nur schlug er vor, sie zu einer Art Feier zu machen, gleichsam zu einem ernsten Fest. Die Notwendigkeit, daß die Trennung sich nun vollziehen müsse, wurde mir nach diesem Briefe alsbald klar. Er hatte gewählt zwischen den Freunden und mir, und da war für mich keines Bleibens mehr. Der Gedanke aber, aus dem, was mir ans innerste Leben ging, eine Art Fest zu machen, ruhig und gefaßt zu scheiden, wo ich mich nur mit blutender Seele losriß, war mir unfaßbar. Ich fühlte, daß ich es nur mit einem gewaltsamen Entschluß, und zwar gleich, in einer Art Ekstase, tun mußte oder gar nicht. Ich entschloß mich also, das Opfer noch am selben Tag zu vollbringen, besonders da Herzens Abwesenheit mir dazu günstig erschien. Ich fing rasch an, meine Vorbereitungen zu machen, meine Sachen zu packen, schrieb an Herzen einen kurzen Abschiedsbrief, einen andern an die russische Dame, worin ich ihr die Kinder übergab und sie bat, meine bisher an ihnen vollzogene Aufgabe weiterzuführen. Dann setzte ich mich zur letzten Mahlzeit mit den zwei Kindern nieder. Ich war in einer jener Stimmungen, in denen allein große weltüberwindende Opfer möglich sind. Mein Golgatha war da, und diese Mahlzeit war mein Abendmahl, bei dem aber kein Verräter zugegen war. Diese vier unschuldigen Kinderaugen allein waren Zeugen des großen Kampfes der Entsagung, den ich kämpfte. Ich sprach zu ihnen Worte der heiligsten Liebe und Weihe, nahm zuletzt ihre beiden Hände in die meinen und segnete sie, indem ich sie bat, dieser Stunde, deren Bedeutung sie jetzt noch nicht verständen, zu gedenken. Dann befahl ich dem Mädchen, die Kinder anzukleiden und sie mit dem für sie bestimmten Brief zu der Dame zu bringen. Ich drückte sie, die, erstaunt und betroffen, nicht begriffen, was vorging, noch einmal an mein Herz und entließ sie. Dann nahm ich selbst das Nötigste mit mir und verließ das Haus. An der Schwelle hielt der alte Diener, ein Italiener, der mir äußerst ergeben war, mich auf und sagte flehend: »Gehen Sie nicht, es bringt diesem Hause Unglück.« Ich drückte ihm schweigend die Hand und ging zu Friedrich und Charlotte[56], da ich im Augenblick noch kein anderes Unterkommen wußte. Diese waren im äußersten Grade bestürzt, als sie das Vorgefallene erfuhren, stimmten aber vorerst mit mir überein, daß ich gehen mußte, sobald Herzen selbst sich dafür entschieden. Ich war unsäglich traurig; mehr als das, ich war von einem verzweiflungsvollen Schmerz erfaßt, und rings um mich gähnte ein offenes Grab. Mein Opfer war vollbracht, aber nun hieß es: weiter leben, fern von der lieben Heimat, die ich mir selbst gegründet und die kaum erst angefangen hatte, ganz sich nach meinem Wunsche zu gestalten. Alles in mir sträubte sich gegen das Noch-einmal-anfangen-Müssen, und wenn in dem Augenblick der Tod in irgendeiner Form, auch der gewaltsamsten, zu mir gekommen wäre, ich hätte mich ihm wie dem Erlöser entgegengestürzt und hätte gerufen: »Oh, nur aufhören, zu sein, nur Vernichtung, Vernichtung, und Ende dieser gräßlichen Qual, leben zu *müssen*!« Wohl begreift man in solchen Stunden, wie die christliche Anschauung zu dem häßlichen, jedes Schmucks des Daseins entkleideten Knochenbilde vom Tode kam. Es war der Ausdruck jenes Schmerzes, der verzweifelnd aus dem Dasein flieht und sich lieber in das Reich der Vernichtung rettet, als noch länger die erkannte Täuschung der Existenz fortsetzt. Nur dem Griechen, dem in künstlerischer Verklärung das Leben gleich einem schönen Traum scheinen konnte, durfte der holde Zwillingsbruder des Schlafs mit der umgekehrten Fackel nahen.

Noch am Abend, als wir schweigend zusammensaßen, in schmerzliches Sinnen verloren, erschienen Ogareff und der junge Alexander, um mir einen Brief von Herzen zu überbringen und mir ihr Leid über den so rasch von mir getanen Schritt auszusprechen. Dies letztere tat besonders Alexander in so herzlicher Weise und mit so rührend kindlichem Gefühl, daß es mich tief bewegte und ich einsah, daß ich in diesem Jüngling eine wahrhafte Sohnesanhänglichkeit gefunden hatte. Als sie fort waren, las ich Herzens Brief, er lautete:

»Liebe Freundin!

Mit Tränen in den Augen habe ich Ihren Brief gelesen; nein, nicht so mußten wir uns trennen, nein und abermals nein. Aber wenn es Ihnen einen schweren Schritt erleichtert hat, so sei es. Aber keine Entzweiung. Ogareff und Alexander bringen Ihnen mehr als meinen Brief: meine tiefste Bewunderung, meine unbegrenzte Freundschaft. Ja, von einer Seite haben Sie recht; das Schweigen und diese vier Kinderaugen, um derentwillen Sie die Schwelle dieses unglücklichen Hauses einst überschritten. – Ja, es war schön, so Abschied zu nehmen, und ich nehme Ihren Segen an für meine Kinder; für mich selbst aber verlange ich Ihre Freundschaft.

Ihr Bruder und Freund
A. Herzen.«

Ich las diese Zeilen mit einem Gemisch von tiefer Rührung und herber Bitterkeit. Warum hatte diese Freundschaft nicht tätiger eingreifen und zu rechter Zeit alles retten können, was nun unwiederbringlich verloren war? Warum sind auch die besten, die begabtesten Menschen doch nur Spielbälle in der Hand des Zufalls, der den sichersten Pfad plötzlich mit dem Unerwarteten durchkreuzt und für immer von seiner Richtung ablenkt?

Malwida von Meysenbug versuchte durch schriftstellerische Arbeiten aller Art – Artikel für Zeitschriften, die Niederschrift eines Romans, der als verlorengegangen gelten muß, Übersetzungen, zu denen Alexander Herzen sie freundschaftlich ermunterte – ihren Schmerz und ihre Trauer über das verlorene Glück zu betäuben.

Kinkels baten sie in liebevoller Freundschaft, mit ihnen die Sommerferien am Meer zu verbringen. Ihre Verzweiflung über die verlorene Heimat im Herzenschen Haushalt erlebte immer wieder neue Höhepunkte. Es war die Strenge der Freundschaft Domengés, die ihr in dieser für sie so bedrückenden Zeit einen festen Halt bot. Er schrieb ihr u. a.: »Ihr letzter Brief, voll eines noch tieferen Schmerzes als die vorhergehenden, macht es mir zur dringenden Pflicht, Ihnen einmal alles zu sagen, was ich über Ihre Lage denke und was ich in meinem Gewissen bestimmt für die Wahrheit halte. In den großen wie in den kleinen Krisen des Lebens gibt es nur ein, *ich will nicht sagen Heilmittel, denn gewisse Schmerzen wollen gar nicht geheilt sein, aber es gibt nur* ein *Festes, Unerschütterliches, einen einzigen Anhalt, der nicht in unseren Händen zerbricht, und das ist die Wahrheit. Selbst die festesten Seelen können sie nicht gleich durch die Tränen und die Verwirrung der Leidenschaft oder des Schmerzes hindurch erkennen. Aber nach Verlauf einiger Zeit ist es eine absolute Pflicht für alle, sie zu verstehen, so wie sie ist, ohne Vorurteil gegen sich selbst oder gegen die anderen; es ist ganz besonders eine Pflicht für uns, die wir das Bewußtsein haben, zu dem Vortrab zu gehören.«*

Erst nach monatelangen inneren Kämpfen und harter Arbeit gewann die alte, unbekümmerte und fröhliche Malwida wieder die Oberhand. Den Sommer 1857 verbrachte sie allein am Meer in Wales.

Täglich zog ich mit Büchern und Schreibzeug an das Meeresufer, setzte mich dort auf den Sand und schrieb, während die Welle sich zu meinen Füßen brach und ein großer Frieden der Einsamkeit mich umgab. Eines Tages saß ich auch so unterhalb des gemauerten Uferkais, mit dem Gesicht nach dem Meer gewandt und ganz in meine Arbeit vertieft, als plötzlich ein Regen von kleinen Steinchen um mich niederfiel. Verwundert sah ich in die Höhe nach dem Kai hin und gewahrte zwei Damen und einen Herrn, die oben standen, lachend nach mir heruntersahen und auf diese Weise meine Aufmerksamkeit herausgefordert hatten. Den Herrn hatte ich nur einmal, schon vor mehreren Jahren, näher gesehen und gesprochen, aber es war nicht möglich, ihn zu vergessen oder sich in der Persönlichkeit zu irren, wenn man ihm nur einmal begegnet war. Ich erkannte ihn auch augenblicklich wieder; es war Joseph Mazzini. Die beiden Damen waren Schwestern, aus jener englischen Familie, in der Mazzini eine zweite Heimat gefunden hatte und in der er gleich einem Heiligen verehrt und geliebt wurde. Beide waren verheiratet; ich hatte sie an einem Abend in Herzens Hause kennengelernt, noch ehe ich selbst darin lebte. Seitdem hatte ich aber nur die eine, Emilie, wiedergesehen, die öfter in das Herzensche Haus kam und die ich auch nach meinem Scheiden aus diesem zuweilen besuchte, als sie eine Wohnung nahe der meinigen bezogen hatte. Sie war ein anziehendes Wesen, voll feinster Bildung, war Malerin von Bedeutung und hatte das schönste Bild von Mazzini gemacht, das von ihm existierte, in dem sich sein Wesen am besten aussprach. Was sie aber mehr als alles andere interessierte und beschäftigte, das waren die italienischen Angelegenheiten, eine natürliche Folge des Umgangs mit dem von der ganzen Familie so hoch geliebten und verehrten Freund. Sie hatte mich vom Anfang unsrer Bekanntschaft an sehr angezogen, und ich freute mich, als ich öfter Gelegenheit hatte, sie zu sehen und manchen gemütlichen Abend bei ihr zuzubringen. Bei ihr machte ich auch die Bekanntschaft von Jessie White, jenem energischen, mutigen, geistvollen Mädchen, das sich später einen Namen in der Geschichte des italienischen Befreiungskrieges durch Garibaldi machte und schließlich durch Heirat mit einem Italiener Italien zur Heimat erkor. Emilie Hawkes war es denn auch, die mich dort in Eastbourne am Strande erkannt und den andern genannt hatte. Ihre Schwester Karoline, eine sehr hübsche Frau, der ich bis dahin noch nicht nähergetreten war, forderte mich auf, sie zu besuchen, und lud mich gleich, um jeden formellen Besuch überflüssig zu machen, für den folgenden Tag zum Essen ein. Sie war nicht so anziehend wie Emilie, und es tat mir fast leid, in meiner Einsamkeit gestört zu werden, doch konnte ich die Einladung nicht abschlagen und ging also hin. Auch bereute ich es nicht, denn die ganze Gesellschaft bestand aus den zwei Schwestern, Mazzini und mir. Ich hatte demnach volle Gelegenheit, den Mann kennenzulernen, dessen Namen die Tyrannen zittern machte und den alle, die ihn näher kannten, schwärmerisch liebten und verehrten. Seine äußere Erscheinung rechtfertigte die Furcht nicht, die er seinen Feinden einflößte. Er hatte nichts von jenem kühnen, stolzen Typus des Condottiere, den Orsini besaß. Die Haltung seiner feinen, magern, mittelgroßen Gestalt hatte etwas Bescheidenes, fast Gedrücktes, sein Kopf, mit den edlen, geistvollen Zügen und der gedankenvollen Stirn, war der eines Philosophen und Weisen. Nur aus den wunderbar schönen, dunklen Augen blitzte es zuweilen gewaltig auf und verriet die Flamme der *Tat,* die in seiner Seele brannte. Er sprach geläufig englisch, doch mit dem südlichen, singenden Akzent, der der unmelodischen Sprache etwas Anmutiges gab. Emilie Hawkes, die mich immer wegen des von ihr gehaßten Materialismus, zu dessen Anhängern sie mich zählte, halb im Scherz, halb im Ernst angriff, brachte das Gespräch gleich auf dieses Thema und bat Mazzini, mir *seine* Weltanschauung auseinanderzusetzen. Dies tat er in der liebenswürdigsten Weise. Er geriet dabei in das Feuer dessen, der eine absolute Wahrheit auszusprechen meint und andere auch von dem unfehlbaren Dogma überzeugen möchte. Der Urgrund alles Seins war für ihn ein geistiges Prinzip, das er Gott nannte und aus dem die Ideen des Guten, Schönen, Wahren als eingeborne Ideen uns mitgegeben seien. Die Perfektibilität der Welt war sein Dogma, und die Arbeit daran war die *Pflicht* des Menschen und dessen Lebensaufgabe. Er verglich das Lehen mit einer um einen hohen Berg herumlaufenden Spirale; von jedem höheren erreichten Punkte aus ließ sich ein größerer Teil des zurückgelegten Wegs übersehen; erst auf dem Gipfel aber war das Ganze zu überschauen und wurde der volle Begriff von Grund, Zweck und Ziel des Daseins klar. Wenn man will, so war sein Standpunkt insofern noch ein katholischer, als ihm Glaube ohne Werke nichts war, und hätte er die Bibel übersetzen sollen, er hätte sicher gesagt: »Im Anfang war die Tat.«

Ich war damals theoretisch noch in der positivistischen Richtung befangen, die sich bei mir, vielleicht als Reaktion gegen den unbestimmten, suchenden Idealismus meiner Jugend, besonders seit der Hochschule zu Hamburg und der dort gemachten näheren Bekanntschaft mit den Naturwissenschaften Bahn gemacht hatte. Mein Empfinden zwar widersprach dieser Richtung eigentlich auf Schritt und Tritt, und ich ertappte mich hundertmal, aus der Welt der positiven Tatsachen heraus, auf dem Fluge ins Gebiet der metaphysischen Hypothese. Ich diskutierte eifrig mit Mazzini, und es wurde spät, ehe unser Kreis auseinanderging. Aber wir schieden mit dem mir abgenommenen und von mir freudig gegebenen Versprechen, uns oft wiederzusehen, auch später in London, wo zum Glück meine Wohnung nicht allzufern von der Karolinens lag, in deren Nähe auch Mazzini wohnte.

Mazzini

Unter den ersten Besuchen, die ich nach meinem Aufenthalt in Wales in London machte, waren die beiden Schwestern Emilie und Karoline. Ich wurde sehr freundlich aufgenommen, wurde mit Karolinens Mann bekannt gemacht und aufgefordert, mich an den Freitagabenden, wo sie regelmäßig ihre Freunde bei sich sahen, einzufinden. Ich nahm das natürlich an und trat nun in diesen, mir bisher fremden Kreis ein. Ich sah Mazzini wieder, der alle seine Abende in diesem Hause verbrachte, und wurde von ihm in der herzlichsten Weise begrüßt. Bald wurde ich dort heimisch; es war da ein gemütlicher ungezwungener Ton, der nichts mehr von der englischen ungeselligen Steifheit an sich hatte. Ganz natürlich und ohne es zu wollen, beherrschte Mazzini diesen kleinen Kreis, wie es die Superiorität eines bedeutenden Menschen immer tun wird unter Menschen, die sie willig anerkennen und sich ihr freudig hingeben. Aber es war ein großer Unterschied zwischen dem natürlichen Herrschertum einer überlegenen Persönlichkeit und dem anspruchsvollen Auftreten Kossuths, wie ich es bei einer früheren Gelegenheit beschrieben habe. Im Gegenteil, niemand, der ihn *nicht* kannte, konnte ahnen, daß es der berühmte Agitator war, wenn die Türe sich geräuschlos ein wenig öffnete und eine schmale, feine Männergestalt im einfachen schwarzen, meist bis oben zugeknöpften Überrock, fast schüchtern in das Zimmer glitt. Nur wenn er seinen gewöhnlichen Platz vor dem Kamin, fast immer stehend, einnahm, wenn, ganz von selbst, der Kreis sich um ihn bildete, er zu sprechen anfing und das dunkle Auge erglänzte, dann fühlte man, daß man sich in der Gegenwart eines ungewöhnlichen Menschen befinde. Wir hatten gleich viele bedeutende Diskussionen zusammen, nicht sowohl auf dem religiösen Gebiet, das er nie wieder so eingehend berührte wie jenes erstemal, aber nach verschiedenen Seiten hin. So hatte ich schon öfter von seiner entschiednen Opposition gegen den Sozialismus gehört und daß er z. B. ein absoluter Gegner Louis Blancs sei. Ich brachte ihn auf dies Thema. Er erhitzte sich leicht im Sprechen gegen eine Theorie, die für ihn abgetan und in seinen Gedanken gerichtet war. Viele Menschen nannten ihn deshalb intolerant: so sagte mir Mrs. Carlyle einmal, sie fände, er sei so intolerant geworden – früher sei er nicht so gewesen. Ich verstand ihn bald besser und sah ein, daß seine scheinbare Heftigkeit nichts anderes war als die Ungeduld eines in seinen Theorien fertigen Menschen, der keine Zeit mehr hat, das für ihn Abgetane zu wiederholen, weil es ihn drängt, für sein Ideal tätig zu sein. Bei einer solchen Diskussion sagte er mir einmal wörtlich: »Ich greife nur den sozialistischen Sektarianismus an, den Fourierismus[57], Ikarianismus[58] usw.; alle diese Theorien, die als Prinzip der Regeneration ausschließlich die Befriedigung der Begierden, das materielle Interesse und ähnliches hinstellen. Ich habe schon zwanzigmal den Unterschied festgestellt, den ich stets zwischen der sozialen Idee, die auch ich habe, und den Lösungen der sozialistischen Sekten mache. Jedoch fällt es mir nicht ein, zu verlangen, daß man der Unabhängigkeit des Gedankens, in der Art, das soziale oder philosophische Problem zu betrachten, entsagen solle. Was ich möchte, wäre, daß wir alle uns vereinigen könnten auf dem Boden der *Tat.* Eine gewisse Anzahl Wahrheiten sind schon für uns alle erobert; ich meine, wir sollten uns bemühen, diese praktisch darzustellen, indem wir uns im übrigen unsere Freiheit bewahren. Wir könnten den Weg, bis zu einem gewissen Punkt, zusammengehen und uns nachher trennen. Wir sollten uns verständigen, um gemeinsam gegen den gemeinsamen Feind zu arbeiten, indem wir uns unsere Unabhängigkeit vorbehielten für den organischen Teil, der folgen muß. Er erzählte mir dann viel von seinem praktischen Sozialismus[59] während der kurzen Zeit seines Triumvirats in Rom; wie er sogar dazu gekommen sei, dem Räuberunwesen beinah ein völliges Ende zu machen, indem er überall verkünden ließ, daß, wer entschlossen sei, ein ordentliches, arbeitsames Leben zu führen, eine bürgerliche Anstellung und ehrenhafte Beschäftigung finden werde. Er versicherte, daß sich eine Menge Leute eingefunden hätten, die aus Vagabunden ordentliche Leute geworden wären. Überhaupt waren seine Erzählungen aus jener Zeit äußerst anziehend. Ich glaube, daß sein praktischer Idealismus bei der tiefen Kenntnis, die er von seinem Volke hatte, dessen edelste Verkörperung er selbst war, etwas Dauerndes hätte schaffen können. Allein die Reaktion war noch zu stark, und leider verleitete ihn eben auch sein Idealismus zu glauben, daß in Frankreich der Republikanismus eine Wahrheit geworden *sei,* wie es in ihm und in einer großen Anzahl seiner Römer war. Es war dies auch eine wunde Stelle, an die man nicht gern bei ihm rührte. Doch sagte er mir einmal: »Ich hielt es nicht für möglich, daß französische Republikaner die römische Republik stürzen wollen könnten, und so hielt ich Garibaldi von energischerer Verfolgung der Franzosen zurück.«

Unter den Italienern, die den Kreis bei Karolinen besuchten und zu denen insbesondere Saffi und Quadrio gehörten, hatte ich immer zu meinem Erstaunen Felice Orsini vermißt, bis ich erfuhr, daß er mit Mazzini gespannt und völlig außer allem Verkehr sei. Ich hatte ihn seit jenem ersten Winter im Herzenschen Haus nicht wieder gesehen und hatte nur dann und wann gehört, daß er meist nicht in London sei, daß er Vorlesungen in mehreren Städten Englands halte usw. – Um so erschütternder wirkte nun die Nachricht des Attentats in der Rue Lepelletier in Paris[60], sein Mißlingen und die Gefangennahme Orsinis. Auch Mazzini war tief erschüttert. Er wußte, daß die Welt ihn der Mitverschworenschaft für schuldig erklären würde und daß es eine neue Veranlassung sein würde, Steine auf ihn zu werfen. Aber das war es gewiß nicht, was sein edles Herz am meisten bewegte. Ihn schmerzte das unabweisbare Schicksal, das Orsini drohte, obwohl er nicht mit ihm übereinstimmte. Es ist sicher, daß Mazzini nicht den Charakter des politischen Verschwörers *à tout prix* hatte, sondern daß ihm das Mittel der Konspiration ein durch die Umstände aufgedrungenes, seiner tiefhumanen Natur widerstrebendes war, das er nur ergriff, um der Erreichung eines ihm vorschwebenden höheren Zieles willen. Mit tiefem, angstvollem Anteil verfolgte man den Gang des Prozesses. Man hoffte immer noch, daß Napoleon möglicherweise das Leben Orsinis schonen würde. Man war hingerissen von Bewunderung über die Haltung Orsinis, der, seinem Charakter treu, nicht einen Augenblick seinen Mut, seine stolze Standhaftigkeit verlor.

Die Aufregung in England war furchtbar. Die anmaßende Sprache, die offenbaren Drohungen, die von jenseits des Kanals, besonders von seiten der französischen Militärs herübertönten, reizten die nationale Empfindlichkeit auf den höchsten Grad. Die kecke Forderung: das stolze Vorrecht britischer Freiheit, das Asylrecht auf diesem meerumgürteten Boden aufzugeben, empörte den sonst so ruhigen Insulaner. Mit gerechtem Selbstgefühl sah er aus der vornehmen Sicherheit seiner Institutionen, die jede Meinung gewähren lassen, wenn sie nicht tatsächlich gegen das Gesetz verstößt, hinüber auf die fieberhafte, von Eitelkeit gespornte Unruhe derer, die sich an der geheimen Wunde ihrer Ehre getroffen fühlten und, wie das zu gehen pflegt, desto mehr schrien, um die Schmach, Sklaven zu sein, zu verdecken. Daß jeder Brite (bis auf einen, Lord Palmerston nämlich, der wieder einmal Minister war und wie immer über den Kanal hinüber liebäugelte) entschlossen war, bis zum äußersten in der Verteidigung der nationalen Freiheiten zu gehen, bewies der kriegerische Eifer, der sich der sonst so friedliebenden Nation bemächtigte. Sogar Frauen fingen an, Schießübungen zu machen, und es war ganz ernstlich die Rede davon, daß sich ein weibliches Bataillon bei einer etwa nötig werdenden Küstenverteidigung bilden würde. Die Emigration war natürlich in keiner geringeren Aufregung, denn es handelte sich für sie um Sein und Nichtsein.

Nun kam der Monat März. Ich war an einem Abend mit Friedrich und Charlotte zusammen bei dem jüngeren Bruder Friedrichs, der sich als Arzt etabliert hatte und uns ein kleines Einweihungsfest seiner neuen Wohnung gab. Wir waren ganz fröhlich, als plötzlich in der Straße Ausrufer sich hören ließen, die, wie in London üblich, besonders gedruckte Zettel ausbieten, wenn der Telegraph abends noch ein wichtiges Ereignis verkündet hat. Wir hörten nur den Namen: Orsini. Einer der Herren stürzte hinaus und brachte das Blatt herein, dessen Inhalt uns alle mit Schaudern füllte: an dem Tage war, in der Morgenfrühe, das Haupt Orsinis, dieses schöne, stolze Haupt, auf der Guillotine vor la Roquette gefallen.

Zu sagen, wie mich diese Nachricht ergriff, wäre unmöglich. Zum zweitenmal erlebte ich es, daß ein Mensch, der durch viele bedeutende Eigenschaften ein warmes, menschliches Interesse einzuflößen berechtigt war, den gewaltsamen Tod des Verbrechers starb. Wenn der natürliche Tod von Menschen, die uns nahestanden, die Wunde schlägt, die weder der religiöse Glaube noch die philosophische Resignation zu bannen oder zu heilen vermögen, so haben wir darüber doch nur mit jenem Fatum zu rechten, das mit eiserner Hand seine unwiderruflichen Dekrete über unseren Häuptern vollzieht. In solchen Fällen aber, die, scheinbar wenigstens, in den Bereich der menschlichen Willkür fallen, wo das Fatum nur in Gestalt der dunklen Mächte erscheint, die im Innern des Menschen das tragische Schicksal vorbereiten, das sich im Zusammenstoß mit den äußeren Verhältnissen erfüllt – da empört sich das Herz gegen das Verhängnis, da möchte man eingreifen und retten. Ich hatte keine Zeit, in den ersten Tagen nach dem Ereignis zu Kinkels zu gehen, hatte aber an Johanna Geschäftliches zu schreiben und schrieb ihr dabei auch über meine Empfindungen bei Orsinis Tod. Sie antwortete mir auf das Geschäftliche und fügte hinzu:

»Auch ich bin tief erschüttert von Orsinis Schicksal, und Tag und Nacht kommt dieser große Mensch mir nicht aus den Gedanken. Möge er ewig im Liede der freien Seelen fortleben.«

Die Aufregung in England wuchs indes fort. Englische Untertanen, der Mitwissenschaft verdächtigt, wurden im Ausland gefangengenommen, so unter anderen in Genua Miß Jessie White und Mr. Hodge, ein intimer Freund Orsinis, dem er die Sorge für eine seiner Töchter in seinem merkwürdigen Testament übertragen hatte. Beide wurden zwar aus Mangel an Beweisen freigegeben, doch war es Öl in das Feuer englischer Entrüstung. Die unverschämte Sprache und die Drohungen der französischen Presse dauerten fort. Nun kam die Gefangennahme des Franzosen Bernard, von französischer Seite der unmittelbaren Mitwissenschaft an dem Orsinischen Komplott angeklagt. Die Aufregung war zum höchsten Gipfel gestiegen, als die Verhandlungen des Prozesses herannahten. Alles drängte nach Old Baily, dem alten Gerichtshof in der City, der schon so manches tränenvolle Ereignis hat verhandeln sehen, schon so manches »Schuldig« sprechen hören.

Ich war fest entschlossen, es koste, was es wolle, den Verhandlungen beizuwohnen. Am Morgen, wo sie ihren Anfang nehmen sollten, begab ich mich früh um acht Uhr in die City, in den alten düsteren Gerichtshof und fragte einen der am Eingang befindlichen Gerichtsdiener, ob und wie ich hineinkönne. Zuerst wollte er von nichts hören, sagte, es sei kein Platz für Frauen usw. Dann, als ich ihm meine Karte gab mit dem Bescheid, er solle sie in den Gerichtssaal Herrn Ashurst, einem der geachtetsten Advokaten, bringen, der würde mir schon einen Platz verschaffen, da wurde er etwas nachgiebiger und meinte, oben auf der Zuschauergalerie sei die letzte Bank für Damen frei. Ich ließ mich hinführen; es war ein schlechter Platz, von dem man weder den Angeklagten sehen noch gut hören konnte. Ich ließ daher nicht nach, bis er mir einen Platz in den vordersten Reihen eingeräumt hatte, wo ich gerade auf die Bank der Angeklagten hinuntersah und den ganzen Gerichtshof vollständig überschaute.

Es war das erstemal, daß ich einen solchen sah, und ich konnte mich eines Lächelns nicht enthalten über die Allongeperücken der Richter und das altväterliche Kostüm, obwohl ich mir gestehen mußte, daß es einen gewissen feierlichen Eindruck machte und dem ganzen Anblick eine Art von Würde gab. Bald aber wurde mein ganzes Interesse in Anspruch genommen, als der bleiche Angeklagte auf seinem Platze erschien und das Zeugenverhör begann. Wenn etwas von vornherein geeignet gewesen wäre, unparteiische Richter für die Angeklagten einzunehmen, so wäre es das Erscheinen der französischen Zeugen gewesen, deren eine große Menge vorhanden waren. Sie trugen alle, ohne Ausnahme, den Stempel solcher Gemeinheit, solcher offenbaren Absichtlichkeit, daß man nicht verkennen konnte, wie sie gedungene

Werkzeuge waren, und die Beschuldiger entschuldigten den Angeklagten mehr als alles andere. Besonders war ein Mann darunter, Roger mit Namen, der sich bei der Anklage sehr eifrig bewiesen hatte, den man offenkundig als besoldeten französischen Spion kannte. Dieser Mann hatte sich Haar und Bart dermaßen nach dem Vorbild des damaligen Oberhaupts von Frankreich gemodelt, daß sein Äußeres beinah eine vollständige Ähnlichkeit mit ihm erlangt hatte, wie denn dies überhaupt zu der Zeit in einer gewissen Schicht der französischen unteren Beamtenwelt Mode geworden war und einen überaus widerwärtigen Typus erzeugt hatte, der eine grausame Ironie auf das kaiserliche Frankreich war. Der offene Stempel der Niederträchtigkeit, den dieser Mann an der Stirn trug, wurde ein gewichtiges Argument in der Rede des Verteidigers Bernards, als die Verhandlungen beendigt waren und nach dem Anklagepunkte des Oberrichters, James, einer der geschicktesten Advokaten Londons, für Bernard das Wort ergriff. Mit klopfendem Herzen sah ich den Advokaten sich erheben. Sein Äußeres erinnerte an die Bilder von Mirabeau, und seine volltönende Stimme schallte laut und vernehmlich durch den ganzen Raum, in dem Geschworene und Publikum nun in atemloser Spannung lauschten. Die Rede war ein Meisterstück energischer Logik, beißenden Spottes und des stolzesten Patriotismus, der in der Sache seines Klienten zugleich die hohen Vorzüge englischer Freiheit und Unabhängigkeit verteidigte. Jenen Roger nannte er gar nicht anders als den Spion Roger, um mit dieser Ironie zu zeigen, welcher Art die Leute waren, die man gegen Bernard ins Feld geschickt hatte. Der Lord Oberrichter rief ihn deshalb zur Ordnung. Darauf entschuldigte er sich, daß er den Spion Spion genannt habe, da er nicht gewußt habe, daß es nicht erlaubt sei, einen Spion Spion zu nennen, indem er so das verpönte Wort wohl zehnmal hintereinander wiederholte und erst recht aufmerksam darauf machte. Ganz besonders kam ihm das gereizte Nationalgefühl der Engländer zu Hilfe, an das er sich in glänzender Weise wandte, indem er sie aufforderte, das heilige Asylrecht zu schützen, das nur dem auf strafbarer Tat Ertappten entzogen werden könne, so daß alles bei Beendigung seiner Rede in einen kaum zu bewältigenden Beifallssturm losbrach. Die Geschworenen zogen sich zurück, und wenn auch bereits eine leise Hoffnung das Herz schwellte, so war es doch ein verhängnisschwerer Augenblick der Erwartung. Meine Blicke hingen an dem Angeklagten, der mit männlicher Ruhe und Fassung die für ihn so ernste Stunde erlebte. Endlich kehrten die Geschworenen zurück, und im Saal ward es still wie im Grab. Als aber der Obmann der Geschworenen vortrat und das »Nichtschuldig« aussprach, da brach im Saale selbst und draußen, wo der dichtgedrängten Menschenmenge, die Old Baily umlagerte, das Verdikt blitzschnell verkündet ward, ein solcher Jubel los, daß die festen Mauern erzitterten. Ganz unbekannte Menschen drückten mir die Hände zum Zeichen der Freude, und ein alter Mann sagte mir mit Tränen in den Augen: »Welch ein glorreicher Tag für England!« –

Mazzini hatte mich gebeten, am Abend nach Beendigung des Prozesses zu Karolinen zu kommen und ihnen Bericht zu erstatten. Natürlich wußten sie bereits den glücklichen Ausgang, als ich hinkam, denn die Nachricht hatte sich mit Blitzesschnelle durch das ungeheure London verbreitet und überall einen Ausbruch patriotischen Jubels veranlaßt. Ich mußte alles bis aufs kleinste erzählen, und obgleich Mazzini keine persönliche Sympathie für Bernard hatte, so freute er sich doch des Ausgangs von Herzen. Karolinens Mann – Mr. Stanfield – sagte: »Nun gottlob! Nun sind wir auch Lord Palmerston los, denn der ist nun für immer unmöglich geworden.« In der Tat mußte er nach einem Monstre-Meeting im Hyde-Park, das eine Demonstration gegen ihn war, seinen Abschied nehmen. Aber Stanfields Hoffnung ging doch nicht in Erfüllung, denn ein Jahr darauf war er wieder Minister. Mazzini bat mich, ihm einen Bericht über die fünf Tage des Prozesses für sein italienisches Journal »Dio e il Popolo« zu schreiben. Schon früher hatte ich, auf seinen Wunsch, einen Artikel über deutsche Zustände für dasselbe Journal geschrieben, den er sehr gelobt hatte. Ich schrieb in französischer Sprache, da mir damals die italienische noch nicht geläufig war, und Mazzini sorgte für die Übersetzung. Als ich den verlangten Bericht fertig hatte, schickte ich ihn an Mazzini. Er schrieb mir darauf:

»Liebe Freundin!

Ich danke Ihnen von Grund des Herzens für Ihren Bericht, den ich selbst übersetzt und abgeschickt habe.

Wie konnten Sie denken, daß ich etwas an Ihrer Auffassung der Verteidigungsrede von James geändert hätte? Sie halten mich also für recht intolerant?

Was Sie getan haben, entbindet Sie aber durchaus nicht von der zweiten deutschen Korrespondenz. Wenn Sie die deutschen Journale lesen, suchen Sie sich auf einige Tatsachen für Ihre Reflexionen zu stützen. Sie wissen, was die Korrespondenzen der politischen Journale sind. Ich möchte, daß es von Zeit zu Zeit ein Gesamtüberblick über den politischen Gang der Ereignisse in Deutschland, von der Höhe eines philosophischen Gedankens aus, würde. Könnten Sie nicht auch eine

Stunde einem Überblick über die gegenwärtige politische deutsche Presse und ihre Tendenzen gegenüber Frankreich, England und Rußland widmen?

Verzeihung für alle diese Anforderungen, aber Sie sind gut und der Sache ergeben; ich brauche und mißbrauche das.

Ihr Freund und Bruder
Joseph.«

Dies war jedoch nicht die einzige Tätigkeit, zu der er mich anfeuerte. Was ihm besonders am Herzen lag, das war die Organisation der Partei, zunächst die jeder Nationalität und dann aller zusammen als der europäischen Partei der Tat. Er ging von der allerdings gewiß sehr richtigen Idee aus, daß die Partei des Ultramontanismus[61] und Despotismus eben ihrer festen Organisation und ihrem Zusammenhalten ihre immer noch so große Macht verdankte. Er hatte es sich daher zur Lebensaufgabe gestellt, von der anderen Seite eine gleiche, fast militärische Organisation und Schlagfertigkeit zustande zu bringen. Dabei aber wollte er, daß ein jeder, indem er den Ideen des Fortschritts, der Freiheit und Vernunft diene, von dem Bewußtsein durchdrungen sei, daß er damit nur seine Menschenpflicht erfülle. Vor allem aber lagen ihm hierbei die Arbeiter am Herzen. Ebenso wie er unausgesetzt, auch aus der Ferne, die Arbeiter seiner Heimat beeinflußte, um ihnen höhere sittliche Ideen und den Geist der Gemeinsamkeit beizubringen (Ideen, die weit verschieden waren von dem törichten Kommunismus und den ausschweifenden Nivellierungsgelüsten der damals schon beginnenden Internationale, da sie die Pflicht *aller* gegen *alle* obenanstellten) – ebenso wünschte er auch, daß man in andern Ländern ein Gleiches tue. Er fragte mich fortwährend, was in dieser Beziehung in Deutschland geschähe, und da die Zeit der großen Reaktion damals im Vaterland wenig hoffen ließ, so forderte er mich auf, zu versuchen, ob sich die vielen deutschen Arbeiter in London nicht zu einer Gesellschaft vereinigen ließen, in der man, statt der vielfältigen unklaren, halben Theorien, eine wahre, gesunde Anschauung von Bürgerpflicht und Gemeinwesen entwickeln könnte. Ich kannte einige der deutschen Arbeiter, unter denen denkende, tüchtige Menschen waren, und versprach Mazzini, einen Versuch zu machen. Als ich mit ihnen über die Sache sprach, fand ich sie alle bereit und der Idee geneigt. Dies schrieb ich an Mazzini und teilte ihm zugleich mit, daß ich für einige Wochen ans Meer gehen würde.

In Ventnor traf ich Pulszkys, die lieben Freunde, mit denen ich immerfort in Verkehr war, die ich aber in London der ungeheuren Entfernung wegen, in der wir voneinander lebten, selten sah. Ich gab meinen Brief bei Kossuths ab und fing an, mich in der geliebten Meeresluft wieder etwas zu erholen. Wie sehr wünschte ich nun auch dem geplagten, verehrten Freund diese Erholung. Ich schrieb ihm und forderte ihn auf, zu kommen und sich einmal eine kurze Frist zu gönnen. Er ließ mich ziemlich lange auf Antwort warten; endlich schrieb er:

»Liebe Freundin!

Ich hätte Ihnen früher antworten sollen, aber ich war mit Arbeit überhäuft und auch ein wenig schlechter Laune. Nein, ich komme nicht auf die Insel. Es ist unmöglich, und es ist unnütz, darüber zu sprechen. Ich habe wohl Lust, mich irgendwo an das Meer hinzuflüchten, aber wenn ich es tue, geschieht es später und nicht auf der Insel Wight. Sie ist zu schön für mich. Wahrscheinlicher aber ist es, daß es bei der Lust bleibt und daß ich nirgends hingehe. Wozu auch? Im Vergleich mit dem, was in mir vorgeht, bin ich noch gut genug, wo ich bin; traurig und finster, macht mich die schönste Landschaft wie die schönste Musik noch tausendmal finsterer. Wenn ich in dieser Stimmung bin, gibt mir alles Schöne einen wahren Krampf der Verzweiflung und ein Gefühl von Ermattung, das nicht gut ist.

Ich schicke Ihnen diese Zeilen durch eine teure und liebenswürdige Botin. Ich freue mich, daß sie zu Ihnen geht. Wenn sie ihr Kopfweh dort verliert, wenn Sie zusammen der Luft des Meeres, der Landschaft sich freuen, so ist das genug, damit ich der Insel Wight innig dankbar bleibe.

Adieu! Arbeiten Sie und denken Sie zuweilen an Ihren Freund

Joseph.«

Die Botin, die mir diesen Brief brachte, war niemand anders als Karoline, die eine der beiden Mazzini so innig befreundeten Schwestern, in deren Haus ich zwar nun schon viel aus- und eingegangen war, die mir bisher aber noch nie so nahgetreten, noch nie so liebenswert erschienen war wie ihre Schwester Emilie. In Ventnor bildete sich in der Ungeniertheit des Landlebens rasch ein intimerer Verkehr aus, und ich wurde überrascht von manchen Seiten dieser anmutigen Natur, die mir bisher entgangen waren, da im geselligen Verkehr ihres Hauses meine größte Aufmerksamkeit Mazzini zugewendet gewesen war.

Gleich in den ersten Tagen in Ventnor begegnete ich einem Landsmann, auch Flüchtling, den ich bisher nur einmal, ganz am Anfang meines Aufenthalts in London, dann nie wieder gesehen hatte, obgleich wir mehrere gemeinschaftliche Bekannte hatten. Dies war Lothar Bucher[62], der charaktervollste der preußischen Abgeordneten vom Jahre achtundvierzig. Wenn man in der riesigen Weltstadt jahrelang leben konnte, ohne sich zu treffen, so war dies anders im kleinen Ventnor, wo der Strand alle zusammenführte, die sich dort aufhielten. Wir wurden miteinander bekannt, und ich lernte mit Freude und Interesse den feinen, klugen, tief unterrichteten Mann kennen, wenn ich auch anfänglich ein wenig Furcht vor seinem scharfen, kritischen Verstand hatte, dem alles Phantastische, auf Intuition Gegründete, nicht auf positiven Tatsachen Beruhende ein Greuel war. Er gesellte sich Karolinen und mir häufig zu. Wir verbrachten manche heitere Stunde zusammen auf Spaziergängen und am Meer, besonders des Abends, wenn der Mond silbern über die gekräuselte Fläche schien und wir, am Ufer sitzend, oft bis spät in die Nacht hinein, bald ernst, bald heiter, plauderten.

40 Lothar Bucker

Ich schrieb an Mazzini über Bucher, daß ich ihn mehr für einen organisierenden Staatsmann als für einen Revolutionär halte, daß aber gerade deshalb seine Mitwirkung beim neuen Journal sehr wünschenswert sei, und fragte, ob ich ihn nicht zur Mitarbeit auffordern sollte. Mazzini antwortete:

»Ja, ich kenne Bucher dem Namen nach und würde stolz sein, seine Hilfe zu haben. Er wird nach der ersten Nummer beurteilen können, ob er mir etwas schicken will. Ich möchte, daß das Journal die Frage der Nationalitäten vom Gesichtspunkt der zukünftigen Allianz und ihre Notwendigkeit zum Siege aus behandelte. Die Organisation der Partei scheint mir gegenwärtig das zu lösende Problem für uns alle. An dem Tag, an dem wir alle organisiert sein werden wie eine Armee, an dem Tag, wo ein jeder, der jetzt vereinzelt, untätig bleibt, sein Kontingent an Geld, an Berichten, an Einfluß, an Reisen, an Propaganda der Ideen hinzubringen wird, an dem Tage werden wir siegen. Es ist eine Schande, daß, wenn wir es können, wir es nicht tun. Das Journal kann dabei nützen, indem es die Ideen predigt und zeigt, daß wir eins sind.«

Wieder in London, setzte Meysenbug die in Ventnor angeknüpfte Bekanntschaft mit Lothar Bucher fort.

Er war so gütig, auf meinen Wunsch einzugehen und wöchentlich einmal einen Abend mir über Nationalökonomie teils Verschiedenes vorzulesen, teils mündlich zu erläutern. Ich fühlte es als einen großen Mangel, daß ich mir nie eine nähere Kenntnis der nationalökonomischen Grundsätze verschafft hatte, sondern, diese Lücke lassend, gleich zur Beschäftigung mit den sozialistischen Systemen übergegangen war. Diesem Mangel wollte ich gern abhelfen, und wie hätte ich es besser gekonnt als unter der Leitung des tief gründlichen Mannes? Freilich gaben ihm mein obstinater Sozialismus und meine allzu idealistischen politischen Ideen manches Ärgernis. So machte es ihn z. B. einmal sehr böse, daß ich die Zwischenträger zwischen Produzierenden und Konsumierenden nicht als notwendige Faktoren des nationalökonomischen Prozesses anerkennen wollte und meinte, der Verkehr könne direkt zwischen jenen stattfinden. Ebenso hielt er es für eine unreife Ansicht, daß ich meinte, Deutschland solle die seiner Herrschaft beharrlich widerstrebenden ehemalig polnischen Landesteile zurückgeben; denn, sagte er, das größere Kulturelement habe das Recht, das geringere zu absorbieren. Bei alledem war er aber doch unermüdlich freundlich, hilfreich und geduldig mit meinem oft so mangelhaften Wissen und erfreute mein Leben mit vielen liebenswürdigen Aufmerksamkeiten, die mich um so mehr rührten, als man, bei seinem abgeschlossenen Wesen, dergleichen nie von ihm erwartete. Da wir weit auseinander wohnten, so wurde auch viel brieflich verhandelt, und es war mir eine wahre Wohltat, so viel von einem Menschen lernen zu können.

Bei Kinkels war ich gleich nach meiner Rückkehr aus Ventnor gewesen, hatte aber nur Johanna getroffen. Sie waren, zum erstenmal seit ihrem Aufenthalt in England, in den Sommerferien nicht aus der Stadt gewesen, sondern hatten sie dazu benutzt, eigene literarische Werke zu vollenden. Johanna hatte ihren Roman: »Hans Ibeles« beendet, worüber ich mich sehr freute, da die mir von ihr bekannten Schriften: Novellen, die in einem Band mit denen Kinkels veröffentlicht waren, und anderes Ungedruckte, was sie mir vorgelesen hatte, mir außerordentlich gefielen und es mich immer hatten bedauern lassen, daß sie nicht in größerem Maße zur Ausübung ihrer schriftstellerischen Begabung kam, die ihrer musikalischen gewiß gleich war. Sie erzählte mir, wie besonders schön und heiter diese Ferienzeit gewesen sei und wie sie sich kaum, seit ihrer Brautzeit, einer glücklicheren Epoche erinnere. Sonderbarerweise aber trat mir neben diesen heiteren Mitteilungen, zum erstenmal gegen mich gewendet, jenes mißtrauische Element gegenüber, das das einzige war, das zuweilen die große, schöne Natur Johannas verdunkelte. Es handelt sich um einen Besuch, den ich, noch vor meiner Reise nach Ventnor, mit einer dritten Person im Hause gemacht hatte, nicht ohne sie vorher um Erlaubnis gefragt zu haben, ob ich diese Person einführen dürfe. Sie warf mir plötzlich vor, bei diesem Besuch eine Absicht gehabt zu haben, die, wenn sie wirklich vorhanden gewesen wäre, den vollständigen Verlust ihrer Freundschaft und absoluten Bruch mit ihr hätte nach sich ziehen müssen. Ich war so überrascht von diesem unerwarteten und unverdienten Angriff, daß mein Schmerz größer war als mein Unwille und ich, als einzige Antwort, in Tränen ausbrach. Ich liebte Johanna so aufrichtig, bewunderte sie so ganz, nahm so innigen Anteil an ihrem Glück, daß es mir wie ein Sakrilegium vorgekommen wäre, irgend etwas zu tun, was dieses Glück hätte trüben können, abgesehen davon, daß die einzige Absicht jenes Besuches gewesen war, der erwähnten dritten Person wohlzutun, indem ich ihr die Bekanntschaft Kinkels und Johannas und deren Schutz verschaffte. Meine Tränen entwaffneten Johannas Leidenschaft und beunruhigten sie. Sie bat mich, wegzugehen, ehe Kinkel nach Hause käme, da es ihm schrecklich sei, Weinen zu sehen. Sie küßte mich und versicherte, daß nun, da sie sich ausgesprochen habe, wieder alles gut und wie sonst zwischen uns sei. So war es aber doch nicht in mir. Es fiel mir nicht ein, ihr zu zürnen, und ich vergab ihr, weil ich es verstand, wie dies hatte kommen können. Es war dies das Krankhafte in ihr, der ihrer Natur mitgegebene Mangel, der sich überall, auch in den edelsten Naturen, in einer oder der andern Form findet und, oft zu unserem eigenen Erstaunen, wenn wir ihn durch unsere Anstrengungen längst überwunden glauben, aus den Tiefen unseres Seins wieder auftaucht; ein Beweis, daß wir *wesentlich* als ein Unveränderliches aus der geheimnisvollen Werkstatt der Natur hervorgehen.[63] Vergab ich ihr auch völlig um dieses Verständnisses willen, so blieb doch ein schmerzlich verstimmter Ton in mir darüber, daß wieder einmal eine ganz reine Tat, noch dazu des Mitleids, so hatte verkannt werden können. Ich mußte ihm Zeit lassen, sich aufzulösen in jene stille Harmonie der Wehmut, die, je mehr wir das Leben verstehen lernen, je vernehmlicher in den Tiefen unserer Seele tönt; Wehmut darüber, daß auch das Schönste und Vollendetste, in die Grenze der Erscheinung gebannt, nicht fleckenlos bleiben kann. Ich ging nicht sobald wieder hin. Johanna schrieb mir, um alles wieder in das Gleichgewicht zu bringen. Ich antwortete nicht, weil die Wellen in mir noch zu hoch gingen und ich abwarten wollte, daß sie sich ganz beruhigt hätten. So kam mein Geburtstag und mit ihm folgender Brief von Johanna:

»Nimm unsere vereinten herzlichen Glückwünsche zu Deinem Geburtstag. Ein kleines Geschenk, das ich Dir zugedacht hatte, wird morgen oder übermorgen bei Dir eintreffen. Du hast mir auf meinen letzten Brief nicht geantwortet. Ich will nicht fragen, ob in Deinem Gemüt eine Bitterkeit gegen uns zurückgeblieben ist; ich will Dir lieber sagen, daß mit dem Ergießen meiner Verstimmung im mündlichen Vorwurf jede Spur des Zorns verschwunden ist. Ich überlasse es der Zeit, ob meine innerste Herzensmeinung wieder klar vor Deinem Verstande stehen wird. Du hast einen zu großen und klaren Verstand, um nicht auch einen von dem Deinen abweichenden Standpunkt als berechtigt zu achten. Für mich sprechen oft wiederholte Erfahrungen, die ich Dir nicht detaillieren kann, ohne perfid gegen ehemalige Freunde zu sein. Ich möchte auch diejenigen, die mich unverzeihlich zu kränken suchten, nicht ohne Not denunzieren. Sogar um mich selbst zu verteidigen, will ich es nicht tun, denn meine bescheidne Wirksamkeit in der Familie hängt nicht von dem lächerlichen Ruf ab, den man mir draußen in der Welt anhängt. Es gibt freilich einen Namen, der mir teuer ist, und ich werde nicht dulden, daß man ihn mutwillig verunglimpft. Er selbst ist stolz genug, ohnmächtige Schmähung zu verachten, aber mir bricht der leiseste Schatten das Herz, den böse Menschen auf ihn bringen. Auf Wiedersehen! Sei herzlich geküßt von Deiner

Johanna.«

Dieser Brief rührte mich sehr. Ich kannte ihr Herz ja so genau, das so gut, so demütig, so liebend war, trotz aller leidenschaftlichen Aufwallungen. Ich wußte ja, obwohl sie mir in jener letzten Unterredung gesagt hatte: »Ich lebe nicht mehr für Menschen, ich lebe nur noch für Ideen«, wie eigentlich der Kern und Inhalt ihres Lebens doch nur die vergötternde Liebe für ihren Mann und ihre Kinder war. So antwortete ich ihr denn auch in herzlichster Weise und verhieß meinen baldigen Besuch. Dennoch gingen noch wieder Tage hin, ehe ich dazu kam, weil in London für beschäftigte Menschen bei den weiten Entfernungen das »bald« ein unberechenbares Ding ist. Am 14. November kam Angelika von Lagerström mich zu besuchen und erzählte mir, daß sie tags zuvor bei Johanna gewesen sei und sie wieder an einem, fast alle Winter wiederkehrenden Anfall von Bronchitis krank und an ihr Schlafzimmer gefesselt gefunden habe. Doch sei sie heiter und guten Muts gewesen und habe, als ihr jüngster Sohn, ein schöner, blühender Knabe, eben in das Zimmer getreten sei, mit überwallender Liebe gesagt: »Wie soll man denn auch nicht guten Mutes sein, wenn man so ein Hermännchen hat!«

Es beunruhigte mich trotzdem, sie wieder krank zu wissen, da diese Bronchitis-Anfälle sie immer sehr angriffen und ihre Gesundheit ohnehin eine schwankende war. Es hatte sich längst herausgestellt, daß sie an einer Herzkrankheit litt. Im Winter vorher war sie einmal in einer Gesellschaft, von einem Herzkrampf befallen, hingestürzt und wäre ihm vielleicht, ohne die zufällige Anwesenheit eines Arztes, damals erlegen. Ich beschloß also, jedenfalls den folgenden Tag zu ihr zu gehen und mich selbst von ihrem Befinden zu überzeugen. Aber auch an dem Tag ward es mir unmöglich gemacht; ich hatte vielleicht nur eine Stunde nachmittags frei, und das war zu wenig zu einem Besuch in dem weitab gelegenen Stadtteil, wo Kinkels wohnten und wohin der Weg allein mindestens eine halbe Stunde nahm. Ich richtete nun meine Arbeit so ein, um am folgenden Tag sicher ein paar Stunden frei zu haben. Am Morgen des sechzehnten November erhielt ich mit der frühsten Stadtpost einen Brief, dessen Adresse von Kinkels Hand geschrieben war. Ich erbrach ihn und las:

»Liebe Freundin!

Meine Frau ist tot, heute halb drei Uhr. Wenn ich nichts weiter hinzufüge, Sie verdenken mir's nicht.

Wollen Sie mir aus alter Freundschaft etwas helfen kommen – ich bin so hilflos wie ein Kind. Ihr

G. Kinkel.«

Ein furchtbarer, unerträglicher Schmerz ergriff mich. So also mußte auch diese große, mir tief in das innerste Leben gewachsene Liebe endigen? So jäh abgerissen, so unvermittelt alles vorbei, noch ehe ich ihr die volle, unverminderte Ergebenheit, die gänzliche Vergebung jener bitteren Stunde hatte zeigen können! Es war dies sicher von allen harten Schlägen meines Lebens einer der härtesten; er traf mich so unvorbereitet, so recht mitten in das Herz hinein.

Natürlich ließ ich Arbeit und alles und begab mich sofort zu Kinkel. Welch ein Wiedersehen war das! Ich erfuhr nun erst, daß der Tod ein gewaltsamer, durch den Sturz aus dem Fenster ihres Schlafzimmers in den Hof veranlaßter gewesen sei und daß, da sie im Augenblick des

Sturzes allein im Zimmer gewesen war, der bittere Zweifel aufsteigen mußte, ob dieses Abreißen des Lebensfadens nicht ein freiwilliges gewesen sei. Dem tiefgebeugten Gatten mußte dieser Zweifel, obwohl sein Herz eine andere Gewißheit hatte, die Last des Schmerzes noch schwerer machen. Dagegen sagte Johanna (die älteste Tochter, ein wahrhaft ideales Geschöpf, in der kindlichen Hülle eines vierzehnjährigen Mädchens schon eine große, heldenmütige, mit jedem edelsten Reiz geschmückte Seele tragend) mit ruhiger Gewißheit: »Nein, die Mutter hat uns nicht freiwillig verlassen.« Diese Gewißheit ward auch mir, als ich vor der Leiche der so tief geliebten Freundin stand und auf die festen, wie in Erz gegossenen Züge, über denen in feierlichem Schweigen das Geheimnis des Todes lag, blickte. War doch ihr letztes Bekenntnis an mich das des reinsten Glücks gewesen. Ihr Leben hatte, nach so schweren Kämpfen, ja gerade einen Höhepunkt erreicht. Ihre Stellung war jetzt so, daß die einstigen materiellen Sorgen sie nicht mehr drückten. Die Arbeit konnte so weit vermindert werden, daß sie nicht mehr Last, sondern Freude war. Es blieb Zeit zu eigenem freudigen Schaffen. Die Kinder wuchsen, gesund an Geist und Körper, zu immer schönerer Freude der Eltern heran. Kinkel stand in voller Kraft und erfolgreichem Wirken nach vielen Seiten hin. – Was hätte das feurig liebende Herz Johannas bestimmen sollen, das dunkle Todeslos dem endlich so heiter gewordnen Dasein, dessen Licht und Liebe spendender Mittelpunkt sie selbst war, vorzuziehen? In vollster Überzeugung stimmte ich der lieblichen Tochter bei. Ich widmete mich den Verlassnen für die nächsten Tage ausschließlich und suchte ihnen über die traurigen Besorgungen wegzuhelfen, die, nicht als heilsame, sondern als qualvolle Zerstreuung, dem Schmerze bei einem Todesfall aufgebürdet werden. Die Art dieses Todes aber machte noch andere peinvolle Dinge nötig, die ich den Trauernden leider nicht erleichtern konnte, nämlich Obduktion und Totenschau vor der Jury. Die erstere ergab, daß das Herz sich zu dem Doppelten seiner natürlichen Größe ausgedehnt hatte. Es schien nun ganz erklärlich, daß ein eingetretner Herzkrampf die Verstorbene veranlaßt hatte, an das Fenster zu eilen, um frische Luft zu schöpfen, daß sie dabei das Gleichgewicht verloren hatte und hinausgestürzt war. Das Fenster war eines jener in England noch so häufig vorkommenden, die von unten in die Höhe geschoben werden. Dies erfordert meist eine ziemliche Anstrengung, da die Fenster schwer sind und bis zu einer gewissen Höhe geschoben werden müssen, um nicht wieder herunter auf den Kopf zu fallen. Die Brüstung des Fensters war nur zwei Fuß über dem Fußboden des Zimmers; bei einem raschen Hinausbiegen konnte der Oberkörper leicht das Übergewicht bekommen. Von diesem Fenster aber bis auf das Pflaster des kleinen Hofes, in den es hinausschaute, waren es sechsundvierzig Fuß. Dazu war es einer jener trostlosen November-Nebeltage Londons, wo die Luft keine Luft ist und ein vom Krampf geängstigtes Wesen, um nur atmen zu können, leicht jede Berechnung, im Schwindel der Beängstigung, verlieren kann. Für uns stand die Sache fest. Aber noch blieb die peinliche Notwendigkeit der öffentlichen Prüfung und Bestätigung des Falles. Dieser Akt konnte erst am fünften Tage nach dem Tode stattfinden. Die nächsten Freunde versammelten sich bei Kinkel, um ihn und die Kinder auf diesem schweren Gang zu begleiten, denn auch die Kinder mußten mit, und die edle Johanna war bereit, für die geliebte Mutter zu zeugen. Kinkel war, wie ich ihn immer in entscheidenden Augenblikken fand, mutig gefaßt, männlich besonnen und entschlossen, ja fast gehoben von dem Gedanken, noch etwas für sie tun zu können. Als wir uns auf den Weg zu dem nahe gelegenen Gerichtslokal des Stadtbezirks begaben, sagte er mir: »So, nun wollen wir noch einmal für sie kämpfen.«

Er wurde als erster Zeuge vor die Geschworenen berufen. Nachdem er die einleitenden Fragen über Namen, Alter, Stand, Lebensverhältnisse beantwortet, gab er eine Schilderung seines häuslichen Lebens, der Schicksale, die seine Frau und er zusammen erlebt, der Liebe, die sie ihnen hatte tragen helfen. Er endete mit der Erzählung des letzten Gesprächs, das sie, eine Stunde vor ihrem Tod, zusammen gehabt hatten, in dem er ihr die Mitteilung angenehmer geschäftlicher Aussichten machte und nach dem er sie in der heitersten Stimmung verließ, um sich zu einer Klasse zu begeben, die er im eignen Hause hielt, und aus der man ihn nach zehn Minuten abrief, um sie im Hof als Leiche aufzuheben.

Die Rede war so einfach, würdig, trug so ganz das Gepräge der lautersten Wahrheit, daß alle Zuhörer sichtlich davon bewegt waren. Als Kinkel nun sagte: er habe nichts weiter hinzuzufügen, draußen aber stehe seine junge Tochter, die auch bereit sei, ihr Zeugnis abzulegen, da erhob sich der Vorsitzende und wendete sich an die Geschworenen mit den Worten: »Ich denke, meine Herren, das, was wir eben gehört haben, reicht hin, um in uns allen eine und dieselbe Überzeugung hervorzurufen, und es ist überflüssig, noch andere Zeugen zu vernehmen.« Alle erhoben sich, stimmten bei und gaben das Verdikt: zufälliger Tod.

Ich bewunderte in tiefster Seele dies schöne, menschliche Verfahren. Es erschien mir als die einzig wahre Höhe der menschlichen Justiz, wenn das moralische Feinfühlen so gestärkt wird, daß der sittliche Eindruck der entscheidende bleibt und, in einem ohnehin so peinlichen Fall, unnütze Pein erspart. Wir alle begleiteten Kinkel nach Haus und verbrachten eine fast frohe Stunde bei ihm, indem wir sein erhobnes Gefühl teilten, daß er für die Teure diesen letzten Sieg errungen hatte. Dann gingen die andern. Ich blieb noch, um mit ihm und den Kindern Abschied zu nehmen von dem, was vergänglich an ihr war, die fortan unvergänglich fortleben sollte in unseren Herzen. Ich hatte sie mit frischen Blumen geschmückt, und sie lag unter ihnen wie schlummernd, in erhabner Ruhe, die kunstvollen Hände, deren seelenvolles Spiel uns so oft begeistert hatte, über der Brust gekreuzt. Es war ein schönes Bild, das auch den kindlichen Seelen sich einprägen durfte zu heiliger Erinnerung. Ich drückte den letzten Kuß auf die kalte Stirn, wir löschten die Lichter aus und verließen schweigend das Zimmer.

Die Individuation des ewigen Lebensgeheimnisses in dieser einen Hülle war vorüber. Aber sie hatte ihr Ziel erreicht; sie war erlöst von der Knechtschaft des Daseins in die ewige Freiheit hinübergegangen, für die ihr großes Herz schon hier geschlagen hatte.

Am folgenden Morgen vereinigten wir uns zum Begräbnis, und zwar auf einer Eisenbahn-Station. Kinkel hatte zur Begräbnisstätte nicht den Friedhof von Highgate, sondern den vierundzwanzig englische Meilen von London entfernten neuen Friedhof der Nekropolis erwählt, weil er nicht vor Menschenaltern von der Stadt erreicht werden kann. Man fährt mit der Bahn dahin. Ich fuhr mit Kinkel und den Kindern in einem Waggon. Die Herren, die sich zum Begräbnis eingefunden, Deutsche und Engländer, waren ebenfalls auf dem Zug. Kinkel teilte mir unterwegs seinen Vorsatz mit, am Grab zu sprechen. Ich sagte, mir wär' es auch so um das Herz, als müßte ich es tun. Er bat mich sehr darum, aber schon schwand mir der Mut, wie ich denn von je eine unüberwindliche Schüchternheit gehabt hatte, in irgendeiner Weise öffentlich zu sprechen, und eigentlich nur im Zwiegespräch mich frei fühlte. In London war es kalt und neblig gewesen, draußen aber war es hell und warm. Am Eingang des Friedhofs ordnete sich der Zug. Der Ruheplatz für sie war schön gewählt. Die blauen Hügel von Hampshire sahen freundlich herüber und erinnerten an die rebenbekränzten Berge ihres Rheinlandes, das sie so geliebt hatte und das die Wiege ihrer schöpferischen Begabung in Musik und Dichtkunst gewesen war. Zuerst sprach ein englischer Freund, dann Kinkel selbst, Worte, wie nur ein Dichter sie der Heißgeliebten nachrufen kann in das Grab. Er sprach von ihrem hohen Mut, wie der Feind nie eine Träne in ihrem Auge gesehen, wie sie ihr

Vaterland geliebt habe, wie sie fortlebe in ihren Liedern und ihr Glaube und ihr Streben in ihren Kindern und in braven Herzen, in denen sie das heilige Feuer angefacht. –

Als er geendet, trat der edle Freiligrath[64] hervor und legte einen Lorbeerzweig auf den Sarg, ich bestreute ihn mit Blumen, und dann sank er hinunter in das offene Grab. Die Sonne schien freundlich hinab, als wolle auch das Land, das sie gastlich aufgenommen und ihr eine zweite Heimat geworden war, sie noch zum Abschied grüßen und sie warm betten. Es hatte ihren hohen Wert erkannt und geehrt. Wir aber, die wir diese Gruft umstanden, fühlten, daß auch Deutschland hier etwas Seltenes verloren hatte. Ein leuchtendes Beispiel, daß auch das Weib eine unerschrockene Kämpferin für Wahrheit und Recht und unermüdlich tätig sein kann auf den höchsten Gebieten geistigen Schaffens, dabei aber nicht nur jede Pflicht des häuslichen Lebens als Gattin und Mutter in edelster Weise erfüllen, sondern sogar für den materiellen Unterhalt der Familie mitsorgen kann.

Mußte nun auch das Leben in seine gewohnte Bahn zurück und mußte ein jeder wieder den Weg der Arbeit gehen, so verweilte ich doch in der nächsten Zeit, sooft es möglich war, bei den Verlassenen. Ich verbrachte manchen Abend bei Kinkel, zusammen mit einem oder dem andern der Bekannten, die ihm in aufrichtiger Teilnahme genaht waren, so unter anderem mit Bucher, der früher in gar keiner Beziehung zu ihm gestanden hatte. An einem dieser Abende eröffnete Kinkel uns beiden seine Absicht, ein Journal in deutscher Sprache in London herauszugeben, und forderte uns zur Mitarbeit daran auf. Bucher hatte zwar dabei seine Bedenken, die er mir später mitteilte, sagte aber doch zunächst einige Artikel zu. Ich hatte keine Bedenken und sagte unbedingt zu. Kinkel wünschte, daß ich ihm vermittelst meiner Verbindungen mit Herzen Berichte über russische Zustände gäbe, von denen Herzen aus authentischen Quellen fortwährend zuverlässige Kunde hatte. Besonders sollte ich Rücksicht nehmen auf alles, was in betreff der Emanzipation der Bauern gesagt und geschrieben würde.

Diese Frage wurde von allen Seiten jetzt so dringend besprochen, daß die Notwendigkeit einer Entscheidung an die Regierung herantrat. Selbst wenn der Wille des neuen Kaisers[65] weniger gut gewesen wäre, als von ihm gerühmt wurde, so hätte er endlich dieses Werk vollbringen *müssen.* Es war eine reife Frucht, die notwendig vom Baume fallen mußte. Nicht nur, daß Herzen es in seiner zu einer wirklichen Macht gewordenen »Glocke« unablässig forderte und von allen möglichen Seiten in bezug der praktischen Ausführung beleuchtete und erörterte –

auch von anderen Seiten erschienen Broschüren und Artikel, die den Gegenstand behandelten und Vorschläge zu seiner Verwirklichung machten. Es gab mir das Gelegenheit, mich gründlich über diese Frage zu unterrichten und mehrere der bezüglichen Broschüren zu lesen. Mich interessierte dabei hauptsächlich die Frage: wird mit der Freiheit die kommunistische Einrichtung der Gemeinde in Rußland bestehen bleiben? Oder wird der Individualismus, wie im übrigen Europa, die Oberhand gewinnen? Wird das Bedürfnis nach persönlichem Besitz die Tradition überwinden, und werden damit alle guten und schlechten Folgen des verstärkten Individualismus eintreten? Wird dann Rußland denselben Prozeß durchzumachen haben, den in jahrhundertelangem Kampf das übrige Europa durchmacht, zwischen dem ungeheuren Anspruch des einzelnen und dem Anspruch aller? Dieser Kampf, der sich erst im vollendeten Staat endigen kann, wo jedes Einzelinteresse, geschützt und befriedigt, sich harmonisch mit dem Gesamtinteresse verträgt? Dies waren freilich Fragen, die erst eine ferne Zukunft lösen konnte. Sie mußten ohne Einfluß bleiben auf die augenblickliche Forderung einer einfachen menschlichen Gerechtigkeit, die die Aufhebung der Sklaverei, die ein Schimpf für Europa war, forderte. Ich verkehrte viel brieflich mit Herzen wegen dieser Gegenstände, da er außerhalb der Stadt wohnte. Seine Propaganda war in größter Blüte, und sein Blatt hatte einen immer wachsenden Einfluß. Aus guter Quelle wurde versichert, daß der Kaiser Alexander es lese und beherzige.

Herzen war auch weit entfernt, ein eigentlich revolutionäres Programm zu haben. Er war zu umsichtig, um Sprünge in der historischen Entwicklung zu verlangen, und begriff vollkommen, daß ein Land wie Rußland nicht sogleich aus der Sklaverei in die Freiheit der Republik eintreten konnte. Sein Programm bestand positiv aus vier Forderungen, die er so formuliert hatte:

1. Emanzipation der Bauern mit dem Besitz der Erde, die sie bebauen.
2. Abschaffung der Präventiv-Zensur.
3. Abschaffung des geheimen Untersuchungsverfahrens und der Urteile bei geschlossenen Türen.
4. Abschaffung der Körperstrafen.

Dies war, wie er selbst sagte, nicht so sehr à la Robespierre und Marat, um davor zu erschrecken. Es waren die einfachsten Forderungen für die Auflösung einer großen Despotie in einen Kulturstaat, in dem menschliche Kräfte sich zu der ihnen eigentümlichen Wirksamkeit und zur ruhigen Entwicklung ihrer nationalen Aufgabe entfalten konnten. Aber was ihn und sein Blatt gefürchtet machte, das war, daß er die Missetaten der privilegierten Räuber in Rußland an das Licht des Tages zog, sobald er sich von der Wahrheit der Tatsachen überzeugt hatte, und ihre Namen der öffentlichen Kritik preisgab. Das empörte natürlich alle die gegen ihn, die bisher ungestraft im stillen ihr Wesen getrieben hatten und denen seine »Glocke« eine Glocke des Gerichtes war, das nun über sie erging.

Überhaupt war Herzen auch jetzt, auf dem Gipfel seiner Tätigkeit und seiner Erfolge, nichts weniger als ein doktrinärer Revolutionär. Er war viel zu geistvoll, um zu glauben, daß man den lebendigen Strom der Geschichte in das Bett eines Systems, einer vorgefaßten Theorie zwängen könne. Es war ihm gleichgültig, ob Monarchie oder Republik, vorausgesetzt, daß das Leben nicht stagniere, daß die Wellen hochgingen und das Dasein vorwärtstrugen zu neuen Entwicklungen. Er haßte die doktrinären, in ihrem System beschränkten Republikaner fast ebenso wie die absoluten Monarchisten. Ihm war es nur zu tun um Freiheit der Bewegung, um Möglichkeit der Entwicklung in naturgemäßer Weise.

Es kränkte ihn, als Kinkel plötzlich und unbegreiflicherweise im neu gegründeten deutschen Journal einen Artikel aufnahm, in dem Herzen beschuldigt wurde, von Wien als von der künftigen Hauptstadt eines Slavenreichs gesprochen zu haben. Auch mich traf dies auf das unangenehmste. Ich hatte zunächst durch meine, meist aufgrund Herzenscher Autorität hin geschriebenen Artikel diesen törichten Angriff hervorgerufen. Es tat mir unbeschreiblich leid, dieses Blatt, für dessen Schicksal ich mich interessierte, so von vornherein in der Gefahr zu sehen, ein Tummelplatz jener Kämpfe innerhalb der Partei zu werden, die deren innere Zerrissenheit und die kleinen Leidenschaften, die sie bewegten, so traurig vor der Welt offenbar machten. Auch schmerzte es mich, Herzen diesen Verdruß mit haben bereiten zu helfen. Hauptsächlich aber machte es mich unwillig, wieder nur Hader und Streit entstehen zu sehen, während ich es mir angelegen sein ließ, Frieden zu stiften, die Mitglieder der Partei einander zu nähern zu persönlichem Wohlwollen, zur Vereinbarung aufgrund höherer Gesichtspunkte und mit Beiseitelassung aller kleinlichen Rücksichten und Verdächtigungen. Darin war ich Mazzinis Ansicht, daß nur eins nottat: sich aufgrund allgemeiner Ziele hin zu vereinen und gemeinschaftlich zu handeln, um den großen fundamentalen Prinzipien, die alle bekannten, Geltung zu verschaffen. Dies konnte auch ohne Revolutionen, ohne Schwert und Kampf geschehen, durch die Propaganda der Ideen, aber nimmermehr, wenn kleinliche Parteizwecke, wenn persönliche Feindschaft, wenn Neid und Mißgunst den Krieg gegen Personen richteten, anstatt gegen Prinzipien. Oft kam mir der Gedanke, daß es an einer großen, außerordentlichen Persönlichkeit fehle, die mit der Macht des Genies die zentrifugalen Vielheiten bezwungen und zur Erreichung eines einzigen Ziels vereinigt hätte. Dazu gehörten aber Naturen wie Cromwell, wie Luther, wie Friedrich der Große. Mazzini war zu national dazu, Herzen ebenfalls, unter den Deutschen war auch nicht ein einziger, der, trotz der gerühmten deutschen Universalität, dazu fähig gewesen wäre. So blieb es denn bei der Zersplitterung und den Einzelbestrebungen, die durch beliebige persönliche Ränke vereitelt wurden. Ich war, wie gesagt, so empört über den absurden Angriff in dem Journal, daß ich zu erwidern und die Partei Herzens zu nehmen entschlossen war, da mir die Gerechtigkeit höher galt als die Nationalität. Aber Herzen selbst bat mich dringend, davon abzustehen; er schrieb: »Um Gottes willen keine Rechtfertigung! Sie werden mir einen großen Gefallen tun, wenn Sie gar nichts schreiben. Auf Ihre Antwort kommt eine Kontre-Kritik. Ich aber habe Besseres zu tun, als mich mit Blinden zu schlagen. Wenn Sie aber doch etwas über den Gegenstand schreiben wollen, so zeigen Sie es mir, denn im Falle eines qui pro quo würde ich sagen, daß ich durchaus gebeten habe, mich nicht zu rechtfertigen. Was Wien betrifft, so nannte ich es, weil in Österreich mehr als 16 Millionen Slaven sind.«

Ich schrieb nun auch keinen Artikel als Antwort, sagte aber Kinkel, daß ich überhaupt keinen mehr schreiben und mich der Mitarbeiterschaft am Journal begeben werde. Es war ihm sehr leid. Er hatte wohl einen Akt der Unparteilichkeit zu tun geglaubt, indem er jenen Artikel aufnahm, aber er hatte nicht ganz gefühlt, welcher Gefahr er von vornherein sein Blatt preisgab, indem er es den gehässigen Leidenschaften innerhalb der Partei selbst öffnete. Es wurde ihm auch bald genug verleidet, und nach nicht allzu langer Zeit gab er die Redaktion des Blattes aus den Händen. –

Wenn mich die Teilnahme und der Schmerz um den gemeinsamen Verlust öfter in das Kinkelsche Haus führte, als es je früher der Fall gewesen war, so blieb mein intimster und häufigster Verkehr in diesem Winter doch der in dem englischen Kreise, in dem auch Mazzini einheimisch war.

Er wohnte in einem bescheidenen Stübchen, aber kein notleidender Landsmann ging ohne Hilfe von ihm, und wenn er selbst nur noch zehn Schilling hatte, so gab er dem Bedürftigen fünf. Kein Heiliger der Kirche, kein Glaubensheld hat mehr sein Leben zum Ausdruck seiner Überzeugung gemacht wie Mazzini. In den Entbehrungen des Exils, fern von der schönen Heimat, die *seine* Beatrice war, allein, an eine Arbeit gebunden, die der höchsten Begabung seiner Seele nicht entsprach, hat er den bittern Kelch des Daseins bis auf die Hefe getrunken. Aber er ist nicht erlahmt und hat die heilige Flamme der Vaterlandsliebe, eines sittlichen Ideals vom Staate und der Pflicht gegen ihn, aufrechterhalten in sich und den Seinen. Darin besteht auch sein unsterbliches Verdienst um sein Italien. Wenn er den Irrtum aller fanatisch Gläubigen beging, eine Form für sein Ideal erzwingen zu wollen, die der lebendigen Strömung der geschichtlichen Entwicklung entgegen war, so war das eine Beschränktheit seiner Einsicht. Sein Charakter wird davon nicht verdunkelt und verdient es, als einer der edelsten in der Reihe der Sterne seines Vaterlandes zu leuchten.

Inzwischen war ich beschäftigt, den Arbeiterverein zustande zu bringen, den Mazzini für so wichtig hielt.

Die Arbeiter sollten einmal wöchentlich am Abend zusammenkommen, um durch Besprechung und gemeinschaftliches Nachdenken sich über die wahren Interessen und Pflichten ihres Standes aufzuklären, ein Programm vernünftiger Forderungen für die Zukunft zu entwerten und über die Mittel zu beraten, ihm Anhänger zu erwerben und die Solidarität der Gesinnung und des Handelns unter den Arbeitern jenseits und diesseits des Kanals zu fördern. Ich forderte Mazzini auf, wie er versprochen, diesen kleinen, nunmehr gebildeten Verein einzuweihen, indem er einmal in ihm erschiene und zu den Leuten spräche. Er erklärte sich freundlichst dazu bereit, und es wurde ein Abend bestimmt, wo die Zusammenkunft in meinem Zimmer stattfinden sollte. Zur bestimmten Zeit fanden sich die Arbeiter ein, alle in einer gewissen feierlichen Spannung, da sie wußten, wen sie zu erwarten hatten. Mazzini kam und begrüßte die Leute mit brüderlicher Freundlichkeit. Ich hatte ihn noch nie in einer solchen Versammlung und mit Leuten aus dem Volke gesehen, und nie war er mir edler und liebenswürdiger erschienen als an dem Abend. Er sprach längere Zeit über die Notwendigkeit, das Gefühl der Solidarität in den verschiedenen Nationalitäten zu wecken, zunächst sich über die großen Grundgedanken der Zukunft und dafür, mit vorläufiger Beiseitelassung aller einzelnen organisatorischen Systeme und Ideen, zu wirken. Er wies sie besonders darauf hin, wie er es auch bei seinen Italienern tue, daß sie nicht nur Forderungen zu machen, sondern auch Pflichten zu erfüllen hätten.

Einige der Arbeiter, die ich als sehr gute, denkende Männer kannte, hörten ihm aufmerksam und ehrfurchtsvoll zu. Andere, die schon zu sehr vom Kommunismus angesteckt waren, nahmen eine ziemlich trotzige

Haltung an und unterbrachen Mazzini mehreremal, da sie alle französisch sprachen und es vollkommen verstanden. Einer, ein kluger Mensch, aber, wie ich später erfuhr, ganz unter dem Einfluß von Marx und den Kommunistenführern stehend, fragte plötzlich: »Und welche Garantien geben Sie uns für die Zukunft? Wenn die allgemeine Republik sich verwirklichen sollte, was würden Sie für den Arbeiterstand tun?«

Mazzini lächelte und erwiderte: »Aber lieber Freund, welche Garantien soll *ich* Ihnen geben? Wenn ich die Verwirklichung unserer Ideen erlebe, so werde doch nicht ich es sein, der die neue Organisation der Gesellschaft, besonders bei Ihnen in Deutschland, zu machen hat, sondern wir alle, Sie so gut wie ich. Dann ist es Ihre Aufgabe, dem Arbeiterstand seine Rechte zu wahren und seine Pflichten zu bestimmen.«

Wir beschlossen die Zusammenkunft, indem ich allen ein Glas Wein anbot und Mazzini freundlich mit allen anstieß auf die zukünftige allgemeine Republik. Als er gegangen war, wurde noch beschlossen, daß ein jedes Mitglied an jedem Versammlungsabend einen Beitrag von sechs Pfennig in eine gemeinschaftliche Kasse legen solle, um so nach und nach einen kleinen Fond zu bilden für die Bedürfnisse der schriftlichen Propaganda usw. Ich begab mich nun regelmäßig an dem Vereinsabende in das zu diesem bestimmte Lokal, in einem kleinen Wirtshaus in der City, wo wir in einem Nebenzimmer, abgesondert von den übrigen Gästen, saßen. Angelika von Lagerström und einige andere deutsche Frauen kamen mit, um an den Verhandlungen teilzunehmen und fördernd einzuwirken. Im Anfang war ich freudigen Mutes bei der Sache. Je mehr ich aber hinging, desto mehr sank mein Mut. Ich sah ein, daß dieselben Elemente, denen ich mit Schmerz in den höheren Schichten der Partei begegnet war, sich auch hier vorfanden. Neid, Eifersucht, Egoismus, persönlicher Ehrgeiz mischten ihre unlautern Motive in das Streben nach Verständigung über die höchsten Ziele, nach Feststellung sittlich reiner Grundlagen für das bürgerliche und staatliche Leben und die Bestimmungen über Rechte und Pflichten. Und alles das trat um so widriger hervor, als es mit einem gewissen geckenhaften Bestreben verbunden war, aus der eignen Sphäre herauszutreten und mehr zu scheinen, als man war; ja wohl gar gegen die Damen eine gewisse plumpe Galanterie auszuüben, indem man völlig den edlen Ernst, der jene leitete, verkannte. Mit tiefem Schmerz fragte ich mich abermals: Ist das die Menschheit, die Masse, für die auch du dein Kreuz auf dich nahmst und von deren Befreiung und Vollendung zu sittlicher Schöne du den höchsten Traum geträumt? Ich fühlte es manchmal wie Menschenverachtung durch mein Herz zucken. Ich mußte mich nur immer wieder daran erinnern, daß jene Prinzipien, um derentwillen der Kampf aufgenommen worden war, die rechten waren, daß das Schicksal der Massen nicht abhängen dürfe von Willkür und despotischer Macht einzelner, daß, unter dem Schutz weiser, gerechter Gesetze, einem jeden einzelnen die Möglichkeit werden müsse, alles zu werden, was er seiner Naturanlage nach werden kann. Daß aber das christliche Gebot der allgemeinen Menschenliebe ein unerfüllbares sei, das wurde mir immer klarer. Lieben kann man nur die einzelnen, die Großen, die Guten. Die Menschheit im ganzen, wie sie sich in der Geschichte und, für die persönliche Erfahrung, in der Masse zeigt, ist eine furchtbare Offenbarung des Grundes der Dinge in der Individuation. Was den Denker, dem endlich der Schleier der frommen Täuschung zerreißt, noch mit der Menschheit verbindet, das ist das Mitleid, das unsägliche, mit dem unsäglichen Elend und Leiden. Deshalb, wenn man sich von der Mehrzahl der Erscheinung mit Ekel und Grauen abwenden muß, fordert das Erbarmen mit dem Leiden des Daseins immer wieder jede Anstrengung und jedes Opfer, um mitzuhelfen am großen Werke der Erlösung.

Mit rechtem Zorn sah ich aber auch bei dieser Gelegenheit, welches Übel die falschen Führer anrichten, die Doktrinäre und die Gewissenlosen, die unter dem Weihrauch, den sie den Massen streuen, nur den eigenen Ehrgeiz verbergen. Alle diese Leute, mit denen ich da zusammenkam, waren von kommunistischen Ideen angesteckt, die sie, bei halber Bildung, nicht einmal verdaut, sondern nur als ein glänzendes Spiegelbild eitler materieller Hoffnungen und Begriffe von Rechten aufgefaßt hatten. Dadurch war mancher kluge, verständige, gerade Sinn verkehrt, in manchem andern der innere und äußere Anspruch geradezu bis zum Lächerlichen und Widerwärtigen entstellt. Ich hielt lange aus; als ich aber sah, daß jeder dieser Pygmäen wieder in diesem Kreise der erste sein wollte und mit Eifersucht den Vorzug beobachtete, der etwa einem andern zuteil wurde – als es nicht möglich schien, jenen ernsten Drang nach Bildung hervorzurufen, den ich in den Arbeitervereinen in Deutschland gesehen – als sogar eine plumpe gesellschaftliche Vertraulichkeit einreißen zu wollen schien, da zog ich mich nach und nach zurück. Ich hatte den Anstoß gegeben, die Sache gegründet, war Lebensfähigkeit darin, so mußte sie durch sich selbst gedeihen. Leider erfuhr ich später, daß dem nicht so war.

Nach sieben Jahren des Exils in England begab sich Malwida von Meysenbug 1859 nach Frankreich. Madame Schwabe – inzwischen verwit-

wet und in einem luxuriösen Pariser Hotel lebend – freute sich, Malwida bei sich aufnehmen zu können. Einer ihrer ersten Besuche galt dem französischen Historiker Jules Michelet.

Paris und ein Deutscher

Durch Herzen hatte ich eine Empfehlung an Michelet, dessen Geschichtswerke wir zum Teil zusammen mit großer Freude an den geistreichen Aperçus, der phantasievollen Darstellung und der warm und lebendig durchschimmernden Empfindung gelesen hatten. Herzen war sehr mit ihm befreundet und seine Empfehlung verschaffte mir bei Michelet und seiner Frau den liebenswürdigsten Empfang. In dem bescheidenen kleinen Empfangszimmer des ausgezeichneten Paares, von dessen Fenstern man die Aussicht auf die grünen Bäume des Luxembourg hatte, empfing ich die besten unter all den mannigfaltigen Eindrücken der Pariser Gesellschaft. Der kleine Mann mit dem geistreichen Gesicht, vom langen weißen Haar umrahmt, machte zugleich den Eindruck eines feinen originalen, blitzartig sprühenden Geistes und eines gemütvollen, echt humanen Herzens. Das fragmentarisch, wie ein laut gewordenes Denken Aussehende seines Stils, das zuweilen durch das allzu Kurze, Abgerissene der Sätze ermüdet, hatte im Gespräch etwas ungemein Anregendes. Er warf Gedankenblitze hin, die im andern Gedanken entzündeten und so zu einem lebhaften Austausch Anlaß gaben, der nie schleppend wurde, nie des Stoffs ermangelte. Er gab mir gleich seine warmen Sympathien für Deutschland und deutsche Literatur zu erkennen. Damals arbeitete er an jener Reihe kleinerer Schriften, die ihn auf ein ganz anderes Gebiet als das der Geschichte hinüberführten. Seine kluge, liebenswürdige Frau half ihm dabei. Es ist wahr, daß diese psychologischen und physiologischen Phantasien und Betrachtungen etwas dilettantisch behandelt waren. Doch waren sie voll Poesie und Geist. Eines dieser Bücher, das eben erschien, »La femme« betitelt, erregte in der Pariser Gesellschaft eine laute Opposition und wurde mit dem beißendsten Spott, mit vernichtender Kritik aufgenommen. Dies beirrte aber weder Michelet noch seine Frau. Sie sagte mir einmal von ihrer gemeinsamen Arbeit: »Ich sammle die Bausteine, er fügt das Gebäude.«

Noch eine freundliche Zuflucht hatte ich in dem großen Paris, wo es mir vertraut und heimisch wurde, wo mich eine Welt umfing, wie sie meiner innersten Natur gemäß war. Das allgemeine, flüchtige Interesse, das die größere Geselligkeit mir als Neuheit darbot, ließ bald nach. Die Hausgenossenschaft hatte, mit Ausnahme von Madame Schwabe, so oberflächliche, nur der Eitelkeit und dem Äußerlichen angehörende Neigungen, daß ich mich oft mit Widerwillen fragte: Wie komm' ich in diese Umgebung? und mit Tränen der bittersten Empörung es dem Schicksal vorwarf, daß es mich zu solcher Abhängigkeit nötigte. Ich entfloh dann in jenes Asyl, das ich meinen Hausgenossen verschwieg, damit man mir nicht dahin folge. Ich ließ sie in dem Glauben, daß ich zu geheimen politischen Zusammenkünften gehe und mich mit Arbeitern verschwöre – war ich doch sicher, daß sie mir *dahin* nicht nachkämen. Mein Asyl war aber kein anderes als das Atelier des Malers *Jaroslav Czermak,* desselben, den ich einst in Wales kennengelernt und den ich in Paris wiedergefunden hatte. Es befand sich in einer der altertümlichen Straßen des alten Paris, in dem ehemaligen Kloster der Cordeliers, in demselben Saal, der während der großen Revolution den Sitzungen des Klubs der Cordeliers gedient hatte und der jetzt in einige große Ateliers geteilt war. Das Czermaks enthielt noch dieselbe Tribüne, von der einst die wilden Führer zu den aufgeregten Leidenschaften der Massen gesprochen hatten. Jetzt war es phantastisch mit allem, was einem Künstler zu seinen Studien dient, geschmückt. Besonders aber zierten es Kostüme und Waffen aus den Donaufürstentümern und Montenegro. Czermak hatte seinen Stammesverwandten in jenen Gegenden eine besondere Vorliebe geschenkt, öfter lange Zeit dort verweilt und eine Menge schöner Motive mitgebracht, die er nun nach und nach mit poetischer Empfindung und vollendeter Technik zur Ausführung brachte. Auch ein Klavier fehlte nicht, denn Czermak war auch ein tief musikalischer Mensch. Die Sympathie, die er mir schon in Wales bei unserm ersten Begegnen eingeflößt hatte, steigerte sich bei unserem Wiedersehen zu wahrer Freundschaft. Mit Freude nahm ich sein Anerbieten an, mit meiner Schreiberei mich in sein Atelier zu flüchten, wenn ich einsam sein wolle, und da ruhig zu arbeiten, während er male. Ich hatte meine Verbindung mit Kinkels Zeitung wieder angeknüpft, um meine Pariser Eindrücke daselbst mitzuteilen, eigentlich mehr, um mir so die Qual des Briefschreibens und der Wiederholungen derselben Dinge zu ersparen und meine Zeit endlich einmal frei für mich selbst zu nützen. Zu Hause fand ich keine ruhige ungestörte Stunde zu der Arbeit, die vielen zerstreuten Bilder, die an mir vorüberschwebten, in einen Rahmen zu fassen. Wie gern entschlüpfte ich daher wöchentlich zwei- oder dreimal dem eleganten Hotel, den vornehmen Champs Elysées, der geräuschvollen, glänzenden Modestadt am rechten Seineufer und schritt dem alten, malerischen Paris der Revolution zu. Hier schien einen wirklich eine andere Welt zu umfangen, die bis dahin glücklicherweise noch nicht von Herrn Hausmanns alles Originelle und Schöne zum Kasernenstil nivellierenden »Verschönerungen« berührt worden war. Schon der Eingang und die Treppe zum alten Kloster waren originell und interessant. Dann ging ich den langen Gang entlang zu der letzten Tür und klopfte. Der Freund kam und öffnete, und wenn ich mich an den Fortschritten seiner Arbeit erfreut hatte, setzte ich mich in eine Ecke, packte mein Schreibzeug aus und schrieb, während er weitermalte. Oft verstrichen so Stunden, ohne daß einer von uns ein Wort sprach. Durch den denkwürdigen Raum schwebte es wie der Hauch einer wilden, großartigen Vergangenheit und gab den Arbeiten, die uns beschäftigten, den Hintergrund der Stimmung. Das herzliche Wohlwollen, das mich mit dem so viel jüngeren Manne vereinte, machte es uns behaglich und traulich in diesem Beisammensein. Oft auch sprang Czermak auf, setzte sich an das Klavier und spielte einen Satz von Beethoven oder den Trauermarsch von Chopin oder, was mich noch mehr ergriff, Sachen aus »Tannhäuser« und »Lohengrin«. Er war ein eifriger Verehrer der Wagnerschen Musik. Ich kannte bis jetzt nur dürftige Bruchstücke davon, die ich in England am Klavier durch einen mir befreundeten deutschen Musiker gehört hatte. Aber auch dies wenige hatte mich schon mit einem Zauber ergriffen wie nie zuvor Musik, und mein höchstes Sehnen war, einmal ganz und voll die Macht jener Eindrücke zu erfahren, die mein Ahnen mir von den Werken Wagners verhieß. Meist frühstückten wir nachher zusammen. Ein Kellner in weißen Hemdärmeln, mit einer langen grauen Schürze, wie sie dort im Quartier Latin noch gesehen werden, brachte uns aus einem benachbarten Restaurant zwei Beefsteaks und eine Omelette aux confitures herauf; Czermak holte den Wein dazu aus einer Ecke seines großen Ateliers, die den Keller vorstellte. So beschloß dies Frühstück, bei dem Ernstes und Heiteres besprochen wurde, diese in rein menschlich schöner Weise verlebten Stunden.

1859 ließ sich auch Richard Wagner in Paris nieder, und Malwida von Meysenbug besuchte ihn.

Wagners hatten sich ein kleines Haus mit einem Gärtchen, nicht zu weit von den Champs Elysées, in einer stillen Straße eingerichtet. Es sah reizend behaglich darin aus; besonders Wagners Arbeitskabinett und das Musikzimmer daneben waren, wenn auch klein, doch von künstlerischer Bedeutung. Hier nun fingen eine Reihe glücklicher Stunden an. Gastlich öffnete sich sein Haus des Abends wöchentlich einmal, und es drängten sich zu diesen Empfangsabenden bedeutende, freilich auch unbedeutende Menschen genug. Wagner aber beherrschte die Gesellschaft so völlig, daß man eigentlich nur ihn sah und hörte und die andern darüber völlig vergaß.

Malwida von Meysenbug befreundete sich mit Richard Wagner so sehr, daß sie zum engsten Kreis um ihn gehörte. Als sie 1860 nach England zurückkehrte, um Herzens Bitte zu erfüllen, nun endgültig die Erziehung Olgas zu übernehmen, tat sie es unter der Bedingung, mit Olga nach Paris zurückzukehren, um dort die Premiere des »Tannhäuser« zu erleben. Bei der Orchesterprobe war sie zugegen und war begeistert.

Indes kurz nach dieser Probe trübten sich leider die Aussichten auf ein schönes Gelingen. Die schadenfrohen Kobolde, die so gern einen idealen Moment im Menschenleben vereiteln, waren geschäftig und bliesen von allen Seiten Wolken des Mißmuts, des Neids, der Ungunst auf. Politische Grübler waren unzufrieden, daß es die Fürstin Metternich war, die zunächst die Einführung des dem französischen Temperament so ganz fremden Kunstwerks veranlaßt hatte. Die Presse war unzufrieden, weil Wagner nicht, wie Meyerbeer und andere getan, den Rezensenten diners fins gab, um ihren Geschmack im voraus zu bestechen. Die Claque, die sonst von jedem Komponisten förmlich engagiert wurde, war von Wagner geradezu verbannt und schäumte natürlich vor Wut. Auch im Orchester entstanden Parteien, besonders war der sehr unfähige Dirigent feindlichen Sinnes geworden. Wir, die Freunde und Anhänger, beklagten es tief, daß Wagner anfangs abgelehnt hatte, selbst zu dirigieren, wie wir alle es sehnlich wünschten. Endlich aber – und dies war die Hauptsache – waren die jungen Pariser Löwen, die Herren des Jokkey-Klubs, empört, daß kein Ballet in der gewöhnlichen Form und zu der gewöhnlichen Zeit, d. h. im zweiten Akt, stattfinde. Es war notorisch, daß die Ballettdamen eine Erhöhung ihrer Gage von diesen Herren erhielten und daß die letzteren gewohnt waren, nach beendigtem Diner in die Oper zu gehen, nicht um Harmonien zu hören, sondern um die unnatürlichste und scheußlichste Ausgeburt der modernen Kunst, das Ballett, zu sehen, nach dessen Beendigung sie sich hinter die Kulissen zu näherem Verkehr mit den springenden Nymphen begaben. Was lag diesen vornehmen Wüstlingen an der Aufführung eines keuschen Kunstwerks, das den Sieg der heiligen Liebe über den Sinnenrausch feiert? Oder vielmehr, es lag ihnen nur nichts daran, sondern sie mußten es von vornherein, noch ehe sie es gehört hatten, hassen und verdammen. Es war ja das Gottesurteil ihrer inneren Gemeinheit, ihrer maßlosen Verdorbenheit. Von diesen ging denn auch die Hauptintrige unter denen, die sich zum Falle der Aufführung vorbereiteten, aus. Sie hatten die Gemeinheit, sich im voraus kleine Pfeifen zu kaufen, mittels deren sie ihr Kunsturteil abgeben wollten. So zogen sich die Wolken immer drohender zusammen, und mit Bangen ging ich in die Generalprobe, in die ich auch Olga mitnahm, weil ich wollte, daß sie am Größten und Schönsten die Kunst lieben lernen sollte. Die Probe ging ohne äußere Störung vor sich. Das zahlreiche Auditorium bestand zum größten Teil aus Freunden, unter denen die Fürstin Metternich sich mit lebhaften Beifallsbezeugungen hervortat. Mir war es ein himmlischer Abend, denn mir brachte er das Längstersehnte, und obwohl ich fühlte, daß vieles in der Ausführung zu wünschen übrig blieb und daß sie Wagner nicht befriedigen würde, so war manches doch sehr schön, so die Elisabeth von der Sachs, und ich hatte doch nun einen Eindruck des Ganzen, der meine Ahnung bestätigte. Auch auf die kleine Olga wirkte der Zauber, wie ich gehofft; sie saß in Andacht und Begeisterung versunken, ohne zu ermüden, obgleich es spät in der Nacht war, als die Probe endete. Beim Herausgehen traf ich Wagner, der auf seine Frau wartete. Ich sah es an den Wolken des Unmuts auf seiner Stirn, wie wenig er befriedigt war, wie wenig er von dieser Aufführung den Sieg über die feindlichen Mächte hoffte. Ein Tag aufregender Erwartung verstrich, dann kam der Tag der Aufführung. Ich war mit befreundeten Damen und Czermak in einer Loge. Die Ouverture und der erste Akt verliefen ohne Störung, und obwohl die Anordnung des gespenstischen Götterreigens im Venusberg weit hinter Wagners Idee zurückblieb und die drei Grazien im rosa Ballettkleid erschienen, so war es doch so, daß ich aufatmete und hoffte, die Befürchtungen würden zuschanden werden. Aber bei der Wandlung der Szene, bei dem hinreißend poetischen Wechsel aus dem wüsten Bacchanal da unten in die reine Morgenstille des Thüringer Waldtals, bei den Klängen der Schalmei und des Hirtenliedes, brach plötzlich der lang vorbereitete Angriff aus, und ein gewaltiges Pfeifen und Lärmen unterbrach die Musik. Natürlich blieb auch die Gegenpartei nicht untätig, d. h. die Freunde und der Teil des Publikums, der ruhig hören und dann entscheiden wollte. Da sie numerisch doch die stärkere war, behielt sie auch den Sieg, die Aufführung ging weiter, die Sänger blieben unerschrocken und taten ihr Bestes. Allein es dauerte nicht lange, so fing auch der Lärm wieder an. Ebenso der Protest der Gutgesinnten, die auch schließlich immer den Sieg behielten, so daß die Aufführung völlig zu Ende kam. Aber freilich, sie war so grausam gestört und zerstückelt, daß auch den Wohlwollendsten nicht die Möglichkeit geworden war, sich eine richtige Vorstellung des Ganzen zu bilden. In welcher Aufregung und Empörung ich war, ist kaum zu sagen; aber auch die andern Gutgesinnten waren in einem ähnlichen Zustande. Czermak war so wütend, daß er nur mit Mühe zurückgehalten werden konnte, sich an einigen der Hauptanführer tätlich zu vergreifen. Die Herren hielten nämlich gar nicht zurück mit ihren boshaften Machinationen, sondern saßen recht geflissentlich sichtbar, in ihren mit Glacéhandschuhen bedeckten Händen die kleine Pfeife haltend, die dann auf ein gegebenes Signal die schrillen Töne hervorbrachte.

Am folgenden Tage ging ich zu Wagners. Ich fand ihn männlich gefaßt, und so sehr war dies der Fall, daß auch die wütendsten Journale in dem Kampf, der gleichzeitig in der Presse entbrannte, es bekannten, daß er sich am Abend der Aufführung dem Sturm gegenüber auf das würdevollste verhalten habe. Er wollte die Partitur zurückziehen und eine zweite Aufführung verhindern, denn er hatte mit richtigem Blick erkannt, daß mit diesem Publikum der großen Oper an keinen wahren Erfolg zu denken sei. Wir alle, die näheren Freunde, die ihn umgaben, stimmten dagegen und für die Wiederholung, da wir bestimmt hofften, daß die Sache durchdringen müsse. Wir gaben uns in unserer leidenschaftlichen Erregung keine Rechenschaft darüber, daß dies jetzt eigentlich geradezu eine Unmöglichkeit war.

So kam die zweite Aufführung heran. Die feindliche Partei hatte sich noch entschiedener gerüstet, aber ebenso auch die der Freunde. Der Kampf wurde ein noch viel erbitterterer als das erstemal. Ich war mit Wagners Frau in einer Loge. Neben uns waren Franzosen, die sich besonders durch Pfeifen, Zischen und Schreien hervortaten. Ich war völlig außer mir vor Empörung und machte nun auch laut, in französischer Sprache, meinem Zorne Luft. »Das ist das Publikum, das sich anmaßt, der Welt vorzuschreiben, was Geschmack, was schön und vortrefflich sei? Ein Haufen von Straßenbuben ist es, der nicht einmal Lebensart genug hat, Leuten, die anders denken, Ruhe und Muße zum Hören zu geben.« In dieser Weise sprach ich ganz laut fort, so daß Frau Wagner mir erschrocken zuflüsterte: »Mein Gott, Sie sind zu kühn, Sie werden sich Unannehmlichkeiten zuziehen.« Ich dachte aber an nichts als an meinen Zorn und meine Verachtung eines solchen Publikums, und endlich wandte ich mich direkt an die Nachbarn und sagte: »Meine Herren, wenn Sie auch auf nichts anderes Rücksicht nehmen, so bedenken Sie wenigstens, daß die Frau des Komponisten hier neben Ihnen sitzt.« Sie wurden einen Augenblick lang stutzig und etwas stiller. Dann aber fingen sie von neuem an. Dennoch gelang es auch diesmal nicht, den Vorhang zum Fallen zu bringen, und die Aufführung wurde bis zum Ende durchgeführt.

Wagner war nun noch mehr geneigt, fernerem Skandal Einhalt zu tun, aber wir andern alle stimmten für die dritte Wiederholung. Sie sollte mit aufgehobnem Abonnement stattfinden, und wir hofften nun gewiß, die Ruhestörer würden fernbleiben und nur das Publikum, das wirklich hören wollte, würde kommen. Wagner hatte jedoch beschlossen, diesmal nicht hineinzugehen, um sich die unnütze Aufregung zu ersparen. Das gleiche tat seine Frau. Ich hatte eine Loge genommen, um Olga und die junge bei uns wohnende Marie mitzunehmen. Ich hoffte, sie würden von dieser Vorstellung einen ungestörten Genuß haben. Leider aber kam es anders. Die Ruhestörer hatten sich noch zahlreicher eingefunden, um ihr Werk fortzusetzen, und waren sogar von Anfang an da, was sie ihren Gewohnheiten nach sonst nie waren. Die Sänger benahmen sich wirklich heldenmütig, sie mußten oft fünfzehn Minuten lang und noch länger anhalten, um den Sturm, der im Publikum tobte, vorüberzulassen. Aber sie standen ruhig, sahen unerschüttert in das Publikum hinein, und sowie es stille wurde, nahmen sie ihren Gesang wieder auf und führten auch diesmal die Vorstellung zu Ende, obgleich das wahnsinnige Toben natürlich jede Freude an den einzelnen guten Leistungen und schönen szenischen Effekten verdarb. Die kleine Olga war ebenso leidenschaftlich erregt wie ich. Sie hatte bereits eine große Verehrung für Wagner und war in den Tiefen ihrer jungen Seele bewegt von dieser Musik, mit der sie eigentlich in das Reich der Töne eintrat. Diese übte eine so entschiedene, wunderbare Macht über sie, daß mir daran von neuem ihre innere Wahrhaftigkeit klar wurde. Olga mischte sich mit wahrer Wut in den leidenschaftlichen Kampf der Parteien, lehnte sich über die Brüstung der Loge und rief mit aller Kraft: »A la porte, à la porte!«, indem sie auf die pfeifenden eleganten Herren zeigte. Zwei Herren, die neben uns in der Loge waren, schienen ganz entzückt von dem Eifer des Kindes und sagten mehrere Male: »Elle est charmante.«

Es war zwei Uhr in der Nacht, als wir uns im Foyer mit mehreren Freunden zusammenfanden und vereint zu Wagners gingen, die, wie wir voraussetzten, eines Berichts des Ausgangs harren würden. Auch hatten wir uns nicht getäuscht. Sie saßen gemütlich beim Tee, und Wagner rauchte eine Pfeife. Er empfing die Nachricht des abermaligen, und zwar des erbittertsten, Kampfes von allen mit Lächeln und scherzte mit Olga, indem er ihr sagte, er habe gehört, sie hätte ihn ausgepfiffen. Aber am Zittern seiner Hand, als er mir sie reichte, fühlte ich, daß das unnatürliche häßliche Begebnis ihn dennoch tief erregt hatte. Wenn auch alles Unschöne, Rohe, Hassenswerte des Vorganges auf das Publikum zurückfiel, das sich eines solchen Betragens schuldig gemacht hatte, so war doch nun wieder eine Hoffnung für ihn dahin, und der rauhe Lebensweg, der sich gar nicht ebnen wollte, lag wieder düster, mühevoll und hoffnungslos vor ihm. Das zerschnitt mir das Herz um so mehr, als alle meine Bemühungen da zu helfen, fruchtlos blieben. Wagner zog jetzt natürlich die Partitur zurück und somit war dem Kampf auf dem Theater ein Ziel gesetzt. In der Presse und in der Gesellschaft aber dauerte er wochenlang in erbitterter Weise fort. Seit Glucks Zeiten war etwas Ähnliches nicht dagewesen. Sehr vereinzelt waren die Stimmen, die tadelnd auftraten und das Benehmen des Publikums rügten, aber sie kamen doch und von nicht unbedeutender Seite. Unter anderen schrieb der alte Jules Janin einen sehr graziösen Artikel, indem er an den Fächer der Fürstin Metternich, den diese im Zorne über das Vorgefallene zerbrochen hatte, anknüpfte und dabei das Verfahren der Pariser auf das Schärfste geißelte. Ich schrieb einen getreuen Bericht der Vorgänge nach England, der auch in den Daily News gedruckt wurde und den mir Klindworth bei meiner Rückkehr nach England, ohne zu wissen, von wem er sei, mit großer Freude zeigte.

Hier – mit einer noch angeschlossenen Reflexion über die Schopenhauersche Philosophie – enden die »Memoiren einer Idealistin«.

»Der Lebensabend einer Idealistin – Nachtrag zu den Memoiren einer Idealistin« erschien erst 1898. Malwida von Meysenbug war damals 82 Jahre alt. Das Buch ist Olga und Gabriel Monod gewidmet und enthält sehr viel weniger Lebensbeschreibung als die beiden vorangehenden Bände. Unter anderem versammelt die Autorin unter dem siebenmal wiederkehrenden Titel »Gedachtes« Aphoristisches aus mehreren Jahrzehnten – weltanschauliche Überlegungen, die sehr persönlichen Charakter haben. Ein Märchen, Gedichte, Zitate und viele abgedruckte Briefe bzw. Briefstellen verstärken diesen Eindruck des eher Privaten.

Der folgende Bericht über den Sorrenter Aufenthalt im Jahre 1872 mit Brenner, Nietzsche, Rée ist eine der lebendigsten und anschaulichsten Schilderungen, die sich im Lebensabend der Idealistin finden.

Episoden aus den Jahren 1876 und 1877

Nach einem Aufenthalt im Verein mit Olga in einem deutschen Badeort ging ich im Herbst nach Italien zurück, und zwar noch nicht zu bleibendem Aufenthalt nach Rom, sondern zunächst nach Neapel zur Ausführung eines Planes, der, von mir erdacht, sich dort verwirklichen sollte. Die Gesundheit Friedrich Nietzsches, mit dem mich nun schon seit dem Jahre 72 warme Freundschaft verband, hatte sich nämlich in solchem Maße verschlechtert, daß er für nötig fand, einen längeren Urlaub von der Universität in Basel zu erbitten, um sich einmal ganz auszuruhen, und zwar zog es ihn nach dem Süden, da es ihm schien, als müßte die wonnevolle Natur dort ihn, den schönheitsdurstigen Griechen, ganz herstellen können. Er hatte aber vorsorgliche Umgebung und Pflege nötig, und da weder Mutter noch Schwester ihn damals begleiten konnten und ich mir noch kein festes Asyl in Rom gegründet hatte, so bot ich ihm schriftlich an, mit ihm zusammen nach Sorrent zu gehen, um den Winter da zu verbringen und im glücklichen dolce far niente des Südens Erholung, ja Genesung zu suchen. Er antwortete: »Verehrteste Freundin, ich weiß wirklich nicht, wie ich Ihnen für das in Ihrem Briefe Ausgesprochene und Angebotene danken soll; später will ich Ihnen sagen, wie zur rechten Zeit dies Wort von Ihnen gesprochen wurde und wie gefährlich mein Zustand ohne dieses Wort geworden sein würde; heute melde ich Ihnen nur, daß ich kommen werde« usw. – In einem späteren Brief schrieb er dann noch: »Ungefähr alle acht Tage habe ich meinen Leiden (Kopf- und Augenschmerzen) ein dreißigstündiges Opfer zu bringen, deshalb vertröste ich mich ganz und gar auf das Zusammensein mit Ihnen am Golf von Neapel. Wir wollen dort schon die Gesundheit erzwingen. An dieser Hoffnung hat mich bisher nichts irregemacht.«

Ich hatte bereits vorbereitend eine Fahrt nach Sorrent gemacht und eine Wohnung gefunden, wie sie für die kleine Kolonie paßte, zu der unser Duo angewachsen war. Nietzsche hatte nämlich einen von ihm sehr geschätzten Freund, Dr. Paul Rée, und einen seiner Schüler, einen jungen Basler, Brenner mit Namen, zum Mitgehen nach Sorrent vorgeschlagen, und da ich nichts dagegen hatte (ich kannte nur den letzteren, da er seiner Gesundheit wegen in Rom gewesen war), so wurde auch auf Wohnen in demselben Hause Rücksicht genommen. Es fand sich eine unbesetzte, von einer Deutschen eingerichtete Pension, mitten in einem Weingarten, wo im ersten Stock sich Zimmer für die drei Herren, mit Terrassen, im zweiten Stock Zimmer für mich und meine Jungfer

41 Rom um 1900

und ein großer Saal zum gemeinschaftlichen Gebrauch vorfanden; von den Terrassen hatte man die herrlichste Aussicht über den grünen Vorgrund des Gartens hinweg auf den Golf und den eben damals sehr aufgeregten, abends Feuersäulen emporsendenden Vesuv. Nachdem ich so für Unterkommen gesorgt hatte, ging ich nach Neapel zurück, meine Gefährten zu erwarten. Sie kamen zu Schiff von Genua her, und Nietzsche war etwas enttäuscht, weil ihm die Seefahrt und die Ankunft in Neapel mit dem schreienden, lärmenden, zudringlichen Volk sehr unangenehm gewesen waren. Gegen Abend jedoch lud ich die Herren zu einer Fahrt auf den Posilip ein. Es war einer jener Abende, wie man sie nur dort erlebt, Himmel, Erde und Meer schwammen in einer Glorie von Farbentönen, die man nicht beschreiben kann, die aber die Seele durchdringen mit dem Zauber einer wonnevollen Musik, einer Harmonie, in der sich jeder Mißton auflöst und verschwindet. Ich sah, wie Nietzsches Gesicht sich in freudigem, beinahe kindlichem Staunen aufhellte, wie ihn innige Rührung überkam, und endlich brach er in einen Jubelausruf über den Süden aus, den ich als eine gute Vorbedeutung für seinen Aufenthalt begrüßte.

In Sorrent nun richtete sich das Leben ganz behaglich ein. Am Morgen fanden wir uns nie zusammen, ein jeder blieb in völliger Freiheit bei seiner eigenen Beschäftigung. Erst das Mittagessen vereinigte uns und zuweilen am Nachmittag ein gemeinschaftlicher Spaziergang in der zauberischen Umgebung, zwischen Orangen- und Zitronengärten hin, deren Bäume, hoch wie unsere Äpfel- und Birnbäume, ihre von goldenen Früchten beladenen Äste über die Gartenumzäunung herüber, den Weg beschattend, hängen ließen, oder hinauf auf die sanften Höhen, oft an Bauernhöfen vorüber, wo anmutige Mädchen in heiterem Zusammensein die Tarantella tanzten, nicht die gekünstelte, wie sie jetzt von geputzten Banden für die Fremden in den Gasthöfen getanzt wird, sondern in ursprünglicher, von natürlicher Grazie und Sittsamkeit begleiteter Art. Oft zogen wir auch zu weiteren Ausflügen auf Eseln aus, die dort für die unwegsameren Bergtouren bereitgehalten werden, und da gab es meist viel Lachen und Spaß, besonders mit dem jungen Brenner, dessen lange Beine beinahe mit denen des Esels zugleich auf der Erde fortliefen und dessen noch etwas ungeschickte schülerhafte Art die Zielscheibe gutmütiger Scherze wurde. Am Abend vereinte uns aufs neue das Abendessen und nach diesem im gemeinschaftlichen Salon angeregtes Gespräch und gemeinsame Lektüre.

Der erste Monat wurde noch durch die Anwesenheit von Wagner und seiner Familie verschönt, die nach den Anstrengungen des Sommers während der Aufführungen durch eine Reise in Italien Erholung suchten. Sie wohnten im Hotel, wenige Schritte von uns, und ich verbrachte natürlich den größten Teil meiner Zeit mit ihnen, besonders mit der von mir so innig geliebten und hochgeschätzten Cosima, mit der das Zusammensein mir stets geistig und gemütlich den höchsten Genuß gewährte. Wagner las dort mit großem Interesse die Geschichte der italienischen Republiken von Sismondi und rief Cosima und mich oft herbei, um uns eine oder die andere Episode, die ihm besonders gefiel, vorzulesen, so unter anderen eine, die er nachher in Rom dem damals noch lebenden, sehr begabten italienischen Dichter Cossa zu dramatischer Bearbeitung empfahl, die aber nicht zustande kam. Öfters wurde auch unser Quatuor abends zu Wagners geladen; es befremdete mich allerdings dabei, in Nietzsches Reden und Benehmen eine gewisse gezwungene Art von Natürlichkeit und Heiterkeit zu bemerken, die ihm sonst ganz fremd war; da er sich aber nie mißfällig über oder widerstrebend gegen den Verkehr äußerte, so kam mir der Verdacht nicht, daß eine Änderung in seinen Gesinnungen vorgegangen sein könnte, und ich gab mich mit ganzem Herzen diesem Nachgenuß von Bayreuth im

Verein mit so ausgezeichneten Menschen hin. Das Glücksgefühl, in solcher geistigen Intimität zu leben, gab mir eines Abends, als wir alle dort zu Tisch waren, Gelegenheit, einen von mir sehr geliebten Spruch von Goethe zu zitieren: »Selig wer sich vor der Welt ohne Haß verschließt, einen Freund am Busen hält und mit dem genießt, was von Menschen nicht gewußt oder nicht bedacht, durch das Labyrinth der Brust wandelt bei der Nacht.«

Wagners kannten den Spruch nicht, waren aber entzückt davon, und ich mußte ihn wiederholen. Ach wie wenig ahnte ich da, daß die Dämonen, die *auch* im Labyrinth der Brust bei der Nacht wandeln und das göttliche Geheimnis der Sympathie zwischen edlen Geistern feindlich betrachten, bereits am Werk waren, um zu entzweien und zu trennen.

Wagners schieden Ende November, und nun begannen erst recht unsere Lese-Abende. Wir hatten eine reiche und vorzügliche Auswahl von Büchern mit, aber das Schönste unter dem Mannigfaltigen war ein Manuskript, nach den Vorlesungen von Jakob Burckhardt über griechische Kultur, in Basel an der Universität gehalten, von einem Schüler Nietzsches geschrieben und diesem auf die Reise mitgegeben. Nietzsche gab dazu mündliche Kommentare, und gewiß hat kaum je eine herrlichere und vollkommenere Darlegung dieser schönsten Kulturepoche der Menschheit stattgefunden als hier schriftlich und mündlich, durch diese beiden größten Kenner des griechischen Altertums. Meine Vorliebe für jene herrliche Blütezeit des menschlichen Geistes steigerte sich dadurch zu höchster Begeisterung. So entzückte mich die Definition Burckhardts über das Wesen des griechischen Volks: »Pessimismus der Weltanschauung und Optimismus des Temperaments.« Gewiß eine treffliche Mischung, um ein vollendetes Volk zu schaffen. Der Pessimismus der Erkenntnis verhindert die falschen Anschauungen und Schlüsse im Leben, und das optimistische Temperament treibt dessenungeachtet zu Taten und zur Idealisierung der als schlecht erkannten Welt. »Die allgemeine Weltanschauung, die sich im Mythos der Heroen offenbart«, sagt Burckhardt ferner, »ist wieder die, daß die Welt schlecht ist, aber es ist gar nicht die Reflexion, sondern das innerste Träumen und Sinnen der Griechen, das den Mythos schafft. Und zwar wird die Welt immer schlechter; Mord, Haß, Neid herrschen im Heroentum; dazu kommt die schreckliche Denkweise der mythischen Frauen, Medea, Klytämnestra und andere. Die letzte Ermahnung des Amphiaraus an seine Söhne ist: ›Ermordet eure Mutter.‹ Die seltenen, herrlichen, reinen Gestalten, wie Achill, Antigone usw., müssen früh sterben.«

Der Mythos ist also das ewige Bild der Nation, in der der Grieche seine Vorzeit und sich selbst mit all seinen Gedanken, seiner Philosophie, seinen Eigenschaften, seiner Lebensauffassung anschauen wollte. So hat auch Wagner seine Nibelungen zum Mythos des deutschen Volkes geschaffen, nicht bloß, indem er die Vergangenheit im alten Mythos wiederholte, sondern indem er das ewige Wesen des deutschen Volks darin bespiegelt.

Wie tief und herrlich erschien mir dann wieder folgende Betrachtung, als Burckhardt von der Religion sprach und sagte, es sei ein ewig denkwürdiges Schauspiel, diese uralte Tradition zu sehen, die, von der prachtvollsten Phantasie getragen, niemals durch eine Theologie korrigiert worden sei. Als die Philosophen es endlich hätten versuchen wollen, sei es zu spät gewesen. Die griechischen Götter, obgleich herrliche Wesen, seien wenig geachtet worden, der Kultus, obgleich riesengroß, habe es doch nicht vermocht, die trübsten Gedanken über das Erdenleben zu beschwören. Diese Widersprüche, meint er, würden wir wohl nie bis zur völligen Klarheit entwirren können, und doch würden wir dies schöne Rätsel nicht loswerden bis ans Ende der Tage. Dem ähnlich sei es auch mit dem Heroenkultus; das heroische Zeitalter wäre durchaus nicht das goldene gewesen, sondern habe in vollem Maße das Böse gekannt. Die Perser, die Ägypter, selbst die Inder hätten ein Heroentum gehabt, doch bei allen habe sich darüber eine Theologie entwickelt, nur die Griechen seien davon frei geblieben. Ihre Heroen stammten von den Göttern, waren aber zugleich gewaltige Menschen, die wieder nach oben rangen. Die Griechen waren überzeugt, daß das Große und Herrliche nicht langsam ansetzt, wie der Kristall in der Felshöhle, und daß die Vögel es nicht auf ihren Fittichen zusammentragen, sondern daß es dazu großer Individuen bedarf, ohne die nichts geschehen kann.

Nietzsche sagte, daß die eigentliche Blütezeit des griechischen Volkes die drei Jahrhunderte nach dem heroischen Zeitalter bis zu der Schlacht bei Marathon gewesen seien, die Zeit des Agon, des Wettkampfes, wo ein jeder der erste sein konnte, weil die Eifersucht des großen Strebens es nicht litt, daß einer zu hoch emporrage. Er hatte dies Thema schon früher einmal in einem Aufsatz, »Homers Wettkampf« betitelt, berührt und erwähnt, daß die vorhomerische Zeit eine Zeit äußerster Grausamkeit gewesen sei, die den Mord und die Kinder der Nacht, der grausamen Eris entsprungen, erzeugt habe, daß aber auch die hellenische Blütezeit Neid und Haß angenommen habe, doch als Kinder einer anderen milderen Eris, die alle ruhmreichen schönen Taten veranlaßte, indem sie den Wettkampf hervorrief. Dieser entsprang dem glühenden Streben, kein einzelnes hervorragendes Genie aufkommen zu lassen, sondern ein ganzes Volk gleichbegabter, in Vorzüglichkeit miteinander wetteifernder Menschen zu bilden, wo das Beispiel des einen den andern zu gleich herrlichen Taten anfeuern sollte. Das erklärt auch in mildernder Weise den Ostrazismus, der gerade die bedeutendsten Menschen traf, weil ihre hervorragende Größe bedenklich wurde. Diesen Neid gegen die Größe einzelner Sterblicher fühlten selbst die Götter; so verblendeten sie z. B. die Sinne des Miltiades, weil er nach Marathon von zu hohem Ruhm umstrahlt war, damit er in der Liebe für eine Priesterin entbrenne, bei Nacht die heiligen Tempelmauern übersteige, um ihr zu nahen, dann aber von Grauen ergriffen zu Boden stürze; verwundet wurde er gefangengenommen und verurteilt.

Welch ein Feuer der Größe mußte in diesen griechischen Seelen brennen, daß sie auch selbst die Tyrannei des Genius nicht ertragen konnten! Denn es war ja nicht das Niveau der Mittelmäßigkeit, das sie erstrebten, sondern Neid und Haß waren ihnen Tugenden, die dem Streben nach dem Höchsten Nahrung gaben. Vielleicht kann man es aber auch so erklären, daß sie es nicht ertragen konnten, einen Flecken an ihren Heroen zu sehen, und wenn eine heller strahlende Persönlichkeit plötzlich eine Schwäche zeigte, eine Nachtseite der Natur, so verbannten sie diese rasch, um sich das göttergleiche Lichtbild nicht verdunkeln zu lassen.

Wie viele Seiten geistvoller Auffassung der Lebensvorgänge bei den Griechen kamen da zur Sprache. Ich erzählte, daß es mir kürzlich bei einem Besuch im Museum in Neapel aufgefallen sei, wie anmutig und fein die Griechen die aufsteigende Stufenleiter lebender Organismen darzustellen gewußt hätten, ohne der Affentheorie zu bedürfen. Ihre Satyren, Kentauren, Faune sind doch nur Halbmenschen, Übergangsgeschöpfe, denen der schöne Mensch und zuletzt der Halbgott folgt. Aber wie reizend ist diese Übergangswelt gezeichnet. Wer würde nicht fröhlich, wenn er die tanzenden Faune ansieht, jene unschuldig sinnlichen Naturkinder, die im heiteren Licht des Tages noch nicht viel über der Genußfähigkeit des Schmetterlings, der von Blume zu Blume fliegt, stehen. Der Neapolitaner aus dem Volk ist noch ganz der antike Faun; es sind dieselben Bewegungen beim Tanz, dasselbe tierische glückliche Lächeln, das Wesen, das, wie das Kind und das Tier, nur Gegenwart kennt, keine Vergangenheit und keine Zukunft. Wie feinfühlig aber mußten sie auch sein, um die leisesten Übergänge im seelischen Leben zu charakterisieren. So stellte der Künstler Skopas den Himeros, die

Sehnsucht, und Pothos, das Verlangen, in einer Gruppe mit Eros dar. Wie fein mußte er empfinden, um diese nahen Verwandten zu unterscheiden. Und wieder ein anderes Beispiel: *Mars* hieß der *Leuchtende* und war ursprünglich eins mit Apoll bei Griechen und Italikern; wurde erst später Gott des Kriegs. *Dionysos* hingegen war der *Dunkle,* und war eins mit Orpheus. Wie geistvoll ist das: Der Krieg entzündet sich am Tag, an der leuchtenden Helle, am Schein, der die Menschen in die Leidenschaften des Wahns verstrickt. Die Musik steigt aus den dunklen Tiefen der Seele auf, deshalb muß Orpheus in das Reich der Nacht hinab, um die verlorene Liebe durch Töne wiederzuerringen. Die Nacht gebiert die Musik, den Ausdruck des tiefsten wahren Lebens, außerhalb alles Scheins. In der Nacht, der für uns scheinbaren Nacht, ruht also das eigentliche harmonische Dasein, das, von dem uns die Musik in Ahnungen redet.

Nachdem wir die Vorlesungen Burckhardts beendet hatten, lasen wir Herodot und Thukydides. Der letztere riß mich zu höchster Bewunderung hin. Seine Schilderung vom Untergange Athens durch die Niederlage bei Syrakus, wo zum erstenmal dessen bis dahin unbesiegte Seemacht unterlag, die Flotte zerstört, das glänzendste Heer vernichtet wurde, ergriff mich tief durch ihre furchtbare Tragik. Thukydides nennt es das größte Ereignis der griechischen Geschichte. Mir schien es der tragischste Untergang einer Weltgröße in der ganzen Weltgeschichte, denn alle die, die da untergingen, wußten es, daß mit ihnen das Vaterland unterging, und ich empfand den Schmerz des alten, edlen Nikias mit ihm; hatte er es doch vorausgesagt und gegen den kühnen Alkibiades vom Kriege abgeraten. Was mich aber besonders am Thukydides rührte und ergriff, das war die unendliche Einfachheit, mit der die Menschen das Höchste sagen, als wär es nur das Gewöhnliche, das dem Menschen Angemessene. In der modernen Welt sagt man das Höchste mit Pathos als etwas Außergewöhnliches, weil man gewöhnlich trivial spricht.

Am Morgen des ersten Januars 1877 machte ich allein mit Nietzsche einen schönen Spaziergang längs des Meeres, und wir setzten uns auf einen Felsvorsprung, der weit in die tiefblaue Flut hineinragte. Es war schön wie ein Frühlingsmorgen; laue Luft wehte, und von den Ufern grüßten die goldenen Früchte der grünen Orangenbäume. Wir waren beide in der friedlich-harmonischsten Stimmung, liebliche, bedeutende Gespräche standen im Einklang mit dem glückverheißenden Anfang des Jahres, und wir kamen schließlich überein, daß das wahre Ziel des Lebens sein müsse, nach Weisheit zu streben. Nietzsche sagte, daß dem rechten Menschen alles *dazu* dienen müsse, auch das Leiden, und daß er insofern auch das letzte leidenvolle Jahr seines Lebens segne. Ja, sagte ich, für alle diese höchsten Wahrheiten hat doch auch die Bibel immer ein schönes Wort, das im Grunde dasselbe meint, was wir meinen; sie drückt es nur so aus: Denen, die Gott lieben, müssen alle Dinge zum Besten dienen.

Wie milde, wie versöhnlich war Nietzsche damals noch, wie sehr hielt seine gütige, liebenswürdige Natur noch dem zersetzenden Intellekt das Gleichgewicht. Wie heiter konnte er auch noch sein, wie herzlich lachen, denn bei allem Ernst fehlten doch auch Scherz und Heiterkeit nicht in unserem kleinen Kreise. Wenn wir so abends beisammensaßen, Nietzsche gemütlich im Lehnstuhl hinter seinem Augenschirm, Dr. Rée, unser gütiger Vorleser, beim Tisch, wo die Lampe brannte, der junge Brenner am Kamin mir gegenüber und mir helfend, Orangen schälen für das Abendbrot, da sagte ich oft scherzend: »Wir repräsentieren doch wirklich eine ideale Familie; vier Menschen, die sich früher kaum gekannt, kein verwandtschaftliches Band haben, keine gemeinsamen Erinnerungen, und nun in vollkommener Eintracht, in ungestörter, persönlicher Freiheit, ein geistig und gemütlich befriedigtes Zusammenleben führen.« Auch fehlte es bald nicht an Plänen für eine Erweiterung des so glücklich gelungenen Experiments. Ich erhielt damals gerade besonders viele Briefe von Frauen und Mädchen aus der unbekannten Menge, die mir infolge meiner »Memoiren einer Idealistin« ihre Sympathie kundgaben, wie dies übrigens auch in der langen Reihe folgender Jahre zu meiner innigsten Freude und Befriedigung fortwährend der Fall gewesen ist. Diese Tatsache gab einer Idee Nahrung, die bei mir entsprungen war und die ich meinen Gefährten mitgeteilt hatte, nämlich eine Art Missionshaus zu gründen, um erwachsende Menschen beiderlei Geschlechts zu einer freien Entwicklung edelsten Geisteslebens zu führen, damit sie dann hinausgingen in die Welt, den Samen einer neuen, vergeistigten Kultur auszustreuen. Die Idee fand den feurigsten Anklang bei den Herren; Nietzsche und Rée waren gleich bereit, sich als Lehrer zu beteiligen. Ich war überzeugt, viele Schülerinnen herbeiziehen zu können, denen ich meine besondere Sorge widmen wollte, um sie zu edelsten Vertreterinnen der Emanzipation der Frau heranzubilden, damit sie helfen, dieses so wichtige und bedeutungsvolle Kulturwerk vor Mißverständnis und Entstellung zu bewahren und in reiner, würdevoller Entwicklung zu segensvoller Entfaltung zu führen. Wir suchten schon nach einem passenden Lokal, denn in dem herrlichen Sorrent, in der wonnevollen Natur, und nicht in städtischer Enge sollte die Sache zustande kommen. Wir hatten unten am Strand mehrere geräumige Grotten, wie Säle innerhalb der Felsen, offenbar durch Arbeit erweitert, gefunden, in denen sogar eine Art Tribüne, wie expreß für einen Vortragenden, bestimmt zu sein schien. Die dachten wir in heißen Sommertagen als sehr geeignet, um unsere Lehrstunden da zu halten, wie denn überhaupt das ganze Lehren mehr ein gegenseitiges Lernen nach Art der Peripathetiker[66] und im allgemeinen mehr nach griechischem als modernem Muster sein sollte. Dieser Plan beschäftigte uns oft, und wir hielten die Ausführung nicht für unmöglich, hatte ich doch einst in Hamburg in der Hochschule schon Ähnliches mit dem schönsten Erfolg gekrönt erlebt. Und dennoch scheiterte auch dieses wieder, wie so vieles Ideale, an den Verhältnissen, die störend dazwischentraten, besonders von seiten der Herren.

Unsere gemeinschaftlichen Lektüren nahmen jetzt einen anderen Charakter an. Wir verließen das schöne griechische Altertum, und es kam ein Gemisch von neueren, doch stets bedeutenden Sachen an die Reihe. Rée hatte eine besondere Vorliebe für die französischen Moralisten und teilte diese auch Nietzsche mit, der sie vielleicht schon früher gelesen hatte, deren nähere Bekanntschaft aber sicher nicht ohne Einfluß auf seine spätere Entwicklung geblieben ist und ihn namentlich zu dem Ausdruck seiner Gedanken in Aphorismen geführt hat, wie ich später Gelegenheit hatte zu bemerken. Auch beeinflußte ihn offenbar die streng wissenschaftliche, realistische Anschauungsweise Dr. Rées, die seinem bisherigen, immer von dem ihm innewohnenden poetischen und musikalischen Element durchdrungenen Schaffen beinah etwas Neues war und ihm ein fast kindlich staunendes Vergnügen machte. Ich bemerkte das öfter und sagte es ihm auch scherzend als Warnung, da ich Rées Anschauungen nicht teilte, trotz meiner hohen Achtung für seine Persönlichkeit und meiner Anerkennung seiner gütigen Natur, die sich besonders in seiner aufopfernden Freundschaft für Nietzsche zeigte. Sein Buch »Über den Ursprung der moralischen Empfindungen«[67] erregte mir nur den entschiedensten Widerspruch, und ich nannte ihn im Scherz »chemische Kombination von Atomen«, das er sehr freundlich hinnahm, während uns im übrigen herzliche Freundschaft verband.

Wie sehr seine Art, die philosophischen Probleme zu erklären, auf Nietzsche Eindruck machte, ersah ich aus manchen Gesprächen. So kam es einmal auf einem Spaziergang zwischen Nietzsche und mir zu einem philosophischen Streit, indem er das Gesetz der Kausalität leugnete und sagte, es gäbe nur ein Nacheinander von Dingen und Zuständen, aber nicht als Wirkung der einen aus den anderem; was wir als Ursache und Wirkung empfänden, seien unerklärte Tatsachen. Die griechischen Philosophen, die Eleaten[68], hätten zwar das Seiende, das Unveränderliche für die alleinige Ursache und die wahre Realität erklärt, dem widerspräche aber in jedem Augenblick die Welt als ein ewig Werdendes und Wandelbares. Ich entgegnete ihm, daß sicher das Seiende, das Unveränderliche die wahre Realität sei, das Ding an sich, das sogenannte Metaphysische. Wir müßten uns nur nicht fürchten, das anzuerkennen. Die scheinbar ewig werdende Welt sei nur die Erscheinung des Seins, nur für uns sei sie Wechsel, für unsere beschränkten Sinne. Aber in all dem Wandel, in Leben und Tod, in Werden und Vergehen offenbare sich das All-Eine, das Sein. Die Inder wußten es schon: »tat wam asi«, das bist du. – Ein anderesmal in einem Gespräch über Schopenhauer äußerte er, es sei der Irrtum aller Religionen, eine transzendentale Einheit hinter der Erscheinung zu suchen, und das sei auch der Irrtum der Philosophie und des Schopenhauerischen Gedankens von der Einheit des Willens zum Leben. Die Philosophie sei ein ebenso ungeheurer Irrtum wie die Religion. Das allein Wertvolle und Gültige sei die Wissenschaft, die allmählich Stein an Stein füge, um ein sicheres Gebäude aufzuführen. Die beiden ersten hielten die Menschen auf in ihrem Gang zur Wahrheit, sie drückten nur die Tendenz unseres Geistes aus, die Lösung des Lebensrätsels ein für allemal finden zu wollen.

Ich wendete ihm ein, daß mir das gerade ein Irrtum schien, diese Einheit als etwas Transzendentales anzusehen, während sie doch gerade das alles Ausfüllende, in der Erscheinung sich Kundgebende sei. Weil die Beschränktheit unseres Erkenntnisvermögens der Hilfsmittel von Raum und Zeit bedürfe, so hätten wir doch nicht das Recht, das außerhalb Liegende transzendental zu nennen, nur unsere Wahrnehmungsfähigkeit reiche nicht daran. Dennoch sei es ein logischer, vernunftgemäßer Schluß, daß das außer unserer Wahrnehmung Liegende dieselben Bedingungen in sich trüge, und sich nach denselben Gesetzen bewege, wie das uns Erkennbare, daß also da nicht von transzendental die Rede sein könne. Und um wieviel weniger noch sollten wir die herrliche Macht des Gedankens in ein unhaltbares transzendentales Gebiet verweisen, der, eine enge Form nach der anderen abwerfend, siegreich durch die Nacht der Zeiten vorwärtsschreite zu immer größerer Klarheit. Es scheine mir das nur der alte Hochmut der Menschen zu sein, der, nachdem die Theorie der Abstammung vom Affen die der Einblasung göttlichen Odems zerstört habe, sich nun in die vornehme Abweisung des Metaphysischen, Transzendentalen flüchte und sich nur an das Experiment halte – an die oft so armselige Tatsache!

Und was doch gerade die frühere Schrift Nietzsches »Schopenhauer als Erzieher« so hoch stellte, war, daß er es darin aussprach, die Kultur habe einen metaphysischen Zweck!

Mit dem beginnenden Frühjahr schieden Rée und Brenner, um ein jeder in seine Heimat zurückzukehren. Nietzsche und ich blieben allein, etwas in Not wegen unserer Abende, da wir beide, augenleidend, nun unseres trefflichen Vorlesers beraubt waren. Aber Nietzsche sagte fröhlich: »Nun, da wollen wir desto mehr zusammen reden.« Und so geschah es auch, denn es fehlte nie an reichem Stoff zu Gesprächen. So sprachen wir unter anderem einmal über die »Braut von Korinth«, und Nietzsche bemerkte, Goethe habe dabei an die alte Sage vom Vampyr gedacht, die antik und schon von den Griechen gekannt gewesen sei, und habe es damit versinnlichen wollen, wie die Sitten und Sagen des Altertums sich in der christlichen Welt zu spukhaften Dingen verdunkelten und wie die finstere Wendung, die das Christentum sehr bald nach seiner Entstehung nahm, die schöne freie Sinnenwelt der Griechen verunstaltete und das blühende natürliche Leben in Moderduft und Gerippenkultus verkehrte. »Ja«, sagte ich, »man muß nur auch immer daran denken, daß das *historische* Christentum in den Katakomben geboren ist.«

Ein anderesmal sprachen wir über »Die natürliche Tochter« von Goethe, und ich sagte, ich fände es darin so wunderschön, daß in den Dialogen ein jeder immer den höchsten Inhalt von seinem Gesichtspunkt aus erfasse und verteidige, weshalb eigentlich ein jeder recht habe, wie z. B. im Gespräch des Herzogs und des Weltgeistlichen, in dem der Eugenie und des Mönchs usw. Nietzsche sagte, daß Goethe es bei Sophokles gefunden hätte, dessen Personen sprächen alle so schön und würdevoll, daß sie uns alle überzeugten.

Bei Gelegenheit einer Unterhaltung über Goethe und Schiller meinte Nietzsche, Goethe habe in Schiller die gewaltige ihm höhere Natur geehrt und Schiller in Goethe den gewaltigen ihm höheren Künstler. Ich gab nicht zu, daß Goethe die minder hohe Natur gewesen sei, nur war er die glücklichere, zur Harmonie gelangte, während wir in Schiller die hohe sittliche Kraft verehren, die mit dem Leiden ringt und sich siegend aus ihm erhebt.

Noch an einem anderen Abend kam das Gespräch auf Don Quichote. Nietzsche tadelte es, daß Cervantes die eigentlich ideale Figur, den Menschen mit idealem Streben, zum Spott der Alltagswelt werden läßt, anstatt dem Gegenteil, und meinte, das Buch habe wohl nur einen literarischen Zweck gehabt, dem Lesen schlechter Ritterromane Einhalt zu tun. Ich dagegen verstand das Buch dahin, daß der Mensch mit idealen Bestrebungen, wenn er sie in einer anachronistischen Form vorbringt, ganz natürlich in der Alltagswelt, die die idealen Absichten überhaupt nicht versteht, zum Narren und zur Karikatur wird. Und andererseits schien es mir auch, daß das Buch aus der ungeheuersten Menschenverachtung hervorgegangen ist, aus der hohnlächelnden Ironie, mit welcher der, der die Welt versteht, auf den armen Idealisten sieht, der glaubt, in einer solchen Welt Ideale verwirklichen zu können.

Wir sprachen über den Spruch Schillers: »Gemeine Naturen zahlen mit dem, was sie tun, edle mit dem, was sie sind«, und kamen auf Dichter im allgemeinen und auf Mazzini. Aber Mazzini zahlte, und Dichter zahlen auch mit dem, was sie tun, nur mit dem Unterschied, daß der Dichter sein Tun auf seine tragischen Personen überträgt, in ihnen fühlt, handelt, leidet, während Mazzini die tragische Persönlichkeit selbst war, die um der idealen Tat willen das herbste Leiden auf sich genommen hatte. Nietzsche sagte, daß er unter allen Leben am meisten das Mazzinis beneide, diese absolute Konzentration auf eine einzige Idee, die gleichsam eine gewaltige Flamme werde, an der das Individuelle verbrenne. Der Dichter befreit sich von der Tatgewalt, die in ihm ist, indem er sie in Gestalten inkarniert und Tun und Leiden außer sich setzt. Er ist wie der Wille selbst, er muß sich objektivieren, den Drang zur Tat in Erscheinungen ausströmen; jedes Gefühl, jede Leidenschaft ist in ihm als Fähigkeit da, daher kann er alle Verschiedenheit der Wesen darstellen, nachdem er ihre Not, ihre Schuld, ihren Schmerz mit durchgemacht hat. Er erlöst sich wie der Wille, indem er sich objektiviert. Mazzini objektivierte sich durch sein Leben, das eine unausgesetzte Tat der edelsten Individualität war.

Eines Tages kam Nietzsche mit einem großen Paket beschriebener Blätter in der Hand und sagte mir, ich möge sie doch einmal lesen, es seien Gedanken, die ihm auf seinen einsamen Spaziergängen gekommen wären, besonders bezeichnete er mir einen Baum, wenn er unter dem stände, fiele ihm immer ein Gedanke herunter. Ich las die Blätter mit großem Interesse, es waren herrliche Gedanken darunter, besonders solche, die sich auf seine griechischen Studien bezogen, es waren aber auch andere, die mich befremdeten, die gar nicht zu Nietzsche, wie er bisher gewesen, paßten und mir bewiesen, daß jene positivistische Richtung, deren leise Anfänge ich schon im Laufe des Winters beobachtet hatte, anfing, Wurzel zu fassen und seinen Anschauungen eine neue Gestalt zu geben. Ich konnte nicht umhin, ihm etwas darüber zu sagen, und bat ihn herzlich, diese Sachen noch ruhen zu lassen, um sie

42 Malwida von Meysenbug im Alter an ihrem Schreibtisch in Rom

nach längerer Zeit wieder durchzusehen, ehe er sie in den Druck gäbe. Ich sagte ihm, daß er, besonders was die Frauen beträfe, noch keine endgültigen Aussprüche fällen dürfe, weil er noch viel zu wenig Frauen wirklich kenne. Die französischen Moralisten hätten das Recht gehabt, positive, durchaus gültige Urteile auszusprechen, weil sie die Gesellschaft, in der sie lebten, bis auf den Grund kannten, und ihre Bemerkungen wohl auch nur auf diese anwendeten; aber ohne eine solche langjährige genaue und vielseitige Beobachtung sei es nicht ratsam für höhere Intelligenzen, sich über psychologische Vorgänge so bestimmt und ein für allemal auszusprechen. Ich zitierte ihm einen Ausspruch Rées aus dessen früher erwähntem Buch, der mir sehr zuwider und sicher falsch sei, daß Frauen immer die Männer vorzögen, die ihr Leben schon mannigfach genossen hätten. Nietzsche lächelte über meine Entrüstung und sagte: »Aber glauben Sie denn, daß es einen einzigen jungen Mann gibt, der anders denkt?« Ich war recht böse und betrübt, das von ihm zu hören, und sagte ihm auch, daß mir das ein neuer Beweis sei, wie er die Frauen doch nur oberflächlich kenne, und daß ihm daher noch kein allgemeines Urteil zustehe. Doch kamen wir nachher wieder in unser griechisches Fahrwasser und waren gute Freunde wie zuvor. Leider fand ich jene Sätze nur zu bald veröffentlicht in einer Schrift »Menschliches, Allzumenschliches« betitelt; aber mein Glaube an Nietzsches hohe Begabung war zu fest, um dies alles anders als wie als vorübergehende Phasen seiner Entwicklung anzusehen, aus denen seine Idealität siegend hervorgehen werde.

Unendlich traurig aber war es, daß seine Gesundheit sich in nichts gebessert hatte, ja, daß die Anfälle seines Leidens, die schrecklichen Kopf- und Augenschmerzen mit der zunehmenden Wärme noch häufiger wurden und ihn oft nötigten, Tage und Nächte hindurch in endlosen Qualen zu Bett zu liegen. Sein Vertrauen auf den Süden erlosch, und mit derselben Inbrunst der Zuversicht, wie er dieser Reise entgegengesehen hatte, sah er nun der Rückkehr in die Eisregionen der Alpenwelt entgegen und beschleunigte seine Abreise. Ich war schmerzlich bewegt um dieser fehlgeschlagenen Hoffnung willen, konnte ihn aber doch nicht zurückhalten, da sich auch die liebevollste Sorge als ohnmächtig gegen die Gewalt des Übels erwiesen hatte und man also mit ihm hoffen mußte, daß Veränderung doch vielleicht Besserung bringen könne.

So schied er, und ich blieb allein zurück, verlebte noch einige herrliche Wochen in der zauberischen Einsamkeit des paradiesischen Ortes und entschloß mich schwer, zu gehen. Ich blieb noch ein paar Tage in Neapel, um einen lang gehegten Wunsch auszuführen, nämlich den Vesuv zu besteigen, freilich nur bis zum Observatorium, da ich mich allein doch nicht bis zum Krater wagen wollte. Aber auch dies war schon hoher Eindruck und Genuß. In dieser schwarzen Lavawelt regte die Phantasie mächtig ihre Flügel; man schien sich in einem Bereich versteinerter Höllenungetüme zu befinden, Riesenschlangen, Molche und Skorpione lagen da in chaotischem Durcheinander, wie von einem plötzlichen Machtgebot erstarrt; die Vegetation hatte dies grausige Gebiet geflohen, nur der Ginster wuchs zwischen den Schlacken empor und erhob seine goldfarbigen Blüten tröstend über dem Leichenfeld. Oben aber auf dem Observatorium breitete sich die Herrlichkeit der Welt zu meinen Füßen aus. Vor mir lag der wundervolle Golf, von den Gluten des Abendhimmels übergossen, seitwärts sah man in die Gebirgswelt hinein, in der die herrlichsten Farbentöne im Wechsel der Lichter und Schatten erschienen; alles war Leben, Licht, Farbe, Freude, und der Mensch, überwältigt von der siegenden Schönheit, schmiegt sich immer von neuem an das Herz des wonnigen Verräters, den goldigen Erdentraum, aller Gefahr vergessend, immer aufs neue zu träumen.

43 Malwida von Meysenbug

Anmerkungen zur Einleitung

1 Romain Rolland – Malwida von Meysenbug. Ein Briefwechsel 1890–1891, mit einer Einleitung von Romain Rolland, hrsg. von Berta Schleicher, Stuttgart 1932, S. 33
2 ibid., S. 24
3 Fritz Böttger (Hrsg.), Zu neuen Ufern, Frauenbriefe von der Mitte des 19. Jahrhunderts bis zur Novemberrevolution von 1918, Berlin (Ost) 1981, S. 32
4 Friedrich Nietzsche, Werke in drei Bänden, hrsg. von Karl Schlechta, München 1966, Band III, S. 1118 f.
5 Malwida von Meysenbug, Memoiren einer Idealistin, Bd. I, Berlin 1918, S. V f., aus dem im vorliegenden Band nicht mitabgedruckten Vorwort.
6 Fritz Böttger (Hrsg.), Zu neuen Ufern, a.a.O., S. 69, und: Briefe von und an Malwida von Meysenbug, hrsg. von Berta Schleicher, Berlin 1920, S. 219 f.
7 Emil Reicke-Nürnbug, Malwida von Meysenbug, Berlin/Leipzig 1911, S. 24
8 Julius Fröbel, Ein Lebenslauf, Stuttgart 1890, S. 172
9 Friedrich Althaus, Theodor Althaus – Ein Lebensbild, Bonn 1888, S. 281 – Theodor Althaus' Mutter verfolgte die revolutionären Ereignisse wie so viele Frauen mit ernstem Interesse und der Hoffnung auf demokratische Verhältnisse.
10 ibid., S. 339. Der Aufruf erschien am 13. Mai 1848.
11 Malwida von Meysenbug, Memoiren einer Idealistin, Bd. I, a.a.O., S. 176
12 ibid., S. 194
13 Deutsche Revue, Leipzig/Stuttgart 1905, S. 224
14 Deutsche Revue, Leipzig/Stuttgart November 1905, S. 230. Vgl. auch den folgenden Brief v. 16. 7. 1854: »Ich habe Deinem Willen meinen höchsten irdischen Wunsch geopfert.«
15 Margrit Twellmann, Die Deutsche Frauenbewegung – Ihre Anfänge und erste Entwicklung, Meisenheim 1972, S. 52 und 53
16 Obgleich der Vorwurf der Denunziation drei Jahre nach Malwida von Meysenbugs Tod von einem ihrer Verwandten bestritten wurde (vgl. Deutsche Revue, Leipzig/Stuttgart Mai 1906, S. 252), ist er doch von M. v. M. selber in einem Brief an ihre Mutter im Mai 1852 geäußert worden (vgl. Deutsche Revue, Stuttgart/Leipzig 1906, S. 369).
17 Berta Schleicher, Malwida von Meysenbug, Berlin 1916, S. 47 und Deutsche Revue, Leipzig/Stuttgart. Januar 1908, S. 50 f., S. 57
18 Alexander Herzen, Die gescheiterte Revolution, Denkwürdigkeiten aus dem 19. Jahrhundert, Frankfurt/M. 1977, S. 270 und 272
19 Das Thema der Mutterschaft und das damals brisante Problem illegitimer Kinder stand im Mittelpunkt von Malwida von Meysenbugs Roman »Phä-

dra«. Bezeichnend ist, daß in dem Roman keine starken, sondern nur sich opfernde Frauen vorkommen, gleichgültig, ob es sich dabei um Frauen aus dem Volk oder um Aristokratinnen handelt. Bezeichnend auch, daß Malwida am Beispiel eines Jungen (und nicht eines Mädchens) zeigt, wie die doppelte Liebe von zwei Vätern dazu führt, daß das Kind glücklich, wißbegierig, lernfähig, gut usw. wird.

20 Friedrich Nietzsche, Brief v. 14. April 1876, Werke in drei Bänden, a.a.O., Bd. III, S. 1118 f.

21 Carl Schurz, Lebenserinnerungen, 1. Band, Berlin 1911

22 Oskar Walzel, Vom Geistesleben des 18. und 19. Jahrhunderts, Leipzig 1911, S. 415; siehe auch S. 416 und S. 419.

23 Beiträge aus beiden Bänden erschienen 1922 unter dem Titel »Gestalten« (Berlin/Leipzig 1922). Man findet darin u. a. ein eindrucksvolles Lebensbild Alexander Herzens sowie viele Briefe Giuseppe Mazzinis an M. v. M.

24 1849 unternahm Malwida von Meysenbug mit zwei Freundinnen eine Reise nach Ostende an der Nordsee, um ihre angegriffene Gesundheit wiederherzustellen. Auf dieser Reise machte sie in der Eisenbahn die Bekanntschaft Therese Pulszkys, die unter falschem Namen ins Exil nach London fuhr. Der zum Teil sehr vergnügliche Bericht dieser Reise war Malwida von Meysenbugs erste größere schriftstellerische Arbeit. Vgl. Malwida von Meysenbug, Kulturbilder, Stuttgart/Berlin 1922, S. 181-277

25 Vgl. auch die Kapitel über die Emigration in London in: Alexander Herzen, Die gescheiterte Revolution – Denkwürdigkeiten aus dem 19. Jahrhundert, a.a.O. Im Gegensatz zu Meysenbugs oft idealisierenden Berichten beschrieb Herzen die Schicksale vieler Exilierter zugleich mit Spott und Empathie.

26 Malwida von Meysenbug, Kulturbilder, Stuttgart/Berlin 1922, S. 264

27 So gab sie Carl Schurz ein Darlehen, als er in die Vereinigten Staaten auswanderte (vgl. Berta Schleicher, Malwida von Meysenbug, a.a.O., S. 77). Charakteristisch ist auch folgender Bericht von Lou Andreas-Salomé (Lebensrückblick, Frankfurt/M. 1974, S. 75): »An einem Märzabend des Jahres 1882 in Rom, während bei Malwida von Meysenbug ein paar Freunde beisammensaßen, begab es sich, daß nach einem Schrillen der Hausglocke Malwidas getreues Faktotum Trina hereingestürzt kam, ihr einen aufregenden Bescheid ins Ohr zu flüstern – woraufhin Malwida an ihren Sekretär eilte, hastig Geld zusammenscharrte und es hinaustrug. Bei ihrer Rückkehr ins Zimmer, obwohl sie dabei lachte, flog ihr das feine schwarze Seidentüchlein noch ein wenig vor Erregung um den Kopf. Neben ihr trat der junge Paul Rée ein: ihr langjähriger, wie ein Sohn geliebter Freund, der – Hals über Kopf von Monte Carlo kommend – Eile hatte, dem dortigen Kellner das gepumpte Reisegeld zuzustellen, nachdem er alles, wörtlich, restlos alles verspielt.«

28 Berta Schleicher, Malwida von Meysenbug, a.a.O., S. 67

29 Alexandre Herzen, Lettres inédites à sa fille Olga, hrsg. v. Alexandre Zviguilky, Paris 1970, S. 67 (Übersetzung von R. W.)

30 ibid, S. 81 (Übersetzung von R. W.)

31 Brief Malwida von Meysenbugs an Olga Monod vom 19. Oktober 1873; vgl. auch z. B. Brief v. 21. 1. 1883: »Dich hat er sehr geliebt ...«, in: Malwida von Meysenbug, Am Anfang war die Liebe – Briefe an ihre Pflegetochter, hrsg. von Berta Schleicher, München 1927, S. 29 und S. 166.
32 Richard Wagner, Mein Leben, 2. Bd., München 1911, S. 717. Er nennt dort Frau Schwabe, die ihm auf Meysenbugs Vermittlung hin 3000 Franken lieh (und später schenkte), eine »ziemlich groteske Frau« und betont ihre »Eitelkeit«; in einem Brief an Malwida von Meysenbug hingegen spricht er in diesem Zusammenhang von seiner »ungemeinen« Achtung vor dem »einzigen Wesen, das wirklich bis zur Hilfe sich ermannen konnte.« (Vgl.: Genius und Welt – Briefe von Richard Wagner, in: Malwida von Meysenbug, Gestalten, a.a.O., S. 17).
33 Malwida von Meysenbug, Am Anfang war die Liebe, a.a.O., S. 115 f.
34 vgl. dazu: Adelheid von Schorn, Zwei Menschenalter. Erinnerungen und Briefe. Berlin 1901, S. 215 ff. Bezeichnenderweise verzichtete Meysenbug selbst auf die Schilderung der Grundsteinlegung des Bayreuther Festspielhauses. Der Festakt fand nämlich bei strömendem Regen statt; die Wagen versanken im gelben lehmigen Wasser, die Frauen konnten bei Wagners feierlichen Hammerschlägen und Sprüchen nicht einmal die Kutschen verlassen.
35 Romain Rolland, Aus meinem Leben, Amsterdam 1949, S. 119, 121, 370 ff.
36 ibid., S. 103
37 Friedrich Nietzsche, Gesammelte Briefe, 3. Band, 2. Hälfte, Berlin u. Leipzig 1905, S. 409
38 ibid., S. 459
39 ibid., S. 539
40 Malwida von Meysenbug, Gestalten, a.a.O., S. 51
41 Brenner starb bereits zweieinhalb Jahre später im Alter von nur 22 Jahren. Er hatte Malwida von Meysenbug sehr geliebt. In einem Brief an sie heißt es: »Wenn ich mein kurzes Leben durchsehe, ist alles nichts, außer jener denkwürdigen Zeit meines Zusammenlebens mit Ihnen« (Berta Schleicher, Malwida von Meysenbug, a.a.O., S. 124).
42 Trina war Malwida von Meysenbugs treue und ergebene Gehilfin über Jahrzehnte hin.
43 Malwida von Meysenbug, Am Anfang war die Liebe, a.a.O., S. 98 ff.
44 »Nietzsche«, in: Malwida von Meysenbug, Gestalten, a.a.O., S. 59
45 Brief Malwida von Meysenbugs an Romain Rolland v. 28. Mai 1890, in: Romain Rolland – Malwida von Meysenbug – Ein Briefwechsel 1890–1891, Stuttgart 1932, S. 62 f.
46 Das Romain Rolland-Buch. Der Mensch und Dichter in eigenen Worten, hrsg. von Else Flatau, Zürich 1946, S. 185
47 Malwida von Meysenbug, Am Anfang war die Liebe, a.a.O., S. 315 f.
48 »Danksagung – Erinnerungen an Malwida von Meysenbug, in: Romain Rolland – Malwida von Meysenbug – Ein Briefwechsel, a.a.O., S. 42
49 ibid., S. 43

1 1816, als Malwida geboren wurde, war ihre Mutter 32, ihr Vater 40 Jahre alt.
2 Ludwig Sigismund Ruhl, Märchendichter, der den Meysenbugschen Kindern oft Märchen erzählte und der besonders aufmerksam lauschenden Malwida den Beinamen »Märchenfrau« gab.
3 Wilhelm I., erster Kurfürst von Hessen 1743–1821, führte zunächst einige Reformen durch, entwickelte sich aber nach der Französischen Revolution zu einem despotischen Kleinfürsten, der sich in Feudalherrenmanier Ländereien ohne Entschädigung aneignete, Ausländer des Landes verwies und zahlreiche überkommene Vorschriften wieder einführte, so z. B. den Zopf beim Militär, weswegen er im Volksmund »der Alte mit dem Zopf« hieß. Er ließ sich als »Königliche Hoheit« anreden. Statt einer versprochenen Verfassung bescherte er den Hessen ein rigides »Haus- und Staatsgesetz«.
4 Napoleon I.; Wilhelm I. floh am 1. November 1806 nach Holstein, nachdem die Franzosen sein Land besetzt hatten.
5 Kassel
6 Wilhelm II., Kurfürst von Hessen (1777–1847), Sohn Wilhelms I., nach dessen Tod im Jahre 1821 er den Thron bestieg.
7 Die älteste Schwester Malwidas, Julie, folgte ihrem Mann nach Detmold. Sie starb 1838, im Alter von nur 33 Jahren.
8 Rahel Varnhagen, geb. Levin, 1777–1831, Dichterin der Romantik
9 Laura, das zehnte Kind der Meysenbugs
10 Emilie Ortlöpp, 1821 zur Gräfin von Reichenbach, später zur Gräfin von Lessonitz erhoben.
11 30. September 1830
12 Wilhelm von Meysenbug, 1813–1866, ab 1836 reaktionärer Politiker im badischen Staatsdienst
13 Auch diese Verfassung beließ alle Staatsgewalt in den Händen des Fürsten.
14 Der Hauptgrund für die Abreise des Kurfürsten nach Hanau war – wie Malwida von Meysenbug im folgenden Satz andeutet –, daß er ungestört mit der vom Volk ungeliebten Gräfin Lessonitz zusammenleben wollte. Daher übertrug er die Regentschaft seinem Sohn, dem Kronprinzen Friedrich Wilhelm.
15 Im Jahre 1832
16 Der Mann von Malwidas Schwester Julie war Fürstlich Lippischer Hofmarschall.
17 Leopold II., Fürst zur Lippe
18 Napoleon I.
19 Georg Friedrich Althaus
20 Theodor Althaus, der spätere Freund Malwida von Meysenbugs
21 Bruder Carl, Hofmarschall in Detmold; der Offizier war Malwidas Bruder Richard

22 Nach Bad Homburg im Jahre 1842
23 Als die »Kleine« bezeichnete M. von Meysenbug die jüngere Schwester Theodor Althaus'.
24 Malwida war 6 Jahre älter als Theodor.
25 Am 28. Oktober 1845 wurde Malwida von Meysenbug 29 Jahre alt.
26 »Die Zukunft des Christentums. Seine Wahrheit, seine Verkehrung, seine Wiedergeburt durch Freiheit und Liebe«, Darmstadt 1846
27 Georg Friedrich Althaus war Generalsuperintendent des Landes Lippe.
28 Ihr Vater war der bekannte evangelische Bischof von Magdeburg J. H. B. Dräseke.
29 Guillaume Guizot, französischer Staatsmann und Geschichtsschreiber (1787–1876). Seine Ablehnung jeder Wahlreform führte zur Revolution von 1848.
30 Der Lyriker und Politiker Alphonse de Lamartine und der Arbeiter Alexandre Martin, beide Mitglieder der provisorischen Regierung von 1848 in Paris
31 Karl Joseph Anton Mittermaier (1787–1867), einer der Hauptvertreter des gemäßigten Liberalismus, trat für die Pressefreiheit, Reformen der Gerichtsbarkeit, des Gefängnis- und Strafwesens und für die Abschaffung der Todesstrafe ein.
32 Am 12. Oktober 1848
33 Wie bereits im April 1848, als die Meysenbugs von Frankfurt nach Detmold übersiedelten
34 Der Großvater Theodor Althaus': Bischof Dräseke
35 Robert Blum wurde am 9. November 1848 erschossen.
36 Im Jahre 1849
37 Die Hamburger Frauenhochschule wurde von Karl und Johanna Fröbel geleitet.
38 Die freien Gemeinden zeichneten sich durch Liberalität aus und versuchten, die Orthodoxie der beiden großen Kirchen zu überwinden.
39 Der Prediger Georg Weigelt
40 Julius Fröbel
41 Theodor Althaus lag sterbenskrank in einem Hospital in Gotha, wo ihn Malwida von Meysenbug in den letzten Tagen des Jahres 1851 besucht hatte. Er starb am 2. April 1852.
42 Carl Volckhausen, Freund Theodors und Malwidas, die ihn als Lehrer für die Hamburger »Hochschule für das weibliche Geschlecht« gewonnen hatte; später Chefredakteur der »Frankfurter Zeitung«
43 Otto Theodor Freiherr von Manteuffel, 1847 Vorkämpfer des bürokratischen Staatswesens gegen die Ansprüche des konstitutionellen Liberalismus; Ende 1850 zum Präsidenten des Staatsministeriums und zum Minister der auswärtigen Angelegenheiten ernannt
44 Als Malwida von Meysenbug den Regierungsvertreter des Freistaates Hamburg gebeten hatte, Theodor Althaus, der an der Frauenhochschule unterrichten wollte, nicht auszuweisen, hatte dieser gesagt: »Ich versichere Ihnen, daß die Schwierigkeiten nicht von uns herkommen. Man hat einmal

von uns gesagt, daß wir kein *väterliches,* sondern ein *mütterliches* Gouvernement sind; wir würden nichts abgeschlagen haben. Gewichtige Rücksichten bestimmen uns, und ich muß Ihnen leider sagen, daß gar keine Hoffnung ist.«

45 Julius Fröbel

46 Johanna und Gottfried Kinkel

47 Frau Schwabe, eine reiche Unternehmersfrau, die sich sowohl in England als auch später in Frankreich sehr für Malwida von Meysenbug einsetzte; von Malwida immer »Madame Schwabe« genannt

48 Kaiser Franz Joseph I., 1848–1916; von 1867–1916 auch König von Ungarn

49 Königin Viktoria von England heiratete 1840 Albert von Sachsen-Koburg-Gotha.

50 Denis Auguste Affre 1793–1848, Erzbischof von Paris; erkannte 1848 die Februarregierung an; fand den Tod, als er im Juniaufstand, um Frieden zu stiften, die Barrikaden bestiegen hatte.

51 Louis Eugène Cavaignac (1802–1857); 1848 Kriegsminister; unterdrückte den Aufstand der Arbeiter im Juni 1848 in viertägigem blutigem Kampf

52 Félicité Robert de Lamennais, 1782–1854; Theologe, Verfasser des Buches »Paroles d'un croyant«, das im Namen der Religion die Souveränität des Volkes proklamierte; wurde dafür mit dem päpstlichen Bann belegt

53 Mit dem Federball

54 Eine geheime Gesellschaft mit sozialistisch-demokratischen Zielen, die sich in Frankreich nach der Restauration der dreißiger Jahre gebildet hatte. Der Name Marie-Anne symbolisierte während des Juniaufstandes im Jahre 1848 die Frau aus dem Volk, die die Kämpfenden anfeuerte und die Verwundeten pflegte; als Freiheitsheldin wurde sie auf der Bühne gefeiert.

55 Garibaldis Frau aus Uruguay, die an seiner Seite kämpfte

56 Friedrich Althaus und Charlotte Voß, Freundin Malwida von Meysenbugs aus ihrer Hamburger Zeit

57 Das phantastisch-sozialistische System, das François Marie Charles Fourier (1772–1837) begründete

58 Das kommunistische System, wie es in »Reise nach Ikarien« von Etienne Cabet (1788-1856) beschrieben wurde

59 Giuseppe Mazzini hatte 1849 als Triumvir in Rom eine Umverteilung des Besitzes eingeleitet, um extreme Armut und extremen Reichtum abzuschaffen.

60 14. Januar 1858

61 Ultramontanismus ist die Auffassung des Katholizismus, die dessen ganzen Schwerpunkt nach Rom, also jenseits der Berge (ultra montes) verlegen möchte.

62 Lothar Bucher war 1848 Abgeordneter der preußischen Nationalversammlung; emigrierte nach England, wo er als Publizist tätig war; später Mitarbeiter Bismarcks im preußischen Außenministerium.

63 Vgl. hierzu Alexander Herzen, Die gescheiterte Revolution, a.a.O., S. 272

ff. In seiner treffenden, ironischen, zuweilen gewiß überspitzten Art schrieb er über Johanna Kinkels Beziehung zu ihrem Mann u. a.: »Sie vergiftete sein Leben mit heftiger Eifersucht und einer unerbittlichen, ewig aufgeregten Liebe.«

64 Ferdinand Freiligrath (1810–1876), demokratischer Lyriker, wurde 1848 wegen des Gedichtes »Die Toten an die Lebenden« verhaftet, später aber freigesprochen; war neben Karl Marx Redakteur der »Neuen Rheinischen Zeitung«; lebte von 1851 bis 1868 im Exil in England.

65 Alexander II.

66 »Peripatos« war die Wandelhalle, in der Aristoteles auf- und abgehend lehrte.

67 Im Aphorismus 37 in »Menschliches, Allzumenschliches« (1) geht Friedrich Nietzsche auf das Buch »Über den Ursprung der moralischen Empfindungen« und seinen Verfasser Rée ein: »Welches ist doch der Hauptsatz, zu dem einer der kühnsten und kältesten Denker, der Verfasser des Buches ›Über den Ursprung der moralischen Empfindungen‹ vermöge seiner ein- und durchschneidenden Analysen des menschlichen Handelns gelangt? Der moralische Mensch sagt er, steht der intelligiblen (metaphysischen) Welt nicht näher als der physische Mensch. Dieser Satz, hart und schneidig geworden unter dem Hammerschlag der historischen Erkenntnis, kann vielleicht einmal, in irgendwelcher Zukunit, als die Axt dienen, welche dem metaphysischen Bedürfnis der Menschen an die Wurzel gelegt wird, – ob *mehr* zum Segen als zum Fluche der allgemeinen Wohlfahrt, wer wüßte das zu sagen? – aber jedenfalls als ein Satz der erheblichsten Folgen, fruchtbar und furchtbar zugleich, und mit jenem Doppelgesichte in die Welt sehend, welches alle großen Erkenntnisse haben«.

68 Von Parmenides um 500 v. Chr. gegründete Philosophenschule in Elea in Unteritalien

Bildnachweis

Bildarchiv Preussischer Kulturbesitz Berlin: 5, 6, 7, 8, 9, 10, 12, 13, 14, 15, 16, 19, 20, 21, 24, 25, 36, 37, 38, 39, 40, 41
Lippische Landesbibliothek Detmold: 35
Richard-Wagner-Stiftung *1* Richard-Wagner-Gedenkstätte Bayreuth: 2, 3, II, 22, 27, 33
Staatliche Kunstsammlungen Kassel: I, 29, 30, 31
Staatsarchiv Detmold: 4, 34, 42, 43
Stadtarchiv Kassel: 28, 32

Der Verlag dankt dem Bildarchiv Preussischer Kulturbesitz Berlin, der Lippischen Landesbibliothek Detmold, der Richard-Wagner-Stiftung / Richard-Wagner-Gedenkstätte Bayreuth, den Staatlichen Kunstsammlungen Kassel, dem

Staatsarchiv Detmold urd dem Stadtarchiv Kassel für die Reproduktionsgenehmigungen der Abbildungen sowie der Stadtsparkasse Kassel und Herrn Gunther Tietz, dem Herausgeber des Bandes *Malwida von Meysenbug. Ideal einer Frauengestalt des 19. Jahrhunderts,* für die freundliche Unterstützung. Weitere Nachweise über das Bildarchiv des Insel Verlags.

Zum Weiterlesen ...
andere Titel aus der edition klassikerinnen

JOHANNA KINKEL *Hans Ibeles in London*
Ein Roman aus dem Flüchtlingsleben

Mit einem weinenden und einem lachenden Auge schilderte die Musikerin und Schriftstellerin Johanna Kinkel das Leben einer deutschen Flüchtlingsfamilie im Londoner Exil nach der gescheiterten 1848er Revolution. Ein autobiographisch gefärbtes Zeitzeugnis und – seinem Titelhelden zum Trotz – ein Exilant*innen*roman.
3-927164-41-0

FANNY LEWALD *Meine Lebensgeschichte*

Die dreibändige Autobiographie der Freundin Johanna Kinkels zeichnet aufs Anschaulichste den Weg der jungen Königsbergerin aus jüdischem Elternhaus bis zum Beginn einer schriftstellerischen Karriere nach, in der Fanny Lewald zu einer der bekanntesten Autorinnen des 19. Jahrhunderts avancierte.
3-927164-00-3

Auch als Einzelbände lieferbar:
Im Vaterhause 3-927164-46-1
Leidensjahre 3-927164-47-X
Befreiung und Wanderleben 3-927164-48-8

FANNY LEWALD *Italienisches Bilderbuch*

Bis nach Palermo führte Fanny Lewalds Italienreise 1845/46. In munterem, freiherzigem und sehr persönlichem Ton schildert die Vormärz-Autorin Land und Leute. Der vergnügliche Bericht einer kritischen Reisenden.
3-927164-36-4

FANNY LEWALD *Diogena*

»Originelle, bissige Satire auf die naiven Selbstverwirklichungsversuche egozentrischer adeliger Damen, die zwar die Romane George Sands gelesen, aber völlig mißverstanden hatten. Wie die anderen Titel der edition klassikerinnen (z.B. ›Jenny‹) wieder mit gut recherchiertem Nachwort.« Ingrid Kohlmeyer, ekz

3-927164-37-2

OLYMPE DE GOUGES *Denkschrift der Madame de Valmont*
Französisch-deutsche Ausgabe
übersetzt und herausgegeben von Gisela Thiele-Knobloch

Amüsanter autobiographischer Briefroman, in dem sich Olympe de Gouges (1748-1793), die »natürliche Tochter« des Dichters Lefranc de Pompignan, mit dem Standesdünkel und der Bigotterie ihrer Zeit auseinandersetzt. Anklänge an Choderlos de Laclos' »Gefährliche Liebschaften« sind nicht zufällig.

3-927164-44-5